Bernd vom Berg
Peter Groppe
Joachim Klein

C-Programmierung für 8051er

Band 1: Der Einstieg

Elektor-Verlag, Aachen

© 2003 Elektor-Verlag GmbH, 52072 Aachen

Die in diesem Buch veröffentlichen Beiträge, insbesondere alle Aufsätze und Artikel sowie alle Entwürfe, Pläne, Zeichnungen und Illustrationen sind urheberrechtlich geschützt. Ihre auch auszugsweise Vervielfältigung und Verbreitung ist grundsätzlich nur mit schriftlicher Zustimmung des Herausgebers gestattet.

Die Informationen im vorliegenden Buch werden ohne Rücksicht auf einen eventuellen Patentschutz veröffentlicht. Die in diesem Buch erwähnten Software- und Hardwarebezeichnungen können auch dann eingetragene Warenzeichen sein, wenn darauf nicht hingewiesen wird. Sie gehören den jeweiligen Warenzeicheninhabern und unterliegen gesetzlichen Bestimmungen.

Bei der Zusammenstellung von Texten und Abbildungen wurde mit größter Sorgfalt vorgegangen. Trotzdem können Fehler nicht vollständig ausgeschlossen werden. Verlag, Herausgeber und Autor können für fehlerhafte Angaben und deren Folgen weder eine juristische Verantwortung noch irgendeine Haftung übernehmen. Für die Mitteilung eventueller Fehler sind Verlag und Autor dankbar.

Umschlaggestaltung: Ton Gulikers, Segment, Beek (NL)
Satz und Aufmachung: Jürgen Treutler, Headline, Aachen
Druck: WILCO Amersfoort, NL

Printed in the Netherlands
019011-2/D

ISBN 3-89576-121-4
2. Auflage, 2005
Elektor-Verlag GmbH, Aachen

Inhaltsverzeichnis

Band 1

1. Vorwort 7
2. Die acht Säulen der modernen Mikrocontroller-Ausbildung 11
3. Voraussetzungen 15
4. Grundinstallationen und das Arbeiten mit diesem Buch 17
5. Ein wenig Mikrocontroller-Geschichte 23
6. Die 8051er-Mikrocontroller-Familie 27
   - 6.1 Der ADuC812 von Analog Devices 36
   - 6.2 Der 80C537er von Infineon 43
   - 6.3 Der T89C51CC01 von Atmel 47
7. Die eingesetzten 8051er-Hardware-Plattformen 51
   - 7.1 Das modulare Universalsystem „80C537er-TFH" 51
   - 7.2 Das kleine, kompakte Stand-Alone-System „ISAC-Cube" 64
   - 7.3 Die leistungsfähige CAN-Bus-Station „CAN-ExBo/CAN-Cube" 72
   - 7.4 Industrie-Boards 76
8. Die Einrichtung der 8051er-Arbeitsumgebung 77
   - 8.1 Die Screen-Videos 78
   - 8.2 Die Installation der integrierten Entwicklungsumgebung (IDE) µVision2 80
   - 8.3 Die Installation des Terminal-Programms HyperTerm 84
   - 8.4 Der 8051er-Projektordner 93
   - 8.5 Der Anschluss, die Inbetriebnahme der Hardware und der Programm-Download .. 94
     - 8.5.1 Der ISAC-Cube 95
     - 8.5.2 Das 80C537er-TFH-System 102
     - 8.5.3 Das CAN-ExBo / Der CAN-Cube 107
9. Die Einrichtung von µVision2 117
   - 9.1 Die Eigenschaften von µVision2 120
   - 9.2 Die Anlage eines 8051er-Projektes 126

Inhaltsverzeichnis

10. Die Software-Plattform ‚C51' 137
    10.1 Die Sprachelemente von C 140
    10.2 Der Aufbau eines C-Programms 143
    10.3 Die Standard-Bibliotheken von C 143
    10.4 Das INTEL-HEX-Format und die Programmierung eines EPROMs 145

11. Der 8051er-‚C'-Kursus 147
    11.1 Der Einstieg in C51 149
        11.1.1 Lektion 1: Die ersten Grundlagen der Programmerstellung in C 149
        11.1.2 Lektion 2: Ausgaben über die serielle Schnittstelle; das Terminal und der ASCII-Code; ESC-Steuersequenzen 160
        11.1.3 Lektion 3: Bits, Bytes und Zahlensysteme 185
        11.1.4 Lektion 4: Die Variablen in C; Eingaben über die serielle Schnittstelle; die C-Arithmetik; die formatierte Ausgabe 199
        11.1.5 Lektion 5: Die Vergleichsoperatoren, die logischen Operatoren, die bitweisen Operatoren, die boolesche Algebra und die Schleifen 239
        11.1.6 Lektion 6: Funktionen in C und die Header-Dateien 269
    In letzter Minute 340

12. Ausblick 340

13. Die beigefügte CD 341

14. Anhang 341

Stichwortverzeichnis 342

Die Wahrheit findet man selten
im Geschwätz von anderen.
Man muss schon selber den Abfluss öffnen,
um zu sehen, was dahinter steckt.

Anonymus

1. Vorwort

„Embedded Systems", „Embedded Control Applications", diese und ähnliche Schlagworte mit dem Modewort „embedded" (eingebettet) charakterisieren den aktuellen Stand und die zukünftigen Weiterentwicklungen auf dem Gebiet der Mikrocontroller-Technik.

Mikrocontroller werden immer leistungsfähiger, kompakter, stromsparender und werden daher nicht mehr nur in ein Gerät eingebaut, sondern vielmehr darin eingebettet.

Die weltweit verbreitete 8051er-Familie mit ihren über 250, von den verschiedensten Halbleiterfirmen hergestellten Familienmitgliedern stellt dem Anwender ein umfangreiches Sortiment der leistungsfähigsten 8-Bit-Mikrocontroller zur Verfügung.

Während jedoch die Profis solche Chips heute problemlos tagtäglich einsetzen und programmieren, sieht es auf dem Gebiet der Nachwuchsausbildung zurzeit noch recht „mager" aus. Es fehlen geeignete Einführungsbücher, Grundlagendarstellungen, Praktikumsversuche und detailliert erklärte Applikationen sowohl auf dem Hardware- als auch auf dem Software-Gebiet, um den Einstieg in bzw. den Umstieg auf diese Familie zu erleichtern.

Diese Lücke schließt die vorliegende dreibändige Lehrbuchserie. Sie vermittelt ein solides Grundwissen und anspruchsvolle praktische Fertigkeiten im Umgang mit den Mikrocontrollern der 8051er-Familie, am Beispiel von drei ausgewählten Mitgliedern: 80C537 (Infineon), ADuC812 (Analog Devices) und T89C51CC01 (Atmel).

Die drei Lehrwerke richten sich an Schüler von Berufs-, Fachober- und Technikerschulen, an Universitäts- und Fachhochschulstudenten sowie an Ingenieure in Praxis, Forschung und Entwicklung und eignen sich sowohl zum Selbststudium als auch zur Ergänzung in der Ausbildung.

Durch das Arbeiten mit diesen Büchern erlangt der Leser ein aktuelles Mikrocontroller-Wissen, das auf den acht fundamentalen Säulen der modernen Mikrocontroller-Lehre beruht.

Im hier vorliegenden ersten Band werden in Grund- und Anwendungslektionen zunächst von Anfang an die Grundlagen der Mikrocontroller-Technik erläutert, wobei der Schwerpunkt auf ein schnelles Verständnis der Zusammenhänge und auf die Durchführung sofortiger Programmbeispiele gelegt wird.

Durch die Verwendung der höheren Programmiersprache C wird gerade dem Anfänger ein professioneller Einstieg ermöglicht, und durch die praxisorientierten Darstellungen werden lernhemmende „Anfangs-Frustrationserlebnisse" weitgehend vermieden.

Da C mittlerweile eine der universellsten Sprachen zur Programmierung von Mikrocontrollern ist, kann der Anwender auf eine Vielzahl so genannter „Integrierter Entwicklungsumgebungen (IDE)" zurückgreifen, die im Kern alle einem mehr oder weniger gleichartig aufgebauten C-Compiler (gem. ANSI-Norm) besitzen.

Mit Hilfe dieser Lehrbuchreihe ist der Leser daher in der Lage, C-Programme für viele Arten von 8051ern mit Freeware-C-Compilern aus dem Internet (z.B. SDCC) oder mit kommerziellen C-Compilern in Demo- oder Vollversionen (z.B. Reads51 von Rigelcorp, µC/51 von Wickenhäuser, RC-51 von Raisonance, C51 von Tasking oder µVision2 von Keil) zu schreiben.

1. Vorwort

In jeder Lektion dieser Lehrbuchreihe wird eine Vertiefung des Hard- und Software-Wissens durchgeführt, und vielfältig vorhandene Programme vermitteln unmittelbare Erfolgserlebnisse.

Der Aufbau der einzelnen Lektionen entspricht einem didaktisch erprobten System und unterstützen daher optimal das berühmte „Learning by doing":

- An Anfang jeder Lektion erhält der Leser eine Übersicht über diejenigen Ziele, die mit der Bearbeitung des nachfolgenden Stoffes verfolgt werden.
- In den ersten Lektionen erfolgt eine intensive Einführung in die Grundlagen der Programmiersprache C für 8051er (C51), wobei der Schwerpunkt auf der sofortigen Erstellung funktionsfähiger Programme liegt.
- In den nachfolgenden Lektionen werden dann, in sich abgeschlossen, zunächst wesentliche Funktionsbaugruppen eines Mikrocontrollers in allgemeiner Form vorgestellt (z.B. die Funktionen eines A/D-Wandlers), und danach erfolgt der konkrete Transfer des Wissens auf den Mikrocontroller, der so Schritt für Schritt hard- und softwaremäßig erschlossen wird.
- Besonders wichtige Zusammenhänge und Ergebnisse werden in speziellen „Merke-Kästen" hervorgehoben dargestellt.
- Die Lektionen werden i.A. mit Übungsaufgaben abgeschlossen, die sowohl theoretisches Wissen „abfragen" als auch Realisierungen praktischer Programme beinhalten. Natürlich sind alle wesentlichen Lösungen auf der beigefügten CD enthalten.
- Zusätzliche Erläuterungen zu Themen „rechts und links" vom Mikrocontroller (z.B. die Vorstellung der Zahlensysteme oder die Grundlagen der Datenübertragung) runden die Lektionen ab.

Da gerade auf dem Gebiet der Mikrocontroller-Programmierung das theoretisch erarbeitete Wissen unbedingt durch praktische Übungen und Anwendungen vertieft und gefestigt werden muss, steht dem Anwender für seine Experimente eine Vielzahl von geeigneten Hardware-Plattformen ($\equiv$ 8051er-Systeme) mit unterschiedlichsten Leistungsfähigkeiten zur Verfügung, die direkt mit den entwickelten Programmen „gefüttert" werden können: angefangen von kleinen, kompakten Modulen in (fast) Streichholzschachtel-Größe über vielseitig ausbaufähige Universalsysteme bis hin zu CAN-Bus-Stationen und industrielle Hochleistungsboards reicht das gesamte Spektrum.

Speziell für die Ausbildung an Schulen und an Hochschulen hat die Firma ELWE-Lehrsysteme ein Mikrocontroller-Experimentalsystem herausgebracht, das direkt auf diese Lehrbücher zugeschnitten ist und daher optimal im Unterricht eingesetzt werden kann.

In weiteren Applikationskapiteln werden die Mikrocontroller-Systeme durch Zusatzbaugruppen ergänzt, und der Lernende erfährt u.a., wie man Displays und Tastaturen anschließt und wie Smarte Sensoren betrieben werden.

Umfangreiche Anhänge mit wichtigen allgemeinen Informationen und speziellen Daten zum verwendeten Mikrocontroller runden das Lehrbuch ab.

Auf der beigefügten CD findet der Leser u.a.

- die Programme aus dem Buch,
- die Lösungen zu den Übungsaufgaben aus dem Buch,

1. Vorwort

- die Multi-Media Screen-Videos,
- die Datenblätter der wichtigsten Bausteine und
- eine voll funktionsfähige „Schnupper-Version" der Integrierten Entwicklungsumgebung „µVision2" der Firma Keil zur Programmierung von 8051ern in der Programmier-Sprache C.
- eine voll funktionsfähige „Schnupper-Version" des „µC/51-ANSI C Compilers for all 8051's" der Firma Wickenhäuser Elektrotechnik zur Programmierung von 8051ern in der Programmier-Sprache C.

Auch das Internet wird in das Lernkonzept einbezogen: unter *www.palmtec.de* findet der Leser in der 8051er-World weiterführende Informationen zu dieser Lehrbuchreihe und neue Applikationen rund um die 8051er.

**Ihrem erfolgreichen Einstieg in die Welt der 8051er-Mikrocontroller
steht also nichts mehr im Wege!**

Bei der Realisierung dieser Lehrbücher und der Applikationen haben wir viele Anregungen und Unterstützungen bekommen.

Unser besonderer Dank gilt den Herren Reinhard Keil und Hans Schneebauer der Firma Keil Elektronik GmbH für die zur Verfügung gestellte IDE „µVision2".

Herr Jürgen Wickenhäuser stellte uns freundlicher Weise die Demo-Version des „µC/51-ANSI C Compiler for all 8051's" zur Verfügung

Weiterhin gilt unser Dank Herrn Rolf Brüggenthies für die konstruktive Unterstützung bei der Entwicklung der Hardware-Baugruppen und Herrn Oliver Müller für die alternativen Programmlösungen.

Dem Elektor-Verlag und insbesondere unserem Lektor Herrn Raimund Krings gilt unser besonderer Dank für die Realisierung dieses Projektes und die große Geduld bei der Erstellung des Manuskriptes.

Zu guter Letzt gilt unser Dank all unseren „Versuchskaninchen", den Studenten und Mitarbeitern des Fachbereiches Elektro- und Informationstechnik der Technischen Fachhochschule Georg Agricola zu Bochum, die uns mit ihren „dummen Fragen" immer wieder auf den Boden der Mikrocontroller-Tatsachen zurückgeholt und Ungenauigkeiten und Fehler in den Lektionen und in den Versuchen gnadenlos entdeckt haben.

Und zum Schluss gebührt unser Dank natürlich unseren treu sorgenden Ehefrauen, die uns wieder einmal sehr viel Verständnis und Humor für diese Arbeit entgegenbrachten.

Kettwig, Herne, Bochum, Karlsruhe im Oktober 2003

Bernd vom Berg
Peter Groppe
Joachim Klein

2. Die acht Säulen der modernen Mikrocontroller-Ausbildung

Die heutzutage an den Schulen aller Fachrichtungen, an den Fachhochschulen, an den Universitäten und auch die im Selbststudium durchgeführte moderne Form der Mikrocontroller-Ausbildung sollte auf acht fundamental tragenden Säulen basieren, *Abb. 2.1*.

Abb. 2.1: Die acht Säulen der modernen Mikrocontroller-Ausbildung

Daher muss ein entsprechend didaktisch aufgebautes Lehr- und Ausbildungskonzept mindestens sechs dieser optimal aufeinander abgestimmten „Tragelemente" dem Lernenden und dem Lehrenden zur Verfügung stellen.

Und das bedeutet ganz klar und unmissverständlich:

1. Das Lehrbuch ist auch wirklich ein Lehrbuch und nicht nur die deutsche Übersetzung des englischsprachigen Datenblattes des Mikrocontroller-Herstellers. Das Lehrbuch ist sowohl für den „Frontal-Unterricht: Lehrer *gegen* Klasse" als auch gleichermaßen für das individuelle Selbststudium geeignet.
2. Verständliche und ausführliche Darstellung der 8051er-ON-Chip-Hardware.

2. Die acht Säulen der modernen Mikrocontroller-Ausbildung

3. Einsatz preiswerter Entwicklungs-Boards als Hardware-Plattformen für aktuelle und zukünftige Entwicklungen.
   Hierbei sollten sowohl einfache und preiswerte Experimental-Boards als auch industrielle Hochleistungsboards zum Einsatz kommen, die Stand-Alone-Lösungen oder den Aufbau fast beliebig erweiterbarer Universalsysteme zulassen.
4. Ausführliche Einführung in die Mikrocontroller-Programmierung mittels der „Industrie-Standard"-Sprache C, wobei speziell auf die Mikrocontroller-spezifischen Eigenschaften eingegangen wird.
5. Verwendung industrieller Hilfsmittel (Tools) zur schnellen und effektiven Software-Entwicklung (Integrierte Entwicklungsoberflächen).
6. Gebrauch zusätzlicher Tools, die die Entwicklung und das Austesten von Mikrocontroller-Produkten vereinfachen und erleichtern (Terminal-Programme, Programmgeneratoren).
7. Audio-visuelle Unterstützung durch Multi-Media-Lernvideos, die auf dem PC ablaufen und die den Lernenden in den Gebrauch von Software-Werkzeugen einführen.
8. Vielfältige, ausführlich dokumentierte praxisorientierte Applikationen zu verschiedenen Mitgliedern der 8051er-Mikrocontroller-Familie und zum Anschluss von verschiedensten Peripherie-Bausteinen ergänzen den „gedruckten" Umfang der Bücher: vom digitalen Temperatur-Sensor über den Anschluss einer PC-Tastatur bis hin zum Betrieb eines graphikfähigen LC-Displays und zu Datenübertragungen über Funk und Infrarot.
   International genormte Bussysteme (wie der I^2C- und der CAN-Bus) kommen ebenfalls nicht zu kurz.
9. Auch das *Internet* als „dem globalen Informations-Pool" wird in das Lern- und Ausbildungskonzept einbezogen: Auf der eigens für den 8051er gegründeten Web-Site *www.palmtec.de* findet der Leser weitere Ausführungen zu den 8051ern, Applikationen, Hersteller-Links und viele andere nützliche Hinweise.

An der Technischen Fachhochschule (TFH) Georg Agricola zu Bochum, im Fachbereich Elektro- und Informationstechnik, wurde bereits im Jahre 1996 konsequent mit der Umsetzung der obigen Anforderungen an ein modernes Mikrocontroller-Lehr- und Ausbildungssystem begonnen.

Als erste Säulen entstanden Lehrbücher und ein Experimentalsystem, das nach und nach durch Zusatzkarten und Ergänzungsbausteine vervollständigt wurde.

Mit den unterschiedlichsten Programmiersprachen, von Assembler über Pascal und Basic bis hin zu C, wurden Anwendungs- und Betriebssoftwarepakete geschrieben und ausgetestet.

Gleichzeitig wurde als weitere Säule ein Labor-Praktikum für die Studenten entwickelt und von diesen „gnadenlos" ausgetestet.

So entstand im Laufe der Zeit das

80C537er-TFH-Mikrocontroller-System für Lehre und Ausbildung.

Dieses µC-System wird bereits an verschiedenen Berufsfachschulen, Techniker-Schulen, Fachhochschulen und Universitäten im Unterricht und im Praktikum mit Erfolg eingesetzt.

2. Die acht Säulen der modernen Mikrocontroller-Ausbildung

Ein Testbericht hierzu in Verbindung mit CBT(Computer Based Training)-Komponenten ist in [28] erschienen.

Darüber hinaus vertreibt die Firma ELWE-Lehrsysteme (*www.elwe.de*) dieses Mikrocontroller-System in einer speziellen Form direkt für die schulische Ausbildung.

3. Voraussetzungen

Die Voraussetzungen, die Sie zur effektiven Arbeit mit diesen Lehrbüchern und den Mikrocontroller-Systemen schaffen müssen, sind minimal:

1) Sie benötigen einen ganz normalen, Windows(95, 98, 2000, NT etc.)-fähigen Standard-PC oder LapTop mit CD-ROM-Laufwerk, der jedoch mindestens eine serielle Schnittstelle (COMx) besitzen muss.
2) Eine PC-gestützte C51er-Entwicklungs- und Programmierumgebung („Schnupper-Version") ist auf der beiliegenden CD vorhanden und muss nur noch auf Ihrem Rechner installiert werden.

   ☞ **Wichtig: „Die C51er-Entwicklungsumgebung"**

   Von den zur Zeit auf dem Markt existierenden 8051er-Entwicklungsumgebungen (mit C-Compiler) haben wir uns beispielhaft zwei Produkte ausgesucht, auf die wir uns in dieser Lehrbuchreihe abstützen:

   - die Entwicklungsumgebung μVision2 der Firma Keil
   - die Entwicklungsumgebung μC/51 der Firma Wickenhäuser

   Die uns von der Firma Keil Elektronik GmbH freundlicherweise für dieses Buch zur Verfügung gestellte Version von μVision2 ist eine Schnupper-Version, mit der Sie zwar nahezu alle Beispiel-Programme aus den Lektionen programmieren und nachvollziehen können, die aber zur Entwicklung größerer Projekte nicht geeignet ist, da sie einige Einschränkungen enthält (nähere Informationen dazu finden Sie in Kapitel 9.1).

   In „letzter Minute" haben wir noch eine zweite, sehr interessante C51er-Entwicklungsumgebung von der Firma Wickenhäuser Elektrotechnik zur Verfügung gestellt bekommen. Wir werden sie in einer Textdatei auf der CD kurz vorstellen und im zweiten Band dieser Lehrbuchreihe näher darauf eingehen.

   Natürlich können Sie auch jeden anderen ANSI-C-Compiler für 8051er-Mikrocontroller in Verbindung mit diesen Lehrbüchern benutzen und alle unsere Ausführungen, Demo- und Beispielprogramme nachvollziehen (z.B. SDCC aus dem Internet, Reads51 der Firma Rigelcorp, RC-51 der Firma Raisonance, C51 der Firma Tasking etc.).

3) Die in diesem Buch entwickelten und vorgestellten praktischen Programmierbeispiele und die Übungsaufgaben (deren Lösungen ebenfalls auf der beiliegenden CD enthalten sind) sind prinzipiell (nach kleinen Anpassungen) auf den verschiedensten 8051er-Systemen lauffähig, sofern diese über die jeweiligen Ausstattungsmerkmale verfügen (z.B. ON-Chip-A/D-Wandler oder ON-Chip-CAN-Bus-Stufe).
   Der Programmtransfer auf die Systeme erfolgt mit den jeweiligen Download-Programmen, die natürlich auch auf der CD enthalten sind und die Sie nur noch installieren müssen.
   Wir stützen uns in diesem Lehrwerk weitgehend auf den 80C537er ab, auf unserer CD bzw.

3. Voraussetzungen

auf unserer Internet-Homepage finden Sie aber auch die entsprechend angepassten Programme für die 8051er-Mikrocontroller vom Typ ADuC812 und T89C51CC01 (siehe Kapitel 6).

4) Wenn Sie das „Experimental-Stadium" verlassen haben und eigene Programme fest in geeignete Mikrocontroller-Systeme „einbauen" wollen, so benötigen Sie für das 80C537er-TFH-System ein EPROM-Programmiergerät und ein entsprechendes Löschgerät für diese Art von Speicherbausteinen.
Eine Auswahl von Bezugsquellen für diese Geräte finden Sie im Anhang 8.
Die beiden anderen von uns verwendeten 8051er-Mikrocontroller (ADuC812, T89C51CC01) haben einen ON-Chip-Flash-Programmspeicher, den Sie ohne weitere Hilfsmittel selber programmieren können.

5) Um die Ergebnisse Ihrer Entwicklungs- und Programmiertätigkeit sinnvoll überprüfen zu können, benötigen Sie ferner ein stabilisiertes Netzteil (5 V oder 12 V, mindestens 800 mA), ein (Digital-)Multimeter und als nützliche (aber nicht unbedingt notwendige) Ergänzung ein einfaches Elektronenstrahloszilloskop.
Der Umgang mit dem Lötkolben und mit anderen „Elektronik-Werkzeugen" (Pinzette, Seitenschneider etc.) sollte für Sie kein Problem darstellen.

6) Weitere Voraussetzung müssen Sie nicht erfüllen, insbesondere benötigen Sie keinerlei Vorwissen bezüglich des Umganges mit Mikrocontrollern.
Lediglich der Spaß am Lernen neuer Zusammenhänge und Techniken und ein gewisses logisches Grundverständnis sollte bei Ihnen vorhanden sein.

☞ Wichtiger Hinweis: „Die Verwendung der 8051er-Systeme der Firma PalmTec"

Alle in diesem Lehrwerk vorgestellten und eingesetzten 8051er-Systeme der Firma PalmTec (das 80C537er-TFH-System, der ISAC-Cube etc.) und alle die dazu entwickelten Zubehörkomponenten dürfen nur zu persönlichen Aus- und Weiterbildungszwecken benutzt werden.

Eine gewerbliche und/oder kommerzielle Verwendung jeglicher Systemkomponenten (z.B. im Rahmen von Steuerungs- und Überwachungsanlagen) ist nicht zulässig!

4. Grundinstallationen und das Arbeiten mit diesem Buch

Um Ihnen jeweils die letzten aktuellen Daten und Informationen zu unserem Lehrwerk zukommen zu lassen, befindet sich im Root-Verzeichnis der beiliegenden CD die Datei *read.me*, in der der neueste Stand der Software, weitere Hinweise zur Installation der Software auf Ihrem PC, Anmerkungen zu den Lektionen etc. enthalten sind.

> ☞ **Wichtig: „Die read.me-Datei"**
>
> Bevor Sie nun loslegen, drucken Sie sich bitte erst den Inhalt der read.me-Datei aus.

Umfangreiche, weiterführende Informationen finden Sie ebenfalls auf unserer Internet-Homepage unter *www.palmtec.de*.

Die Grundinstallationen auf Ihrem Entwicklungs-PC

Zur Erstellung von 8051er-C-Programmen auf Ihrem Entwicklungs-PC, zum Download der übersetzten 8051er-Programme vom Ihrem Entwicklungs-PC zu den 8051er-Systemen und zur Kommunikation der 8051er-Systeme mit Ihrem Entwicklungs-PC ist zuerst einige Software zu installieren (natürlich sind die benötigten Programm alle auf der beiliegenden CD enthalten):

1. Die Installation der C-Entwicklungsumgebung

Auf der beiliegenden CD ist im Verzeichnis ‚Tools\uV2' die komplette Entwicklungsumgebung (≡ Integrated Development Environment, IDE μVision2 der Firma Keil Elektronik GmbH in einer eingeschränkten Demo-Version enthalten. Hiermit können Sie C-Programme für nahezu alle Mitglieder der 8051er-Familie entwickeln und austesten. Die Installation von μVision2 und die Einschränkungen dieser „Schnupper-Version" werden in den Kapiteln 8.2 und 9 näher erläutert.

Ebenfalls auf der CD finden Sie unter ‚Tools\Wickenhäuser' eine weitere C51er-Entwicklungsumgebung, die wir noch kurz vor Drucklegung dieses Buches zur Verfügung gestellt bekommen haben.

An Endes des Buches werden wir hierauf noch kurz eingehen, eine nähere Beschreibung erfolgt dann in Band 2.

2. Die Installation der Download-Programme

Zum Herunterladen der übersetzten C-Programme (der sog. INTEL-HEX-Files) zu den 8051er-Systemen benötigen Sie entweder spezielle, hersteller-spezifische Down-Load-Programme, oder Sie können das auf jedem Windows-Rechner vorhandene Terminal-Programm HyperTerm verwenden.

Diese Programme sind natürlich auch auf der CD enthalten und in den Kapiteln 8.3 und 8.5 werden wir diese installieren und in Betrieb nehmen.

4. Grundinstallationen und das Arbeiten mit diesem Buch

3. Die Installation des Kommunikationsprogramms

Zur Kommunikation der Mikrocontroller-Systeme mit Ihrem Entwicklungs-PC über eine serielle COM-Schnittstelle (ganz allgemein: zum Datenaustausch zwischen beiden Rechnersystemen) benötigen Sie ein beliebiges (einfaches) Terminal-Programm.

Da das Programm HyperTerm auf jedem Windows-Rechner vorhanden ist, werden wir dieses für unsere Kommunikationszwecke einrichten (siehe Kapitel 8.3).

Auf der CD finden Sie im Verzeichnis ‚Tools/HyperTerm' eine aktuelle Version davon.

Mit diesen drei Installationen haben Sie Ihren Entwicklungs-PC bestens ausgerüstet, um C-Programme für 8051er zu schreiben.

Die Auswahl der Experimental-Hardware

Bei der Auswahl der Zielhardware für Ihren Einstieg in die 8051er-Welt haben Sie nun leider die Qual der Wahl:

> **❗ Sehr wichtig: „Die Experimental-Hardware"**
>
> Beim Durcharbeiten dieses Lehrwerkes sind Sie zunächst an keine besondere Hardware gebunden, das heißt, Sie können fast jedes beliebige 8051er-System einsetzen, sofern der jeweilige 8051er-Mikrocontroller bzw. das 8051er-System die beschriebenen und verwendeten Komponenten besitzt (z.B. ON-Chip-A/D-Wandler, CAN-Bus-Stufe, 2. serielle Schnittstelle etc.).

Um den Anfängern unter Ihnen die Auswahl aber etwas zu erleichtern, haben wir drei verschiedene 8051er-Systeme für die unterschiedlichsten Einsatzfälle entwickelt:

1. Den *ISAC-Cube* (µC: ADuC812) als leistungsfähiges kleines Kompaktsystem in (fast) Streichholzschachtelgröße für in sich abgeschlossene Stand-Alone-Applikationen.
2. Das *80C537er-TFH-System* (µC: 80C537) als universelles modular erweiterbares System für mittlere bis große Projekte.
3. Das *CAN-ExBo* bzw. den *CAN-Cube* (µC: T89C51CC01) als kleine kompakte Feldbusstation zum Einsatz in CAN-Bus-Systemen.

Die hierbei zum Einsatz kommenden Mikrocontroller werden in Kapitel 6 und die damit entwickelten Hardware-Plattformen in Kapitel 7 noch näher vorgestellt.

Aber noch einmal ganz klar: Sie brauchen diese Systeme nicht zu verwenden, um erfolgreich mit diesen beiden Büchern arbeiten zu können! Sie können jedes andere passende µC-Board einsetzen.

Das Gesamtsystem

Damit sieht Ihre 8051er-Entwicklungs- und Experimentalsystem nun wie in *Abb. 4.1* dargestellt aus.

4. Grundinstallationen und das Arbeiten mit diesem Buch

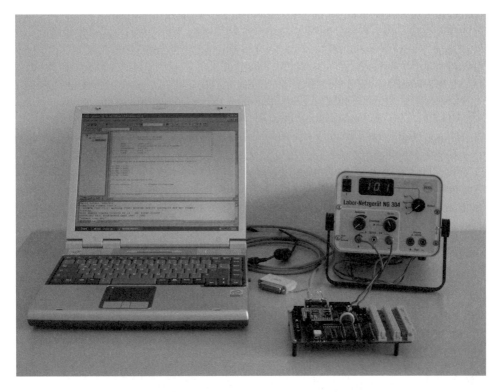

Abb. 4.1: Das Mikrocontroller-Experimental-System

Kommen wir nun zum wichtigsten Abschnitt:

Das Arbeiten mit diesem Buch

Der erste Band dieser Lehrbuch-Serie ist in sechs verschiedene Hauptteile gegliedert:

1) Die Kapitel 1–4 beinhalten den allgemeinen Einstiegs- und Start-Teil zu diesem Buch.
2) In den Kapiteln 5 und 6 erfolgt ein kurzer Überblick über die μC-Technikgeschichte, die Vorstellung der hier gewählten μC-Familie und deren beispielhaft verwendeten Mitglieder.
3) Das Kapitel 7 ist der Beschreibung der konkret eingesetzten μC-Hardware gewidmet, deren Aufbau und deren Inbetriebnahme.
4) Die Kapitel 8 und 9 beschäftigen sich mit der Einrichtung der Entwicklungsumgebung auf dem PC.
5) In Kapitel 10 erläutern wir einiges zur Programmiersprache C; ab dem Kapitel 11 startet dann der erste Teil des μC-Kurses.

4. Grundinstallationen und das Arbeiten mit diesem Buch

Die hierbei zu bearbeitenden Lektionen haben alle den gleichen Aufbau:
- Zuerst werden die Lernziele vorgestellt, die wir mit dieser Lektion beim „Lernenden" verfolgen. Nach Bearbeitung einer solchen Lektion sollten Sie immer zu diesen Lernzielen zurückblättern und sich „gewissenhaft" die Frage stellen, ob Sie alles verstanden haben.
- Nach der Festlegung der Ziele erfolgt zunächst ein allgemeiner Teil, in dem Grundsätzliches zu µC, zu den Funktionseinheiten eines µCs und zur Programmerstellung erläutert wird.
- Danach erfolgt der Transfer dieses allgemeinen Wissens auf den konkret vorliegenden µC, i.A. auf den 80C537er.
- Viele Beispiele untermauern den praktischen Lektionen-Teil, wobei natürlich alle Programme auf der beiliegenden CD enthalten sind.
- Innerhalb jeder Lektion werden wesentliche Sachverhalte durch

Wichtig-Kästen:

„..."

und durch

Merke-Kästen:

„..."

speziell hervorgehoben. Diese Ausführungen sollte sich ein zukünftiger µC-Experte besonders verinnerlichen.
- Für Leser, die bereits über gewisse Grundkenntnisse verfügen, ist

Die Experten-Ecke:

„..."

gedacht, in der Sie spezielle Hinweise auf tiefergehende Sachverhalte finden.
- Und am Ende jeder Lektion finden Sie etwas, das in keinem vernünftigen Lehrbuch fehlen darf, die:

Übungsaufgaben

Hier sind Sie nun aufgefordert, objektiv zu überprüfen, ob Sie die Lernziele der Lektion erreicht haben oder ob Sie einige Stellen besser noch einmal nacharbeiten sollten.

Diese Übungsaufgaben teilen sich auf in theoretische Fragen, deren Antworten Sie in den Lektionen finden, und in praktische Programmieraufgaben, deren Lösungen ebenfalls auf der beiliegenden CD enthalten sind.

4. Grundinstallationen und das Arbeiten mit diesem Buch

- Natürlich kommen Themen „rechts und links" von der eigentlichen Mikrocontroller-Technik nicht zu kurz.

  Da deren Erläuterungen im Buch selber aber die Seitenzahl erheblich explodieren ließe, haben wir solche Grundlagen in pdf-Dateien gepackt und mit auf die CD gebrannt:

  ### 🛠 Grundlagen: „Thema"

  In dieser pdf-Datei in der Rubrik Grundlagen auf der beiliegenden CD finden Sie weitergehende Informationen zum Themenkreis: „..."

  Sie können sich diese Zusatzinformationen also bei Bedarf durchlesen oder ausdrucken lassen.

- Interessante und meistens größere (Zusatz-)Applikationen haben wir ebenfalls auf der CD hinterlegt:

  ### ⚡ Applikationen: „Thema"

  In dieser pdf-Datei in der Rubrik Applikationsartikel auf der beiliegenden CD finden Sie weitergehende Informationen zum Thema: „..."

- Speziell zur Unterstützung der Arbeit mit den Software-Paketen haben wir kleine Screen-Videos gedreht, die Sie sich von der CD abspielen lassen können:

  ### 🎥 „Thema"

In den fortgeschritteneren Lektionen fallen, da Sie ja nun bereits über ein fundiertes Grundwissen verfügen, die Erläuterungen teilweise etwas knapper und kompakter aus, und Sie müssen sich ab jetzt auch schwerpunktmäßig mit englischsprachigen Datenblättern auseinander setzen.

Obwohl dann die Übungsaufgaben manchmal entfallen, sollten Sie nicht alles als „wunderbar gegeben hinnehmen", sondern selbst Problemstellungen entwickeln und diese dann auch zu Ihrer Zufriedenheit lösen.

Denn gerade da wir uns mit einer der fortschrittlichsten Techniken beschäftigen, gilt hier besonders der uralte Schulspruch:

Nur Übung macht den (µC-)Meister!

6. Anhänge mit vielfältigen Zusatzinformationen, mit Begriffserläuterungen und den Bezugsquellen für die benötigten Materialien runden diesen ersten Band der Lehrbuchreihe ab.

5. Ein wenig Mikrocontroller-Geschichte

Ein bisschen Technikgeschichte muss in jedem vernünftigen Lehrbuch vorangestellt werden, und so beginnen wir dieses Kapitel mit vier wahrhaft klassischen Zitaten:

„Ich glaube, es gibt einen weltweiten Bedarf an vielleicht fünf Computern."
Thomas Watson, IBM-Chef, 1943

„In Zukunft könnte es Computer geben, die weniger als 1,5 Tonnen wiegen."
Fachblatt „Popular Mechanics", 1949

„Aber ... wozu soll er gut sein?"
Ein IBM-Ingenieur über die Idee des Mikroprozessors, 1968

„Es gibt keinen Grund, warum jemand einen Computer zu Hause haben möchte."
Kenneth Olsen, Digital Equipment Corporation, 1977

Für den heutigen, „wissenden Leser" stellt sich daher die Frage:
„Wie kam es nun zu der, diese Experteneinschätzungen total überrollenden Entwicklung der Mikrocontroller in den vergangenen 27 Jahren?"
Setzen wird den Anfangspunkt unserer Betrachtungen einmal willkürlich auf das Jahr 1941:
Der deutsche Ingenieur Konrad Zuse entwickelt die erste, in Relaistechnik gefertigte, betriebsfähige Rechenanlage, den Z3. Durch die Verwendung von elektromechanischen Schaltelementen (Relais) konnten zwar Rechenvorgänge realisiert werden, diese aufwendige und „leistungsfressende" Technik stellte aber leider eine Sackgasse für weitere Entwicklungen dar. Sechs Jahre später kam es jedoch zum entscheidenden Durchbruch.
In den Bell-Laboratorien „erfanden" die drei Wissenschaftler J. Bardeen, W. H. Brattain und W. B. Shockley den Transistor und erhielten dafür 1956 den Nobelpreis in Physik.
Unmerklich und von keinem Experten vorhersehbar, war damit die Keimzelle zur Geburt des Mikrocontrollers gelegt worden. Es dauerte nämlich noch gut 23 Jahre, bis die ersten µC das Licht der Welt erblickten.
Aber bereits die Entwicklung des Transistors an sich und die damit einhergehenden Verdrängung der Elektronenröhre setzte eine technische Revolution in Gang, die bis heute ihresgleichen sucht. Von nun an ging es Schlag auf Schlag:

- 1958 entwickelte Jack Kilby bei Texas-Instruments den ersten Integrierten Schaltkreis (IC, Integrated Circuit) und legte damit den Grundstein für die wohl bekannteste Logik-Familie, die 74er-Familie.

5. Ein wenig Mikrocontroller-Geschichte

- 1960 erschien dann der erste Elektronenrechner, der vollständig aus Transistoren aufgebaut war. Hersteller war eine amerikanische Firma, die sich eigentlich mit Schre**IBM**aschinen beschäftigte.
- Und dann, 1971, erschien er: der erste 4-Bit-Mikroprozessor (µP), der TMS 1000, ebenfalls von Texas-Instruments entwickelt und hergestellt.

Ein µP enthält, ganz grob gesprochen, alle notwendigen Funktionseinheiten zur ordnungsgemäßen Abarbeitung eines Programms auf einem einzigen Silizium-Chip. Jedoch müssen alle notwendigen Zusatz-Bausteine, wie Programm- und Datenspeicher, A/D-Wandler, Display-Steuereinheiten, Drucker-Ansteuerschaltungen, Uhren- und Kalenderbausteine noch als externe Bausteine an diesen µP angeschlossen werden.

An dieser Stelle haben sich die Entwicklungsingenieure der großen Halbleiterfirmen jahrelang eine ganz einfache Frage gestellt:

„Der µP-Baustein ist ein integrierter Silizium-Chip, und die anderen notwendigen Zusatz-Bausteine sind auch integrierte Silizium-Chips. Warum kann man nicht alles auf einen einzigen Silizium-Chip integrieren und somit eine Menge Platz sparen?"

Die Anwort auf diese Frage war ebenso einfach:

„In der Vergangenheit war man technologisch gar nicht in der Lage, außer dem µP noch andere Einheiten auf denselben Chip zu integrieren. Man war froh, wenn der Prozessor auf einen Chip passte, was in den Anfangstagen der Prozessor-Technik auch nicht immer selbstverständlich war."

Dann kam das Jahr 1976: Eine andere amerikanische Firma, die **INT**elligente **EL**ektronik entwickeln wollte, brachte weltweit den ersten Single-Chip-Mikrocontroller (µC), den 8048er auf den Markt. Ein elektronischer Baustein also, der neben dem µP-Kern bereits Daten- und Programmspeicher, Zähler/Zeitgeber und digitale I/O-Port-Gruppen auf nur einem Chip, in nur einem Gehäuse, vereinte.

Die erste 8-Bit-Mikrocontroller-Familie, die MCS48-Familie (Microcontroller-System 48) war geboren worden.

Vier Jahre später, 1980, gelang der Firma INTEL mit der zweiten Generation der Single-Chip-µC, genauer gesagt mit dem 8051er, der große Wurf auf dem Gebiet der µC.

Dieser „Mikrocontroller-Opa" ist heute der Ahnherr einer der weltweit bedeutendsten 8-Bit-µC-Familie (MCS51-Familie) mit mehr als 250 verschiedenen Familienmitgliedern, hergestellt von den größten Halbleiterproduzenten auf diesem Globus.

Danach war die weitere Entwicklung nicht mehr aufzuhalten: INTEL vergab Herstellungslizenzen für die Schaffung weitere Familienmitglieder an die Firmen Siemens, Philips, AMD, Dallas, OKI etc.

Nun wachten auch andere große Halbleiterhersteller auf. Die Firma Motorola konnte ihre eigenen µC-Familien (z.B. die 68HC05er-Familie) als eine der stärksten Konkurrenten zur 8051er-Familie auf dem Weltmarkt plazieren.

Heutzutage besitzt jede Firma von „Rang und Namen" eigene µC-Familien:

- ST62er-Familie von SGS-THOMSON [11]
- H8-Familie von Hitachi

5. Ein wenig Mikrocontroller-Geschichte

- PIC-Familie von Microchip
- etc.

Und eine weitere Tatsache ist ebenfalls nicht zu übersehen: der starke Trend zu den 16-Bit-µC. Und auch hier hat die 8051er-Familie wieder Meilensteine gesetzt: Mit dem 8051XA-(extended Architecture-)Konzept von Philips und der MCS251-Familie von INTEL wird ein großer Leistungssprung von der 8-Bit- in die 16-Bit-Klasse vollzogen. Das besondere daran ist, dass das 8-Bit-8051er-Wissen vollständig weiter verwendet und nur entsprechend ergänzt werden muss.

Sie sehen also, eine tiefergehende Beschäftigung mit den Grundlagen der 8051er-Familie hat „schon etwas für sich".

6. Die 8051er-Mikrocontroller-Familie

Im vorherigen Kapitel war bereits sehr viel von µC-Familien die Rede. Der aus der menschlichen Umwelt stammende Familien-Begriff kann durchaus sehr sinnvoll auch auf µC-Bausteine transferiert werden, denn für den Anwender, insbesondere für den Software-Entwickler, ist solch ein Familien-Konzept von „lebensnotwendiger" und entscheidender Bedeutung.

Die Grundlage einer µC-Familie ist der Stammbaustein, hier der 8051er mit genau festgelegten Familieneigenschaften. Alle nachfolgend entwickelten Kinder- und Enkel-Bausteine besitzen somit immer dieselben Grundfunktionalitäten wie der „Opa" (Prinzip der Vererbung):

- identisch aufgebaute Kerneinheiten,
- gleicher Satz von internen Arbeitsspeichern,
- gleicher Satz von Zustandsspeichern (Flags),
- identischer Ablauf der Interrupt-Bearbeitung,
- etc.

Aber die wichtigste Eigenschaft aller Bausteine einer Familie ist, analog zu einer menschlichen Familie:

Alle Familienmitglieder sprechen die gleiche Sprache!

Der Anwender muss also nur einmal eine einzige Programmiersprache lernen (z.B. die Assembler-Sprache oder C) und nur einmal die hardwaremäßige Grundstruktur des µC-Kerns und der µC-Arbeitsregister (Special-Function-Register) verstehen. Danach kann er sofort alle anderen µC der Familie gleich handhaben und programmieren, wobei lediglich die neuen Eigenschaften neuer Familien-Mitglieds-Controller zu beachten sind.

Ein Beispiel soll dieses verdeutlichen:

In einer ersten Entwicklung haben Sie ein Messwerterfassungs- und Übertragungssystem mit dem 8051er-µC aufgebaut und programmiert. Damit sind Ihnen die grundlegenden Hard- und Software-Eigenschaften der 8051er-Familie bekannt geworden.

Als nächste Aufgabe sollen Sie eine LC-Display-Einheit mit einem Tastatur-Block entwickeln. Hier können Sie nun sinnvollerweise einen anderen, leistungsfähigeren µC aus der 8051er-Familie einsetzen, z.B. den 80C537er. Damit ergeben sich für Sie die folgenden Vorteile:

- Sie brauchen keine neue Sprache für diesen µC zu lernen, denn der 80C537er wird in der absolut identischen Sprache programmiert wie der bereits bekannte 8051er.
- Sie kennen bereits 80% der internen Hardwarestruktur des neuen µCs 80C537 (die Kernbaugruppen und die Arbeitsregister sind ja identisch mit denen des 8051ers).
- Sie müssen sich lediglich die neuen erweiterten Funktionen des 80C537ers näher ansehen, die Sie für die Displayansteuerung und die Tastaturabfrage verwenden wollen.

6. Die 8051er-Mikrocontroller-Familie

Die Entwicklungszeit für das neue Produkt, das auf einem anderen Familien-Mitglied basiert, wird somit auf ein Minimum reduziert.

Betrachten wir nun die 8051er-µC-Familie etwas näher. Die *Tab. 6.1* zeigt die charakteristischen Kenndaten des „Ur-Bausteins 8051", und in der *Abb. 6.1* ist sein Blockschaltbild dargestellt.

- 8-Bit-CPU
- 4 kByte internes ROM, extern erweiterbar auf bis zu 64 kByte EPROM, ROM-lose Version: 8031
- 128 Byte internes RAM, davon 16 Byte bitadressierbar, extern erweiterbar auf bis zu 64 kByte RAM
- 4 * 8 Bit-Ports, d.h. bis zu 32 digitale I/O-Anschlüsse stehen dem Anwender zur Verfügung
- 2 * 16 Bit Zähler/Zeitgeber
- Voll-Duplex serielle Schnittstelle (USART)
- 5 Interrupt-Quellen, 2 Interrupt-Prioritäts-Ebenen
- ON-Chip-Oszillator- und Taktschaltung: 1,2 MHz–18 MHz maximale Betriebsfrequenz
- Erweiterter Befehlssatz des 8048ers u.a. nun Multiplikations-, Divisions-, Subtraktions- und Vergleichsbefehle, insgesamt 255 Assembler-Befehle, davon:
  - 44% Ein-Byte-Befehle
  - 41% Zwei-Byte-Befehle
  - 15% Drei-Byte-Befehle
- Bei 12 MHz Taktfrequenz gilt:
  - 58% der Befehle werden in 1 µs
  - 40% der Befehle werden in 2 µs
  - 2% der Befehle (8 Bit Multiplikation bzw. Division) werden in 4 µs abgearbeitet
- Verschiedene Arbeitstemperatur-Bereiche verfügbar:
  0 ... +70 °C, –40 ... +85 °C, –40 ... +110 °C

Tab. 6.1: Die Kenndaten des 8051ers

Wenn Sie hier vieles noch nicht verstehen, so macht das rein gar nichts, das Verständnis wächst in diesem Lehrbuch Seite für Seite.

Da wir uns in diesem Buch schwerpunktmäßig mit der Hochsprachenprogrammierung auseinander setzen werden, ist das genaue Verständnis aller Kernbaugruppen des Blockschaltbildes nicht wesentlich, da der Hochsprachenprogrammierer mit diesen Einheiten nicht unmittelbar in Berührung kommt: „Der µC ist zunächst eine Black-Box, die das macht, was ich programmiere!"

☐ So führt die Kernbaugruppe „Arithmetisch-Logische-Einheit (ALU)" alle Berechnung und Verknüpfungen aus, die vom Programm vorgegeben werden,

☐ sorgt die Kernbaugruppe „Befehlsdekoder" für die korrekte Interpretation der Befehle,

☐ dient der Daten-Pointer für die korrekte Adressierung des externen Datenspeichers,

6. Die 8051er-Mikrocontroller-Familie

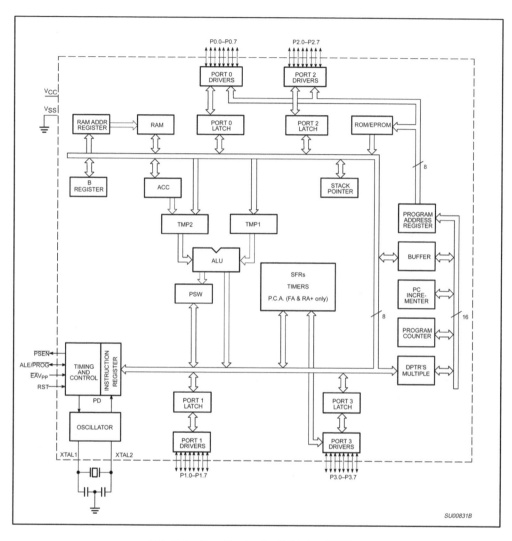

Abb. 6.1: Das Blockschaltbild des 8051ers

❐ ist der Stack-Pointer in Verbindung mit der Kernbaugruppe Stack-Speicher für die Ablage der Rücksprungadressen bei der Ausführung von Unterprogrammen und Interrupt-Service-Routinen zuständig,

aber von all dem merkt der Hochsprachen-Programmierer nichts.

Die korrekte Ansteuerung und Abfrage dieser Kernbaugruppen erledigt der Programmübersetzer auf der Grundlage des vorgegebenen Programms, und wenn dieses Hochsprachenprogramm selber fehlerfrei geschrieben worden ist, funktioniert auch das gesamte µC-System einwandfrei.

Vergleichen Sie das Ganze mit dem Kauf eines luxuriösen Cabriolets:

6. Die 8051er-Mikrocontroller-Familie

Zuerst setzen Sie sich in das Auto hinein, klappen das Verdeck herunter, drehen ein Paar Runden durch die Stadt und durch die Umgebung, probieren die 200-W-Stereo-Anlage gebührend aus, checken die Schaltung und die Instrumente, so dass Sie den Wagen perfekt beherrschen und nutzen können. Der Spaß am Fahren steht hier eindeutig im Vordergrund.

Erst beim ersten Ölwechsel schaut man unter die Motorhaube und fragt sich, was genau läuft hier eigentlich ab, damit der Flitzer sich auch bewegt (die eingefleischten Auto-Fans mögen uns diese Ignoranz verzeihen).

Genauso ist es hier mit diesem Lehrbuch: Sie stützen sich zunächst auf eine fertige und getestete Hardware ab und entwickeln sofort einfache und effektive Programme zur Lösung Ihrer Problemstellungen. Der Spaß an einem „in 5 Minuten voll funktionsfähigen µC-System", also die schnellen Erfolgserlebnisse, stehen hier eindeutig im Vordergrund.

Wenn Sie dann fit sind und den µC programmtechnisch beherrschen, so dass er Ihre Wünsche erfüllt, wird die weitergehende Frage: „Was läuft eigentlich intern in solch einem µC (in solch einem µC-System) ab?" in einem Fortsetzungs-Band dieser Lehrbuchreihe beantwortet.

Wichtig für uns sind hier vielmehr die Funktionen der Zusatzbaugruppen auf dem µC-Chip, die seine besondere, nach außen hin wirksame, Leistungsfähigkeit bestimmen (vgl. die 200-W-Stereo-Anlage und das 5-Gang-Schaltgetriebe beim Cabriolet):

- ❏ Wie werden die digitalen I/O-Ports angesprochen?
- ❏ Wie arbeitet man mit den Zähler-/Zeitgeber-Einheiten?
- ❏ Wie werden Zeichen über die serielle Schnittstelle ausgesendet und empfangen?
- ❏ Wie werden Interrupts abgearbeitet?
- ❏ etc.

Mit all diesen Punkten werden wir uns deshalb eingehend beschäftigen, denn die stürmische technische Entwicklung in den letzten 23 Jahren hat es ermöglicht, dass der „alte 8051er-Kern" gemäß dem Familienkonzept auf vier Gebieten wesentlich verbessert werden konnte:

1. Verringerung der Leistungsaufnahme des µCs

„Opa" 8051 (NMOS-Technik): 125–160 mA je nach Betriebsfrequenz.

„Enkel" 80C51 (CMOS-Technik): 10–20 mA je nach Betriebsfrequenz.

2. Erhöhung der Arbeitsgeschwindigkeit (Taktfrequenz) des µCs

8051: max. 8 MHz Taktfrequenz.

Neuester Dallas-Enkel DS80C400: max. 75 MHz Taktfrequenz.

3. Herabsetzung der µC-Betriebsspannung

8051: 5 V Betriebsspannung.

Neuester Philips-Enkel P80C51: Betrieb ab 1,8 V möglich.

Speziell in Verbindung mit dem ersten Punkt können solche µC-Bausteine nun ganz hervorragend in batterieversorgten und/oder solargespeisten Geräten eingesetzt werden.

6. Die 8051er-Mikrocontroller-Familie

4. Erweiterungen der ON-Chip-Funktionalitäten

Wie bereits erwähnt, unterscheidet sich ein Mikrocontroller von einem Mikroprozessor dadurch, dass dem µC eine Menge von Zusatzbausteinen auf dem Chip mitgegeben werden.

Solche zusätzlichen Funktionseinheiten nennt man ON-Chip-Peripherie-Einheiten; durch sie wird die Funktionalität, d.h. die Leistungsfähigkeit und die Kompaktheit, eines µC-Bausteins wesentlich gesteigert.

Die *Tab. 6.2* zeigt zusammengefasst die Vorteile solch einer verstärkten Integration von zusätzlichen Baustufen mit auf dem µC-Siliziumchip.

- Die Anzahl der einzusetzenden Bauteile wird drastisch reduziert:
  - → Der Platinenaufbau wird einfacher.
  - → Die Anzahl der möglichen Fehlerquellen sinkt.
     - → Die Zuverlässigkeit der Schaltung steigt.
  - → Die Systeme werden kleiner.
- Die Systeme nehmen weniger Leistung auf:
  - → Die entstehende Verlustwärme wird geringer.
     - → Die Lebensdauer der Bauteile erhöht sich.
        - → Die Zuverlässigkeit der Schaltung steigt.
- Die Timing-Problem beim Anschluss externer Bausteine fallen weg:
  - → Der Entwurf der Systeme vereinfacht sich.
  - → Das Zusammenspiel zwischen den einzelnen Einheiten funktioniert reibungslos, wird vom µC-Hersteller garantiert und braucht daher vom Entwickler nicht besonders untersucht bzw. beachtet zu werden.
- Die Systeme werden preiswerter.

Tab. 6.2: Die Vorteile von ON-Chip-Peripherie Einheiten

Auf dem Gebiet dieser zusätzlichen ON-Chip-Peripherie-Einheiten für den 8051er-Kern wurden die größten Fortschritte erzielt; einige Schwerpunkte der aktuellen Entwicklungen sollen hier kurz aufgeführt werden:

Speicherausstattungen

Auf dem Chip selber können immer größere Programm- und Datenspeichereinheiten integriert werden (ROM, EPROM, EEPROM, FLASH EPROM, RAM).

Timer-Baugruppen

Immer komplexere Zähler-/Zeitgeber-Einheiten werden ON-Chip aufgebracht.

6. Die 8051er-Mikrocontroller-Familie

Serielle Schnittstelleneinheiten

Von einfachen USART-Blöcken bis hin zu vollständigen Kommunikationsprozessoren für komplexe Busprotokolle (CAN, I^2C-Bus, PROFIBUS etc.) reicht das Spektrum der Datenübertragungsbaugruppen.

Kopplungsbaugruppen zur Ankopplung an die „Analoge Außenwelt"

Hier sind A/D- und D/A-Wandlerstufen mit Auflösungen von 8 bis 24 Bit und mit bis zu 12 gemultiplexten Ein- bzw. Ausgängen zu nennen. Echte analoge Spannungskomparatoren ergänzen diese Vielfalt.

Zeit- und Kalenderbaugruppen

Anzeigebaugruppen
zur Ansteuerung von LED- und LCD-Anzeigen.

Datenverschlüsselungsbaugruppen

zum Einsatz solcher µC in sicherheitsrelevanten Umgebungen: z.B. „Geld-Chip-Karten" oder Krankenversicherungs-Karten mit automatischer Selbstzerstörung der Daten bei unbefugtem Zugriff.

Verschiedene weitere Zusatzbaugruppen

☐ Implementierung einer schnellen Recheneinheit speziell für 32/16-Bit-Multiplikation/Division
☐ Power-Down-Stufen zur Reduzierung der Leistungsaufnahme des Chips

Verbesserungen am Chip selber
EMV optimierte µC zum Einsatz in sehr störbehafteten Umgebungen (z.B. Kfz-Bereich)

Es lässt sich daher generell sagen, dass sich die 8051er-Familie im Wesentlichen in drei wichtige Richtungen weiterentwickelt hat. Die *Abb. 6.2* zeigt einen Ausschnitt aus dem weitverästelten Stammbaum dieser Familie.

Trotz all dieser Veränderungen und Ergänzungen ist die wesentliche Kernaussage des Familienkonzepts immer erhalten geblieben:

Haben Sie einmal eine Programmiersprache für den 8051er gelernt, so können Sie alle Bausteine aus der Familie damit programmieren, und Sie brauchen sich nur ganz gezielt mit den neuen Erweiterungen zu beschäftigen!

Damit sind wir dann auch schon beim zweiten wichtigen Punkt einer µC-Familie angelangt: den Programmiersprachen.

Die *Tab. 6.3* zeigt eine Übersicht über die wichtigsten Sprachen für 8051er-µC.

Die grundlegendste Sprache ist die Maschinensprache, auch Assembler-Sprache genannt. Mit ihr lassen sich äußerst kompakte und am schnellsten ablaufende Programme schreiben. Aber leider ist

6. Die 8051er-Mikrocontroller-Familie

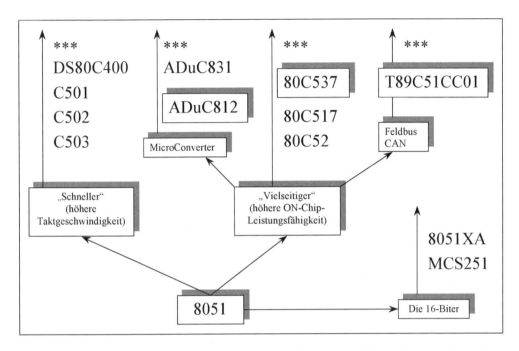

Abb. 6.2: Die Entwicklungstendenzen der 8051er-Familie und der 8051er-Familien-Stammbaum

Die „Ur-Sprache", für alle Anwendungen geeignet:
- Assembler51 (ASM51)

Hochsprache der ersten Generation:
- Programming Language for Microcontrollers PL/M51

Hochsprachen für schnelle und einfache bis komplexe Lösungen:
- BASIC52
- Pascal51

Heutiger Stand der Technik, Profi-Hochsprache der neuesten Generation:
- C51

Spezial-Hochsprachen für besondere Anwendungen z.B. in der Mess-, Steuer- und Regelungstechnik:
- Fuzzy51
- Forth51
- Modula51
- Control51

Tab. 6.3: Die Programmiersprachen für die 8051er-Familie

6. Die 8051er-Mikrocontroller-Familie

der Umgang mit Assembler nicht ganz einfach und gerade für den „Anfänger" sehr gewöhnungsbedürftig. Auch ist die Leistungsfähigkeit der einzelnen Assembler-Befehle nicht sehr groß.

Um hier wesentlich angenehmere Arbeitsbedingungen für den menschlichen Programmierer zu schaffen, wurden die Hochsprachen entwickelt: Sie enthalten sehr leistungsfähige Befehle, mit denen man schnell gute und optimale Programm-Ergebnisse erzielen kann.

Die Nachteile hierbei sind, dass der entstehende Programmcode nicht immer so kompakt ist wie bei einem Assembler-Programm und dass Hochsprachenprogramme oft etwas langsamer ablaufen als Assembler-Programme.

> ☛ **Merke: „Die Hochsprachen"**
>
> Hochsprachen-Befehle sind nichts anderes als eine Ansammlung von Assembler-Befehlen, die, nacheinander ausgeführt, die programmtechnische Realisierung des jeweiligen Hochsprachenbefehls darstellen.
>
> Hochsprachenbefehle werden also immer auf Assembler-Befehle zurückgeführt; dazu benötigt man einen so genannten Compiler (Übersetzer). Dieser setzt die einzelnen Hochsprachenbefehle in geeignete Assembler-Befehlsfolgen um, die dann vom µC bearbeitet werden können.
>
> Mit anderen Worten: Ist solch ein Compiler vom Hersteller gut entwickelt worden, so erhält man eine optimale Umsetzung der Hochsprachenbefehle in Assembler-Befehle: das resultierende Assembler-Programm ist kurz, kompakt und läuft schnell ab.
>
> Ist der Compiler dagegen „nicht so gut entwickelt" worden, so ist das endgültige Assembler-Programm länger und läuft langsamer ab als ein Programm, das direkt in Assembler programmiert wurde.

Bereits hier sollten Sie sich schon mit einer wichtigen Tatsache vertraut machen:

Die beiden grundsätzlichen Forderungen bei der µC-Programmierung:

1. Das Programm soll möglichst klein und kompakt sein (damit man nicht so viel Programmspeicherplatz benötigt)
2. Das Programm soll möglichst schnell ablaufen (damit z.B. die Regelung einer hochtourig laufenden Maschine optimal durchgeführt werden kann)

schließen sich im Allgemeinen immer gegenseitig aus !

Ein schnell ablaufendes Programm hat sehr oft nicht die kleinstmögliche Länge, und andererseits läuft ein kompaktes Programm meistens nicht am schnellsten ab. Hier sind dann immer geeignete Kompromisse zwischen Länge und Laufzeit einzugehen.

Kommen wir nun zurück zu den 8051er-Hochsprachen: die Erste, die entwickelt wurde, war PL/M51. Sie war bereits sehr leistungsfähig, ist aber heute leider in „Vergessenheit" geraten.

Den heutigen Stand der Technik repräsentiert ohne Zweifel die Sprache C51 für den engagierten Praktiker und für den Profi-Programmierer.

6. Die 8051er-Mikrocontroller-Familie

Hierin liegt dann aber auch schon das Problem: Für einen absoluten „Neuling", ohne jedes Programmierwissen und ohne jede Programmiererfahrung, ist die erstmalige Beschäftigung mit C51 wie ein „satter Sprung ins kalte Wasser", denn neben dem noch unbekannten Wesen „Mikrocontroller" kommen bei C51 jetzt noch die Probleme mit einer Programmiersprache hinzu, die sehr komplex aufgebaut ist und vom Programmierer eine sehr hohe Disziplin beim Programmieren erfordert.

Mit anderen Worten: Die Beschäftigung mit C51 ist heutzutage zwar unerlässlich, aber der erste Einstieg ist nicht ganz so „angenehm"!

Der zukünftige Programmierer muss daher auf jedem Fall einfach und schrittweise, mit vielen Beispielen und Applikationen zum sofortigen Ausprobieren in diese Sprache eingeführt werden, damit die sonst recht häufigen „Anfangsfrustrations-Erlebnisse" ausbleiben und die gesamt Mikrocontroller-Technik nicht mit den Worten „So ein Schrott!" verteufelt wird.

Und dieses sind dann auch die beiden Ziele unserer Lehrbuchreihe:

1. Einführung in die faszinierende Welt der Mikrocontroller am Beispiel der 8051er-Familie und
2. Einfache, leichte und dennoch effektive Einführung in die Programmiersprache C, speziell zur Programmierung von Mikrocontrollern.

Die zuletzt in der *Tab. 6.3* aufgeführten 8051er-Programmiersprachen sind Sonderentwicklungen für ganz bestimmte Bereiche der Technik, die aber immer mehr an Bedeutung gewinnen, wie z.B. die Fuzzy-Logik.

Aber auch hier gilt:

> ☞ **Merke: „Der Umstieg auf eine andere Programmiersprache"**
>
> Wenn Sie sich erst einmal mit dem µC bzw. mit dem grundlegenden Konzept einer µC-Familie vertraut gemacht haben und eine Programmiersprache beherrschen, dann ist der Umstieg auf eine andere Programmiersprache relativ einfach.

> ☝ **Wichtig: „Die verwendete Hardware"**
>
> Für die eingesetzte Hardware (den eingesetzten µC) ist es völlig egal, mit welcher Programmiersprache Sie programmieren: Letztendlich erzeugen alle Hochsprachen-Compiler als „Endprodukt" ein mehr oder weniger gut optimiertes Assembler-Programm, das in den Programmspeicherbereich (in den Programmspeicherbaustein) des µC-Systems geladen und dann problemlos vom µC abgearbeitet wird. Der µC merkt also gar nicht, womit Sie sein Programm erstellt haben.

Die verwendeten Mitglieder der 8051er-Familie

Nachdem nun die Software-Frage geklärt worden ist, kommen wir jetzt zur Auswahl der geeigneten 8051er-Familienmitglieder für unsere weiteren Betrachtungen bzw. für unsere Hardware-Experimental-Systeme.

6. Die 8051er-Mikrocontroller-Familie

Von den über 250 in Frage kommenden Kandidaten aus der 8051er-Welt haben wir zunächst beispielhaft drei Stück ausgewählt, die einerseits möglichst viele interessante Gebiete der Mikrocontroller-Anwendungen abdecken und die andererseits von großen Halbleiterherstellern gefertigt werden, so dass es zu keinerlei Beschaffungsproblemen kommen sollte:

- den *ADuC812* von Analog Devices, für kleine kompakte Stand-Alone-Anwendungen bestens geeignet,
- den *80C537* von Infineon, für ausbau- und leistungsfähige Universalsysteme geschaffen, und
- den *T89C51CC01* von Atmel, insbesondere zum Aufbau von Mikrocontroller-Stationen geeignet, die besonders einfach an den CAN-Bus angeschlossen und betrieben werden sollen.

Zu jedem dieser Chips haben wir dann eine entsprechende „Einsatzhardware" entwickelt, so dass für den Anwender Experimental-Boards für die unterschiedlichsten Zwecke zur Verfügung stehen.

Wichtiger Hinweis:
Da der 80C537er eines der Mitglieder mit der größten Anzahl von ON-Chip-Peripherie-Elementen ist, werden wir diesen µC weitestgehend in den Mittelpunkt unserer Betrachtungen in den Büchern stellen.
Auf unsere Internet-Homepage finden Sie aber auch weitere Informationen, Anwendungen und Beispiele zu den anderen Controllern.

Aber natürlich ...
... können Sie auch jeden anderen Mikrocontroller aus der 8051er-Welt einsetzen und jede andere Experimental-Hardware in Verbindung mit dieser Lehrbuchreihe verwenden, denn Sie wissen ja bereits: Die Programmierung mittels C51 ist für alle Familienmitglieder identisch, Sie müssen lediglich die unterschiedlichen Eigenschaften, d.h. die verschiedenen ON-Chip-Peripherie-Einheiten kennen und bedienen lernen!
In den nachfolgenden Kapiteln werden wir daher zunächst die drei zuvor genannten Chips näher vorstellen.

6.1 Der ADuC812 von Analog Devices

Der ADuC812 gehört zur Familie der so genannten MicroConverter von Analog Devices; die Bausteine aus dieser Gruppe stellen dem Anwender neben einem leistungsfähigen µC-Kern aus der 8051er-Familie und einem ON-Chip-Flash-Programm- und Daten-Speicher jetzt erstmalig ein mehrkanaliges 12-Bit-Analog-Interface sowohl für die Eingaberichtung (A/D-Wandler) als auch für die Ausgaberichtung (D/A-Wandler) auf einem Chip zur Verfügung.
Das erste Mitglied dieser MicroConverter-Familie, der ADuC812, erschien Mitte 1999 auf dem Markt; die *Tab. 6.1.1* zeigt die technischen Daten dieses und der weiterentwickelten Chips (ADuC812xx ≡ ANALOG DEVICES MicroConverter, 8-Bit-Datenbus, 12-Bit-A/D-Wandler-Auflösung, xx Kennzeichnung weiterentwickelter Derivate).
Wir sehen uns nachfolgend den ADuC812, den „Opa" dieses Familienzweiges, etwas näher an.

6. Die 8051er-Mikrocontroller-Familie

Generic Part #	ADC	DAC	Flash/EE Program Memory	Flash/EE Data Memory	RAM	Packages	Special Features
ADuC812	8-chan 12-Bit	Dual 12-Bit	8K-byte	640-byte	256-byte	52-PQFP 56-CSP	5 µs ADC Conversion
ADuC814	6-chan 12-Bit	Dual 12-Bit	8K-byte	640-byte	256-byte	28-TSSOP	Small, Low-Cost, Low-Power
ADuC816	Dual 16-Bit	Single 12-Bit	8K-byte	640-byte	256-byte	52-PQFP 56-CSP*	Programmable Gain Input
ADuC824	24-Bit + 16-Bit	Single 12-Bit	8K-byte	640-byte	256-byte	52-PQFP 56-CSP*	Pin-Compatible Upgrade to ADuC816
ADuC831	8-chan 12-Bit	Dual 12-Bit + Dual PWM	62K-byte	4K-byte	256+2K-byte	52-PQFP 56-CSP	"Big Memory" Upgrade to ADuC812
ADuC832	8-chan 12-Bit	Dual 12-Bit + Dual PWM	62K-byte	4K-byte	256+2K-byte	52-PQFP 56-CSP	"Big Memory" Upgrade to ADuC812 plus PLL
ADuC834	24-Bit + 16-Bit	Single 12-Bit + Dual PWM	62K-byte	4K-byte	256+2K-byte	52-PQFP 56-CSP	"Big Memory" Upgrade to ADuC824
ADuC836	Dual 16-Bit	Single 12-Bit + Dual PWM	62K-byte	4K-byte	256+2K-byte	52-PQFP 56-CSP	"Big Memory" Upgrade to ADuC816
ADuC841*	8-chan 12-Bit	Dual 12-Bit + Dual PWM	62K-byte	4K-byte	256+2K-byte	52-PQFP 56-CSP	"Big Memory" Upgrade to ADuC812 Fast 8052 Core
ADuC842*	8-chan 12-Bit	Dual 12-Bit + Dual PWM	62K-byte	4K-byte	256+2K-byte	52-PQFP 56-CSP	"Big Memory" Upgrade to ADuC812 plus PLL Fast 8052 Core
ADuC843*	8-chan 12-Bit	Dual PWM, no DAC	62K-byte	4K-byte	256+2K-byte	52-PQFP 56-CSP	Same as ADuC842 But Without the DACs
ADuC845*	Dual Multichannel 24-Bit	Single 12-Bit + Dual PWM	62K-byte	4K-byte	256+2K-byte	52-PQFP 56-CSP	Dual 24-bit 10-Channel ADC, upgrade to ADuC844
ADuC847*	Multichannel	Dual PWM	62K-byte	4K-byte	256+2K-byte	52-PQFP 56-CSP	Same as ADuC845 but without 24-Bit Aux ADC & DAC
ADuC848*	Multichannel	Dual PWM	62K-byte	4K-byte	256+2K-byte	52-PQFP 56 CSP	16-Bit Version of the ADuC847. Same as ADuC845 but without 24-Bit Aux ADC & DAC
* Unreleased							Last Updated 10/2003

Tab. 6.1.1: Die Mitglieder der MicroConverter-Familie

Die *Abb. 6.1.1* zeigt ein Foto des Chips, und in der *Abb. 6.1.2* ist das Blockschaltbild dargestellt.

Abb. 6.1.1: Der ADuC812

6. Die 8051er-Mikrocontroller-Familie

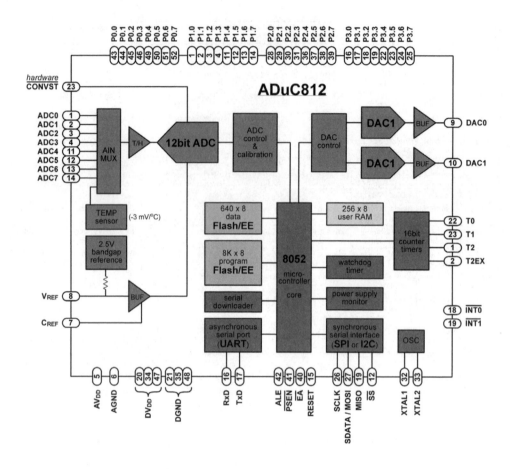

Abb. 6.1.2: Das Blockschaltbild des ADuC812

Werfen wir zunächst einen Blick auf die einzelnen Funktionseinheiten:

Der µC-Kern

Der µC-Kern ist ein Standard-8051er-Kern, dessen Eigenschaften in der *Tab. 6.1.2* zusammengestellt sind.

Das Besondere bei den µC-Funktionsbaugruppen ist zunächst der 8 kByte große Flash-EEPROM-Programmspeicher: Er kann über die ON-Chip-UART vom Entwicklungs-PC aus sehr einfach und schnell mit dem Anwenderprogramm geladen werden. Der dazu notwendige „Serial Downloader" mit der erforderlichen Spannungsversorgungseinheit zur Flash-Programmierung ist bereits mit auf den MicroConverter-Chips enthalten, so dass keine weiteren externen Baugruppen zum Download erforderlich sind.

8051er-Grundfunktionalität, teilweise erweitert:
- 8 Bit-µC-Kern mit 128-Byte-User-RAM (256 Byte beim ADuC812)
- 4-kByte-ON-Chip-ROM (8-kByte-Flash-EEPROM-Programmspeicher beim ADuC812)
- Maximal 64 kByte externer Programmspeicher anschließbar
- Maximal 64 kByte externer Datenspeicher anschließbar (max. 16 MByte beim ADuC812)
- 32 digitale I/O-Port-Pins (vier 8 Bit breite Ports P0–P3)
- 2 * 16 Bit Timer/Counter (3 * 16 Bit Timer/Counter beim ADuC812)
- 5 Interrupt-Quellen auf 2 Interrupt-Prioritätsstufen verteilbar (9 Quellen auf 2 Stufen beim ADuC812)
- Voll-Duplex serielle Schnittstelle (UART)
- ON-Chip-Oszillator-Stufe
- Taktfrequenz: 1,2 MHz ... 18 MHz (nominal: 12 MHz)
- Zwei Stromsparmodi: Idle- und Power-Down-Modus

Zusätzliche Besonderheiten beim ADuC812:
- 640 Byte User-Flash-EEPROM als Data Memory ON-Chip
- Die Pins der Ports P1 sind nur als Eingänge betreibbar: digitale Eingänge oder Eingänge für den ON-Chip-A/D-Wandler
- Die Pins des Ports P3 besitzen eine „Hoch-Strom-Fähigkeit", das heißt, sie können bis zu 8 mA Sink-Strom aufnehmen (1,6 mA beim Standard-8051er)
- Betriebsspannung: 3 V oder 5 V
- Stromaufnahmen (bei f = 12 MHz):

	5 V	3 V
Normal	26 mA	12 mA
Idle	15 mA	6 mA
Powerdown	50 µA	50 µA

Tab. 6.1.2: Die Eigenschaften des ADuC812-µC-Kerns (8051)

Auf der PC-Seite sorgt ein komfortables Windows-Programm für den einwandfreien Transfer des übersetzten Intel-HEX-Files zu den MicroConvertern. Hierauf werden wir in Kapitel 8.5.2 noch näher eingehen.

Das ausführliche Speichermodell für den Programmspeicher des ADuC812 zeigt die *Abb. 6.1.3*.

Der ADuC812 hat schon 8 kByte Flash-EEPROM als Programmspeicher auf dem Chip integriert, so dass eine Vielzahl von Applikationen bereits ohne den Einsatz eines externen Programmspeicherbausteins (z.B. EPROM) ablaufen kann.

6. Die 8051er-Mikrocontroller-Familie

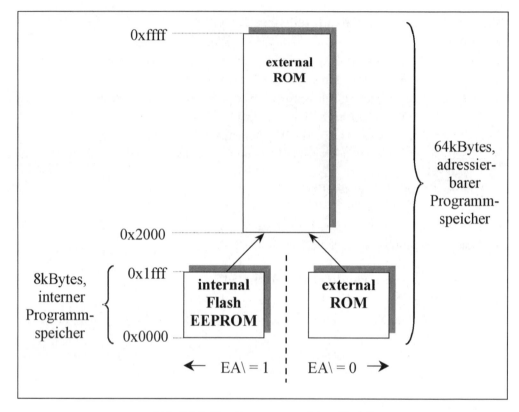

Abb. 6.1.3: Das Programmspeicher-Modell

Für größere Anwendungen ist der Programmspeicher dann extern auf bis zu 64 kByte insgesamt erweiterbar, wobei der ADuC812 die Umschaltung zwischen internem und externem Programmspeicherbereich automatisch, also selbständig durchführt.

Es fällt beim ADuC812 auf, dass kein ON-Chip-RAM-Speicherbereich vorhanden ist, der als externer Datenspeicher verwendet werden kann, das heißt, als Anwender ist man, wie bei 8051ern üblich, auf die 256 Byte internem RAM zur Speicherung und Verarbeitung seiner Daten angewiesen. Benötigt man mehr Datenspeicher, so lassen sich externe Erweiterungen auf bis zu 16 MByte (!) durchführen (beim „normalen" 8051er sind direkt nur 64 kByte möglich).

Als weitere Besonderheit besitzt der ADuC812 jedoch noch zusätzlich einen 640 Byte großen ON-Chip-Flash-EEPROM-Bereich, der dem Anwender als frei nutzbarer Speicher zur Verfügung steht, z.B. zur spannungsausfallgeschützten Ablage von Umrechnungs- und Identifikationswerten etc. Der Zugriff auf diese Speicherstellen erfolgt über besondere Register (Special Function Register, SFR), so dass dieser Flash-Bereich nicht den normalen Adressraum des ADuC812 belegt.

Die zusätzlich zum 8051er-Kern noch auf dem Chip integrierten Funktionsblöcke zeigt in einer Übersicht die *Tab. 6.1.3*.

6. Die 8051er-Mikrocontroller-Familie

- 8-kanaliger A/D-Wandler mit 12 Bit Auflösung
- Digitaler Temperatursensor
- 2-kanaliger D/A-Wandler mit 12 Bit Auflösung
- 2,5 V Referenzspannungsquelle
- Serielles synchrones Datenübertragungs-Interface gem. SPI- bzw. I2C-Bus-Standard
- Watchdog-Timer
- Power Supply Monitor (Betriebsspannungsüberwachung)

Tab. 6.1.3: Die zusätzlich integrierten Funktionseinheiten auf dem ADuC812-Chip

Die besonders herausragenden Eigenschaften der MicroConverter sind jedoch die hochpräzisen Schnittstellen zur analogen Umwelt, die A/D- und die D/A-Wandler-Einheit.

Während bei den D/A-Wandlern die Auflösung zur Zeit noch 12 Bit beträgt, stehen dem Anwender je nach ADuC-Typ A/D-Wandler-Auflösungen von 12, 16 oder 24 Bit zur Verfügung.

Der A/D-Wandler

Der A/D-Wandler des ADuC812 hat eine Auflösung von 12 Bit mit 8 Eingangskanälen und integrierter ‚Sample and Hold'-Stufe auf dem Chip. Die zusammengefassten Daten des A/D-Wandler-Teils zeigt die *Tab. 6.1.4*.

- 8-kanaliger, selbstkalibrierender A/D-Wandler mit 12 Bit Auflösung
- Wandlungsverfahren: Sukzessive Approximation
- Wandlungszeit: 5µs => Abtastrate: 200 kS/s (kilo Samples Per Second)
- Referenzspannung VREF: +2,5 V intern erzeugt oder +2,3 V ... +5,0 V extern anschließbar
- Eingangsspannungsbereich: 0 V ... V_{REF}
- Integrierte Sample and Hold-Stufe
- Integrierter DMA-Controller, um den Datentransfer zum Speicher bei der höchsten Abtastrate zu bewältigen
- INL: ±1/2 LSB
- SNR: 70 dB

Tab. 6.1.4: Der A/D-Wandler-Teil des ADuC812

Das Bemerkenswerte bei diesem A/D-Wandler ist zum einen die für einen µC-ON-Chip-Wandler hohe Auflösung von 12 Bit und zum anderen die geringe Wandlungszeit (Conversion Time) von 5 µs, die durch einen einstellbaren DMA-Transfer der Messdaten in den externen Datenspeicher unterstützt wird.

6. Die 8051er-Mikrocontroller-Familie

Der digitale ON-Chip-Temperatur-Sensor

Zusätzlich zu seinen 8 nach außen hin sichtbaren Eingangskanälen hat der A/D-Wandler noch einen „versteckten" internen 9. Kanal, an dem ein analoger ON-Chip-Temperatur-Sensor angeschlossen ist. Dieser liefert ein hochlineares, der aktuellen Chip-Temperatur (!) proportionales Spannungssignal, das vom A/D-Wandler gewandelt werden kann und so dem Anwender Aufschluss über die Chip-Temperatur und mittels entsprechender Umrechnungen auch über die aktuelle Außentemperatur geben kann.

Die Referenzspannungsquelle

Der ADuC812 besitzt eine interne Bandgap-Spannungsquelle (+2,5 V), die als Referenzspannungsquelle sowohl für den A/D- als auch für den D/A-Wandler dient.

Es kann aber auch eine externe Referenzspannungsquelle im Bereich von +2,3 ... +5,0 V angeschlossen werden (die interne Referenzspannungsquelle wird dann automatisch abgeschaltet).

Der D/A-Wandler

Die Daten der beiden D/A-Wandler-Kanäle des ADuC812 zeigt die *Tab. 6.1.5*.

- 2 getrennte D/A-Kanäle, garantiert monoton
- 8 Bit oder 12 Bit Auflösung einstellbar
- 8 μs Einstellzeit (Settling-Time)
- Gepufferte Ausgangsspannung (Ausgangslast $\geq$ 10 kΩ)
- Ausgangsspannungsbereich:
    - 0 ... intern V_{REF} (+2,5 V) oder
    - 0 ... D_V ($\equiv$ Betriebsspannung des Digital-Teils $\equiv$ +5 V)
    - Rail-to-Rail-Verhalten ($\Delta U \leq$ 100 mV)
- DNL: ±1/2 LSB

Tab. 6.1.5: Der D/A-Wandler-Teil des ADuC812

Das serielle synchrone Datenübertragungs-Interface

Das serielle synchrone Datenübertragungs-Interface kann konfiguriert werden als:

SPI (Serial Peripheral Interface):

- Standardisierte 3-Draht-serielle-Datenübertragungs-Schnittstelle
- Vollduplex
- Master/Slave-Operation
- Vier einstellbare Datenübertragungs-Raten

I^2C-Bus (Inter IC-Bus):

- Standardisierte 2-Draht-serielle-Datenübertragungs-Schnittstelle
- Master/Slave-Mode
- 7 Bit Adress-Modus

Der Watchdog-Timer

Der Watchdog-Timer sorgt dafür, dass das MicroConverter-Programm ordnungsgemäß abgearbeitet wird. Im Fehlerfall erfolgt ein Zwangs-Reset des ADuC812, so dass das Programm zumindest von definierten Anfangsbedingungen aus erneut starten kann.

Die in 8 Stufen einstellbaren Überwachungszeiten liegen im Bereich von 16 ... 2048 ms.

Der Power-Supply-Monitor

überwacht die beiden Betriebsspannungen AVDD und DVDD. Fallen diese Spannungen unter eine von fünf einstellbaren Überwachungsgrenzen (z.B. bei einem totalen Betriebsspannungsausfall oder einem kritischen Spannungseinbruch), so erzeugt diese Überwachungseinheit rechtzeitig, also bevor der Spannungseinbruch eine kritische Untergrenze erreicht, einen Interrupt im µC-Kern.

Damit ist unser kurzer Überblick über die Hardware-Struktur des ADuC812 beendet; im Kapitel 7.1 stellen wir Ihnen ein kleines Experimentalsystem vor, mit dem Sie Ihre ersten eigenen Schritte mit dem ADuC812 durchführen können.

Weitere vielfältige Informationen, Datenblätter, Applikationen etc. zu den MicroConvertern finden Sie in [25, 26].

6.2 Der 80C537er von Infineon

Wenn Sie sich noch einmal die *Abb. 6.2* ansehen, so erkennen Sie, dass in Bezug auf die ON-Chip-Leistungsfähigkeit der 80C517er-µC-Zweig eine 8051er-Familienlinie mit Spitzenprodukten darstellt (Zitat des Herstellers: „Der SAB80C517 – Unser 8-Bit-Elefant").

Aufgrund der sehr großen Vielseitigkeit der µC dieses 8051er-Astes haben wir einen Baustein daraus zu einem der Kernstücke unserer Lehrbuchreihe gemacht.

Der µC 80C517 ist innerhalb der 8051er-Familienstruktur als einer der „Vater-Bausteine" anzusehen, von dem wiederum eine Reihe von „Kinder-Bausteinen" abgeleitet worden sind.

Die *Tab. 6.2.1.* zeigt die grundsätzlichen Kenndaten dieses 8051er-Ablegers.

In der *Abb. 6.2.1* ist das funktionale Blockschaltbild des 80C517ers abgebildet.

Der 80C517er hat eine Reihe von Funktionen mehr zu bieten als der ursprüngliche 8051er. Im Vergleich zum 8-Bit-Originalentwurf betreffen diese Erweiterungen unter anderem eine 32-/16-Bit-MDU (Multiplication/Division-Unit) und eine auf vier Ebenen erweiterte Interrupt-Struktur. Darüber hinaus sind drei 8-Bit-I/O-Ports hinzugekommen, ebenso wie 12 universell verwendbare Eingänge.

6. Die 8051er-Mikrocontroller-Familie

- Kompletter 8051er-µC-Kern
- 8-kByte-ON-Chip-Programmspeicher-ROM (nur beim 80C517er)
- ROM-lose Version: 80C537er
- 256-Byte-ON-Chip RAM
- 256 direkt adressierbare Bits
- 1-µs-Befehlszykluszeit bei 12 MHz Taktfrequenz
- 64 der 111 Assembler-Befehle werden in einem Befehlszyklus abgearbeitet.
- Externer Programm- und Datenspeicher jeweils bis auf 64 kByte ausbaubar
- 8-Bit-A/D-Wandler mit:
  - 12 gemultiplexten Eingängen
  - Programmierbarer Referenzspannung
  - Externem/internem Wandlungsstart
- Zwei 16-Bit-Zähler-/Zeitgeber-Einheiten
- Leistungsfähige Compare-/Capture-Einheit (CCU) mit einer weiteren 16-Bit-Zähler-/Zeitgeber-Einheit und einem weiteren 16-Bit-High-Speed-Zähler für schnelle Vergleichs-Funktionen:
  - ein 16-Bit-Reload-/Compare-/Capture-Register
  - vier 16-Bit-Compare-/Capture-Register, eines davon kann im 9-Bit-Concurrent-Compare-Modus arbeiten
  - Acht schnelle 16-Bit-Compare-Register
- Arithmetik-Einheit für Division, Multiplikation, Shift- und Normalisierungs-Operationen
- Acht Data-Pointer für die indirekte Adressierung von Programmspeicher und externem Datenspeicher
- Erweiterte Watchdog-Eigenschaften:
  - 16 Bit programmierbarer Watchdog-Timer
  - Oszillator-Watchdog
- Neun Ports:
  - Sieben bidirektionale digitale 8-Bit-Ports
  - Ein 8-Bit-Port und ein 4-Bit-Port für analoge und digitale Eingangssignale
- Zwei voll-duplex serielle Schnittstellen mit eigenen Baud-Rate-Generatoren
- Interrupt-System mit vier Interrupt-Prioritätsstufen und 14 Interrupt-Vektoren
- Drei Energie-Spar-Modi:
  - Slow-Down-Mode
  - Idle-Mode
  - Power-Down-Mode

Tab. 6.2.1: Die Kenndaten des 80C517er-Familienzweiges

6. Die 8051er-Mikrocontroller-Familie

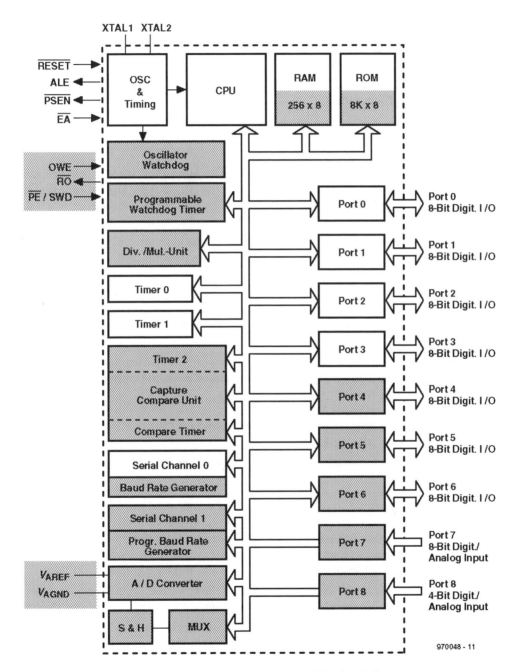

*Abb. 6.2.1: Das funktionale Blockschaltbild des 80C517ers
(die schraffierten Blöcke sind die Ergänzungen zum „reinen" 8051er!)*

6. Die 8051er-Mikrocontroller-Familie

Einer der im 80C517er eingebauten seriellen Kanäle ist kompatibel zum 8051-typischen UART und arbeitet mit einem programmierbaren Baudratengenerator.

Digitale Analogsignalverarbeitung mit 8 bzw. 10 Bit Auflösung ist dank des integrierten A/D-Wandlers möglich, der mit einer einstellbaren Referenzspannung arbeitet.

Die Arbeit des A/D-Wandlers wird von einer leistungsfähigen Compare/Capture-Einheit unterstützt, die zwei 16-Bit-Timer enthält.

Neben der ohnehin schon geringen Leistungsaufnahme, die sich aufgrund der Herstellung in CMOS-Technik ergibt, verfügt der Controller mit Idle-, Power-Down- und Slow-Down-Betrieb über weitere stromsparende Eigenschaften.

Für unsere Anwendungen besitzt der 80C517er jedoch eine Eigenschaft, die wir nicht benötigen: Er enthält einen internen ON-Chip-Programmspeicher vom „ROM-Typ", und das bedeutet, dass das µC-Programm vom µC-Hersteller bei der Fertigung des µCs fest und unveränderbar auf dem µC-Chip eingebrannt wird.

Solche µC-Bausteine werden von der Großindustrie bevorzugt eingesetzt, wenn Geräte wie z.B. Waschmaschinen, Videorecorder oder ABS-Systeme in der Automobilindustrie zu Zehntausenden oder in Millionen Stückzahlen hergestellt werden.

Man entwickelt in diesen Fällen einmal die benötigte Software, testet sie gründlich aus, und da sie später niemals mehr geändert wird, d.h. für den Rest der Lebensdauer des Gerätes ihren Dienst in diesem versieht, kann man dem µC-Hersteller sagen: „Bitte 100.000 80C517er mit diesem Programm herstellen".

Das Programm wird nun fest im 80C517er eingebrannt und kann danach durch keinen Effekt mehr verändert oder zerstört werden, auch nicht durch Ausschalten der Betriebsspannung.

Die Vorteile sind nun:

- ❏ Man braucht keine zusätzlichen externen Programmspeicherbausteine im System einzubauen, das System wird also kleiner und kompakter.
- ❏ Solche vom Hersteller fest programmierten µC, die in großen Stückzahlen hergestellt werden, sind sehr preiswert.

Allerdings gibt es bei dieser Art von Chips auch einen sehr großen und kritischen Nachteil: Wenn sich z.B. einige Wochen nach der Fertigung der 100.000 µC-Bausteine noch ein Programmfehler herausstellt, so können Sie diesen unter keinen Umständen mehr beheben, die Chips haben also nur noch Schrott-Wert, und als verantwortlicher Software-Entwickler werden Sie dann ein sehr interessantes Gespräch mit den Worten beginnen: „Chef, ich hätte da mal ein kleines Problem ..."

Für unsere Lerntätigkeit dagegen benötigen wir keinen solchen unlöschbaren Programmspeicher, denn im Verlaufe der Lektionen werden Sie Programme ändern, Programme korrigieren, Programme neu schreiben etc.

Wir brauchen also einen externen, immer wieder löschbaren Programmspeicher und einen µC ohne internes ROM.

Daher kommt hier ein 80C537er zum Einsatz, der die gleichen Eigenschaften wie ein 80C517er aufweist, nur eben kein internes ROM besitzt.

6. Die 8051er-Mikrocontroller-Familie

Als Programmspeicher für die Entwicklungsphase dient ein RAM-Baustein, der jeder Zeit mit einem neuen oder einem geänderten Programm geladen werden kann, der allerdings seinen Speicherinhalt verliert, wenn man die Betriebsspannung abschaltet. Sie müssen also nach jeder Inbetriebnahme unseres Experimental-Boards mit dem 80C537er (80C537er-TFH-Board) zuerst immer Ihr gewünschtes Programm einladen.

Eine Weiterentwicklung in diesem 80C517er-Familienzweig sind die A-Typen, also der 80C517Aer bzw. der 80C537Aer, die ON-Chip auch noch einen 2 kByte großen Datenspeicher besitzen. Bei kleineren Anwendungen kann man so einen weiteren externen Speicherbaustein einsparen, wenn dieser interne Datenspeicherbereich ausreicht (darüber hinaus besitzt ein 80C537Aer noch zusätzliche Verbesserungen gegenüber dem normalen 80C537er, z.B. einen echten 10-Bit-A/D-Wandler, erweiterte CCU-Funktionen, zusätzliche Interrupt-Vektoren etc.) [27].

Diese A-Versionen können ebenfalls in der nachfolgend beschriebenen Experimental-Hardware eingesetzt werden, in unseren Lehrbüchern beschränken wir uns aber auf das Arbeiten mit dem „80C537er-nicht-A-Typ".

6.3 Der T89C51CC01 von Atmel

Der *CAN-Bus* setzt sich im industriellen Bereich auf immer neuen Gebieten unaufhaltsam als leistungsfähiges und vor allen Dingen fehlersicheres und preiswertes Bussystem zur Verbindung von Sensoren und Aktoren durch.

Auch kleine bis mittlere Steuerungen werden inzwischen vielfach über den CAN-Bus miteinander gekoppelt.

Obwohl die softwaremäßige Umsetzung der international genormten CAN-Bus-Festlegungen (Datenübertragungsprotokoll, Fehlersicherungsmechanismen etc.) sehr aufwendig ist, hat der heutige Anwender damit nicht mehr das Geringste zu tun, denn durch die moderne leistungsfähige Mikroelektronik ist es möglich geworden, sämtliche CAN-Protokolle „in Hardware zu gießen", das heißt, dem Entwickler wird ein entsprechender µC mit ON-Chip-CAN-Controller zur Verfügung gestellt, der den kompletten Datentransfer über den CAN-Bus inclusive der Fehlersicherung und Nachrichtenfilterung automatisch abwickelt.

Der Anwender braucht, vereinfacht gesprochen, nur auf der Sender-Seite die Daten für den CAN-Bus in den Chip einzuspeisen und kann dann auf der Empfänger-Seite diese Daten einfach aus dem CAN-Chip auslesen.

Zusätzlich abfragbare Status-Bits geben Aufschluss über aufgetretene Fehler.

Über einige Steuerregister innerhalb des CAN-Funktionsblocks lassen sich Datenübertragungsparameter, (Nachrichten-)Objekt-Identifier, Masken für die Nachrichtenfilterung etc. festlegen.

Ein sehr leistungsfähiger Vertreter dieser erweiterten µC-Generation ist der T89C51CC01 der Firma Atmel, der über einen µC-Kern aus der 8051er-µC-Familie verfügt.

Die *Abb. 6.3.1* zeigt als erste Übersicht das Blockschaltbild dieses µCs.

Man erkennt sehr gut im linken Drittel den 8051er-Kern (C51-Core) mit der Kern-CPU und den charakteristischen ON-Chip-Peripherie-Einheiten, *Tab. 6.3.1*.

6. Die 8051er-Mikrocontroller-Familie

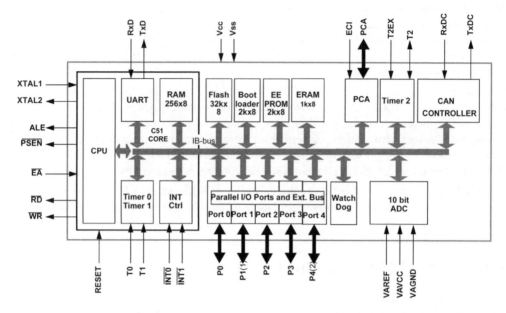

Abb. 6.3.1: Das Blockschaltbild des T89C51CC01

- 8051er-Kern (CPU)
- 256-Byte-ON-Chip-RAM
- 14 Interrupt-Quellen auf 4 Interrupt-Ebenen
- 16-Bit Timer 0 und Timer 1
- Vollduplex UART
- Max. 40 MHz Taktfrequenz
- 8-Bit-Ports P0, P1, P2, P3

Tab. 6.3.1: Die Grundelemente des 8051er-Kerns

Die restlichen 2/3 des Blockschaltbilds zeigen die zusätzlichen Funktionseinheiten auf dem Chip des T89C51CC01, *Tab. 6.3.2*.

Die herausragenden Eigenschaften dieses Mikrocontrollers bilden zunächst die Ausstattung an ON-Chip-Programm- und Datenspeicher.

Der Programmspeicher besteht aus einem 32 kByte großem FLASH-Bereich, in den der Anwender sehr leicht sein Programm vom Entwicklungs-PC aus einladen kann: ISP (In-System-Programming)-Eigenschaft, wobei dieser Download, chip-abhängig entweder über die serielle Schnittstelle oder über den CAN-Bus erfolgen kann.

Hierauf werden wir in Kapitel 8.3 näher eingehen.

Zusätzliche Speicherausstattung:
- 32-kByte-Flash-Memory-Programmspeicher (10 k Schreibzyklen, 10 Jahre Datenerhalt)
- 2-kByte-Flash-Memory für Boot-Loader
- 1-kByte-ERAM (Expanded RAM, erweiterter Datenspeicher)
- 2-kByte-EEPROM (zusätzlicher Datenspeicher; 100k Schreibzyklen)

Zusätzliche ON-Chip-Peripherie-Einheiten:
(Alle Zeitangaben sind bezogen auf 12 MHz Taktfrequenz)
- Timer 2: 16-Bit-Timer/Counter mit AutoReload- und Capture-Funktion
- Watchdog-Timer: Überwachungszeit in 8 Stufen zwischen 16,38 ms ... 2,10 s einstellbar
- PCA (Programmable Counter Array): zusätzlicher Timer/Counter mit 4 verschiedenen Eingangstaktquellen und 5 Compare/Capture-Modulen mit 6 Betriebsarten
- A/D-Wandler mit 8 gemultiplexten Eingängen und 10 bzw. 8 Bit Auflösung; 16 µs Conversion Time; Eingangsspannungsbereich: 0 ... 3 V; externe Referenzspannung
- Full-CAN-Controller gem. den Spezifikationen 2.0A und 2.0B mit vielfältigen Betriebs- und Filtermöglichkeiten
- ON-Chip-Emulator-Unit

Tab. 6.3.2: Die zusätzlichen ON-Chip-Peripherie-Einheiten des T89C51CC01

Ein weiterer 2 kByte großer FLASH-Bereich dient dazu, den Boot-Loader aufzunehmen, der auf der Mikrocontroller-Seite für einen reibungslosen Download der Applikationssoftware sorgt. Der Anwender kann sich nun entweder seinen eigenen Boot-Loader schreiben und in dieses Speichersegment einladen oder auf die bereits von Atmel programmierten und dort abgespeicherten Sequenzen zurückgreifen, die einen sofortigen und problemlosen Programm-Download ermöglichen.

Der gesamte Datenspeicherbereich des Mikrocontrollers besteht, neben den bekannten 256 Byte internen RAMs und SFRs eines 8051ers, aus drei weiteren externen Bereichen:

- dem 8051er-spezifischen, maximal 64 kByte großen externen RAM-Bereich, XRAM genannt,
- einem 1 kByte großen zusätzlichen ON-Chip-RAM-Bereich, der vom Mikrocontroller wie ein externer RAM angesprochen werden kann und Expanded RAM (ERAM) genannt wird,
- einem 2 kByte großen zusätzlichen ON-Chip-EEPROM-Bereich, der vom Mikrocontroller ebenfalls wie ein externer RAM-Speicher angesprochen wird.

Über entsprechende Steuer-Bits in besonderen Registern werden die RAM-Module ERAM und EEPROM bei Bedarf in den unteren Adressbereich des XRAMs eingeblendet, also von 0000h bis 03ffh bzw. bis 07ffh, *Abb. 6.3.2*.

Weitere Besonderheiten sind der zusätzliche Timer T2 und das PCA (Programmable Counter Array) mit vielfältigen Compare- und Capture-Möglichkeiten und der nach dem Prinzip der Sukzessiven Approximation arbeitende A/D-Wandler mit umschaltbarer 8/10-Bit-Auflösung.

6. Die 8051er-Mikrocontroller-Familie

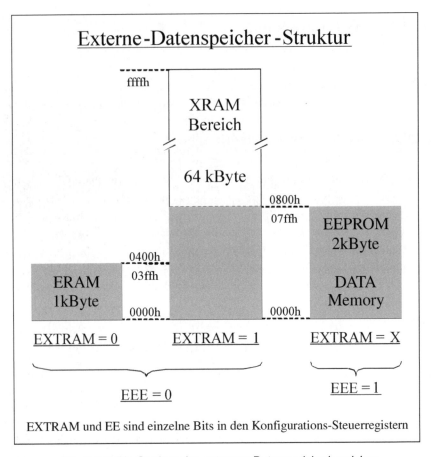

Abb. 6.3.2: Die Struktur des externen Datenspeicherbereiches

Der Watchdog-Timer und der Full-CAN-Controller runden das Leistungsspektrum des T89C51CC01 nach oben hin ab.

Im dritten Band dieser Lehrbuchreihe werden wir uns schwerpunktmäßig mit dem Einsatz dieses µCs im Rahmen des CAN-Busses beschäftigen.

7. Die eingesetzten 8051er-Hardware-Plattformen

Bereits im Kapitel 2 haben wir dargelegt, dass eine der wesentlichsten Kernsäulen in der Mikrocontroller-Ausbildung eine optimal aufgebaute und angepasste Experimental-Hardware ist, wobei optimal bedeutet, dass alle Beispiele und Applikationen aus den Lehrbüchern sofort auf der Hardware lauffähig sind und nicht erst noch größere Änderungen bzw. Anpassungen an der Schaltung vorgenommen werden müssen.

Vor diesem Hintergrund haben wir mit den drei gerade vorgestellten 8051er-Mikrocontrollern verschiedene Experimental-Boards entwickelt, die unterschiedlichste „Interessensgebiete" abdecken und i.A. den Aufbau von

- kleinen, kompakten Stand-Alone-Systemen,
- ausbau- und leistungsfähigen Universalsystemen,
- Feldbusstationen am CAN-Bus

ermöglichen.

Natürlich können Sie auch jedes andere 8051er-Board (z.B. fertige Industrie-Boards) im Rahmen dieses Lehrwerkes einsetzen.

Sie müssen dann nur beachten, ob die her angesprochenen Eigenschaften bzw. Hardware-Optionen auch auf diesen Platinen enthalten sind. Andernfalls müssen Sie zum Lötkolben greifen.

Nachfolgend geben wir Ihnen einen kleinen Überblick über unsere Experimental-Boards.

Detaillierte Beschreibungen mit weiteren Demo-Programmen werden selbstverständlich mit den Boards ausgeliefert, und auch auf unserer Internet-Homepage finden Sie neueste Informationen dazu.

Die Bezugsquellen sind im Anhang 8 aufgeführt.

7.1 Das modulare Universalsystem „80C537er-TFH"

Als einfaches, jedoch leistungsfähiges Entwicklungs- und Experimental-System für den Einstieg in die µC-Technik wurde an der Technischen Fachhochschule (TFH) Georg Agricola zu Bochum, im Fachbereich Elektro- und Informationstechnik das 80C537er-TFH-System entwickelt, das fortlaufend weiter ausgebaut wird, *Abb. 7.1.1*.

Der Grundbaustein dieses modular ausgelegten Systems ist das 80C537er-TFH-Board. Das Besondere an dieser µC-Karte ist, dass alle relevanten Anschlüsse des µC-Systems auf eine 96-poligen VG-Leiste geführt sind, so dass Erweiterungs- und Zusatzkarten sehr einfach hinzugefügt werden können.

7. Die eingesetzten 8051er-Hardware- Plattformen

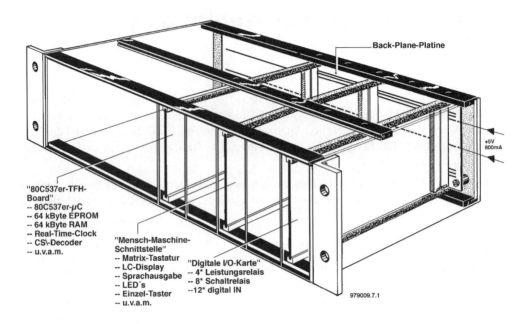

Abb. 7.1.1: Das 80C537er-TFH-System

Als zentrales Verbindungselement für alle Einheiten dient eine entsprechende Back-Plane-Platine, die eine (fast) beliebige Anzahl von Steckplätzen haben kann und auf der alle 96 Leitungen 1:1 untereinander verbunden sind.

Die Karten selber sind alle im Europa-Format (160 mm * 100 mm) ausgelegt, so dass als mechanischer Träger des gesamten Systems die bewährte 19"-Gehäusetechnik mit dem weiten Spektrum an Zubehörteilen zum Einsatz kommen kann (Bezugsquellen siehe Anhang 8).

Bisher sind verschiedene Zusatzkarten entwickelt worden, u.a.:

❏ Zusatzkarte 1: „Die Mensch-Maschine-Schnittstelle",

❏ Zusatzkarte 2: „Die digitale I/O-Erweiterung",

❏ Zusatzkarte 3: „Die CAN-Bus-Ankopplung",

❏ ...

Weitergehende Informationen zu diesem Mikrocontroller-System erhalten Sie über die Firma PalmTec, siehe Anhang 8.

Wir stellen hier zunächst nur die Mikrocontroller-Karte mit dem 80C537er und eine entsprechende Starter-Kit-Platine vor, mit der Sie ein kleines, universelles Experimentalsystem aufbauen können.

7.1 Das modulare Universalsystem „80C537er-TFH"

Das 80C537er-TFH-Board

Das 80C537er-TFH-Board ist in der *Abb. 7.1.2* zu sehen, die Leistungsdaten des Boards sind in der *Tab. 7.1.1* zusammengefasst, die *Abb. 7.1.3* zeigt das Blockschaltbild und die *Abb. 7.1.4* das Schaltbild.

Abb. 7.1.2: Das 80C537er-TFH-Board

Die zwei Betriebsarten des 80C537er-TFH-Boards

Wichtig für den Anwender sind die zwei Grundbetriebsarten des 80C537er-TFH-Boards, die über entsprechende Jumper eingestellt werden und die sich wesentlich in ihren Funktionen und in der jeweiligen Speicheraufteilung unterscheiden.

Der Monitor-Betrieb

In dieser Betriebsart können über die serielle Schnittstelle SS0 des 80C537er-TFH-Boards die entwickelten Programme (im INTEL-HEX-Format, siehe Kapitel 10.4) vom PC aus in das 80C537er-

7. Die eingesetzten 8051er-Hardware- Plattformen

- Leistungsfähiger 80C537er-µC
- Optimierte Speicheraufteilung für die Software-Entwicklung
- Monitor-Programm für Programm-Down- und Upload sowie für Daten-Down- und Upload und zum Programmtest auf Assembler-Ebene vorhanden.
- Zwei verschiedene Betriebsarten wählbar:
  - Monitor-Mode zum Test von Programmen mit:
    · ca. 32 kByte RAM für Code-Download
    · ca. 32 kByte RAM für Datenspeicherung
  - Stand-Alone- bzw. Emulator-Betrieb:
    · 64 kByte Programmspeicher
    · 64 kByte Datenspeicher
- Zwei serielle ON-Chip-Schnittstellen vorhanden. Dadurch ist eine Kommunikation mit anderen Systemen (z.B. mit einem zweiten PC) möglich, ohne dass der Entwicklungs-PC abgeklemmt werden muss.
- ON-Board-Real-Time-Clock (RTC): Uhrzeit und Datumsinformationen verfügbar, Batteriepufferung bei Spannungsausfall.
- ON-Board-Chip-Select (CS\)-Dekoder mit 16 CS\-Adressausgängen.
- Zusätzlicher ON-Board-Watchdog-Chip mit Betriebsspannungsüberwachung vorhanden.
- Programmierung in allen 8051er-Hochsprachen (Pascal51, C51, Modula51 etc.) und in Assembler51 möglich.

Tab. 7.1.1: Die Leistungsdaten des 80C537er-TFH-Boards

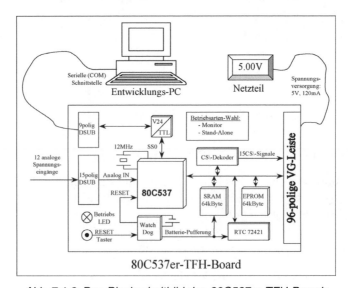

Abb. 7.1.3: Das Blockschaltbild des 80C537er-TFH-Boards

7.1 Das modulare Universalsystem „80C537er-TFH"

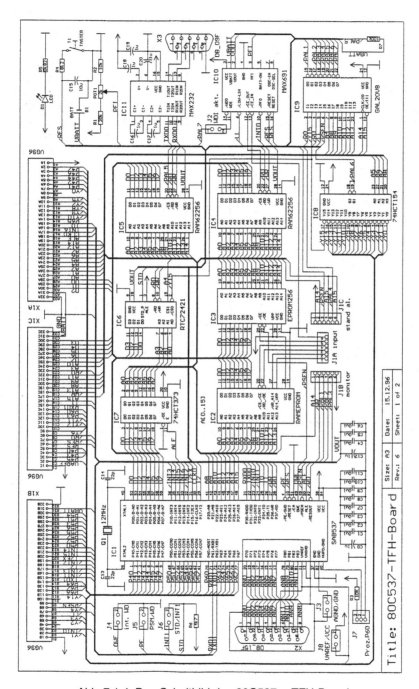

Abb. 7.1.4: Das Schaltbild des 80C537er-TFH-Boards

7. Die eingesetzten 8051er-Hardware- Plattformen

System transferiert werden. Dieser Modus ist für die Programm-Entwicklungsarbeit gedacht und bleibt daher für die gesamte Zeit des Arbeitens mit diesen Lehrbüchern fest eingestellt.

Die *Abb. 7.1.5* zeigt die Speicheraufteilung in dieser Betriebsart.

Program und Data Memory

0000h		
	RAM 62256 (Programm u. Datenspeicher)	IC2
7effh		
7f00h		
	Datenspeicherbereich des Monitorprogrammes (verb. Speicherbereich I)	IC2
7fffh		
8000h		
	RAM 62256 (nur Datenspeicher)	IC5
fdffh		
fe00h		
	CS\ Adressbereich, (verb. Speicherbereich II)	
ffffh		

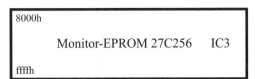

Abb. 7.1.5: Die Speicheraufteilung im Monitor-Betrieb

☞ **Merke: „Die Angabe von Speicherplatzadressen"**

Die Adressen der Speicherplätze werden fast immer durch hexadezimale Zahlen angegeben, die, zur Unterscheidung von Zahlen aus anderen Zahlensystemen, auf verschiedene Weise gekennzeichnet werden, hier z.B. durch den nachgestellten Buchstabe ‚h' (es gibt dazu aber keine einheitliche „Norm").

Sie werden im späteren Verlauf noch eine zweite Kennzeichnungsart kennenlernen, die aus der Programmiersprache ‚C' entnommen worden ist.

Wir verwenden hier also die zwei unterschiedlichen, aber am meisten gebrauchten, Arten der Kennzeichnung, ganz einfach darum, damit Sie sich daran gewöhnen und so der Umgang mit anderer Literatur einfacher wird.

Wenn Ihnen die hexadezimalen Zahlen noch nicht geläufig sind, so ist das auch kein Problem, denn diese Zahlenart werden wir Ihnen in der Lektion 3 noch sehr ausführlich erläutern.

Sie können dann später zu dieser Stelle hier zurückkehren.

7.1 Das modulare Universalsystem „80C537er-TFH"

Das EPROM IC3 enthält das so genannte Monitor-Programm. Dieses ermöglicht in Zusammenarbeit mit dem Senderprogramm auf der PC-Seite den komfortablen Transfer des auszutestenden Programms auf das 80C537er-TFH-Board (Monitor-Programm = Empfangsprogramm). Gleichzeitig wird der empfangene Programmcode automatisch in den RAM-Speicher IC2 abgelegt. Dieser Speicherbaustein verhält sich also von außen gesehen wie ein fernladbarer Programmspeicherbaustein, der das auszutestende Programm aufnimmt. Nachdem der Transfer beendet ist, kann das Programm gestartet und ausgetestet werden.

Nach dem Start des transferierten Programms „schaltet" sich das Monitor-Programm weg, und das zu testende Programm übernimmt die Kontrolle über das gesamte System.

Erst durch einen Reset bzw. durch das Aus- und Einschalten der Betriebsspannung wird der alte Zustand wiederhergestellt, das heißt, das Monitor-Programm wird wieder aktiv und kann ein neues auszutestendes Programm vom PC aus empfangen.

Wesentlich in dieser Betriebsart ist die korrekte Aufteilung des zur Verfügung stehenden Gesamtspeicherbereiches in einen

- Programmspeicherbereich und in einen
- Datenspeicherbereich.

Beispiel:
Sie haben ein Programm zur Erfassung und Verarbeitung von 20 unterschiedlichen Messwerten geschrieben. Solch ein „Programm-Endergebnis" teilt sich immer in zwei unterschiedliche „Teilergebnisse" auf:

1. In den Programmcode: Hierin sind alle Anweisungen enthalten, die der µC zur ordnungsgemäßen Realisierung Ihrer Wünsche nacheinander ausführen muss.
   Dieser Programmcode wird in einem Speicherbereich abgelegt, der Programmspeicher heißt.

2. In den zu reservierenden Datenspeicherbereich: Da Sie hier ja Messdaten erfassen und bearbeiten wollen, benötigen Sie besondere Speicherplätze, um dieses Daten abzulegen, um Zwischenergebnisse Ihrer Berechnung speichern und um die Endergebnisse geeignet aufbewahren zu können, bis diese abgerufen werden. Alle diese Speicherplätze dienen der Ablage von Daten und haben somit mit der eigentlichen Programmausführung zunächst nichts zu tun. Diese Datenspeicherplätze fasst man zum Datenspeicherbereich zusammen, der ebenfalls im µC-System im Form von Speicherbausteinen zur Verfügung gestellt werden muss.

Da der Programm- und der Datenspeicherbereich jeweils nur eine begrenzte Größe haben, muss man ihre Aufteilung genauestens organisieren und verwalten, damit keine Überlappungen (Doppelbelegungen) oder ungenutzte Lücken entstehen.

Bei fast allen Hochsprachen-Compilern kann daher über entsprechende Steuerbefehle eingestellt werden, wo im Speicherbereich des µC-Zielsystems der Programmcode-Bereich und wo der Datenspeicherbereich anfangen bzw. liegen soll.

Darauf werden wir später bei der Anlage eines 8051er-Projektes unter µVision2 noch näher eingehen (siehe Kapitel 9.2).

7. Die eingesetzten 8051er-Hardware- Plattformen

☞ **Wichtig: „Der dem Anwender im Monitor-Betrieb zur Verfügung stehende Speicherbereich"**

In der Monitor-Betriebsart stehen dem Anwender in der Grundeinstellung die folgenden Speicherressourcen zur Verfügung:

- Maximaler Speicherbereich für das zu testende Programm: Baustein IC2. Solch ein RAM (Random Excess Memory)-Baustein des Types 62256 hat insgesamt eine Speicherkapazität von 32 kByte (= 32.768 Byte). Hiervon können Sie für Ihr zu testendes Programm aber nur den Adressbereich von 0000h–7effh (0–32.511), also nur 32.512 Byte benutzen.

Größer darf Ihr Programm niemals werden!

Denn die restlichen 256 Bytes benötigt das Monitor-Programm für seine Arbeit (verbotener Datenspeicherbereich I).

- Maximaler Speicherbereich für die Daten, mit denen das auszutestende Programm arbeitet (IC5): Adressbereich 8000h–fdffh (32.768–65.023), also nur 32.256 Byte

Größere Datenmengen können niemals verarbeitet werden!

Wenn nur kleinere Datenmengen verarbeitet bzw. nur ein kleines Programm getestet werden soll, so kann IC5 auch entfallen. Programm und Daten werden dann in IC2 abgelegt, wobei natürlich auch hierbei der gesamte zur Verfügung stehende Speicherplatz von 32.512 Byte (Adressbereich 0000h–7effh) nicht überschritten werden darf.

Hier jedoch bereits einige grundlegende Informationen vorab:

Der Datenspeicherbereich wird grundsätzlich immer hinter dem Programmspeicherbereich abgelegt; wichtig bei den getroffenen Festlegungen ist:

- dass sich beide Bereiche nicht überschneiden. Sie müssen also wissen, wie groß Ihr benötigter Programm- und Datenspeicherbereich ist (wie Sie die Größe dieser Bereiche ermitteln, erfahren Sie noch).

- dass Sie mit Ihren Festlegungen nicht in zwei verbotene Datenspeicherbereiche geraten:

  - Verbotener Datenspeicherbereich I: Datenspeicherbereich für das Monitor-Programm.

  - Verbotener Datenspeicherbereich II: CS\-Adressbereich für die externen Peripherie-Einheiten.

- dass auch wirklich das IC2 und bei Bedarf auch das IC5 auf dem Board eingesetzt ist, denn das Monitor-Programm prüft nicht, ob die Speicherbausteine da sind oder nicht. Im „nicht vorhandenen Fall" werden die Daten einfach ins Leere geschrieben und sind verschwunden.

7.1 Das modulare Universalsystem „80C537er-TFH"

Beispiel:

Betrieb ohne IC5, Programm- und Datenbereich sind gemeinsam im IC2 abgelegt, *Abb. 7.1.6.*

0000h		
	RAM 62256 (Programmspeicher)	IC2
752fh		
7530h		
	RAM 62256 (Datenspeicher)	IC2
7effh		
7f00h		
	Monitorprogramm (verb. Speicherbereich I)	IC2
7fffh		
fe00h		
	CS\ Adressbereich, (verb. Speicherbereich II)	
ffffh		

Abb.7.1.6: Speicheraufteilung bei: Start Programmspeicherbereich ab Adresse 0000, Start Datenspeicherbereich ab Adresse 30000 (=7530h)

Mit den hier gewählten Einstellungen für den Programm- und den Datenspeicher darf das zu testende Programm maximal 30.000 Byte groß sein (Adressbereich: 0 bis 29999) und der Datenbereich läuft von Adresse 30000 bis Adresse 32.511 (7effh), er kann also maximal 2.512 Byte umfassen.

Weiterhin wichtig ist noch die Beachtung des verbotenen Speicherbereiches II, des so genannten Chip-Select (CS\)-Adressbereiches von fe00h bis ffffh. Die Speicherplätze aus diesem Bereich dienen zur Ansteuerung der Peripherie-Einheiten. Was das ist und wie das alles funktioniert, werden Sie noch ganz genau erfahren. Zu beachten ist hier nur, dass Sie in diesen Bereich absolut keine Daten hineinlegen dürfen.

Beispiel:

Betrieb mit IC5, Maximalausbau des Systems im Monitor-Betrieb, Grundeinstellung für den Betrieb mit dem 80C537er-TFH-Board, *Abb. 7.1.7.*

7. Die eingesetzten 8051er-Hardware- Plattformen

```
0000h
        RAM 62256              IC2
        (Programmspeicher)
7effh
7f00h
        Monitorprogramm        IC2
        (verb. Speicherbereich I)
7fffh
8000h
        RAM                    IC5
        (Datenpeicher)
fdffh
fe00h
        CS\ Adressbereich,
        (verb. Speicherbereich II)
ffffh
```

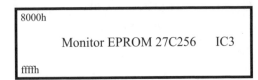

```
8000h

        Monitor EPROM 27C256   IC3

ffffh
```

Abb. 7.1.7: Speicheraufteilung bei: Start Programmspeicherbereich ab Adresse 0000, Start Datenspeicherbereich ab Adresse 8000h und Verwendung von IC5

Mit den hier gewählten Einstellungen für den Programm- und den Datenspeicher kann man Programme mit der maximalen Größe von 32.512 Byte laden und testen; der zur Verfügung stehende Datenbereich läuft von der Adresse 8000h bis zur Adresse fdffh, ist also insgesamt 32.256 Byte groß.

> ☞ **Wichtig: „Die Festlegung der Speicherbereichsverteilung"**
>
> Falsche Eintragungen bei der Speicherbereichsfestlegung für das Code- und das Datenspeichersegment unter µVision2 können bewirken, dass sich Daten- und Programmspeicher gegenseitig überschreiben, also gegenseitig auslöschen und das gesamte System abstürzt.
>
> Ebenso ist es möglich, dass Sie Daten in IC5 ablegen wollen, IC5 aber gar nicht eingebaut ist, diese Daten also ins „Leere" geschrieben werden. Auch hier ist dann ein kritischer Systemabsturz unvermeidbar.
>
> Am besten ist es daher, wenn Sie das IC5 mitbenutzen und die von uns vorgegebenen Grundeinstellungen unverändert übernehmen. Sie haben dann automatisch den Maximalausbau des Systems ausgewählt und eingestellt und brauchen nie mehr Änderungen an der Speicherbereichsverteilung vorzunehmen.

Der Stand-Alone-Betrieb

Durch das Umstecken entsprechender Jumper wird diese Betriebsart ausgewählt: Man hat das endgültige Programm fertiggestellt, ausgetestet, in einen Programmspeicherbaustein (in ein EPROM) gebrannt und will nun das Board allein (also „Stand-Alone") in der gewünschten Zielanlage ein-

7.1 Das modulare Universalsystem „80C537er-TFH"

setzen. Daher wird das „Programm-Test-Monitor-EPROM" (IC3) aus seiner Fassung entfernt, und die in diesem Modus jetzt vorliegende Speicheraufteilung zeigt die *Abb. 7.1.8*.

Program und Data Memory

0000h		
	EPROM 27C256 (Programmspeicher)	IC2
7fffh		
8000h		
	EPROM 27C256 (Programmspeicher)	IC3
ffffh		

0000h		
	RAM 62256 (Datenspeicher)	IC4
7fffh		
8000h		
	RAM 62256 (Datenspeicher)	IC5
fdffh		
fe00h		
	CS\ Adressbereich, (verb. Speicherbereich II)	
ffffh		

Abb. 7.1.8: Die Speicheraufteilung im Stand-Alone-Betrieb

Wenn Ihr Programm eine Gesamtlänge von kleiner gleich 32 kByte hat, so reicht ein EPROM-Speicherbaustein des Typs 27C256 (= 32 kByte Speicherkapazität) aus. Dieser wird im Steckplatz des IC2 eingebaut.

Ist das Programm jedoch größer, so müssen Sie ein zweites EPROM des Typs 27C256 brennen und dieses in die Fassung von IC3 einsetzen.

Die Gesamtlänge Ihres Programms darf also 64 kByte nicht überschreiten.

Für die Speicherung Ihrer Daten stehen Ihnen jetzt die RAM-Bausteine IC4 und IC5 fast vollständig zur Verfügung.

Der verbotenen Datenspeicherbereich I aus dem Monitor-Betrieb entfällt hier, das heißt, Sie können ihn problemlos mit benutzen. Nur der verbotene Datenspeicherbereich II, der CS\-Adressbereich, ist natürlich auch hier für Ihre Speicherzwecke tabu.

Sie erhalten somit bei der Bestückung beider ICs einen durchgängigen Datenspeicherbereich von 0000h bis fdffh, also insgesamt 65.024 Bytes.

Wird IC5 dagegen nicht bestückt, so läuft dieser Bereich von 0000h bis 7fffh (= 32 kByte = 32.768 Byte).

Wie bereits erwähnt, ist dieser Stand-Alone-Betriebs-Modus nur für Endanwendungen gedacht; er wird daher in dieser Grundlagenserie nicht verwendet, da wir uns ja hier immer nur im „Entwicklungszustand" befinden.

Gleichzeitig kann der Stand-Alone-Modus auch für den Betrieb mit einem Emulator verwendet werden. Auf diese Möglichkeit zur profimäßigen Softwareentwicklung wird im dritten Band näher eingegangen.

7. Die eingesetzten 8051er-Hardware- Plattformen

Die Starter-Kit-PLUS-Platine

Die Starter-Kit-PLUS-Platine wurde entwickelt, um schnell und einfach den Aufbau eines Mikrocontrollersystems zu ermöglichen, das aus dem TFH-Board und maximal zwei weiteren Platinen (Eigenentwicklungen oder TFH-System-Komponenten) besteht. So entfällt zunächst die Notwendigkeit, eine Back-Plane-Platine und einen 19"-Aufbaurahmen erwerben zu müssen.

Dem Anwender steht somit ein kleines und kompaktes Mikrocontroller-System auf seinem Labortisch zur Verfügung.

Die *Abb. 7.1.9* zeigt ein Foto dieser Platine, und in *Abb. 7.1.10* sind die auf diesem Board enthaltenen Funktionsbaugruppen dargestellt.

Abb. 7.1.9: Die Starter-Kit-PLUS-Platine

Auf der Starter-Kit-Platine Plus sind enthalten:

- Ein-/Ausschalter und optische Betriebsspannungsanzeige per LED.
- Drei female, 96polige VG-Federleisten zur Aufnahme des 80C537er-TFH-Boards und zum Anschluss zweier weiterer Platinen an den 96-poligen TFH-Board-Bus.
- Eine Netzteilbaugruppe zur Versorgung des 80C537er-TFH-Boards und zur Speisung der Zusatzboards:
  - Eingangsspannung: 8–16V Gleichspannung, verpolungssicher.
  - Ausgangsspannung: 5V, max. 1000 mA, abgesichert.
- Anschlussklemmblöcke für die Ports P4, P5 und P6.
  Die Ports 4, 5 und 6 sind direkt, ohne Treiber-ICs auf Schraubklemmen geführt. An jedem Portanschlussblock stehen die Versorgungsspannung (5V) und GND zur Verfügung.

7.1 Das modulare Universalsystem „80C537er-TFH"

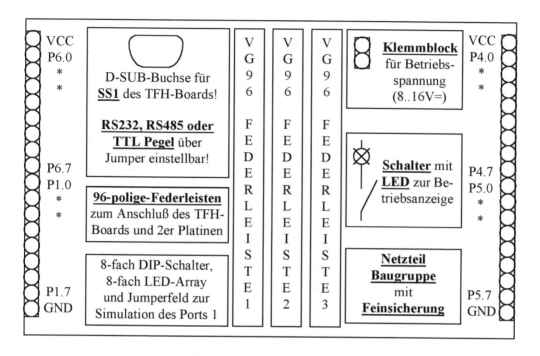

Abb. 7.1.10: Die Funktionsbaugruppen der Starter-Kit-PLUS-Platine

- Anschlussklemmblock für den Port P1, 8-fach-DIL-Schalter und 8-fach-LED-Array.
  Die Funktion des Ports 1 (Ein- oder Ausgang) wird über 8 Codierbrücken definiert. Jeder Portpin kann entweder intern (auf der Starter-Kit-Platine Plus) als Eingang betrieben werden (Eingangszustände über 8 DIP-Schalter festlegbar), als Ausgang betrieben werden oder wie die Ports 4, 5 und 6 extern über Schraubklemmen angeschlossen werden. Egal, ob interne oder externe Beschaltung vorliegt, die Ein- bzw. Ausgangspegel werden immer auf einem 8-fach-LED-Array visualisiert.

- Eine Pegelwandlerbaugruppe für die serielle Schnittstelle SS1 des 80C537er. Bei Bedarf können damit die Schnittstellensignale im RS232-, RS485- oder TTL-Pegel ausgegeben/eingelesen werden. Die Pegelwahl geschieht jeweils mittels Jumper, die die Signale an eine 9-polige D-SUB Buchse legen.
  Sollen die Schnittstellenanschlüsse als I/O-Ports verwendet werden, so kann die Schnittstellenbaugruppe durch Herausziehen der zwei Jumper abgeklemmt werden.

7. Die eingesetzten 8051er-Hardware- Plattformen

7.2 Das kleine, kompakte Stand-Alone-System „ISAC-Cube"

Der *ISAC-Cube* („Intelligenter Sensor-Aktor-Controller-Würfel") stellt ein kleines, kompaktes ADuC812-Kernsystem dar, das wie ein etwas größerer IC in Ihre eigene Applikation bzw. auf unser Experimental-Motherboard gesteckt werden kann.

Der Anwender erhält so ein sehr flexibles, modular aufgebautes Mikrocontrollersystem zur Realisierung einfacher bis komplexer Aufgaben.

Die *Abb. 7.2.1* zeigt den ISAC-Cube; anhand des Schaltplans in der *Abb.7.2.2* erkennen Sie, dass zum Aufbau eines ADuC812-Minmalsystems wirklich nicht viele zusätzliche externe Bauteile notwendig sind.

Abb. 7.2.1: Der ISAC-Cube – Leistung mit Biss

Die Beschaltung des ADuC812 (IC1)

Die Beschaltung des ADuC812 (IC1) ergibt sich weitestgehend aus den Angaben aus dem Datenblatt (auf der beiliegenden CD enthalten):

- Standard-Quarzbeschaltung für 8051er-µC mit dem bekannten 11,0592 MHz-Quarz, u.a. zur einfachen Erzeugung der Baudrate für die serielle Datenübertragungs-Schnittstelle,
- Tiefpassfilter für die Analog-Eingänge mit einer Grenzfrequenz von ca. 300 kHz,
- Block- bzw. Koppelkondensatoren an den von Analog Devices vorgegebenen Anschlüssen.

7.2 Das kleine, kompakte Stand-Alone-System „ISAC-Cube"

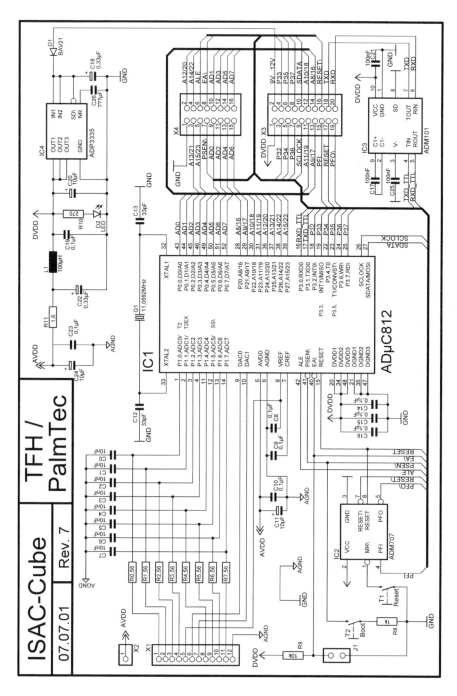

Abb. 7.2.2: Das Schaltbild des ISAC-Cubes

7. Die eingesetzten 8051er-Hardware- Plattformen

Alle weiteren wichtigen Systemanschlüsse werden an die vier mehrpoligen Steckverbinder (X1, X2, X3, X4) gelegt und stellen so die notwendigen „Anschluss-Stachel" des ISAC-Cubes für seine Umwelt dar.

Zu beachten ist lediglich, dass alle nach außen gehenden Anschlüsse ungeschützt sind, d.h. zu hohe Eingangsspannungen oder Kurzschlüsse an den digitalen bzw. analogen Port-Pins führen unweigerlich zur Zerstörung des ADuC812. Sollen entsprechende Schutzschaltungen zum Einsatz kommen, so sind diese in Ihrer eigenen externen Applikationsschaltung zu realisieren.

Die Reset-Schaltung

Die Reset-Schaltung wird durch IC2 (ADM707) realisiert, dessen wesentliche Daten in der *Tab. 7.2.1* zusammengestellt sind.

- Zwei getrennte Reset-Ausgänge zur Erzeugung eines High- oder eines Low-Pegel-Reset-Signals.
- Erzeugung eines Power-ON-Resets.
- Manuelle Reset-Möglichkeit durch einfachen Anschluss eines Tasters.
- Zusätzlicher Eingang (PFI) zur Überwachung einer beliebigen Systemspannung, z.B. Low-Batterie-Feststellung bei batterie-betriebenen Systemen. Zugehöriger Alarmausgang: PFO.
- Geringe Ruhestromaufnahme: 190 µA.
- Ausführliches Datenblatt auf unserer CD.

Tab. 7.2.1: Die Daten des Reset-Bausteins ADM707

Ein Reset des ADuC812 wird also entweder automatisch durch Einschalten der Betriebsspannung oder durch Druck auf den Taster T1 erzeugt.

Die Pegelwandlung

Die Pegelwandlung für die Signale der seriellen Schnittstelle (Kommunikation mit dem Entwicklungs-PC) von TTL-Pegel auf RS232-Pegel und umgekehrt übernimmt IC3 (ADM101E). Es handelt sich hierbei um einen 1-kanaligen Standard-Pegelkonverter, der lediglich durch drei externe Kondensatoren beschaltet werden muss.

Das ausführliche Datenblatt dieses ICs finden Sie ebenfalls auf unserer CD.

Die Betriebsspannung

Die Betriebsspannung für den Cube wird zunächst ganz traditionell mit einem ADP3335 (IC4) erzeugt, wobei in der nachfolgenden Schaltungsstufe jedoch ein erhöhter Aufwand getrieben werden muss, da der ADuC812 sowohl einen 12-Bit-A/D- als auch einen 12-Bit-D/A-Wandler besitzt, die besondere Anforderungen an ihre Betriebsspannung stellen (AVDD und AGND).

7.2 Das kleine, kompakte Stand-Alone-System „ISAC-Cube"

Unmittelbar nach dem ADP3335 wird die Versorgungsspannung DVDD für den Digitalteil abgegriffen, und über eine entsprechende Filter- bzw. Entkopplungsstufe (C19, L1, C22, R11, C23 und C24) wird die analoge Speisespannung AVDD/AGND dem ADuC812 zugeführt.

Weiterhin müssen die beiden Masse-Systeme (Analog-Masse AGND und Digital-Masse DGND) geeignet störungsarm miteinander verbunden werden.

Die Stromaufnahme des Cubes liegt bei 46 mA (mit LED D2 und bei 9 V Betriebsspannung).

Der Aufbau des ISAC-Cubes

Der Aufbau des ISAC-Cubes gestaltet sich auch für den engagierten Praktiker leider nicht ganz so einfach, da die SMD-Anschluss- und Gehäusetechnik unaufhaltsam weiter vordringt, das heißt, die ICs werden immer kleiner, und die Anschlusspins rücken immer näher zusammen. Für uns bedeutet dies: Ohne geeignetes SMD-Bestückungswerkzeug bzw. ohne den Zugriff auf einen komplett ausgestatteten SMD-Arbeitsplatz lässt sich der ISAC-Cube nicht zusammenbauen.

Daher machen wir allen interessierten Lesern das Angebot, fertig bestückte und getestete Cubes zu beziehen: sie können dann einfach als großes „super-leistungsfähiges" IC wie gewohnt in Ihre Schaltung eingesetzt werden, da das Rastermaß der Cube-Anschlusspins die ganz „normale" Größe von 2,54 mm hat.

Diese Cubes sind dann schon mit einem vorprogrammierten ADuC812 bestückt, so dass ganz einfach ein erster Funktionstest durchgeführt werden kann (Bezugsquellen siehe Anhang 8).

Das ISAC-Motherboard, Typ II

Für den sofortigen Einsatz des ISAC-Cubes haben wir ein Motherboard in Europa-Karten-Format entwickelt (ISAC-MB II), auf das der Cube aufgesteckt wird und auf dem nun noch einige weitere sehr interessante Zusatzbaugruppen enthalten sind, *Abb. 7.2.3*.

Abb. 7.2.3: Der ISAC-Cube auf dem Motherboard, Typ II

7. Die eingesetzten 8051er-Hardware- Plattformen

Die *Abb .7.2.4* zeigt das Blockschaltbild dieser leistungsfähigen „Arbeitsplattform":

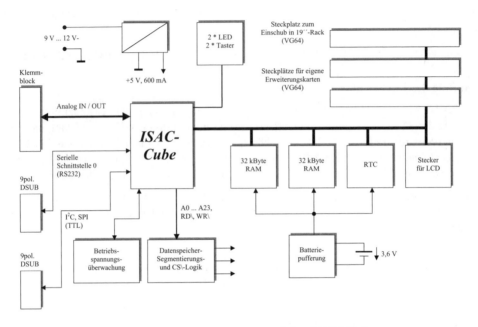

Abb. 7.2.4: Das Blockschaltbild des ISAC-MB II

In der *Tab. 7.2.2* sind die Kenndaten des ISAC-MB II zusammengefasst dargestellt.

Der Schaltplan ist in der *Abb. 7.2.5* zu sehen.

Was in der Schaltung zunächst besonders auffällt, ist die Verwendung von insgesamt zwei Adresslatches 74HCT573 (IC1, IC8) und drei GAL-Bausteinen 16V8 (IC4, IC5, IC6).

Hierin spiegelt sich die Besonderheit des ADuC812 wider, dass er bis zu 16 MByte (!) externen Datenspeicher adressieren kann.

Zur Verwaltung dieses Adressraumes werden die 24 Adressleitungen A0 ... A23 benötigt, und es wurde sehr tief in die „GAL- und CS\-Dekoder-Trickkiste" gegriffen um diesen ganzen Speicherbereich dem Anwender möglichst optimal strukturiert zur Verfügung zu stellen.

Die Adressen A0 bis A7 erscheinen, wie bei einem 8051er gewohnt, im Zeitmultiplex mit den Signalen des Datenbusses (D0 ... D7) am Port P0 des ADuC812. Die Demultiplexung dieser beiden Signalgruppen geschieht durch das Adresslatch IC8.

Die Adressgruppen A8 ... A15 und A16 ... A23 werden nun im Multiplex-Betrieb an Port P2 des Mikrocontrollers ausgegeben, wobei auch hier das ALE-Signal die Funktion des Demultiplex-Steuersignals übernimmt. Die Trennung dieser beiden Adressbytes wird durch das zweite Adresslatch, IC1, realisiert (Zwischenspeicherung von A16 ... A23).

7.2 Das kleine, kompakte Stand-Alone-System „ISAC-Cube"

- 63,5 kByte externer Datenspeicher, batteriegepuffert; erweiterbar auf 15,5 MByte
- Real Time Clock (RTC) mit Uhrzeit und Kalender, batteriegepuffert
- Umfangreiche und sehr flexible Datenspeicher-Segmentierungs- und CS\-Logik
- 2 frei verwendbare LEDs
- 2 frei verwendbare Taster
- Stecker zum direkten Anschluss eines LC-Displays, z.B. 4 Zeilen à 20 Zeichen mit Kontrastregel-Poti auf der Platine
- Analoge Ein-/Ausgänge des Cubes sind auf Schraubklemmblöcke geführt
- 9-poliger DSUB-Stecker für die serielle RS232-Schnittstelle des ISAC-Cubes
- 9-polige DSUB-Buchse für die I2C/SPI-Schnittstelle des ISAC-Cubes
- Zwei Steckplätze (64-polig VG) zur Aufnahme von selbst entwickelten Zusteckkarten, z.B. Erweiterung des Datenspeichers auf fast 16 MByte oder CAN-Bus-Koppelkarte
- Ein Steckplatz (64-polig VG) zum Einstecken des MB II in ein 19"-Rack
- Spannungsversorgung 9 V ... 12 V- verpolungssicher, Stromaufnahme MB II mit ISAC-Cube: ca. 150 mA bei 10 V-Speisung; 5 V Spannungsstabilisator für die Baugruppen auf dem MB II

Tab. 7.2.2: Die Kenndaten des ISAC-MB II

Nach der Ausgabe einer 24-Bit-Adresse durch den ADuC812 liegt daher die folgende Situation vor:

- Ausgänge von IC8:   A0 ... A7
- Port P2 vom ADuC812:   A8 ... A15
- Ausgänge von IC1:   A16 ... A23

Diese Adresssignale liegen nun auch komplett an den Erweiterungs-VG-Leisten X12, X13 und X14 an, so dass hier z.B. eine 16-Mbyte-Speichererweiterungskarte angeschlossen werden kann.

Genau genommen stehen aber nur 15,5 MByte zur Verfügung, da die unteren 512 kByte (0,5 MByte) des gesamten Adressraumes jetzt auf dem ISAC-MB II selber noch durch die drei GALs (IC4, IC5, IC6) weiter unterteilt und verwendet werden.

GAL1 (IC4) teilt diesen 512 kByte großen Speicherraum zunächst in 8 Segmente zu je 64 kByte auf, *Abb. 7.2.6*.

Zu jedem dieser Segmente wird somit durch GAL1 ein zugehöriges CS\-Signal erzeugt: SEG0\ ... SEG7\.

Während die Segmente 1 bis 7 vom Anwender frei für seine Erweiterungszwecke benutzt werden können (die Segment-CS\-Signale liegen ebenfalls auf den Steckplätzen X12, X13, X14), wird das untere Segment 0 nun durch GAL2 (IC5) noch weiter aufgeteilt. Hier sind adressmäßig die beiden 32 kByte großen RAM-Bausteine (externe Datenspeichererweiterung auf dem MB II) angeordnet, wobei jedoch jeweils „oben" und „unten" ein Adressfenster der Größe von 256 Byte herausgeschnitten worden ist.

7. Die eingesetzten 8051er-Hardware- Plattformen

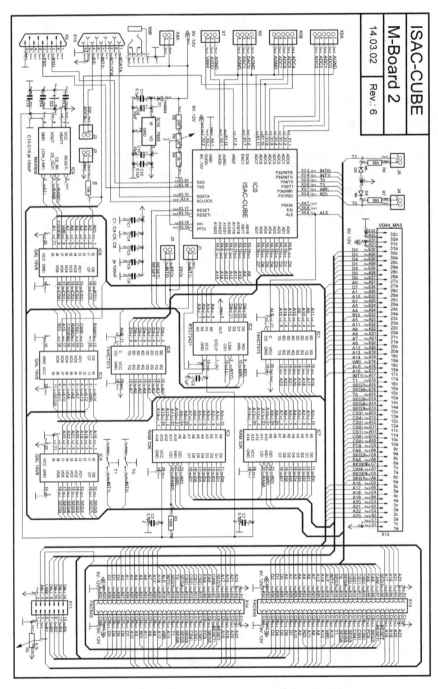

Abb. 7.2.5: Der Schaltplan des ISAC-MB II

7.2 Das kleine, kompakte Stand-Alone-System „ISAC-Cube"

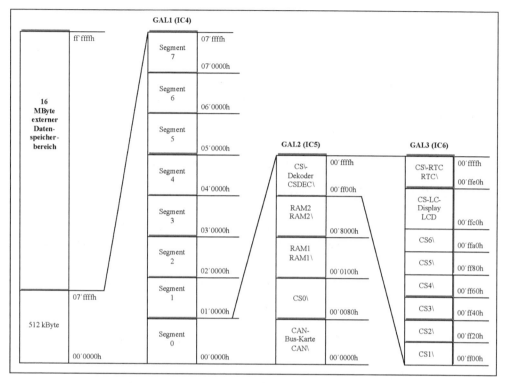

Abb. 7.2.6: Das Mapping des externen Datenspeicherbereiches durch das ISAC-MB II (alle Adressen sind hexadezimal)

Im unteren Adressbereich (00´0000h ... 00´00ffh) sind jetzt zwei getrennte CS\-Adressräume angeordnet, die für selbst entwickelte Zusatzkarten verwendet werden können.

Im oberen Fenster, 00´ff00h ... 00´ffffh wird jetzt der GAL3 (IC6) adressiert, der diese 256 Byte in weitere 8 CS\-Adressbereiche zu je 32 Byte aufteilt.

In diesen Adressräumen werden dann zum einen die beiden ON-Board-Komponenten alphanumerisches LC-Display (z.B. 4 Zeilen à 20 Zeichen) und Real Time Clock (RTC) angesprochen. Zum anderen stehen dem Anwender jetzt noch 6 weitere CS\-Signale CS1\ ... CS6\ frei für eigene Erweiterungen an den Steckplätzen X12, X13 und X14 zur Verfügung.

Insgesamt kann man so nun im 16 MByte großen externen Datenspeicherbereich 7 Segmentadressen (Segmentgröße 512 kByte) und 7 CS\-Adressen (Größe jedes CS\-Bereiches: 6*32 Byte und 1*128 Byte) für eigene Ausbauwünsche benutzen.

Zusammen mit dem komplett ausdekodierten Adressbus (A0 ... A23) ergibt sich jetzt eine Vielzahl von Möglichkeiten zur individuellen Erzeugung von CS\-Steuersignalen.

Eine ausführliche Beschreibung der Belegungen der Klemm- und Messerleisten, der Stecker und der Buchsen und der Jumper-Bedeutungen ist dem Motherboard Typ II beigefügt.

7. Die eingesetzten 8051er-Hardware- Plattformen

Anschluss und Inbetriebnahme des ISAC-Cube in Verbindung mit dem Motherboard Typ II werden wir in Kapitel 8.5.1 durchführen.

Zum Abschluss soll noch darauf hin gewiesen werden, dass seit Mai 2003 der ISAC-Cube auch mit dem ADuC831 lieferbar ist. Dieser Mikrocontroller ist völlig kompatibel zum ADuC812 mit einem einzigen, aber sehr wichtigen Unterschied: der ADuC831 hat nun 62 (!) kByte Flash-Programmspeicher auf dem Chip, so dass man sehr umfangreiche Projekte mit diesem µC realisieren kann, ohne dass der Anschluss einer externen Programmspeichererweiterung notwendig wird.

7.3 Die leistungsfähige CAN-Bus-Station „CAN-ExBo/CAN-Cube"

Das CAN-Experimental-Board (*CAN-ExBo*), basierend auf dem T89C51CC01, wurde entwickelt, um dem Anwender einen einfachen und schnellen Einstieg in die CAN-Bus-Technik zu ermöglichen.

Umfangreiche Peripheriebausteine auf dieser Platine ergänzen die Leistungsfähigkeit des T89C51CC01 erheblich, und ein bzw. zwei 64-polige VG-Steckplätze erlauben den Anschluss weiterer Zusatzbaugruppen.

Die *Abb. 7.3.1* zeigt das Blockschaltbild und die *Abb. 7.3.2* den Schaltplan des CAN-ExBo's.

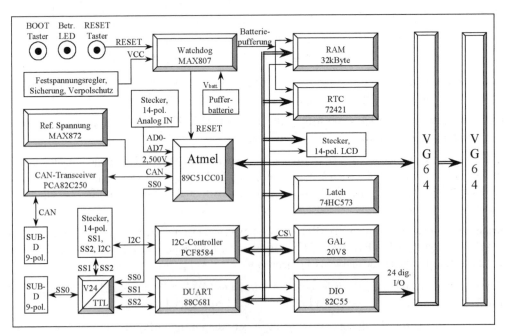

Abb. 7.3.1: Das Blockschaltbild des CAN-ExBo's

7.3 Die leistungsfähige CAN-Bus-Station „CAN-ExBo/CAN-Cube"

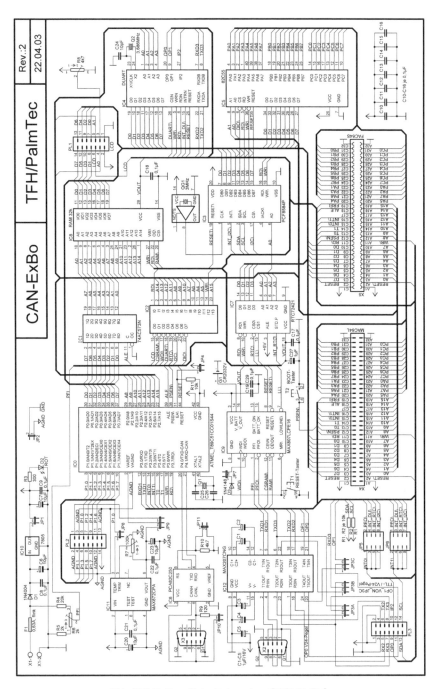

Abb. 7.3.2: Der Schaltplan des CAN-ExBo's

7. Die eingesetzten 8051er-Hardware- Plattformen

Die Demultiplexung des Daten-/Adressbusses an Port P0 erfolgt, wie bei den 8051ern üblich, über den Latch-Baustein IC1 (74HC573). Damit steht nun für weitere extern anzuschließende Peripherie-Bausteine der komplette Adressbus (A0 ... A15) und der komplette Datenbus (D0 ... D7) zur Verfügung.

Als Erstes wird der externe Datenspeicherbereich (XRAM) durch einen statischen RAM-Baustein IC8 (62256) um 32 kByte erweitert. Ein Uhrenchip (RTC, IC7) versorgt die gesamte Baugruppe mit einer einheitlichen Systemzeit.

Über verschiedenste Schnittstellenbausteine können dem CAN-Bus Daten von anderen, externen Rechnersystemen zugeführt bzw. vom CAN-Bus an diese Systeme weitergeleitet werden.

Der Doppelt-UART-Baustein (DUART, IC4) stellt dem Anwender zwei weitere serielle asynchrone Schnittstellen mit in weiten Bereichen einstellbaren Schnittstellenparametern zur Verfügung.

Über einen I2C-Bus-Controller (PCF8584P, IC3) kann eine Vielzahl seriell ansteuerbarer Peripherie-Einheiten an das CAN-ExBo angeschlossen werden. Dieser Buscontroller erhält seinen eigenen Arbeitstakt über den 3-MHz-Quarzoszillator QG1.

Sollen von der CAN-Station weitere digitale Signale erfasst und ausgegeben werden, so steht dazu der I/O-Expander-Baustein 82C55 (IC5) zur Verfügung, der insgesamt drei 8 Bit breite digitale I/O-Ports besitzt, die in unterschiedlichen Betriebsarten betrieben werden können.

Zur Visualisierung von Systemdaten, Messwerten etc. kann an einen 14-poligen Pfostenstecker ein LC-Display angeschlossen werden, dessen „Darstellungskapazität" von 1 Zeile à 16 Zeichen bis zu 4 Zeilen à 20 Zeichen reichen kann. Das Kontrastregel-Poti ist ebenfalls auf der Platine vorhanden.

Ein entsprechend programmiertes GAL (20V8, IC2) erzeugt die notwendigen CS\-Signale für alle angeschlossenen Peripherie-Einheiten.

Sämtliche relevanten System-Signale (Datenbus, Adressbus, Steuerbus) und die Port-Anschlüsse vom 82C55 sind parallel auf zwei 64-polige VG-Leisten geführt, so dass man z.B. Zusatzkarten mit weiteren Funktionsbaugruppen zum CAN-ExBo hinzugestecken oder das ganze CAN-ExBo selber in einen 19"-Rahmen einbauen kann.

Der T89C51CC01 selber wird noch durch einige weitere Peripherie-Bausteine sinnvoll ergänzt: Der externe Reset/Watchdog-Baustein (MAX807, IC9) sorgt für ein korrektes Resetsignal (Power-On-Reset und „Tastendruck-Reset") und kann darüber hinaus noch als zusätzlicher externer Watchdog verwendet werden.

Als weitere Besonderheit besitzt dieser Baustein die Möglichkeit, im Falle des Betriebsspannungszusammenbruchs auf eine Pufferbatterie (Lithiumzelle, G1) umzuschalten und den RAM-Baustein und die RTC daraus zu versorgen.

Zur Erzeugung der benötigten Referenzspannung für den ON-Chip-A/D-Wandler wird der Referenzspannungsgeber MAX 872 (IC11) eingesetzt, dessen Ausgangsspannung (Pin 3 von Jumper JP9) mit Hilfe des Trimmpotis R7 auf exakt 2,500 V eingestellt wird, das heißt, der A/D-Wandler des T89C51CC01 arbeitet in diesem Falle mit diesem Wert als Referenz, so dass ein LSB bei 8(10) Bit Auflösung den Wert 9,8 mV (2,4 mV) hat.

Die CAN-Treiber-Stufe im PCA82C250 (IC6) sorgt für ein leistungsstarkes CAN-Ausgangssignal bzw. verstärkt das empfangene CAN-Eingangssignal. Mit Hilfe von Jumper J11 wird der Wider-

7.3 Die leistungsfähige CAN-Bus-Station „CAN-ExBo/CAN-Cube"

stand R10 hinzugeschaltet bzw. herausgenommen: Hiermit wird eine Anpassung an niedrige bzw. hohe Datenübertragungsraten auf dem CAN-Bus vorgenommen.

Der Baustein MAX207 (IC12) sorgt für die notwendige Pegelumsetzung TTL ' V24 für die drei seriellen Schnittstellen (serielle Schnittstelle 0 vom Mikrocontroller, zwei Schnittstellen von der DUART, IC4).

Der Port 1 des T89C51CC01 (digital I/O bzw. Analog-In) wird direkt, d.h. ohne Schutzbeschaltung, auf den Pfostenstecker PL2 geführt.

Versorgt wird das gesamte CAN-ExBo über den Spannungsstabilisator IC10 (7805), wobei am Eingang dieses ICs über die Widerstände R4, R5 und R6 eine Teilspannung abgegriffen wird, die zur Betriebsspannungsüberwachung mittels des Reset/Watchdog-Bausteins IC9 benutzt werden kann.

Sicherung, Verpolschutzdiode und Anzeige-LED ergänzen diesen Funktionsblock.

Die Entwicklung der Software

Die Entwicklung der Software für das CAN-ExBo erfolgt natürlich in C51; der Download des Programms auf das Board wird in Kapitel 8.5.3 ausführlich beschrieben.

Der CAN-Cube

Besteht die zu realisierende Applikation allerdings „nur" darin, 1–4 Sensorwerte, 1–4 digitale Eingänge und 1–4 digitale Ausgänge an den CAN-Bus anzuschließen und deren Werte über den CAN-Bus zu verteilen bzw. einzusammeln, so ist der Funktionsumfang des CAN-ExBo's mit Sicherheit viel zu groß, und der Anwender möchte eine möglichst kleine und kompakte, nicht erweiterbare CAN-Busstation (nur für diesen einen Anwendungszweck) mit dem T89C51C01 aufbauen.

Wir gehen dabei davon aus, dass die ON-Chip-Ressourcen, insbesondere der 32 kByte große Programmspeicher und der 1 kByte große ERAM Datenspeicher, für die gewünschte Applikation ausreichend sind. Auch diesem Umstand haben wir Rechnung getragen und den „CAN-Würfel (*CAN-Cube*)" entwickelt, der die externe Beschaltung des T89C51CC01 auf ein Minimum reduziert.

Wir geben dem CAN-Cube allerdings noch ein klein bisschen mehr Komfort mit: Die „Zeit" ist heutzutage in vielen Systemen ein wichtiger Parameter, so dass wir einen RTC-Chip mit einbauen (RTC72421). Und weiterhin möchte man sehr oft vor Ort „etwas sehen", so dass wir noch den Pfostenstecker zum wahlweisen Anschluss eines alphanumerischen LC-Displays integriert haben.

Weiterführende Informationen zu diesen beiden CAN-Boards erhalten Sie über die Bezugsquellen im Anhang 8.

Auf der Internet-Homepage von Atmel (*www.atmel.com*) finden Sie die Datenblätter zum T89C51CC01, weitere Applikationen und Hinweise zu diesen Mikrocontrollern und kostenlose Entwicklungssoftware zum Herunterladen.

7. Die eingesetzten 8051er-Hardware- Plattformen

7.4 Industrie-Boards

Wie bereits mehrfach erwähnt, können Sie auch völlig wahlfrei andere fertig aufgebaute 8051er-Industrie- oder Experimental-Boards im Rahmen unserer Lehrbuchreihe einsetzen, z.B. die verschiedenen Boards der Firma Phytec: *www.phytec.de*.

Sie müssen lediglich beachten, dass sich diese Produkte unter Umständen in einigen wesentlichen Punkten voneinander unterscheiden können:

– Andere verwendete Mikrocontroller aus der 8051er-Familie: Daher sind unterschiedliche ON-Chip-Peripherie-Einheiten möglich.
– Andere Ausstattungen des Boards mit Programm- und Datenspeicher: unterschiedliche Größen, unterschiedliche Typen.
– Unterschiedliche Ausstattung mit zusätzlichen externen Peripherie-Baugruppen auf dem Board.
– Unterschiedliche Download-Programme für den Transfer Ihres Programms ins Zielsystem.

Es kann daher also vorkommen, dass einige der von uns beschriebenen ON-Chip-Peripherie-Einheiten bzw. Funktionsbaugruppen auf dem von Ihnen ausgewählten Board nicht vorhanden sind bzw. dass einige der ON-Chip-Peripherie-Einheiten bzw. Funktionsbaugruppen Ihres Boards in unserem Büchern nicht behandelt werden.

Grundsätzlich sind Sie aber nach dem erfolgreichen Durcharbeiten unserer Lehrbuchreihe jederzeit in der Lage, jedes 8051er-System in C zu programmieren!

8. Die Einrichtung der 8051er-Arbeitsumgebung

Ihre 8051er-Arbeitsumgebung besteht nun aus drei Teilen: der Hardware, der Software und dem Entwicklungs-PC.

Die Software-Umgebung

Sie besteht im Wesentlichen aus folgenden Komponenten (auf unserer CD vorhanden):

- Integrierte Entwicklungsoberfläche µVision2 der Firma Keil zur Programmerstellung in C und zum Austesten der Programme (Demo-Version auf der CD vorhanden).
- Download-Programme für die verschiedenen Boards.
- 8051er-Beispiel-Programm-Sammlung.
- Dokumentationen, Datenblätter und Applikationsschriften zu den obigen Produkten.
- Terminal-Programm HyperTerm zur Kommunikation mit den 8051er-Experimental-Systemen. Dieses Programm ist Bestandteil des Windows-Betriebssystems (Win95/98/2000/NT4.0 etc.).
- Selbstablauffähige Screen-Videos, mit denen wir Ihnen vielfältige Software-Funktionen erläutern.

Für diese Software-Komponenten erstellen wir einen eigenen Ordner auf dem PC (siehe Kapitel 8.4).

Die Hardware-Umgebung

Sie besteht aus den Komponenten:

- ausgewähltes 8051er-Experimental-Board
- Netzteil
- Schnittstellenkabel

Der Entwicklungs-PC

An ihn sind die folgenden Mindestanforderungen zu stellen:

- IBM-kompatibel
- Pentium, Pentium II oder höher
- Betriebssystem: Win98/2000/NT/XP oder höher
- 128 MByte RAM
- 150 MByte freier Festplattenspeicher

8. Die Einrichtung der 8051er- Arbeitsumgebung

Sinnvolle Hilfsmittel

❏ Oszilloskop

❏ Elektronik-Werkzeug inkl. Lötkolben

8.1 Die Screen-Videos

Zur Ergänzung

❏ der Ausführungen in diesen Lehrbüchern,

❏ der Programmbeispiele und

❏ der praktischen Applikationen

haben wir für Sie eine Reihe von Screen-Videos gedreht, die Ihnen schwerpunktmäßig den ersten Einstieg und den Umgang mit µVision2 und den anderen Softwareprodukten vermitteln sollen.

Diese kleinen „Filmchen" sind als ‚exe-Files' auf der beiliegenden CD im Verzeichnis „Screen-Videos" hinterlegt und können daher sofort durch zweimaliges Anklicken mit der Maus gestartet werden.

Nach dem Start erscheint auf Ihrem PC-Bildschirm neben dem Video auch ein kleines Bedien-Panel zur Steuerung des Video-Recorders, *Abb. 8.1.1*.

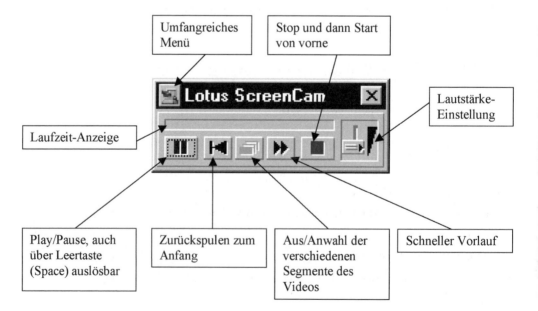

Abb. 8.1.1: Das Bedien-Panel zur Steuerung des Video-Recorders

8.1 Die Screen-Videos

Die Bedientasten sind selbsterklärend; weitere Informationen zur Bedienung des Recoders finden Sie im Hilfe-Menü zur ScreenCam, *Abb. 8.1.2.*

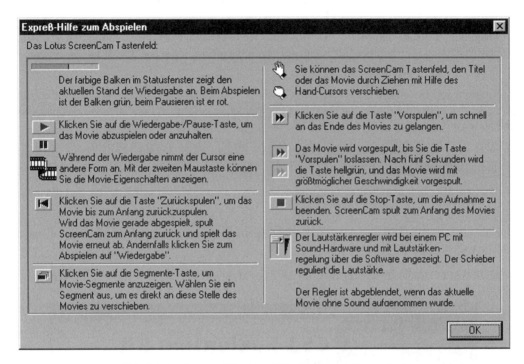

Abb. 8.1.2: Das ausführliche Hilfe-Menü zur ScreenCam

Wenn Sie nun in den nachfolgenden Kapiteln und Lektionen das Feld

 **„Jetzt kommt ein Video"**

sehen, so wissen Sie, dass es zu diesem Thema ein entsprechendes Video gibt, das Sie sich ansehen sollten, bevor Sie im Buch weiterlesen. Die danach folgenden Erläuterungen werden nun optisch-visuell „aufgehellt" und vertieft.

Nach Ansicht des Videos haben Sie dann keine Probleme mehr, die erklärten notwendigen Schritte an Ihrem eigenen PC nachzuvollziehen.

Hinweis:

Sollten die Videos zu ruckartig abgespielt werden und ein Versatz zwischen Sprache und Bild auftreten, so ist Ihr CD-Laufwerk wahrscheinlich zu langsam.

In diesen Falle kopieren Sie die Videos einfach auf Ihre Festplatte und starten Sie sie von dort.

8. Die Einrichtung der 8051er- Arbeitsumgebung

8.2 Die Installation der integrierten Entwicklungsumgebung (IDE) µVision2

Die Installation des kostenlosen C51 Evaluation Kits (Version V7.04) ist sehr einfach und läuft, wie bei Windows-Programmen allgemein üblich, menügeführt ab, wobei fast keine Eintragungen vorzunehmen sind.

Auf unserer CD finden Sie im Verzeichnis ‚Tools\UV2' die exe-Datei ek51v704, in der die komplette Entwicklungsumgebung (Integrated Development Environment ≡ (IDE) namens µVision2 enthalten ist.

Diese Version wurde uns freundlicherweise von der Firma Keil Elektronik GmbH für unsere Lehrbuchreihe zur Verfügung gestellt.

Sie starten also die Installation (von der CD aus) durch zweimaliges Klicken auf die Datei ek51v704.

Die nun erscheinende Installationsaufforderung bejahen Sie und befolgen dann alle nachfolgenden Anweisungen.

Zunächst läuft also die Installation an, *Abb. 8.2.1*.

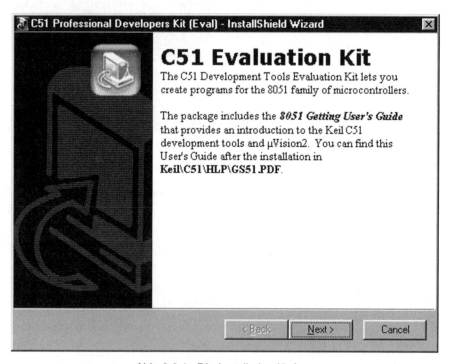

Abb. 8.2.1: Die Installation läuft an

8.2 Die Installation der integrierten Entwicklungsumgebung (IDE) µVision2

Nach einigen Kopier- und Vorbereitungsaktionen wird der „Installations-Zauberer" (InstallShield Wizard) aufgerufen, der ab jetzt den weiteren Installationsablauf übernimmt, *Abb. 8.2.2*.

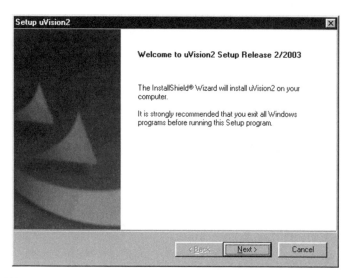

Abb. 8.2.2: Der InstallShield Wizard übernimmt den weiteren Ablauf

Weiter geht es mit ‚Next'; die nachfolgend einblendeten Lizenzbestimmungen bestätigen Sie einfach.

Den danach vorgeschlagenen Installations-Ordner ‚C:\Keil' übernehmen Sie durch Klicken auf ‚Next', *Abb. 8.2.3*.

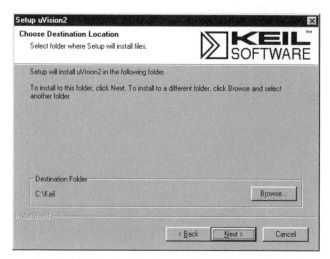

Abb. 8.2.3: Die Installation erfolgt im Ordner ‚C:\Keil'

8. Die Einrichtung der 8051er- Arbeitsumgebung

Sie können jetzt noch Ihren eigenen Namen und den Firmen-Namen eintragen; dann läuft die eigentliche Installation der benötigten Dateien an, *Abb. 8.2.4*.

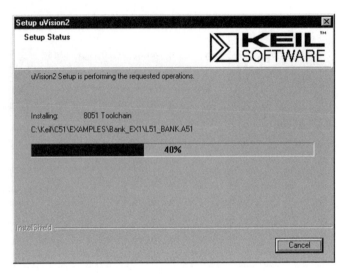

Abb. 8.2.4: Die Installation wird durchgeführt

Sie beenden die Installation durch Klicken auf ‚Finish' und können sich danach noch die zur aktuellen Software-Version gehörenden Informationen (Release Notes) ansehen, *Abb. 8.2.5*.

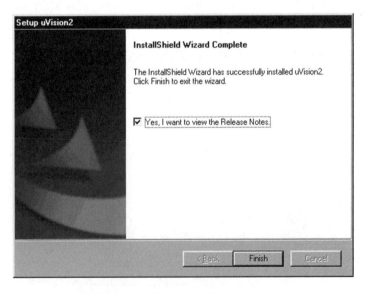

Abb. 8.2.5: Das Ende der Installation

8.2 Die Installation der integrierten Entwicklungsumgebung (IDE) µVision2

Die IDE µVision2 ist nun auf Ihrem Rechner, auf dem Laufwerk C:, im Verzeichnis ‚Keil', installiert, *Abb. 8.2.6*.

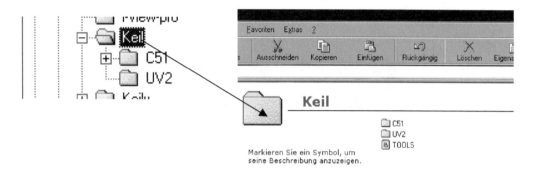

Abb. 8.2.6: Die installierten Verzeichnisse und Dateien auf dem Laufwerk C:

Im Unterverzeichnis ‚UV2' finden Sie jetzt die exe-Datei ‚Uv2.exe' zum Starten von µVision2, *Abb. 8.2.7*.

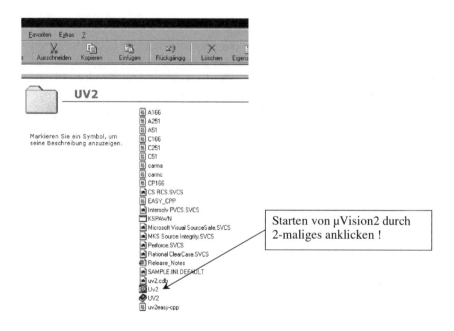

Starten von µVision2 durch 2-maliges anklicken !

Abb. 8.2.7: Der Start von µVision2

8. Die Einrichtung der 8051er- Arbeitsumgebung

Nach zweimaligem Anklicken von Uv2.exe erscheint das Startbild von µVision2, *Abb. 8.2.8*. Sie haben Ihre IDE erfolgreich installiert und könnten jetzt mit der eigentlichen Programmierarbeit beginnen.

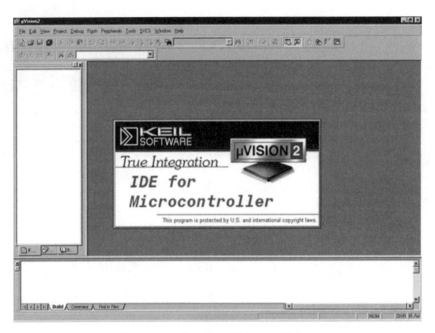

Abb. 8.2.8: Das Startbild von µVision2

Zunächst schließen Sie aber µVision2 (so wie jedes normale Windows-Programm), denn wir müssen zuvor noch einige andere Programme installieren und einrichten.

8.3 Die Installation des Terminal-Programms HyperTerm

Nun zeigen wir Ihnen, wie Sie das wichtigste Hilfsmittel zur Kommunikation mit Ihrem 8051er-System, das Terminal-Programm, installieren und einrichten.

Wenn Ihr 8051er-Board mit seiner Umwelt in Kontakt treten will, z.B. bei

- ❏ der Ausgabe von Meldungen, Zahlenwerten, Statusberichten etc.
- ❏ der Entgegennahme von Eingaben, Befehlen etc.,

so geschieht dieses zunächst, in der ersten Entwicklungsphase, über die serielle, asynchrone Schnittstelle SS0 des 8051ers, da noch kein anderes Ein- bzw. Ausgabemedium (Bildschirm, Tastatur, Drucker etc.) an das Board angeschlossen ist.

8.3 Die Installation des Terminal-Programms HyperTerm

Der Anwender muss also eine geeignete Visualisierungs- und Eingabeeinheit anschließen, um mit dem 8051er-Board zu kommunizieren, mit anderen Worten: Es kommt ein so genanntes Terminal zum Einsatz (nähere Informationen dazu gibt es in Lektion 2).

Solche Terminals werden heute sehr oft auf PCs durch Terminal-Emulations-(Nachbilde-)Programme realisiert.

Das bekannteste dieser Terminal-Software-Pakete ist sicherlich das Programm HyperTerminal (kurz: HyperTerm genannt), das bei jeder Win95/98/2000/NT/XP/xx-Version kostenlos mitgeliefert wird. Allerdings in einer etwas „abgespeckten" Version, die jedoch für unsere Zwecke völlig ausreichend ist.

Um HyperTerm in Verbindung mit dem 8051er-Board einsetzen zu können, sind zwei „Aktivierungsschritte" notwendig, die wir Ihnen nachfolgend ausführlich vorstellen werden:

1. Die Installation von HyperTerm (Version aus der Windows-Programmumgebung (Win-Standard)).
2. Die Einrichtung von HyperTerm speziell für unsere Zwecke zur Kommunikation mit dem 8051er-Board (Win-Standard).

1. Die Installation von HyperTerm (Win-Standard)

Haben Sie bei der Einrichtung Ihren Windows-Arbeitsumgebung (Installation von Windows auf Ihrem PC) das Terminal-Programm HyperTerm nicht mitinstalliert (Sie finden es normalerweise unter dem Pfad: ‚Programme\Zubehör\Kommunikation\HyperTerminal'), so müssen Sie dieses jetzt nachholen.

Wir zeigen Ihnen die notwendigen Abläufe hierzu am Beispiel von Win98 (bei den anderen Windows-Versionen ist der Ablauf gleich oder sehr ähnlich).

Hinweis:
Bevor Sie anfangen, legen Sie sich bitte die Original-Win98er-Programm-CD bereit, da Sie diese nachher noch benötigen.

Diese Installation können Sie sich vorab in dem ersten Screen-Video ansehen (siehe auch Kap. 8.1).

> 🎬 „Die Installation von HyperTerm – Win-Standard"

a) Rufen Sie als Erstes das Windows-Set-Up auf:
- ‚Start-Menü' öffnen,
- Programm-Punkt ‚Einstellungen' wählen,
- Ordner ‚Systemsteuerung' auswählen, *Abb. 8.3.1*,
- und in diesem Ordner das Programm ‚Software' auswählen, d.h. zweimal anklicken.
- Danach die Registerkarte ‚Windows-Setup' anklicken.

b) Windows sucht nun automatisch nach den bereits installierten Windows-Komponenten, *Abb. 8.3.2*.

8. Die Einrichtung der 8051er- Arbeitsumgebung

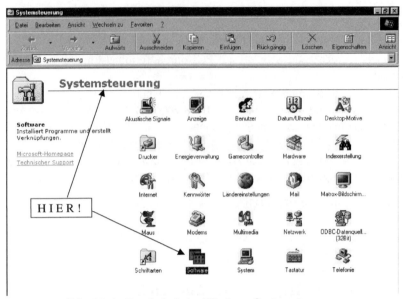

Abb. 8.3.1: Der Aufruf der Windows Systemsteuerung

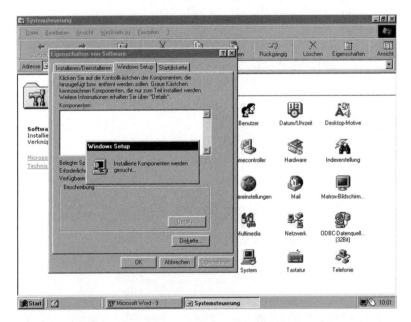

Abb. 8.3.2: Die Suche nach bereits installierten Windows-Komponenten

c) Sobald dieses abgeschlossen ist, wählen Sie die Komponente ‚Verbindungen' aus und klicken auf ‚Details'. Hier aktivieren Sie nun das ‚HyperTerminal' zur Nachinstallation an, *Abb. 8.3.3*.

8.3 Die Installation des Terminal-Programms HyperTerm

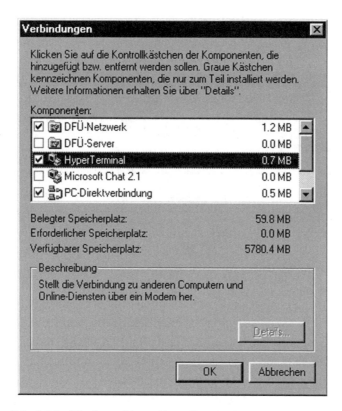

Abb. 8.3.3: Die Auswahl von HyperTerminal zur Nachinstallation

d) Sie bestätigen Ihre Auswahl mit ‚OK' und klicken danach noch einmal auf ‚OK'.

e) HyperTerm wird nun nachinstalliert. Sie müssen bei Aufforderung durch den PC die Win98er-CD in Ihr entsprechendes Laufwerk einlegen und dieses mit ‚OK' bestätigen.

f) Die Installation läuft nun automatisch ab.

2. Die Einrichtung von HyperTerm (Win-Standard) speziell für unsere Zwecke zur Kommunikation mit Ihrem 8051er-Board

Nach der erfolgreichen Installation müssen Sie HyperTerm noch für unsere spezielle Anwendung einrichten bzw. konfigurieren, das heißt, Sie müssen

- ❒ die gewünschte COM-Schnittstelle für die Kommunikation mit Ihrem 8051er-Board auswählen und
- ❒ die korrekten Datenübertragungs-Parameter einstellen.

🎬 **„Die Einrichtung von HyperTerm – Win-Standard"**

8. Die Einrichtung der 8051er- Arbeitsumgebung

a) Nach der Installation befindet sich HyperTerm im Ordner

,Start\Programme\Zubehör\Kommunikation\HyperTerminal' (*Abb. 8.3.4*)

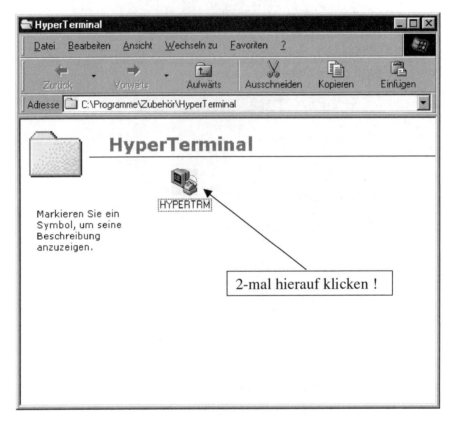

Abb. 8.3.4: Der HyperTerminal-Ordner

b) Sie rufen HyperTerm durch zweimaliges Klicken auf das entsprechende Ikon auf.

c) Nach der Einschaltmeldung kommen Sie zum ersten Konfigurationsmenü, in dem Sie den Namen und das Ikon für Ihre neue Verbindung zu Ihrem 8051er-Board eintragen bzw. auswählen müssen, *Abb. 8.3.5*.

- Als Namen für die Verbindung wählen wir: ,8051er an COM1'
- Als Ikon für die Verbindung wählen wir das zweite Icon aus der Liste.
- Sie bestätigen Ihre Auswahl mit ,OK'.

d) Im nächsten Menü müssen Sie die serielle Schnittstelle für die Kommunikation mit Ihrem 8051er-Board auswählen, in unserem Beispiel ist es COM1, *Abb. 8.3.6*.

Nach der Bestätigung mit ,OK' gelangen Sie in das Menü zur Einstellung der Eigenschaften der Datenübertragung über COM1.

8.3 Die Installation des Terminal-Programms HyperTerm

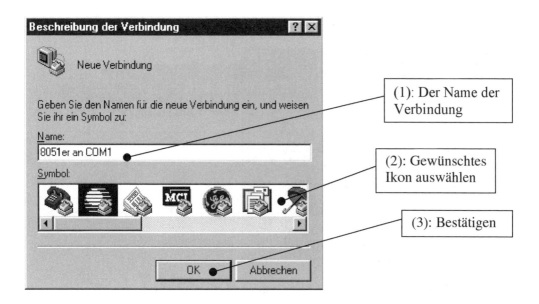

Abb. 8.3.5: Die Auswahl des Namens und des Ikons für die neue Verbindung mit Ihrem 8051er-Board

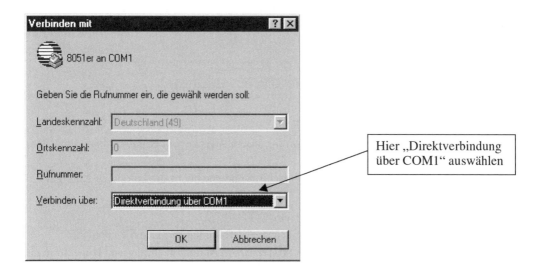

Abb. 8.3.6: Die Auswahl der seriellen Schnittstelle für die Kommunikation mit Ihrem 8051er-Board

8. Die Einrichtung der 8051er- Arbeitsumgebung

e) Hier stellen Sie die Datenübertragungs-Parameter wie folgt ein, *Abb. 8.3.7*.

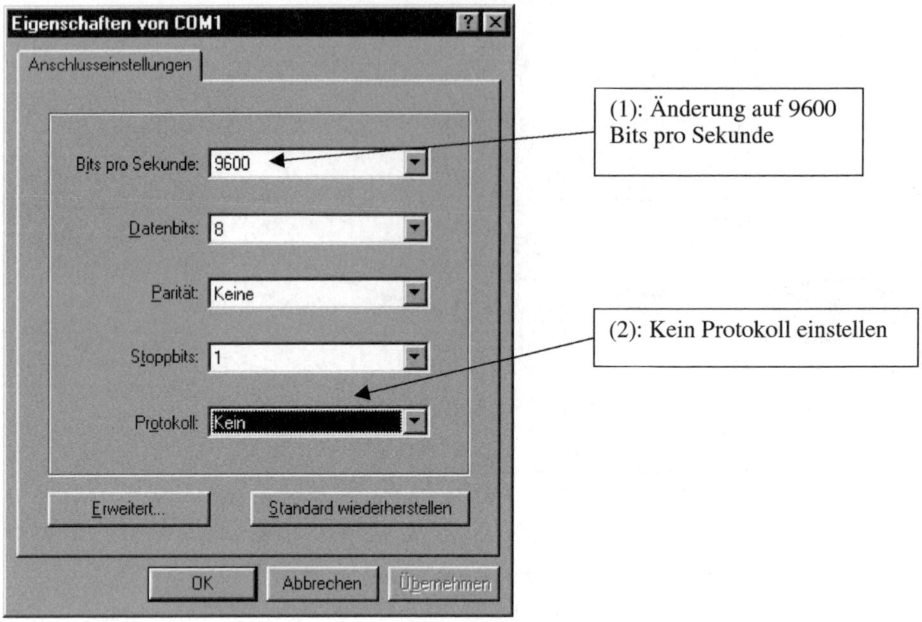

Abb. 8.3.7: Die Einstellung der Datenübertragungs-Parameter für COM1

Einstellungen:
- 9600 Bits pro Sekunde
- 8 Datenbits
- keine Parität
- 1 Stoppbit
- Protokoll: kein

Sie bestätigen die Einstellungen mit ‚OK'.

Damit ist die Einrichtung von HyperTerm für unsere Zwecke (zur Kommunikation mit Ihrem 8051er-Board) abgeschlossen.

f) Sie gelangen zum HyperTerm-Arbeitsbildschirm und speichern die komplette Konfiguration der erstellten Verbindung ab, *Abb. 8.3.8*.
- Pull-Down-Menü ‚Datei', Auswahl von ‚Speichern'.

Danach beenden Sie HyperTerm. Die bestehende Verbindung beenden Sie ebenfalls.

g) Die so neu geschaffene Verbindung zum 8051er-Board ist nun im Ordner von HyperTerm eingetragen, *Abb. 8.3.9*.

h) Sie brauchen das Ikon dieser Verbindung ab jetzt nur zweimal anzuklicken, und die Kommunikationsverbindung mit Ihrem 8051er-Board wird automatisch aufgebaut.

8.3 Die Installation des Terminal-Programms HyperTerm

Abb. 8.3.8: Das Abspeichern der erstellten Verbindung

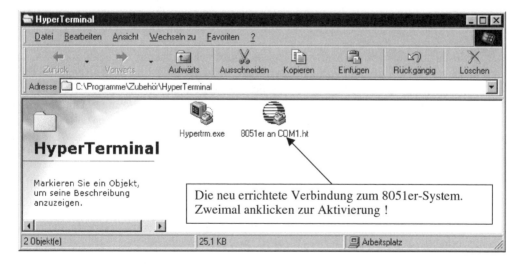

Abb. 8.3.9: Die neu geschaffene Verbindung im Ordner von HyperTerm

Wie bereits zu Anfang erwähnt, ist die gerade installierte Version von HyperTerm eine „abgespeckte" Version, d.h. eine Version mit eingeschränktem Funktionsumfang, für unsere Zwecke aber ausreichend.

8. Die Einrichtung der 8051er- Arbeitsumgebung

Es ist dennoch eine kleine, kostenlose Verbesserung des Leistungsumfanges möglich. Der Hersteller von HyperTerm, die Firma Hilgraeve aus den USA, bietet für private, nicht kommerzielle Nutzung, ein Free-Ware Upgrade von HyperTerm an.

Dieses Software-Paket nennt sich dann HyperTerm Private Edition und ist zur Zeit in der Version 6.3 aus dem Internet herunterladbar (*www.hilgraeve.com*).

Wir haben Ihnen diese verbesserte Version bereits mit auf unsere CD gepackt, so dass Sie diese auf Wunsch nachinstallieren können (Verzeichnis auf der CD: ‚Tools\HyperTerm').

Beachten Sie aber vor der Anwendung dieser Software bitte unbedingt die Lizenzbedingungen des Herstellers.

HyperTerm Private Edition 6.3 bietet dem Anwender einige zusätzliche, verbesserte Funktionen z.B. zur Darstellung von farbigen Zeichen auf farbigem Hintergrund, so dass etwas „mehr Leben" in Ihre Bildschirmdarstellung kommt.

Wir werden in den entsprechenden Kapiteln bzw. in den jeweiligen Videos noch näher darauf eingehen.

Die Installation von HyperTerm Private Edition 6.3 läuft selbständig und automatisch ab, so wie Sie es von Windows-Programmen gewohnt sind: Zweimaliges Anklicken des Programm-Ikons ‚htpe63', und danach sind alle Anweisungen auf dem Bildschirm zu befolgen.

Den gesamten Ablauf können Sie sehr schön in unserem Video verfolgen und danach selber ausführen.

 „Die Installation und Einrichtung von HyperTerm Private Edition 6.3"

Nach der Installation wird dieser Software Upgrade sofort richtig erkannt, das heißt, wenn Sie nun die zuvor eingerichtete Verbindung zum 8051er-Board aktivieren, so wird automatisch HyperTerm Private Edition 6.3 gestartet. Sie brauchen gar nichts zu ändern und können sofort die neuen Eigenschaften ausnutzen. Die alte HyperTerm-Version wird einfach „vergessen". Wenn Sie später einmal HyperTerm Private Edition deinstallieren, so wird automatisch wieder auf die alte, abgespeckte HyperTerm-Version umgestellt, die ja noch auf Ihrer Festplatte vorhanden ist. Wenn daher in den nachfolgenden Ausführungen von HyperTerm gesprochen wird, so ist ab jetzt immer HyperTerm Private Edition 6.3 gemeint.

Anmerkung:

Auch HyperTerm Private Edition 6.3 ist keine komplette Vollversion von HyperTerm, dafür aber kostenlos erhältlich.

Wenn Sie den vollen Funktionsumfang von HyperTerm nutzen wollen (den Sie aber für unser Buch nicht benötigen), so müssen Sie sich eine offizielle Version bei Hilgraeve bestellen und bezahlen.

Den ersten richtigen Einsatz des Terminal-Programms HyperTerm erleben Sie in unserem Lektionenteil, in Lektion 2.

8.4 Der 8051er-Projektordner

Damit nun alle bisher installierten 8051er-Software-Pakete „ordentlich" an einem Platz aufbewahrt werden und Sie diese sofort per Mausklick aufrufen können, empfehlen wir Ihnen, sich mit Hilfe der „Windows-Fenster-Technik" einen eigenen Programm-Ordner anzulegen, in dem alles Wichtige zusammengefasst ist, *Abb. 8.4.1.*

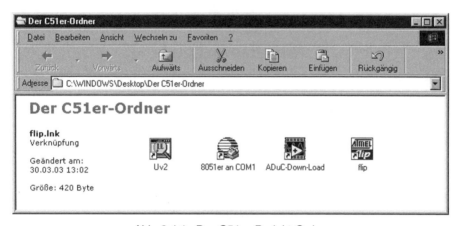

Abb. 8.4.1: Der C51er-Projekt-Ordner

In diesem Ordner sind enthalten:

❏ eine Verknüpfung zur IDE µVision2:

❏ eine Verknüpfung zu HyperTerm, hier an COM1:

8. Die Einrichtung der 8051er- Arbeitsumgebung

❏ zusätzlich bereits eine Verknüpfung zum Download-Programm für den ADuC812 (siehe Kapitel 8.5.1):

❏ zusätzlich bereits eine Verknüpfung zum Download-Programm für den T89C51CC01 (siehe Kapitel 8.5.3):

Alle weiteren Programme, die wir noch installieren werden, sollten Sie ebenfalls mit den entsprechenden Verknüpfungen in diesem Ordner hinterlegen, so dass Sie alles rund um den 8051er „schön beisammen" haben.

8.5 Der Anschluss, die Inbetriebnahme der Hardware und der Programm-Download

Nachdem Sie nun alles installiert haben, was für die weitere Arbeit notwendig ist, können wir damit beginnen, die einzelnen Komponenten in Betrieb zu nehmen.

Dies erfolgt in fünf einfachen Schritten:

1. Aufbau des ausgewählten Experimental-Boards, Test und Inbetriebnahme gemäß den Herstellerangaben.
2. Anfertigung des benötigten Schnittstellenkabels für die Verbindung zwischen Experimental-Board und Entwicklungs-PC (sofern dieses Kabel nicht dem Experimental-Board beiliegt).

8.5 Der Anschluss, die Inbetriebnahme der Hardware und der Programm-Download

3. Prüfung der Kommunikation zwischen Experimental-Board und Entwicklungs-PC, das heißt, meldet sich das Experimental-Board beim Entwicklungs-PC?
4. Einrichtung des Download-Programms und Übertragung des ersten Demo-Programms auf das Experimental-Board.
5. Start des Demo-Programms.

In den folgenden drei Kapiteln beschreiben wir diese Abläufe für unsere Experimental-Boards.

Setzen Sie andere 8051er-Systeme ein, so sind diese ersten grundlegenden Aktionen dennoch in ähnlicher Weise durchzuführen.

Danach ist Ihre Entwicklungs-Hard- und -Software einsatzbereit!

8.5.1 Der ISAC-Cube

Wir setzen hier den ISAC-Cube in Verbindung mit dem Motherboard, Typ II (MB II), ein, siehe Kapitel 7.1, *Abb. 7.1.3*, da wir dann ein Maximum an Funktionalität zur Verfügung haben.

1. Schritt: Aufbau der Experimental-Hardware

Sie bestücken das Motherboard gemäß Anweisung und testen es zunächst OHNE den ISAC-Cube.

Dazu schließen Sie eine Spannung von 10 V- an und messen die Stromaufnahme:

Sie sollte 120 mA nicht übersteigen!

Danach klemmen Sie die Spannungsversorgung wieder ab und setzen den fertig bestückten und getesteten ISAC-Cube ein.

Nun schließen Sie wieder die 10 V- an und messen die Stromaufnahme:

Sie sollte 150 mA nicht übersteigen!

2. Schritt: Anfertigung des Schnittstellen-Kabels

Für die Verbindung zwischen Ihrem PC und dem ISAC-Cube auf dem MB II benötigen Sie ein serielles Schnittstellenkabel, das wie folgt verdrahtet werden muss, *Abb. 8.5.1.1*.

Bitte beachten Sie:

Bei der Verbindungsleitung werden die Anschlüsse 2 und 3 vertauscht und der Anschluss 5 direkt durchverbunden.

Hinweis:

Anstatt das Kabel selber herzustellen, können Sie auch ein ganz normales, handelsübliches Null-Modem-Kabel verwenden.

8. Die Einrichtung der 8051er- Arbeitsumgebung

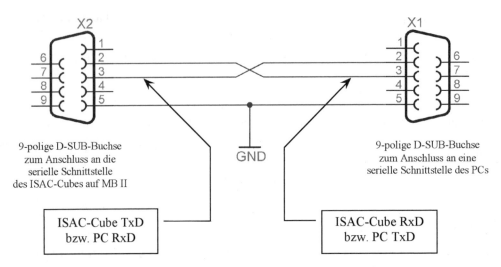

Abb. 8.5.1.1: Das serielle Schnittstellenkabel

3. Schritt: Aufbau der Kommunikation zwischen µC-System und PC

Sie verbinden also das MB II und die Schnittstelle COM1 des Entwicklungs-PCs mit dem Schnittstellenkabel.

Nun starten Sie auf dem PC das bereits eingerichtete Programm HyperTerm aus Ihrem 8051er-Projektordner.

Sie drücken nun auf dem ISAC-Cube gleichzeitig den Reset- und den Boot-Taster. Dann lassen Sie den Reset-Taster wieder los; ca. zwei Sekunden später lassen Sie auch den Boot-Taster los (damit haben Sie den ADuC812 in den Programm-Download-Modus gebracht (mehr dazu nachfolgend)).

Das Wichtigste ist jetzt zunächst die Rückmeldung des ADuC812ers auf dem Bildschirm von HyperTerm, *Abb. 8.5.1.2*, vorausgesetzt, Sie haben die Datenübertragungsparameter richtig eingestellt und zwischenzeitlich nicht verändert (siehe Kapitel 8.3).

Es wird also ein etwas „seltsamer" Text ausgegeben, in dem u.a. der Controller-Typ und die Version des im Controller enthaltenen Download-Empfangs-Programms enthalten ist.

Der ADuC812 ist nun bereit, ein vom PC gesendetes Programm (im Intel-HEX-Format) zu empfangen.

4. Schritt: Download des Demo-Programms

In einer ersten Aktion müssen Sie zunächst das zugehörige Download-Programm namens WSD (Windows Serial Downloader) bzw. ADuC-Download für den ADuC812 aus den Quick Start Tools auf Ihrem Entwicklungs-PC installieren.

Wie diese Installation abläuft, haben wir in einer pdf-Datei auf unserer CD beschrieben:

8.5 Der Anschluss, die Inbetriebnahme der Hardware und der Programm-Download

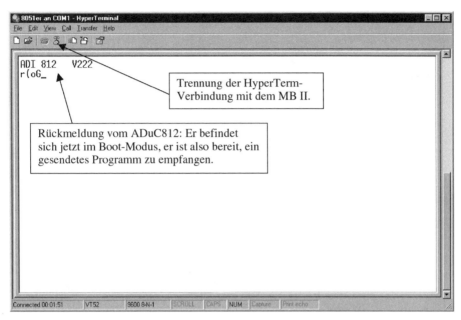

Abb. 8.5.1.2: Die Rückmeldung des ADuC812ers

✄ Grundlagen: „Die Installation von WSD aus den Quick Start Tools"

In dieser pdf-Datei in der Rubrik Grundlagen auf der beiliegenden CD finden Sie weitergehende Informationen zur Installation von WSD auf Ihren Entwicklungs-PC.

Als Nächstes trennen Sie die Verbindung, die HyperTerm zum MB II aufgebaut hat, durch Klicken auf das Ikon mit dem aufgenommenen Hörer, *Abb. 8.5.1.1*. Nun können Sie das HyperTerm-Fenster ‚nach unten' wegklicken.

Danach starten Sie das Download-Programm ‚ADuC-Download' aus Ihrem 8051er-Projektordner und erhalten das nachfolgende Startbild, *Abb. 8.5.1.3*.

Das Download-Programm hat nun die Schnittstelle COM1 korrekt in Betrieb genommen und den ADuC812er bereits zurückgesetzt. Der µC ist jetzt bereit, ein Programm zu empfangen.

Dazu klicken Sie auf den ‚Download'-Button und wählen, wie unter Windows gewohnt, die zu ladende Programm-Datei aus: Sie befindet sich auf unserer CD im Verzeichnis ‚Sofort_Demo' und hat den Namen ‚Hallo_Da_AD.hex', *Abb. 8.5.1.4*.

Durch zweimaliges Anklicken des Dateinamens bzw. durch Auswahl der Datei und Klicken auf ‚Öffnen' wird die Datei ausgewählt, und der Programm-Transfer startet sofort, *Abb. 8.5.1.5*.

Nachdem der Download abgeschlossen ist, erscheint wieder das Grundbild des Download-Programms, das Sie nun ‚nach unten' wegklicken können.

8. Die Einrichtung der 8051er- Arbeitsumgebung

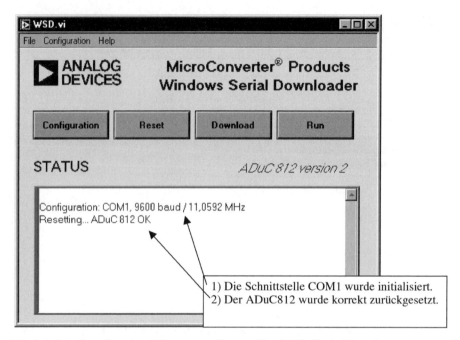

Abb. 8.5.1.3: Das Download-Programm für den ADuC812 (Serial Downloader genannt)

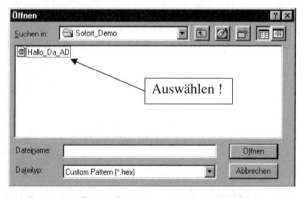

Abb. 8.5.1.4: Das erste Demo-Programm für den ADuC812 wird ausgewählt

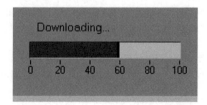

Abb. 8.5.1.5: Der Programm-Transfer läuft

8.5 Der Anschluss, die Inbetriebnahme der Hardware und der Programm-Download

5. Schritt: Start des Demo-Programms

Sie öffnen jetzt erneut das HyperTerm-Fenster und stellen die Verbindung zum MB II her, indem Sie auf das Ikon mit dem aufgelegten Telefonhörer klicken: Nun sind MB II und PC wieder verbunden.

Zum Abschluss drücken Sie auf dem ISAC-Cube den Reset-Taster, und auf dem Bildschirm erscheint die Begrüßungsmeldung des ADuC812er, *Abb. 8.5.1.6*.

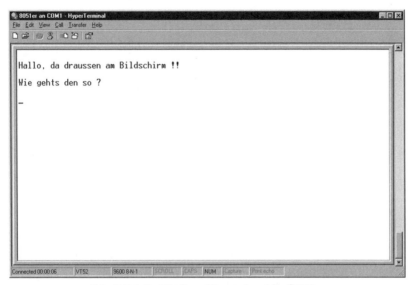

Abb. 8.5.1.6: Die Begrüßung des ADuC812ers

Damit haben Sie es geschafft: Sie haben erfolgreich das erste Programm in den ADuC812er geladen und gestartet.

Bevor es weitergeht, möchten wir Ihnen an dieser Stelle noch einige Hintergrundinformationen zu den Aktionen geben, die Sie gerade durchgeführt haben:

Der Programm-Download beim ADuC812er

Der Serial Downloader dient generell dazu, Intel-Hex-Files in die ADuCxx-Microconverter von Analog Devices zu laden.

Diese sehr wichtige Aktion des Program-Downloads zum ADuC812 bzw. zum ISAC-Cube läuft nun, wie gerade durchgeführt, in drei wesentlichen Schritten ab, *Abb. 8.5.1.7a* und *Abb. 8.5.1.7.b*.

1. Schritt:

Sie müssen den ADuC812 zuerst in den Download-Modus bringen, *Abb. 8.5.1.6a*. Dazu muss der Pin PSEN\ des ADuC812 über einen 1-kΩ-Widerstand an Masse gelegt werden ($\equiv$ Low-Pegel an PSEN\; T2 $\equiv$ Boot-Taster) und danach der Reset-Taster betätigt werden. Für den ISCA-Cube gilt somit:

8. Die Einrichtung der 8051er- Arbeitsumgebung

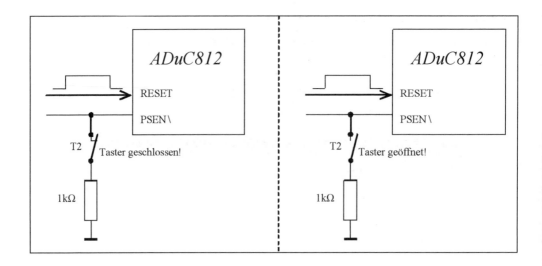

Abb. 8.5.1.7a: Aktivierung des Debug- bzw. Programm-Download-Modus
Abb. 8.5.1.7b: Normaler Betriebsmodus

Zuerst Druck auf T2 („Boot") und dann Druck auf T1 („Reset").
Danach T1 und dann T2 wieder loslassen.

Hinweise für 8051er-Experten:

1. Der Pin PSEN\ ist bei jedem „normalen" 8051er immer ein Ausgang (≡ Lesesignal für den Programm-Speicher, z.B. externes EPROM). Bei den MicroConvertern wird PSEN\ aber im Reset-Moment bzw. direkt nach dem Loslassen des Reset-Tasters kurzfristig als Eingang betrieben und der dort anliegende Pegel eingelesen. Bei einen Low-Pegel an PSEN\ verzweigt der ADuC812 sofort in den so genannten Download- bzw. Debug-Modus, das heißt, nun kann er ein zu ladendes Programm über seine serielle Schnittstelle empfangen und den ON-Chip-Flash-Programmspeicher damit programmieren.

2. Auf jedem MicroConverter befindet sich ein „versteckter, geheimer" Programmspeicher (2 kByte groß), in dem die Routinen zum seriellen Programm-Download, zur Programmierung des Flash-EEPROMs und zur Durchführung weiterer Debug-Funktionen vom Hersteller Analog Devices abgelegt worden sind.
Bei einem normalen Programmstart (Einschalten der Betriebsspannung bzw. alleiniger Druck auf den Reset-Taster und kein Low-Pegel an PSEN\) bleibt dieser Sonderspeicherbereich verborgen bzw. inaktiv, das heißt, der ADuC812 beachtet seinen Inhalt gar nicht und führt Ihr geschriebenes Anwendungsprogramm aus dem Flash-EEPROM aus (≡ normaler Betriebsfall).
Erkennt der ADuC812 beim Druck auf den Reset-Taster bzw. beim Loslassen des Reset-Tasters aber einen Low-Pegel am Pin PSEN\, so ignoriert er Ihr Anwendungsprogramm im Flash-EEPROM, verzweigt stattdessen in den „Geheim-Programmspeicher" und führt das dort stehende Programm – die Download- bzw. Debug-Routine – aus (≡ Download- bzw. Debug-Modus)

8.5 Der Anschluss, die Inbetriebnahme der Hardware und der Programm-Download

2. Schritt:

Nun können Sie den Serial Downloader starten. Dieses Programm sucht automatisch nach einem MicroConverter, der (zunächst) an COM1 angeschlossen ist, und nimmt mit ihm Verbindung auf. Haben Sie den ADuC812 an eine andere COM-Schnittstelle angeschlossen, so können Sie über den Menü-Punkt „Konfiguration" diese Schnittstellen anwählen. Hier lassen sich dann auch andere Parameter für den Download einstellen. Zunächst aber können Sie die dort eingestellten Default-(Grund-)Werte beibehalten.

Nun klicken Sie auf den Button ‚Download' und wählen, wie allgemein bei Windows gewohnt, die zu ladende Intel-Hex-Datei im entsprechenden Verzeichnis aus.

Der Download läuft dann automatisch und im Allgemeinen problemlos ab.

3. Schritt:

Nach Beendigung des Download-Vorganges können Sie den Serial Downloader ‚nach unten' in die Programm-Leiste wegklicken, und mit einem Druck auf die Reset-Taste T1 am Cube startet Ihr Programm auf dem ADuC812, *Abb. 8.5.1.6b*. Sie erinnern sich: Da Sie jetzt nicht auf T2 gedrückt haben, liegt PSEN\ nicht auf Low-Pegel, der ADuC812 ignoriert jetzt seinen geheimen, internen Programm-Speicher und führt stattdessen das eingeladene Programm aus.

> Jeder erneute Download-Vorgang beginnt immer wieder bei Schritt 1:
> T2 drücken, T1 drücken, T1 loslassen, T2 loslassen, Serial Downloader starten ...

Ganz wichtig:

Wenn Sie zuvor mit HyperTerm gearbeitet haben und jetzt ein neues Programm mit dem Serial Downloader auf den ISAC-Cube herunterladen wollen, so müssen Sie unbedingt die bestehende Verbindung mit HyperTerm auflösen („Disconnect" (abgehobener Telefonhörer) bei HyperTerm anwählen). Andernfalls hält HyperTerm nämlich die COM-Schnittstelle für sich besetzt, und der Serial Downloader kann nicht darauf zugreifen. Es erscheint dann eine scheinbar „unsinnige" Fehlermeldung, weil der Serial Downloader keinen ADuC812er finden kann!

Sie müssen in diesem Fall die Fehlermeldung quittieren, die Verbindung in HyperTerm auflösen und können dann erneut den Downloader starten.

Zum Abschluss dieses Kapitels soll noch die Frage beantwortet werden, wie „haltbar" denn nun eigentlich das Flash-EEPROM auf dem ADuC812 ist, das heißt:

> Wie oft kann man ein neues Programm hineinladen,
> bevor das Flash-EEPROM Fehlfunktionen zeigt?

Hierzu macht Analog Devices im Datenblatt des Chips zwei wichtige Angaben:

1. Erhalt der Daten im Flash-Speicher (mit oder ohne Betriebsspannung): mindestens 10 Jahre, danach ist mit „Verlusten", d.h. fehlerhaften Veränderungen von Speicherstelleninhalten zu rechnen.
2. Mindestanzahl der möglichen Umprogrammierungen, d.h. Löschen und Wiederbeschreiben von Speicherstellen, bevor Fehler in der Speicherstruktur auftreten: 10.000 Zyklen.

8. Die Einrichtung der 8051er- Arbeitsumgebung

Und hierbei ist allerdings eine Sache ganz genau zu beachten, da in einem ADuC812 zwei verschiedene Flash-EEPROM-Bereiche vorhanden sind. Für den Programmspeicher sind 10.000 mögliche Umprogrammierungen sicherlich mehr als ausreichend: wenn Sie 20 Mal am Tag Ihr Programm ändern, so können Sie dieses ununterbrochen 500 Tage lang hintereinander durchführen – und das sollte doch wohl ausreichend sein!

Anders sieht es beim 640-Byte-Flash-EEPROM-Datenspeicherbereich aus, in dem Sie ja beliebige Werte beliebig oft abspeichern können. Hier kann es unter Umständen recht schnell passieren, dass Sie die kritische Grenze von 10.000 Lösch/Schreibzyklen erreichen bzw. überschreiten, insbesondere dann, wenn Sie z.B. häufig sich schnell ändernde Messdaten in diesen Speicherstellen ablegen. In solch einem Fall sollten Sie dann besser auf eine externe Erweiterung des Datenspeicherbereiches in Form eines RAMs ausweichen, wie sie ja auf dem MB II vorhanden ist.

Aber auch in diesem Punkt entwickelt Analog Devices seine MicroConverter permanent weiter: Geplant ist ein Datenerhalt bis zu 100 (!) Jahren bei mindesten 100.000 zulässigen Lösch/Schreib-Zyklen.

8.5.2 Das 80C537er-TFH-System

Wir verwenden als Experimental-Basis das 80C537er-TFH-Board in Verbindung mit dem Starter-Kit-PLUS, *Abb. 7.2.2* und *Abb. 7.2.9*.

Mit dieser Ausstattung erhalten Sie ein kleines, kompaktes System für Ihren Labortisch und Ihren ersten Einstieg in die µC-Technik.

1. Schritt: Aufbau der Experimental-Hardware

Sie bestücken das 80C537er-TFH-Board und das Starter-Kit-PLUS gemäß Anweisung und testen zunächst das Starter-Kit-PLUS.

Dazu schließen Sie eine Spannung von 10 V- an und messen die Stromaufnahme:

Sie sollte 100 mA nicht übersteigen!

Danach klemmen Sie die Spannungsversorgung wieder ab und setzen das fertig bestückte 80C537er-TFH-Board ein.

Nun schließen Sie wieder die 10 V- an und messen die Stromaufnahme:

Sie sollte 230 mA nicht übersteigen!

2. Schritt: Anfertigung des Schnittstellen-Kabels

Für die Verbindung zwischen Ihrem PC und dem 80C537er-TFH-Board benötigen Sie ein serielles Schnittstellenkabel, das wie folgt verdrahtet werden muss, *Abb. 8.5.2.1*.

Bitte beachten Sie:

Bei der Verbindungsleitung werden die Anschlüsse 2, 3 und 5 direkt durchverbunden.

8.5 Der Anschluss, die Inbetriebnahme der Hardware und der Programm-Download

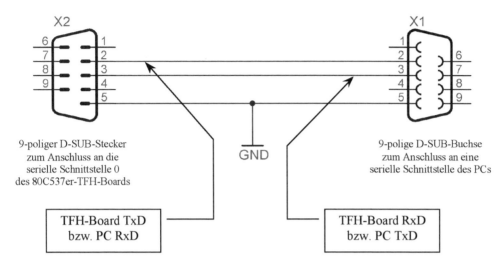

Abb. 8.5.2.1: Das serielle Schnittstellenkabel

3. Schritt: Aufbau der Kommunikation zwischen µC-System und PC

Sie verbinden also das 80C537er-TFH-Board und die Schnittstelle COM1 des Entwicklungs-PCs mit dem Schnittstellenkabel.

Nun starten Sie auf dem PC das bereits eingerichtete Programm HyperTerm aus Ihrem 8051er-Projektordner.

Wenn Sie nun die Reset-Taste des 80C537er-TFH-Boards betätigen, meldet sich das Board mit seiner Einschaltmeldung zurück, *Abb. 8.5.2.2*, vorausgesetzt, Sie haben die Datenübertragungsparameter richtig eingestellt und zwischenzeitlich nicht verändert (siehe Kapitel 8.3).

Es wurde also das Monitor-Programm gestartet, das heißt, der 80C537er befindet sich im Monitor-Mode und kann daher jetzt ein über die serielle Schnittstelle gesendetes Programm empfangen und in seinem Programmspeicher (RAM) ablegen.

4. Schritt: Download des Demo-Programms

Zum Download eines Programms auf das 80C537er-TFH-Board benötigen Sie kein spezielles Programm, Sie können den Transfer ganz einfach mit HyperTerm durchführen.

Allerdings ist zuvor noch eine kleine Einstellung notwendig:

8051er-Programme im Intel-HEX-Format werden immer zeilenweise (päckchenweise) zum Zielsystem übertragen, Abb.8.5.2.6, wobei in einer Zeile bis zu 32 Bytes Programmcode enthalten sein können.

Die Bytes solch einer Zeile muss der 8051er nun erst einmal wegspeichern, bevor er die nächste Zeile empfangen und verarbeiten kann. Zusätzlich wird jede Zeile noch auf Fehler bei der Datenübertragung hin überprüft.

8. Die Einrichtung der 8051er- Arbeitsumgebung

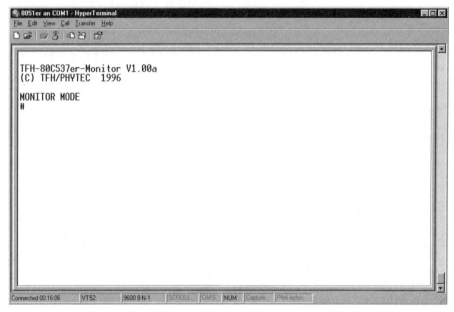

Abb. 8.5.2.2: Die Einschaltmeldung des 80C537er-TFH-Boards

Mit anderen Worten: Zwischen den ausgesandten Zeilen muss der Sender (der PC) eine kleine Pause machen, damit die Zeilen nicht zu schnell hintereinander kommen und der 8051er sie auch richtig verarbeiten kann.

Senden Sie nun die Programm-Datei (den Intel-HEX-File) mit HyperTerm aus, so sendet HyperTerm die Zeilen zunächst schnellstmöglich aus, d.h. ohne Pausen dazwischen.

Das „verkraftet" ein 8051er aber nicht – es kommt zu einem fehlerhaften Programm-Transfer, das heißt, während des Programm-Transfers erscheinen Fehlermeldungen (Error) auf dem Bildschrim.

Sie können nun aber bei HyperTerm eine Zeilenpause einstellen, *Abb. 8.5.2.3.*

Sie öffnen das Pull-Down-Menü ‚File' und wählen das Untermenü ‚Properties' (Eigenschaften) an.

Dann aktivieren Sie die Registerkarte ‚Settings' und klicken dort auf den Button ‚ASCII Setup ... '.

Nun können Sie im Eingabe-Fenster ‚Line delay' (Zeilenverzögerung) die Größe der Pause zwischen dem Aussenden zweier Zeilen einfügen: Im Allgemeinen ist ein Wert von 5 ... 10 ms ausreichend.

Sie sollten diese Zahl jedoch nicht zu hoch wählen, da sonst der Programm-Transfer unnötig lange dauert.

Sie bestätigen die gemachte Eingabe mit ‚OK' und schließen das Eigenschaftsfenster ebenfalls mit ‚OK'.

Nun ist HyperTerm für den Programm-Transfer zu 8051er-Systemen richtig eingestellt.

8.5 Der Anschluss, die Inbetriebnahme der Hardware und der Programm-Download

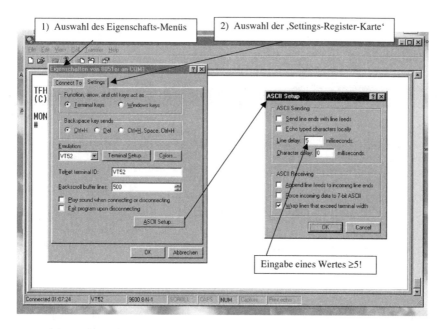

Abb. 8.5.2.3: Die Einstellung einer Pause zwischen dem Aussenden zweier Zeilen

Sie aktivieren den Programm-Download, indem Sie das Pull-Down-Menü ‚Transfer' öffnen und dort den Punkt ‚Send Text File' anklicken, *Abb. 8.5.2.4*.

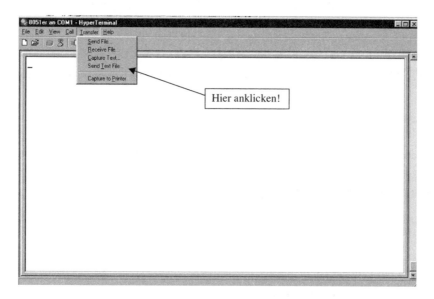

Abb. 8.5.2.4: Der Transfer der Programm-Datei

8. Die Einrichtung der 8051er- Arbeitsumgebung

Im nun erscheinenden ‚Send Text File'-Fenster, *Abb. 8.5.2.5*, wählen Sie, wie unter Windows gewohnt, die zu sendende Programm-Datei aus: Sie befindet sich auf unserer CD im Verzeichnis ‚Sofort_Demo' und heißt ‚Hallo_Da_tfh.hex'.

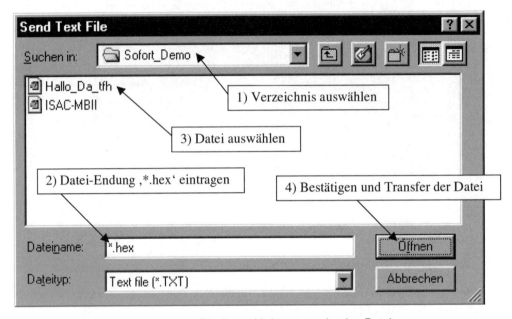

Abb. 8.5.2.5: Die Auswahl der zu sendenden Datei

Vorher müssen Sie aber noch als Datei-Endung im Feld ‚Dateiname' ‚*.hex' eingeben, damit Sie auch die HEX-Dateien angezeigt bekommen.

Nach der Auswahl der Datei klicken Sie auf ‚Öffnen', und der Transfer läuft automatisch ab, *Abb. 8.5.2.6*.

Das Ende des Programm-Downloads ist erreicht, wenn in der letzten Zeile nur ein ‚#_' steht. Es sollten keine Fehlermeldungen (‚Error') angezeigt werden.

Das Programm befindet sich nun auf dem 80C537er-TFH-Board und ist zum Start bereit.

5. Schritt: Start des Demo-Programms

Sie können zunächst den HyperTerm-Bildschrim löschen, damit Sie „freies Feld" für den 80C537er erhalten: Pull-Down-Menü ‚Edit' und dann Auswahl von ‚Clear Screen'.

Danach drücken Sie einfach auf den Reset-Knopf des 80C537er-TFH-Boards, und es erscheint zunächst wieder das Bild gemäß *Abb. 8.5.2.2*.

Sie geben nun zum Start des Programms einfach g0 ein (ein kleines g, gefolgt von der Zahl 0!), und die Begrüßungsmeldung gemäß *Abb. 8.5.1.6* erscheint.

8.5 Der Anschluss, die Inbetriebnahme der Hardware und der Programm-Download

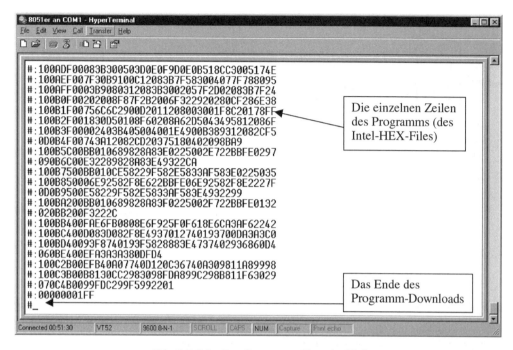

Abb. 8.5.2.6: Der Programm-Transfer läuft

Nun haben Sie es geschafft: Sie haben erfolgreich das erste Programm auf das 80C537er-TFH-Board geladen und gestartet.

8.5.3 Das CAN-ExBo / Der CAN-Cube

Wir verwenden hier das CAN-ExBo, da damit größere CAN-Bus-Stationen realisiert werden können.

Die nachfolgenden Beschreibung gelten aber auch für das kleinere System CAN-Cube.

1. Schritt: Aufbau der Experimental-Hardware

Sie bestücken das CAN-ExBo gemäß Anweisung, schließen eine Spannung von 10 V- an und messen die Stromaufnahme:

Sie sollte 130 mA (mit angeschlossenem LC-Display) nicht übersteigen!

2. Schritt: Anfertigung des Schnittstellen-Kabels

Für die Verbindung zwischen Ihrem PC und dem CAN-ExBo benötigen Sie ein serielles Schnittstellenkabel, das wie folgt verdrahtet werden muss, *Abb. 8.5.3.1*.

8. Die Einrichtung der 8051er- Arbeitsumgebung

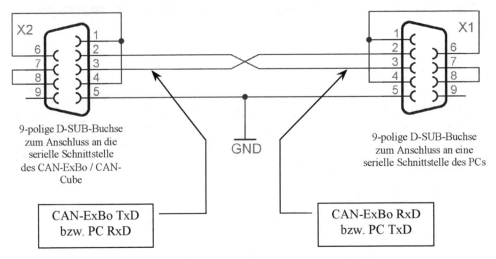

Abb. 8.5.3.1: Das serielle Schnittstellenkabel

Bitte beachten Sie:

Bei der Verbindungsleitung werden die Anschlüsse 2 und 3 vertauscht und der Anschluss 5 direkt durchverbunden. Zusätzlich müssen die Anschlüsse 1, 4 und 6 sowie die Anschlüsse 7 und 8 im Stecker gebrückt sein!

Hinweis:

Anstatt das Kabel selber herzustellen, können Sie auch ein ganz normales, handelsübliches Null-Modem-Kabel verwenden.

3. Schritt: Aufbau der Kommunikation zwischen µC-System und PC

Sie verbinden also das CAN-ExBo und die Schnittstelle COM1 des Entwicklungs-PCs mit dem Schnittstellenkabel.

4. Schritt: Download des Demo-Programms

In einer ersten Aktion müssen Sie zunächst das zugehörige Download-Programm namens Flip (Flexible In-system Programmer) für den T89C51CC01 auf Ihrem Entwicklungs-PC installieren.

Wie diese Installation abläuft, haben wir in einer pdf-Datei auf unserer CD beschrieben:

> ✴ **Grundlagen: „Die Installation von Flip"**
>
> In dieser pdf-Datei in der Rubrik Grundlagen auf der beiliegenden CD finden Sie weitergehende Informationen zur Installation von Flip auf Ihrem Entwicklungs-PC.

8.5 Der Anschluss, die Inbetriebnahme der Hardware und der Programm-Download

Sie starten jetzt die Flip-Software durch zweimaliges Klicken auf das zugehörige Ikon, Abb. 8.5.3.2.

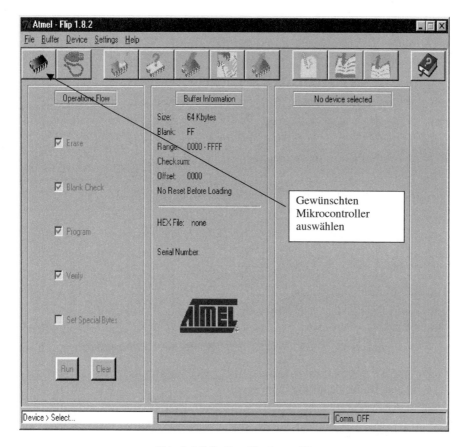

Abb. 8.5.3.2: Der Start von Flip

Als Erstes müssen Sie den gewünschten Mikrocontroller („Device") auswählen. Dazu klicken Sie auf das erste Ikon oben links in der Ikon-Leiste. In erscheinenden Fenster lassen Sie sich die Device-Liste anzeigen und wählen den T89C51CC01 aus, *Abb. 8.5.3.3*.

Sie bestätigen Ihre Auswahl mit ‚OK'.

Als Nächstes müssen Sie die serielle Schnittstelle, an der das CAN-ExBo angeschlossen ist, auswählen und die Datenübertragungsparameter einstellen. Dies geschieht durch Klicken auf das zweite, nun freigegebene Ikon in der oberen Ikon-Leiste (‚Schnittstellen-Stecker').

Sie werden jetzt gefragt, über welche Schnittstelle der Transfer des Programms zum T89C51CC01 erfolgen soll; hier haben Sie, abhängig von dem von Ihnen ausgewählten und eingesetzten Baustein, zwei Möglichkeiten zur Auswahl:

8. Die Einrichtung der 8051er- Arbeitsumgebung

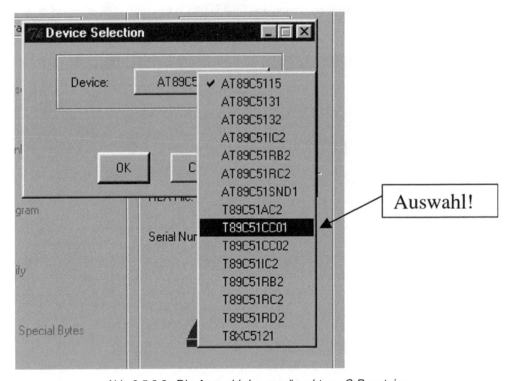

Abb. 8.5.3.3: Die Auswahl des gewünschten µC-Bausteins

❏ Bausteine mit der Bezeichnungs-Endung „UA" werden grundsätzlich nur über die serielle UART-Schnittstelle mit dem Programm geladen.

❏ Bausteine mit der Bezeichnungs-Endung „CA" werden grundsätzlich nur über den CAN-Bus mit dem Programm geladen.

❏ Es gibt zur Zeit keine Bausteine, die beides ermöglichen.

Wir setzten in unserem CAN-ExBo einen T89C51CC01 mit Lademöglichkeit über die serielle Schnittstelle ein und wählen daher die Option ‚RS232' aus.

Es erscheint jetzt ein Auswahlfenster, in dem Sie den COM-Port und die Datenübertragungsgeschwindigkeit eintragen können.

Wir entscheiden uns für COM1 und für die schnellste Geschwindigkeit, 115200 Baud, Abb. 8.5.3.4.

Sie bestätigen die Auswahl mit ‚Connect', und Flip versucht nun, eine Verbindung mit dem T89C51CC01 herzustellen.

8.5 Der Anschluss, die Inbetriebnahme der Hardware und der Programm-Download

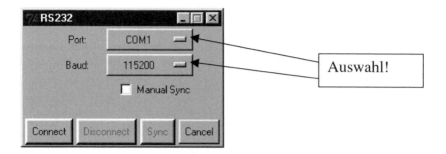

Abb. 8.5.3.4: Die Auswahl der Schnittstelle und der Datenübertragungsgeschwindigkeit

Ganz Wichtig 1:

Wenn Sie zuvor mit HyperTerm gearbeitet haben und jetzt ein neues Programm mit Flip auf das CAN-ExBo herunterladen wollen, so müssen Sie unbedingt die bestehende Verbindung mit HyperTerm auflösen („Disconnect" (abgehobener Telefonhörer) bei HyperTerm anwählen). Andernfalls hält HyperTerm nämlich die COM-Schnittstelle für sich besetzt, und Flip kann nicht darauf zugreifen. Es erscheint dann eine Fehlermeldung, weil Flip die Schnittstelle nicht öffnen kann, Abb. 8.5.3.5.

Abb. 8.5.3.5: Flip kann nicht auf die serielle Schnittstelle zugreifen

Sie müssen in diesem Fall die Fehlermeldung quittieren, die Verbindung in HyperTerm auflösen und können dann erneut ‚Connect' anklicken.

Ganz Wichtig 2:

Sie müssen den T89C51CC01 vor dem Anklicken von ‚Connect' noch in den so genannten Boot-Modus bringen: Das ist eine spezielle Betriebsart, durch die der µC in die Lage versetzt wird, ein Programm über die serielle Schnittstelle zu empfangen und in seinen internen Flash-Programmspeicher einzuschreiben.

Sie drücken dazu auf dem CAN-ExBo gleichzeitig den Reset- und den Boot-Taster. Dann lassen Sie den Reset-Taster wieder los, und ca. 2 Sekunden später lassen Sie auch den Boot-Taster los: Damit haben Sie den T89C51CC01 in den Programm-Download-Modus gebracht, er kann jetzt ein

8. Die Einrichtung der 8051er- Arbeitsumgebung

Programm empfangen und abspeichern (die genaue Beschreibung dieses Vorganges ist weitgehenden identisch mit der Beschreibung für den ADuC812 im Kapitel 8.5.1).

Befindet sich der TC89C51CC01 jedoch nicht im Boot-Modus, wenn Sie auf ‚Connect' klicken, so erscheint eine weitere Fehlermeldung (‚Time Out'-Fehler, das heißt, der T89C51CC01 meldet sich nicht zurück), *Abb. 8.5.3.6*.

Abb. 8.5.3.6: Der T89C51CC01 meldet sich nicht zurück

Sie müssen in diesem Fall den T89C51CC01 zunächst in den Boot-Modus bringen und dann erneut ‚Connect' aktivieren.

Als Zeichen dafür, dass Sie alles richtig gemacht haben und Flip nun den T89C51CC01 erkannt hat, erscheint keine Fehlermeldung (mehr); jetzt sind alle Teil-Fenster des Flip-Fensters mit den entsprechenden Parametern des Bausteins ausgefüllt: Der T89C51CC01 ist bereit, ein Programm zu empfangen, *Abb. 8.5.3.7*.

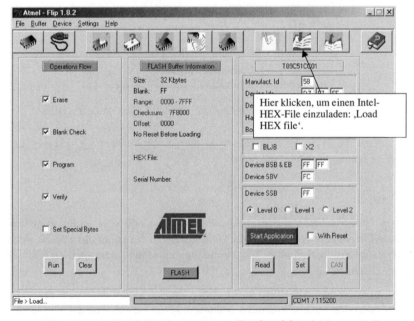

Abb. 8.5.3.7: Die Verbindung mit dem T89C51CC01 ist hergestellt

8.5 Der Anschluss, die Inbetriebnahme der Hardware und der Programm-Download

Als Nächstes klicken Sie in der oberen Ikon-Leiste auf das dritte Ikon von rechts: Load HEX file, Abb.8.5.3.6, und wählen die zu ladende Datei, wie unter Windows gewohnt, aus: Diese Datei heißt ‚Hallo_Da_atmel.hex' und befindet sich im Verzeichnis ‚Sofort_Demo' auf unserer CD, *Abb. 8.5.3.8*.

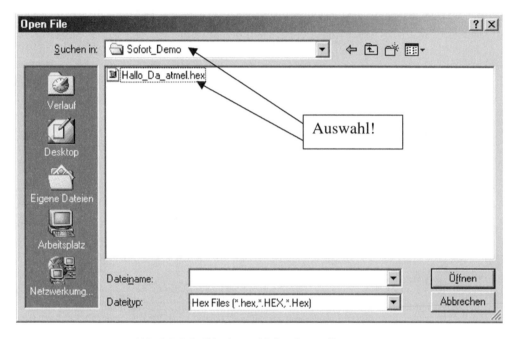

Abb. 8.5.3.8: Die Auswahl des Demo-Programms

Die Datei wird nun in Flip eingeladen; im mittleren Teil-Fenster des Flip-Fensters sehen Sie die wichtigsten Eigenschaften dieses geladenen HEX-Files, *Abb. 8.5.3.9*.

Unter anderem werden angezeigt:

- welchen Bereich das Programm im Flash-Programmspeicher belegen wird (Range), hier: 0000–04E9 (Angaben in HEX-Zahlen),
- wie das geladene HEX-File heißt, hier: ‚Hallo_Da_atmel.hex' und
- wie lang das Programm ist, hier: 1,2 kByte.

Dieser geladene HEX-File muss nun noch zum T89C51CC01 transferiert werde; dies geschieht ganz einfach, indem Sie im linken Teilfenster des Flip-Fensters einfach auf den Button mit der Bezeichnung ‚Run' drücken, *Abb. 8.5.3.10*.

Es werden nun von Flip automatisch und selbständig nacheinander die darüber stehenden und ‚angehakten' Aktionen ausgeführt (die jeweils gerade laufende Aktion können Sie in der Fenster-Zeile unten links verfolgen, und die Kästchen der abgearbeiteten Schritte werden grün hinterlegt):

8. Die Einrichtung der 8051er- Arbeitsumgebung

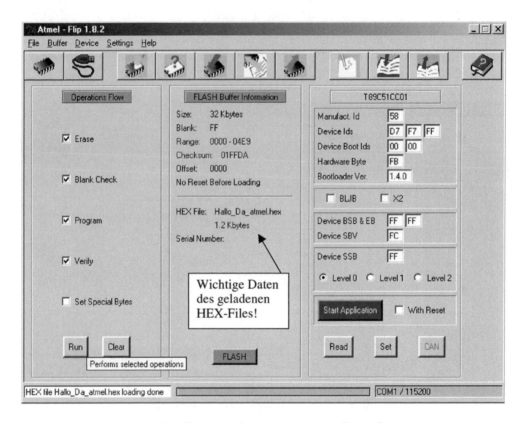

Abb. 8.5.3.9: Die Eigenschaften des geladenen Demo-Programms

- **Erase**: Der Flash-Programmspeicher des T89C51CC01 wird gelöscht.

- **Blank Check**: Es wird geprüft, ob der Flash-Programmspeicher des T89C51CC01 auch wirklich leer ist.

- **Progam**: Der Flash-Programmspeicher des T89C51CC01 wird mit dem Intel-HEX-Files programmiert.

- **Verify**: Die Programmierung des Flash-Programmspeichers des T89C51CC01 wird überprüft, d.h. Zurücklesen des Programmspeicherinhaltes aus dem Chip und Vergleich mit dem Hex-File in Flip.

Wenn der Verify-Vorgang ohne Fehlermeldung abgeschlossen worden ist, ist die Programmierung des T89C51CC01 abgeschlossen.

Mit einer letzten Aktion ihrerseits, dem Anklicken des rot hinterlegten ‚Start Application'-Buttons (siehe *Abb. 8.5.3.9*), wird das Flip-Programm vorerst beendet, das heißt, die Verbindung mit dem T89C51CC01 über COM1 wird aufgelöst (COM1 wird von Flip wieder freigegeben), und Sie können Flip nach unten in die Fußleiste von Windows ‚wegklicken'.

8.5 Der Anschluss, die Inbetriebnahme der Hardware und der Programm-Download

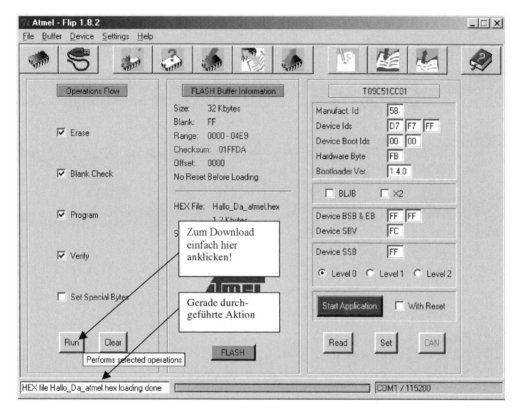

Abb. 8.5.3.10: Der Download des Programms zum T89C51CC01

5. Schritt: Start des Demo-Programms

Sie öffnen jetzt erneut das HyperTerm-Fenster und stellen die Verbindung zum CAN-ExBo her, indem Sie auf das Ikon mit dem aufgelegten Telefonhörer klicken: Nun sind CAN-ExBo und PC wieder verbunden.

Zum Abschluss drücken Sie auf dem CAN-ExBo den Reset-Taster, und auf dem Bildschirm erscheint die Begrüßungsmeldung des T89C51CC01ers so wie in der *Abb. 8.5.1.5* dargestellt.

Damit haben Sie es geschafft: Sie haben erfolgreich das erste Programm in den T89C51CC01er geladen und gestartet.

9. Die Einrichtung von µVision2

IDE – Das Zauberwort in der modernen µC-Software-Entwicklung

Wir stellen Ihnen zunächst die allgemeinen Eigenschaften einer IDE vor und machen Sie dann mit einem der leistungsfähigsten Tools der Software-Entwicklung für 8051er-µC bekannt und vertraut.

Um nun richtig loslegen zu können, benötigen Sie neben der Hardware-Ausstattung einen Satz leistungsfähiger Software-Werkzeuge zur Erstellung und zum Test von 8051er-Programmen.

Die moderne µC-Programmentwicklung läuft heutzutage im Wesentlichen (also unabhängig von der jeweils eingesetzten µC-Familie) in acht Schritten ab:

1. Eingabe des so genannten Quell-Textes (≡ Source-Code) in der jeweiligen Programmiersprache mit Hilfe eines „Texteditors".
2. Übersetzung des Quell-Textes mit Hilfe des „Hochsprachen-Compilers" (und/oder des Assemblers) in ein so genanntes relocatibles Object-File (≡ einzelnes Teilprogramm-Paket, das mit anderen Programmteilen zusammengebunden werden kann).
3. Zusammenbinden (linken) von mehreren relocatiblen Object-Files zum endgültigen Gesamt-Object-File (Gesamtprogramm) durch den so genannten „Linker".
   Der Linker erzeugt also den endgültigen Programm-Code für den 8051er, der in einer Datei abgelegt wird. Mit diesem File können Sie nun verschiedene Testgeräte betreiben: Emulatoren, Debugger, Simulatoren.
4. Will man den Programm-Code direkt über eine serielle Schnittstelle vom Entwicklungs-PC in das Zielsystem laden, so muss der Object-Code noch in ein spezielles Format, das INTEL-HEX-Format, konvertiert werden. Dazu dient eine Programm namens „Object-to-HEX-Converter".
   Das INTEL-HEX-Format ist ein international (quasi) genormtes Datei-Format, das den einfachen Transfer von Programm-Dateien in beliebige µC-Zielsysteme gestattet. Es wird von vielen Hard- und Software-Herstellern verwendet bzw. unterstützt (siehe Kap. 10.4).
5. Sie können nun Programm-Routinen, die Sie einmal entwickelt haben und in verschiedenen anderen Projekten wieder verwenden wollen (z.B. Routinen zur Ansteuerung von LC-Displays oder zur Abfrage von Matrix-Tastaturen) ganz einfach in so genannten Programmbibliotheken ablegen und so in späteren Programmen einfach wieder verwenden. Zur optimalen Verwaltung solcher Programmsammlungen benötigen Sie einen „Bibliotheks-Manager (Library Manager)".
6. Zum abschließenden Programm-Test können Sie ein weiteres Hilfsprogramm benutzen, den so genannten „Debugger", mit dem Sie z.B.:
   - ein Programm Schritt für Schritt ablaufen lassen können,
   - im laufenden Betrieb Speicherinhalte verändern und die Systemreaktionen darauf sofort untersuchen können,

9. Die Einrichtung von µVision2

- ❏ das Programm bis zu einer bestimmten Stelle ablaufen lassen und dann anhalten können, um so den jetzt aktuellen Systemzustand genau zu untersuchen.
7. Ergänzt werden die Testhilfsmittel durch Simulatoren, die:
   - ❏ entweder den gesamten µC softwaremäßig auf dem Entwicklungs-PC simulieren und so einen Test des Programmablaufes gestatten, ohne dass überhaupt irgendeine Zielhardware vorhanden sein muss (Software-basierte Simulatoren). Hierbei sind allerdings gewisse Einschränkungen zu beachten, insbesondere wenn es um die Untersuchung von Systemreaktionszeiten (Stichwort: Echtzeitverhalten) geht.
   - ❏ oder die bei der Simulation eine vorhandene Zielhardware bereits einbeziehen und reale Systemdaten über die serielle Schnittstelle mit der Zielhardware austauschen. Man erreicht so eine „lebensechtere" Simulation (Hardware-basierte Simulatoren).
8. Für intensivste, gemeinsame Tests der Hard- und der Software (insbesondere deren reibungsloses Zusammenspiel) gibt es die so genannten Emulatoren, die den kompletten µC in der Zielhardware in Echtzeit betreiben. Umfangreiche Untersuchungen nach verschiedensten Gesichtspunkten sind nun möglich, und man findet so die wirklich letzten „Schwachstellen" in System. Allerdings muss man sich diesen Komfort mit einem sehr großen finanziellen Aufwand erkaufen, denn gute Emulatoren sind kaum unter 5.000 Euro zu haben.

Zusammengefasst bedeutet das für Sie: Zur effektiven Programm-Entwicklung und zum Programm-Test benötigen Sie i.A. sieben einzelne Programme (weitere Betrachtungen zu Emulatoren werden wir hier nicht durchführen):

- ❏ Texteditor,
- ❏ Hochsprachen-Compiler bzw. Assembler,
- ❏ Linker,
- ❏ Object-to-HEX-Converter,
- ❏ Library Manager,
- ❏ Debugger,
- ❏ Simulator.

Wenn Sie diese Programme nun einzeln, d.h. getrennt von einander aufrufen und bedienen, wird das gesamte „Handling" sehr umständlich. Das soll ein Beispiel kurz verdeutlichen:

- ❏ Sie schreiben mit dem Texteditor den Quell-Text.
- ❏ Sie verlassen (beenden) den Editor und rufen den Compiler auf.
- ❏ Der Compiler meldet Ihnen (leider) Programmfehler in verschiedenen Programmzeilen. Sie müssen sich diese Zeilennummern notieren.
- ❏ Sie beenden den Compiler und rufen erneut den Texteditor auf, um Zeile für Zeile die Fehler zu beseitigen.
- ❏ Sie beenden den Texteditor und rufen erneut den Compiler auf.
- ❏ Ist das Programm einwandfrei übersetzt worden, so rufen Sie den Linker auf und geben die zu linkenden (zusammenzubindenden) Programmteile an.

9. Die Einrichtung von µVision2

- Ist der Link-Vorgang beendet, rufen Sie den Object-to-HEX-Converter auf.
- Zwischendurch müssen Sie den Library Manager bedienen, der Ihre Software-Bibliothek zusammenstellt und verwaltet.
- Danach müssen Sie den Debugger bzw. Simulator aufrufen und bedienen und beim Auftreten von Fehlern wieder zurück zum Texteditor, Compiler „springen" usw., usw., usw ...

Wesentlich angenehmer wäre es doch, wenn alle Programme „unter einem Dach" vorhanden wären und alles nur mit ein paar Maus-Klicks funktionieren würde:

- Man gibt den Quell-Text im Texteditor ein, und ein Klick aktiviert den Compiler bzw. den Assembler.
- Bei aufgetretenen Fehlern ruft der Compiler automatisch wieder den Texteditor auf, setzt den Cursor in die erste fehlerhafte Programmzeile und gibt gleichzeitig die Art des Fehlers an. Korrekturen können sofort und schnellstens durchgeführt werden.
- Ist das Programm fehlerfrei, so ruft der Compiler automatisch den Library Manager, den Linker und den Object-to-HEX-Converter auf.
- Am Ende erhalten Sie als Ergebnis den INTEL-HEX-File und können diesem per Maus-Klick in den Debugger, in den Simulator oder in Ihr 8051er-Zielsystem laden.

Solch ein „Dachprogramm", das die vielfältigen Einzelprogramme zusammenfasst und dem Anwender als Ganzes zur Verfügung stellt, nennt man:

Integrated Development Environment (IDE)

oder auf deutsch:

Integrierte Entwicklungsumgebung.

> ☛ **Merke: IDEs**
>
> IDEs stellen dem Benutzer alle notwendigen Entwicklungs-Software-Werkzeuge (Tools) unter einer gemeinsamen, optimal gestalteten Bedienoberfläche zur Verfügung.
>
> Zwischen den einzelnen Entwicklungsprogrammen kann einfach, per Maus-Klick, hin und her geschaltet werden, bzw. die Software-Tools rufen sich gegenseitig, in „wohlgeordneter" Reihenfolge auf.
>
> Der Anwender kann sich so ganz auf die zu erstellende µC-Software konzentrieren und braucht sich nicht um die Koordinierungsarbeiten zwischen den einzelnen Entwicklungs-Tools und deren reibungslosen Ablauf zu kümmern.
>
> Beim heutigen Stand der Technik werden IDEs für fast alle µC-Familien angeboten; das getrennte Arbeiten mit einzelnen Programmen ist eher zur Ausnahme geworden.

Für die 8051er-Welt gibt es auf dem Markt IDEs von verschiedenen Herstellern, wobei eine der bekanntesten und weitverbreitetsten die IDE µVision2 der Firma Keil ist, [2].
Mit dieser Entwicklungsumgebung werden wir uns nachfolgend sehr intensiv beschäftigen.

9. Die Einrichtung von µVision2

9.1 Die Eigenschaften von µVision2

Beginnen wir unsere Einführung in µVision2 mit einem Überblick über die wesentlichen Eigenschaften dieser Windows-basierten IDE, *Abb. 9.1.1*.

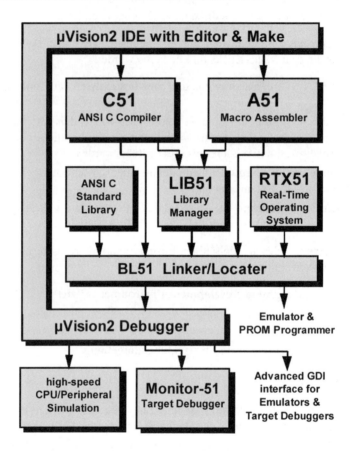

Abb. 9.1.1: Die IDE µVision2 in der Ausführung für die 8051er-µC

Sie finden hier die grundlegenden Elemente einer modernen IDE:

- den speziell angepassten Texteditor,
- den C51-ANSI-C-Compiler,
- den A51-Assembler,
- den Linker/Locator BL51,
- den Object-to-HEX-Converter OH51 (nicht eingezeichnet),
- den Library Manager LIB51,

9.1 Die Eigenschaften von µVision2

- den µVision2-Debugger,
- den High-Speed-Simulator (Software-basiert).

Zusätzlich ist noch ein Monitor-Programm (Monitor-51) enthalten, mit dem in Verbindung mit der Zielhardware ein Hardware-basierter Simulator aufgebaut werden kann.

Ein Echt-Zeit-Betriebssystem (Real Time Operating System RTX51) zur Erstellung von Multitasking-Programmen ergänzt den Umfang der µVision2-Software-Tools.

Zu jedem dieser Softwarepakete gibt es eine umfangreiche Online-Hilfe, die jederzeit von µVision2 aus aufgerufen werden kann.

Von diesen Tools werden wir uns zunächst schwerpunktmäßig mit dem Editor und dem C-Compiler beschäftigen. Linker/Locator, Library Manager und Object-to-HEX-Converter laufen automatisch, für uns unsichtbar, im Hintergrund von µVision2 ab.

Neben der Funktionalität einer klassischen IDE bietet µVision2 dem Anwender zusätzlich noch:

- Funktionen zur Realisierung eines Projekt-Managements,
- eine umfangreiche Online-Datenblatt- und Referenz-Manual-Sammlung, auf die direkt von µVision2 aus zugegriffen werden kann.

Der Projektgedanke von µVision2

Mit µVision2 entwickeln Sie nicht nur „einfach µC-Programme", sondern Sie erstellen und verwalten komplexe µC-Software-Projekte.

Stellen Sie sich einmal vor, Sie wären verantwortlich für die komplette Software-Entwicklung eines modernen Handys. Solch ein Projekt wird in der Industrie bei weitem nicht mehr von nur einem Entwickler betreut, sondern viele Kollegen bzw. Kolleginnen arbeiten gemeinsam an der Realisierung. Eine Kollegin entwickelt beispielsweise die Software

- zur Abfrage der Bedientastatur,
- zur Überwachung und Ansteuerung des HF-Teils,
- zum Aufbau und zur Verwaltung des internen Telefonbuches.

Während ein anderer Mitarbeiter die Software

- zur Erzeugung der vielfältigen „Tüdel-Di-Tüüt"-Melodien,
- zur Übermittlung von SMS,
- zum Surfen im Internet via WAP-Standard,
- usw., usw.

beisteuert.

Letztendlich habe Sie es als Koordinator mit z.B. 30 verschiedenen Software(Teil)-Paketen zu tun, die als Ganzes das Gesamtprogramm für das Handy ergeben.

Ganz allgemein gesprochen bedeutet das:

9. Die Einrichtung von µVision2

> ☞ **Merke: Der Projektgedanke in der µC-Software-Entwicklung**
>
> Komplexe Software-Projekte werden in sinnvolle, kleine, überschaubare Teil-Projekte zerlegt, die von einem Team bearbeitet werden (Modularisierung).
> Im letzten Entwicklungsschritt werden alle Software-Pakete zum Gesamtprogramm zusammengefasst.
> Damit dieses reibungslos funktioniert, ist neben der sinnvollen Gestaltung und Abgrenzung der Teilaufgaben auch eine durchgängige Projektverwaltung notwendig.
> Für die Software-Entwicklung bedeutet dieses, dass eine moderne IDE auch solche modularen Projekte effektiv verwalten können muss.
> Einfach ausgedrückt: Die IDE muss in der Lage sein, verschiedene Software-Module aus verschiedenen Quellen, geschrieben in verschiedenen Programmiersprachen (i.A. in Assembler und C) als Gesamtpaket zu verwalten, darzustellen und gemeinsam zu bearbeiten.

Diese geforderte Funktionalität eines Projekt-Managements findet sich in µVision2 wieder.

Aber keine Angst: Sie brauchen sich hier nicht zu erschrecken, wir werden natürlich nicht mit Handy- oder vergleichbaren Projekten starten. Wir verfolgen zwar durchgängig den Projektgedanken von µVision2 (damit Sie sich schon einmal daran gewöhnen und µVision2 optimal bedienen können), aber unsere Projekte werden aus drei, maximal vier verschiedenen Teilprogramm-Paketen bestehen, wobei Sie i.A. immer nur ein Paket gerade bearbeiten, das heißt, die anderen Pakete sind bereits fertig und ausgetestet, werden also von µVision2 nur noch zu Ihrem Programmteil hinzugefügt (hinzugelinkt).

Wie ein Projekt ganz konkret erstellt wird, zeigen wir Ihnen ausführlich im nächsten Kapitel.

Nachfolgend geben wir Ihnen erst einmal einen kleinen Überblick über die Projekt-, Entwicklungs- und Test-Eigenschaften von µVision2.

Die Auswahl der Zielhardware

Wenn Sie ein neues Projekt beginnen, müssen Sie zuerst angeben, auf welcher Hardware, d.h. auf welchem µC die Software ablaufen soll.

Jetzt zeigt sich ein weiterer Vorteil von µVision2: diese IDE kann für µC aus drei großen, verschiedenen µC-Familien verwendet werden:

- für die 8-Bit-µC der 8051er-Familie,
- für die 16-Bit-µC der 80C251er-Familie,
- für die 16-Bit-µC der C166/ST10er-Familie.

Mit anderen Worten: Der Anwender braucht sich nur einmal mit den Funktionen von µVision2 vertraut zu machen, und bei einem späteren Wechsel des µC-Systems ändert sich an dieser gewohnten Entwicklungsumgebung nichts. Im Prinzip werden nur die „im Hintergrund" laufenden Programme, wie C-Compiler, Assembler, Linker/Locator usw. ausgetauscht, das Aussehen und die Bedienung von µVision2 bleiben jedoch komplett erhalten.

Wir wählen hier natürlich einen 8051er als Hardware-Basis.

9.1 Die Eigenschaften von µVision2

µVision2 stellt nun automatisch eine Vielzahl unterschiedlicher Parameter entsprechend dem gewählten µC ein, so dass Ihnen eine Grundeinstellung von µVision2 zur Verfügung steht.

Weiterhin wird die Online-Hilfe auf diesen µC angepasst. Es werden die richtigen Manuals und Datenblätter ausgewählt und in die Liste der verfügbaren Hilfeunterlagen eingetragen. Sie erhalten daher von µVision2 aus auf „Maus-Doppel-Klick" hin sofort die passenden Nachschlageunterlagen zu Ihrem µC präsentiert.

Ein „Hilfe-Knopf" zur schnellen Unterstützungsanforderung ergänzt diese Funktionalität.

Die Auswahl des µCs selber ist in den meisten Fällen noch nicht ganz ausreichend, damit µVision2 ordnungsgemäß arbeiten kann. Sie müssen daher i.A. noch angeben:

- Mit welcher Taktfrequenz der µC arbeitet (wichtig für die Zeitanalyse Ihres Programms, siehe nachfolgend).
- Mit welcher Speicherausstattung Ihr System arbeitet (Größe der ROM/RAM-Bereiche). µVision2 meldet dann sofort, wenn der Speicher für Ihr Projekt zu klein ist. Weiterhin werden der Linker/Locator angewiesen, dem Programm-Code und den Programm-Daten die richtigen Adressbereiche zuzuweisen.
- Mit welchen Parametern der Linker/Locator und der Debugger arbeiten sollen.
- Dass eine INTEL-HEX-Datei erzeugt werden soll.

Zu Anfang Ihrer 8051er-Projekt-Karriere brauchen Sie aber trotzdem nicht allzu viel von Hand einzustellen, denn, wie gesagt, µVision2 nimmt schon viele Grundeinstellungen automatisch vor. Wenn Ihnen die Abläufe in µVision2 später einmal in Fleisch und Blut übergegangen sind, können Sie in den entsprechenden Konfigurations-Menüs das „Fine-Tuning" Ihres Systems selber vornehmen.

Der Editor

Der Editor zur Programm-Code-Eingabe besitzt, neben den Standardeigenschaften eines modernen Texteditors, einige Funktionen, die das Arbeiten mit C-Programmen wesentlich vereinfachen, z.B. die Syntaxcolorierung (wird später noch genauer erläutert).

Der Zusammenbau des Projektes

Nun können Sie beginnen, die Teilprogramme Ihres Projektes zu erstellen, bzw. „zusammenzubauen" und in das zugehörige Projektverzeichnis einzutragen.

Auf einen Maus-Klick hin übersetzt µVision2 dann alle Files, linkt sie zusammen und erzeugt daraus das absolute Object-File und den Intel-HEX-File.

Treten dabei Fehler auf, so wird automatisch der Texteditor gestartet, der Cursor auf die erste Fehlerstelle gesetzt und eine spezifische Fehlermeldung angegeben.

Test der Programme

Hierzu stehen Ihnen, in Zusammenarbeit mit dem Debugger, eine Vielzahl von Möglichkeiten zur Verfügung:

9. Die Einrichtung von µVision2

Setzen von Break-Points

Setzen von Break-Points, um das Programm an bestimmten Stellen anzuhalten und um dann den Systemzustand zu untersuchen.

Einzelschrittausführung von Programmzeilen und/oder Funktionen

Dies geschieht zur schrittweisen Ausführung des Programms.

Anzeige und Änderungen von Variablenwerten während des Programmablaufs

So können Sie z.B. einfach die Systemreaktionen auf geänderte Eingangsdaten untersuchen. Sie können Änderungen im Systemverhalten aber auch dadurch initiieren, dass Sie die Inhalte ganzer Speicherbereich löschen bzw. verändern.

Analyse des bereits abgearbeiteten Programm-Codes

Unter diesem Debugg-Punkt können Sie feststellen, welche Teile Ihres Programms bereits vom µC abgearbeitet, also als lauffähig ausgetestet worden sind. Dass dieses eine sehr wichtige Funktion ist, zeigt ein kleines

Beispiel:

Sie haben ein komplexes Programm erstellt, das einige Funktionen enthält, die nur im Fehlerfall, also z.B. bei einer falschen/unsinnigen Eingabe, aufgerufen und abgearbeitet werden.

Anschließend testen Sie Ihr Programm nach bestem Wissen und Gewissen aus. Um sicherzustellen, dass Sie während des Programmtests auch alle Funktionen bzw. jede Programmzeile (auch die Fehlerfunktionen) überprüft haben, analysieren Sie einfach den bereits abgearbeiteten Programm-Code.

Wenn nun festgestellt wird, dass eine (Teil-)Funktion noch nicht bearbeitet wurde, können Sie die anschließend gezielt austesten.

Einbeziehung der ON-Chip-Peripherie-Einheiten in die Simulation

Wenn Sie den Software-basierten Simulator verwenden, müssen Sie irgendeine Möglichkeit haben, das Verhalten der ON-Chip-Peripherie-Einheiten mit in die Simulation einzubeziehen.

Beispiel:

Sie haben eine Routine zur Erfassung und zur Auswertung von Messwerten geschrieben, die der ON-Chip-A/D-Wandler liefern soll. Bei der reinen software-mäßigen Simulation muss der A/D-Wandler-Teil jetzt natürlich mit den entsprechenden Test-Messwerten „gefüttert" werden, damit Sie die Funktion Ihrer Routine überprüfen können.

Unter dem µVision2-Debugger haben Sie die Möglichkeit, während der Simulation, für jede ON-Chip-Peripherie-Einheit entsprechende Simulationswerte vorzugeben und somit die Reaktion Ihres Programms darauf näher zu untersuchen.

Auch die Ausgaben über die serielle Schnittstelle (via z.B. printf-Anweisung) werden dabei einbezogen, das heißt, in einem getrennten Meldungsfenster sehen Sie die Zeichen, die normalerweise über diese Schnittstelle gesendet würden.

9.1 Die Eigenschaften von µVision2

Leistungs-Analyse (Performance-Analyse)

Mit diesem Teil des Debugger-Programms können Sie die zeitliche Leistungsfähigkeit Ihres Programms sehr einfach überprüfen. Dazu ein

Beispiel:

Sie haben Ihr Programm fertig entwickelt, und es „läuft ganz gut", aber irgendwie ist Ihre Anwendung an einigen Stellen zu langsam. So werden z.B. kritische Messwerte nicht schnell genug erfasst und verarbeitet.

Sie haben jetzt die Möglichkeit, den Zeitablauf für die Durchführung bestimmter Programmteile (einzelner Funktionen) zu ermitteln und stellen dabei z.B. fest, dass die (komplizierte) Messwertumrechnung und die Messwertabspeicherung „recht langsam" ablaufen. Sie können sich nun gezielt Gedanken darüber machen, wie Sie diese Programm-Teile besser programmieren, z.B. durch direkte Programmierung in Assembler. So lässt sich, Schritt für Schritt, die zeitliche Leistung Ihres Programms durch die Performance-Analyse optimieren.

Komplexe Break-Points

Neben den einfachen Break-Points (das Programm hält einfach an einer bestimmten Stelle an) können Sie auch komplexere Bedingungen für einen Programm-Stopp definieren bzw. weitere Aktionen bei einem Programm-Stopp ausführen lassen:

- So wird z.B. ein bestimmter Programmteil erst zehnmal durchlaufen, ehe der Break-Point „scharf" wird und das Programm anhält.
- Wenn der Break-Point erreicht wird, wird ein bestimmtes Kommando ausgeführt, z.B. eine Meldung über die serielle Schnittstelle ausgegeben.
- etc.

Funktionsgenerator

Bei der Einbeziehung von ON-Chip-Peripherie-Einheiten in die Simulation wurde zuvor ausgeführt, dass man diese Einheiten auf bestimmte Werte vorsetzen kann. Der Funktionsumfang des Debuggers an dieser Stelle geht aber noch weiter: Sie können hier komplette Funktionen definieren, die im Hintergrund ablaufen und die ON-Chip-Peripherie-Einheiten bei der Software-basierten Simulation regelmäßig stimulieren.

Als Beispiel sei hier wieder der A/D-Wandler betrachtet: Man kann auf einen (jeden) Eingang des Wandlers nicht nur einfach einen festen Wert legen, sondern eine komplexe Funktion programmieren, die im Hintergrund dafür sorgt, dass am Eingang z.B. eine Spannungsrampe hochläuft, die ihren Wert alle 50 ms ändert.

So lassen sich die Programm-Reaktionen auch auf externe, dynamische Vorgänge simulieren.

Zur Erzeugung solcher Funktionen besitzt der Debugger eine eigene, C-ähnliche Funktionssprache (Function Language); die damit erstellten Funktionen können gezielt jederzeit, während der Simulation aktiviert, d.h. gestartet werden.

9. Die Einrichtung von µVision2

Target Monitor

Im µVision2-Programm-Paket ist ebenfalls ein Monitor-Programm enthalten, das auf das 8051er-Zielsystem geladen wird und so in Verbindung mit µVision2 einen Hardware-basierten Simulator realisiert (Real Time Simulation des Programms).

Wie zu Anfang des Kapitels erwähnt, werden wir zunächst nur mit einem Teil von µVision2 in Kontakt kommen, im Wesentlichen mit dem Editor und dem C-Compiler. Nach und nach werden wir uns dann aber mit den anderen Funktionen von µVision2 beschäftigen.

Wenn Sie jetzt schon ein weitergehendes Interesse am gesamten Funktionsumfang dieser IDE haben, so empfehlen wird Ihnen, einen Blick in das entsprechende Handbuch der Firma Keil zu werfen.

Zum Abschluss dieser Ausführungen noch ein kleiner „Wermutstropfen": Diese Version von µVision2, die Sie gerade installiert haben, ist eine so genannte „Emulation Version (≡ Schnupper-Version)", und das bedeutet: Sie haben zwar den vollen Funktionsumfang von µVision2 uneingeschränkt zur Verfügung, können aber nur Programme schreiben, die eine maximale Größe von 2 kByte haben. Werden Ihre Programme länger, so erscheint der Hinweis, dass Sie diese mit Ihrer µVision2-Version nicht mehr bearbeiten können.

Sie müssen sich dann bei Keil eine Voll-Version kaufen. Nähere Informationen darüber gibt es im Internet unter *www.keil.com*.

Nun aber die gute Nachricht ganz zum Schluss: Viele Beispiele und Übungen aus diesem Buch können Sie mit dieser Evaluation-Version von µVision2 bearbeiten und nachvollziehen!

Wo diese Grenze aber „gesprengt" wird, haben wir Ihnen zumindest den HEX-Code des Programms mit auf die CD gebrannt, so dass Sie die Anwendung auf jeden Fall in Ihr System laden und ausprobieren können.

Wir beginnen daher unsere Arbeit nun mit der Anlage unseres ersten 8051er-Projekts.

9.2 Die Anlage eines 8051er-Projektes

Nachfolgend erläutern wir Ihnen, wie Sie innerhalb der DIE-µVision2 Ihr erstes eigenes 8051er-Projekt anlegen und verwalten können.

Als Vorbereitung zur Anlage Ihres ersten 8051er-Projektes sollten Sie auf Ihrer Festplatte zunächst ein neues Hauptverzeichnis anlegen, das Sie z.B. „Das 8051er-Buch-Projekt" nennen (Sie können natürlich auch jeden anderen beliebigen, zulässigen Namen wählen).

Mit dem Windows-Explorer erzeugen Sie also (Ihre Festplatte habe die Bezeichnung C):

C:\Das 8051er-Buch-Projekt

Damit sind die ersten Vorbereitungen abgeschlossen.

Die Einrichtung eines Projektes unter µVision2 geschieht nun in fünf einfach nachvollziehbaren Schritten:

9.2 Die Anlage eines 8051er-Projektes

1. Start von µVision2 aus dem 8051er-Projekt-Ordner.
2. Projektspeicherort und Projektnamen festlegen.
3. Auswahl des verwendeten Mikrocontrollers.
4. Namensvergabe für den Ziel-µC.
5. Festlegung der Speicherbereiche in der Zielhardware und Erzeugung eines INTEL-HEX-Files.

 „Die Einrichtung eines Projektes unter µVision2"

Hinweis:

Wir erstellen hier insgesamt drei verschiedene Projekte, für jedes Zielsystem eines. Das hat den Vorteil, dass Sie beim Wechsel des Zielsystems einige Grundeinstellungen nicht immer neu durchführen müssen. Arbeiten Sie dagegen von Anfang an nur mit einem einzigen 8051er-System (was voraussichtlich der Fall sein wird), so brauchen Sie natürlich nur das entsprechende, für Sie relevante Projekt anzulegen.

Diese drei Projekte haben die Namen:

- TFH für das 80C537er-TFH-System,
- ISAC für den ISAC-Cube mit dem ADuC812 in Verbindung mit dem Motherboard Typ II,
- CAN für das CAN-ExBo mit dem T89C51CC01.

Wir beginnen mit dem Projekt „TFH".

1. Start von µVision2 aus dem 8051er-Projekt-Ordner

Es erscheint das µVision2-Grundbild (das Keil-Logo verschwindet automatisch nach einigen Sekunden), *Abb. 9.2.1*.

2. Projektspeicherort und Projektnamen festlegen

Als Nächstes schaffen Sie sich eine (noch) „leere Projekthülle" für Ihr Projekt und speichern diese ab. Dazu öffnen Sie das Pull-Down-Menü „Projekt" und wählen den Menü-Punkt: „New Projekt", *Abb. 9.2.2*.

In diesem Menü-Fenster tragen Sie nun Folgendes ein:

- (1): Unter „Speichern in" wählen Sie das zuvor erzeugte Unterverzeichnis „C:\Das 8051-Buch-Projekt" aus, das heißt, alle Projekt-Daten werden ab jetzt in diesem Directory gespeichert.
- (2): Unter „Dateiname" tragen Sie nun den Namen Ihres neuen Projektes ein, also ganz einfach „TFH".

9. Die Einrichtung von µVision2

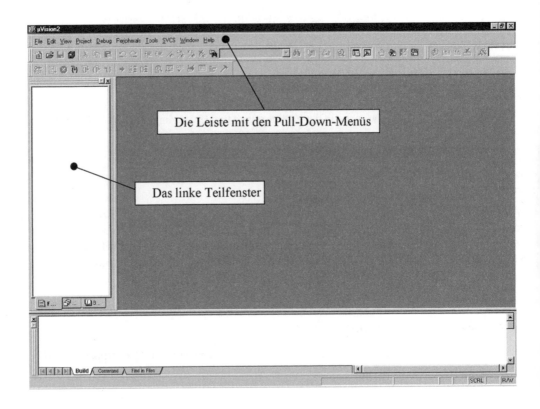

Abb. 9.2.1: Das µVision2-Grundbild

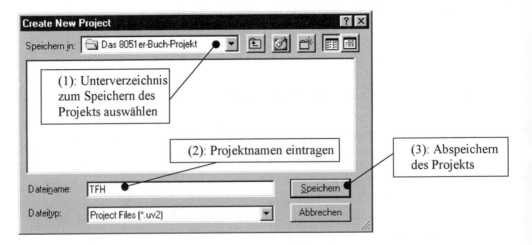

Abb. 9.2.2: Die Erzeugung eines neuen Projektes

9.2 Die Anlage eines 8051er-Projektes

Hinweis:

Unter diesem Projektnamen wird am Ende der in das Zielsystem ladbare INTEL-HEX-Code abgespeichert (≡ Gesamtprogramm Ihres neuen Projekts). In unserem Beispiel wird die Datei mit dem HEX-Code also den Namen „TFH.hex" besitzen.

Allgemein:

Wenn wir nun einzelne Beispiele oder Aufgaben mit diesem Projekt bzw. mit diesem Projekt-Namen im Buch bearbeiten bzw. lösen, so wird der erzeugte Projekt-INTEL-HEX-Code zu diesem Projekt immer unter „TFH.hex" abgelegt.

Da mit jedem Compilieren immer die Datei „TFH.hex" erzeugt wird, bedeutet dieses aber auch, dass die vorherige INTEL-HEX-Datei auf Ihrer Festplatte durch diese neue Datei überschrieben wird. Falls Sie die HEX-Dateien der Beispiele nicht überschreiben wollen, müssen Sie diese z.B. per Windows-Explorer umbenennen.

Das Entsprechende gilt für die beiden anderen Projekte, dort heißen die HEX-Files dann „ISAC.hex" bzw. „CAN.hex".

Die so generierten INTEL-HEX-Dateien werden dann mit den entsprechenden Tools auf das jeweilige 8051er-Zielsystem geladen (siehe Kap. 8.5).

Nachdem Sie jetzt alle Eintragungen gemacht haben, klicken Sie auf „Speichern" (3), und µVision2 erzeugt Ihre Projekt-Grunddatei „TFH.uv2".

3. Auswahl des verwendeten Mikrocontrollers

Nun erscheint ein neues Fenster, in dem Sie angeben müssen, mit welchem Mikrocontroller Sie arbeiten möchten. Das ist dann Ihr Ziel-(Target-)Controller. Hier ist es natürlich der 80C537er, genauer der SAB80C537, der Firma Infineon.

Sie wählen also im Pull-Down-Menü „Projekt" den Menü-Punkt „Select Device for Target ‚Target 1'" und aus den dort aufgeführten Herstellern die Firma Infineon, *Abb. 9.2.3*.

Als Wunschcontroller klicken Sie nun den SAB80C537 an und bestätigen Ihre Wahl mit „OK", *Abb. 9.2.4*.

Sie kehren nun zu Ihrem Projekt zurück, *Abb. 9.2.5*.

Auf der linken Seite (im linken Teilfenster) des µVision2-Fensters sehen Sie jetzt eine wesentliche Veränderung: µVision2 hat nun die grundlegende Verzeichnisstruktur: „Target 1" des neuen Projektes angelegt. Klicken Sie nun mit der Maus auf das „+"-Zeichen vor „Target 1", so erkennen Sie, dass von µVision2 noch ein Unterverzeichnis namens „Source Group 1" erzeugt wurde, *Abb. 9.2.6*.

Hinweis:

Diese Verzeichnisstruktur wird µVision2-intern angelegt und verwaltet, das heißt, Sie können diese Struktur nicht im Unterverzeichnis „Das 8051er-Buch-Projekt" auf Ihrer Festplatte wiederfinden. Diese Projekt-Struktur ist vielmehr in der bereits erwähnten Projekt-Grunddatei „TFH.uv2" abgelegt, die Sie jetzt im Unterverzeichnis „Das 8051er-Buch-Projekt" entdecken können.

9. Die Einrichtung von µVision2

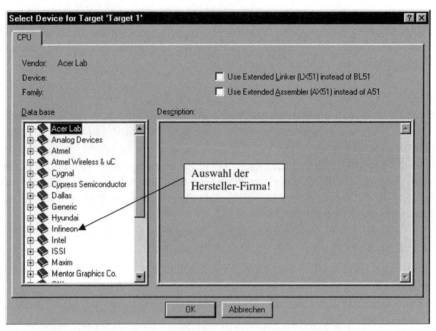

Abb. 9.2.3: Die von µVision2 unterstützen 8051er-Hersteller-Firmen

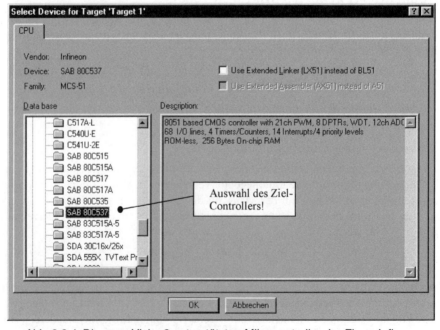

Abb. 9.2.4: Die von µVision2 unterstützten Mikrocontroller der Firma Infineon

9.2 Die Anlage eines 8051er-Projektes

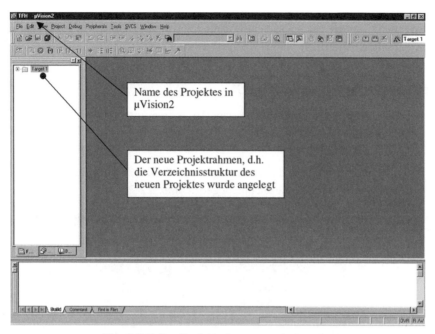

Abb. 9.2.5: Der Projektrahmen wurde angelegt

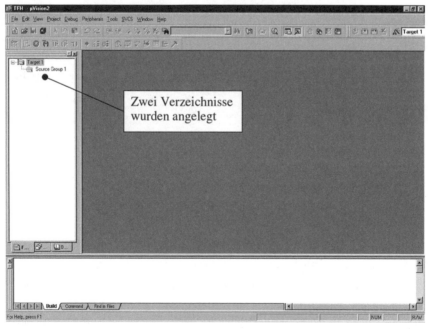

Abb. 9.2.6: Die komplette Verzeichnisstruktur des neuen Projektes

9. Die Einrichtung von µVision2

Alle weitere Projektangaben werden ebenfalls in dieser Datei „TFH.uv2" (und der Zusatzdatei „TFH.Opt") abgespeichert, das heißt, hierin werden nach und nach automatisch alle wichtigen Verzeichnisstrukturen und Festlegungen zur Zielhardware eingetragen.

4. Namensvergabe für den Ziel-µC

Alle notwendigen Projekt-Daten für den Betrieb, d.h. für die Programmierung eines 80C537ers, wurden nun bereits im Hintergrund von µVision2 eingetragen bzw. eingestellt, nur im linken Teilfenster steht immer noch die Bezeichnung „Target 1" für den von Ihnen gewählten µC.

Damit Sie nun nicht immer mit diesem „unpersönlichen" Namen arbeiten müssen, können Sie Ihrem Ziel-µC auch eine passendere Bezeichnung geben, *Abb. 9.2.7*.

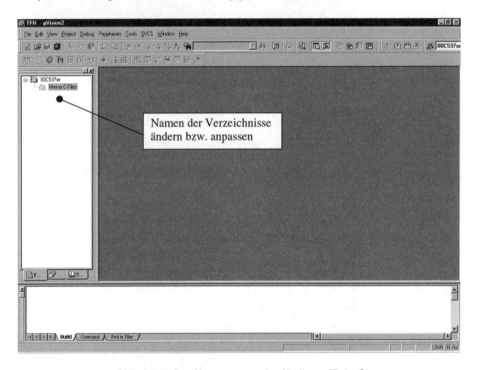

Abb. 9.2.7: Die Namensvergabe für Ihren Ziel-µC

Da wir ja als ganz konkreten Ziel-µC einen 80C537er benutzen, wählen wir als Target-Namen z.B.: „80C537er". Zum Ändern dieses Namens klicken Sie das Feld „Target 1" einmal mit der linken Maustaste an und können dann, wie gewohnt, den Namen dieses Verzeichnisses ändern.

Ebenso ändern Sie den Namen der Verzeichnisstruktur „Source Group 1" z.B. in „Meine C-Files", damit Sie wissen, dass zu diesem Projekt hinterher diese Anwendungsprogramme (also Ihre C-Programme) hinzugebunden werden.

9.2 Die Anlage eines 8051er-Projektes

5. Festlegung der Speicherbereiche in der Zielhardware und Erzeugung eines INTEL-HEX-Files

In diesem letzten Schritt müssen Sie noch einige Einstellungen für den Compiler, den Linker und den Assembler vornehmen. Der Großteil dieser notwendigen Festlegungen wurde bereits durch die Auswahl des Zielcontrollers von µVision2 erledigt, so dass jetzt nur noch einige Optionen für den externen Speicher und für die Ausgabe des INTEL-HEX-Files von Hand gesetzt werden müssen.

Öffnen Sie dazu im Pull-Down-Menü „Projekt" den Unterpunkt „Options for Target ‚80C537er'". Im nun erscheinenden Untermenü ist die „Target-Registerkarte" bereits aktiviert; hier müssen Sie folgende Eintragungen vornehmen, *Abb. 9.2.8.*

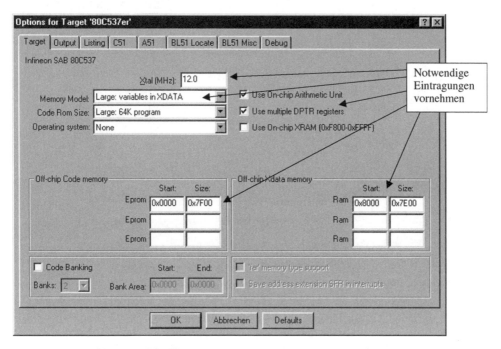

Abb. 9.2.8: Die Eintragungen bezüglich des externen Speichers

- Bei der Quarzfrequenz (Xtal) tragen Sie 12.00 MHz ein (≡ Betriebsfrequenz des 80C537ers im TFH-System).
- Beim Daten-Speichermodel (Memory Model) wählen Sie „Large: variables in XDATA" aus.
- „Haken" Sie die Kästchen: „Use On-chip Arithmetic Unit" und „Use multiple DPTR registers" an.
- Stellen Sie den korrekten Bereich für den externen Programmspeicher (Off-chip Code memory) ein: „Eprom Start 0x0000 Size 0x7F00".
- Stellen Sie den korrekten Bereich für den externen Datenspeicher (Off-chip Xdata memory) ein: „Ram Start 0x8000 Size 0x7E00".

9. Die Einrichtung von µVision2

Nähere Ausführungen zur Speicherausstattung der verschiedenen 8051er-Zielsysteme erhielten Sie bereits in Kapitel 7.

Drücken Sie danach noch nicht auf OK, sondern wählen Sie am oberen Rand noch die Registerkarte „Output" an, *Abb. 9.2.9*.

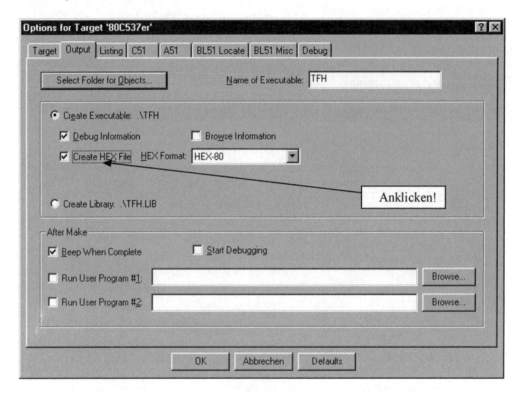

Abb. 9.2.9: Die Erzeugung des Output-Files im INTEL-HEX-Format

Klicken Sie hier lediglich an, dass das Output-File im INTEL-HEX-Format erzeugt werden soll. Nun können Sie auf „OK" klicken, und alle Ihre Eintragungen werden in Ihr Projekt übernommen. Sie befinden sich nun wieder im µVision2-Grundbild und haben die vorläufige Gesamtparametrierung für Ihr Projekt „TFH" abgeschlossen.

9.2 Die Anlage eines 8051er-Projektes

Σ Zusammenfassung:

Sie haben bisher Folgendes durchgeführt:
1. Anlage eines Projektes mit dem Namen: „TFH". Das ist auch gleichzeitig der Name für den später in Ihr Zielsystem (80C537er-TFH-System) zu ladenden INTEL-HEX-File.
2. Dieses Projekt besteht zur Zeit insgesamt aus einem Hauptverzeichnis „80C537er" (linkes Teilfenster) und einem Unterverzeichnis (auch Gruppe (Group)) genannt: „Meine C-Files".
3. Sie können die Daten eines Projekts jederzeit von µVision2 aus nachträglich abändern oder ergänzen.
4. Wenn Sie ein neues Projekt anlegen wollen, müssen Sie mindestens diese fünf Schritte erneut durchführen.

Und nun kommen Sie mit „etwas" in Kontakt, das Ihnen ab jetzt überall begegnen wird, nämlich mit den

Übungsaufgaben

Erstellen Sie zur Übung die noch fehlenden zwei Projekte für den ISAC-Cube in Verbindung mit dem Motherboard Typ II (Projekt „ISAC") und für das CAN-ExBo (Projekt „CAN"). Die dazu notwendigen Ablaufschritte sind nahezu identisch mit denen beim TFH-Projekt. Nur an wenigen Punkten sind Änderungen bzw. Abweichungen erforderlich.

Die wesentlichen zusätzlichen Punkte, die Sie daher für die Projektanlage wissen müssen, sind:

Für den ISAC-Cube in Verbindung mit dem Motherboard Typ II

- Name des Projektes: „ISAC".
- Ziel-µC: ADuC812 der Firma Analog Devices.
- Der ISAC-Cube wird mit 11,0592 MHz getaktet.
- Wir verwenden (nur) den ON-Chip-Flash-EEPROM als Programmspeicher (Größe: 8 kByte).
- Es ist kein externer Programmspeicherbereich vorhanden.
- Es ist ein externer Datenspeicher-(RAM-)Bereich vorhanden. Benutzbarer Bereich: 0x0100 ... 0xFEFF. Memory Model: Large: variables in XDATA.

Für das CAN-ExBo

- Name des Projektes: „CAN".
- Ziel-µC: T89C51CC01 der Firma Atmel.
- Der T89C51CC01 wird mit 11,0592 MHz getaktet.
- Wir verwenden (nur) den ON-Chip-Flash-EEPROM als Programmspeicher (Größe: 32 kByte).

9. Die Einrichtung von µVision2

❏ Es ist kein externer Programmspeicherbereich vorhanden.

❏ Es ist ein externer Datenspeicher-(RAM-)Bereich vorhanden. Benutzbarer Bereich: 0x0400 ... 0x83FF. Memory Model: Large: variables in XDATA.

Nachdem Sie alle drei Projekte angelegt haben, sollten Sie sich einmal den Projekt-Ordner „Das 8051er-Buch-Projekt" näher ansehen, *Abb. 9.2.10*.

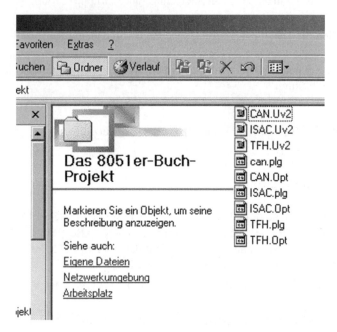

Abb. 9.2.10: Der Inhalt des Directorys „Das 8051er-Buch-Projekt"

Sie erkennen hier sehr deutlich, dass µVision2 für jedes Projekt drei unterschiedliche Dateien angelegt hat, in denen alle Projektdaten enthalten sind.

Wenn Sie nun ein Projekt bearbeiten, d.h. übersetzen, so wird der entstehende INTEL-HEX-Code unter dem jeweiligen Projektnamen (mit der Dateiergänzung *.hex) ebenfalls in dieses Verzeichnis abgelegt, und Sie können diese Datei dann vor hier aus in Ihr Zielsystem einladen.

Nun können wir endlich damit beginnen, uns einen kleinen, ersten Überblick über die Programmiersprache C zu verschaffen und dann unser erstes, eigenes 8051er-Programm zu schreiben.

Zuvor aber kopieren Sie bitte von der diesem Buch beiliegenden CD aus dem Verzeichnis „Programme zum Buch" alle Dateien in das neue Verzeichnis „Das 8051er-Buch-Projekt" hinein.

10. Die Software-Plattform ‚C51'

Hier erfahren Sie jetzt einige grundlegende Tatsachen über die Programmiersprache C: über die Anfänger-Probleme beim Einstieg in diese Sprache, über ANSI-C, über die Grundelemente von C, über den Aufbau eines C-Programms und über den Funktionsumfang der Standard-C-Bibliotheken.

Schaut man sich in der Welt der Programmiersprachen für µC einmal um, so erkennt man sehr schnell, dass der Spitzenreiter die Sprache C ist, die mittlerweile auch die ursprünglichste µC-Sprache, den Assembler, auf vielen Gebieten verdrängt hat.

Die heutigen C-Compiler (C-Übersetzungsprogramme) werden immer leistungsfähiger in Bezug auf:

- Die Code-Optimierung, das heißt, die übersetzten Programme werden immer kürzer und nutzen die Feinheiten der µC-spezifischen Hardware-Programmierung bis aufs Letzte aus.
- Die Ablaufgeschwindigkeit, das heißt, die Programme laufen immer schneller ab und erreichen beinahe die Ausführungsgeschwindigkeiten von optimal geschriebenen Assembler-Programmen.

So gesehen scheint C ja die ideale Programmiersprache zu sein, gegenüber der die anderen Sprachen wie BASIC, Pascal oder FORTRAN keine Chance haben.

Letztendlich hat C heute in der industriellen Programmentwicklung die Stellung eines Quasi-Standards erreicht.

Dennoch weckt C beim Programmier-Anfänger oftmals ganz erhebliche „Unwohlgefühle", die bis hin zur kompletten Ablehnung führen können. Woran liegt das?

Zwei Zitate aus einem bekannten C-Standardwerk sollen dieses zunächst verständlich machen, [3]:

- „Auf den Komfort für Programmierer wurde kein Wert gelegt, weil die Entwickler von C absolute Programmierfreaks waren und sich überhaupt nicht vorstellen konnten, dass andere mit ihrem Werk irgendwelche Probleme haben konnten."
- „Die Fehlermeldungen, die Ihnen C während der Übersetzung eines Programms darbietet, sind ein Kapitel für sich."

Ein abschließendes, jedoch nicht abschreckendes Beispiel soll Ihnen (als Anfänger) die Problematik von C klar vor Augen führen:

Aus der normalen „Schul- und Umgangsmathematik" kann man Rechen- bzw. Programmausdrücke wie

$$a = a + 2;$$
$$\text{if } ((a>25) \text{ and } (a<30)) \text{ then } ...$$
$$c = (5 * b) - (3 * d);$$

10. Die Software-Plattform ‚C51'

recht einfach nachvollziehen und auch programmieren.

Was aber bedeutet in C eigentlich:

$$a+ = ++a + a++;$$

oder

$$w=(a>b) \; ? \; ((a>c) \; ? \; a:c):b;$$

Zusammengefasst möchten wir Ihnen mit diesen Beispielen sagen:

C bietet für die Programmier-Anfänger drei große, zunächst unangenehme Einstiegshindernisse, die bei anderen Programmiersprachen (wie z.B. BASIC oder Pascal) in dieser Krassheit nicht auftreten:

1. Die Fehlermeldungen, die ein C-Compiler ausgibt, sind teilweise sehr diffus und charakterisieren den Fehler bei weitem nicht so eindeutig, wie man sich das wünschen würde. Gerade das ist für den Anfänger in den ersten 100 Stunden der Programmierpraxis sehr kritisch.

2. In einigen Fällen werden gar keine Fehlermeldungen ausgegeben, und das Programm arbeitet trotzdem fehlerhaft.
   Hier stehen die Compiler-Hersteller scheinbar auf dem Standpunkt: „An dieser Stelle ist überhaupt keine Fehlermeldung notwendig, man weiß doch, dass man so nicht programmieren darf!"
   Auch hier wird der Anfänger sehr oft fluchen.
   Wenn C-Experten jetzt den Kopf schütteln: Lassen Sie bei der scanf-Funktion einfach einmal den Adress-Operator (&) weg oder speichern Sie den Wert 20000 in einer signed char-Variablen ab. Bei Pascal oder BASIC bekommen Sie in solchen Fällen „gnadenlose", detaillierte Fehlermeldungen, und das Programm hält an. C dagegen „lächelt nur darüber": Das Programm wird fehlerfrei übersetzt, das Programm läuft zunächst ganz normal an, stürzt natürlich irgendwann ab, und keiner weiß, warum!

3. Sie können mit den in C vorhandenen Verknüpfungsoperatoren Programmzeilen „hinprogrammieren", die andere nur mit großer Mühe und Nebenrechnung mit Papier und Bleistift nachvollziehen können.

Dennoch wollen wir Sie hier natürlich nicht erschrecken und von C abhalten. Denn Sie sollten sich immer vor Augen halten:

> ☛ **Merke: Die Programmiersprache C**
>
> An der Programmiersprache C kommt kein Profi-Programmierer in der Industrie heutzutage mehr vorbei, aber auch für den engagierten Praktiker aus anderen technischen Bereichen, in denen µC eingesetzt werden sollen, ist die Beschäftigung mit C ein „Muss".
>
> Anfänger müssen sich jedoch darüber im Klaren sein, dass der erste Einstieg in C manchmal etwas holperig sein kann.

10. Die Software-Plattform ‚C51'

Für uns als Autoren dieses Lehrbuches hat dies zur Konsequenz:

- Wir stellen Ihnen C zunächst nur insoweit vor, wie es für die ersten erfolgreichen Schritte in die 8051er-Welt notwendig ist: praxisorientiert, frustrationsarm und sofort lauffähig, ohne zuviel theoretischen Ballast.
- Sie können dann mit Ihrem C-Wissen alle Funktionen des 8051ers kennenlernen, ausnutzen und programmieren. Zum Schreiben wirkungsvoller Programme reicht dieses Wissen im Allgemeinen komplett aus!
- Wir werden Sie Schritt für Schritt mit den höheren Weihen von C vertraut machen.

Wer aber hier bereits mehr wissen will, dem sei ein Blick in das Handbuch der Firma Keil zum C-Compiler empfohlen.

Lassen Sie sich also von den anfänglichen kritischen Bemerkungen nicht abschrecken und tauchen Sie mit uns ganz locker in die C-Welt ein, denn auch das folgende Zitat ist einem C-Lehrbuch entnommen:

> „Aber das schöne und besondere [von C] ist,
> die Sprache wächst mit den eigenen Erfahrungen mit."

Begonnen hat das nun alles in den siebziger Jahren des letzten Jahrhunderts mit den Herren Brian W. Kernigham und Dennis M. Ritchie, die C als Sprache u.a. zur Programmierung des Betriebssystems UNIX entwickelt haben.

Von da an wandelte sich C nach und nach zu einer universellen Programmiersprache, die schließlich 1988 in ihren Grundelementen vom American National Standard Institut (ANSI) quasi international genormt wurde. So entstand die Kernsprache ANSI-C.

Im Laufe der Zeit entwickelten sich die Rechnersysteme weiter, und es entstanden z.B., *Abb. 10.1*,

- Die Workstations zur effizienten Steuerung, Überwachung und Regelung von technischen Prozessen aller Art.
  Zur optimalen Programmierung solcher Systeme musste ANSI-C erweitert werden, z.B. um Prozessabbilder und Prozessabläufe farbig darzustellen.
- Die PCs mit der „lustig bunten Fensterwelt" von Billy Gates.
  Um solche Anwendungs- und Bedienoberflächen programmieren zu können, musste der Befehlsumfang von C ebenfalls erheblich erweitert werden; es entstanden z.B. die Programmiersprachen C++ und Visual C zur Erstellung von Windows-fähigen Programmen.

Als „letzte Opfer" fielen die Mikrocontroller der Programmiersprache C anheim: Der ANSI-C-Kern wurde um µC-spezifische Befehle erweitert, die die Eigenschaften dieser Rechnerbausteine optimal unterstützen. Auf der µC-Ebene braucht man i.A. eben keine großen Datenbank- oder Windows-Anwendungen, dafür aber z.B. schnell ablaufende I/O-Routinen, um Vor-Ort-Prozesse zu steuern und zu regeln.

Die wichtigste Erkenntnis bei allen C-Dialekten bleibt jedoch: Der Anwender braucht nur einmal ANSI-C zu lernen und zu verstehen und kann sich danach sehr einfach und schnell in die unter-

10. Die Software-Plattform ‚C51'

Abb. 10.1: Die „große, bunte C-Welt"

schiedlichen Dialekte einarbeiten (denn, obwohl es die Werbung verspricht, gilt: C ist nicht gleich C!).

Wir stützen uns daher nachfolgend auf den ANSI-C-Kern ab und lernen die µC(8051er)-spezifischen Eigenheiten hinzu.

Als Grundlagen- und weiterführende Literatur „rund um C" können wir Ihnen zusätzlich noch zwei gute Lehrbücher empfehlen, [4, 3].

10.1 Die Sprachelemente von C

Wie jede andere Programmiersprache besteht C aus einigen Grundelementen, die wir Ihnen zunächst übersichtsartig kurz vorstellen wollen und die in den einzelnen Lektionen dann detaillierter erläutert werden.

Variablen und Konstanten

Variablen und Konstanten sind die Objekte, die in Ihrem Programm verarbeitet werden. Sie können unterschiedliche Gültigkeitsbereiche haben.

10.1 Die Sprachelemente von C

Namen

Namen innerhalb des Programms sind sehr wichtig, denn Sie bezeichnen Ihre Variablen, Konstanten und Funktionsaufrufe.

Schlüsselworte

Schlüsselworte (reservierte Worte) sind Worte aus dem C-Sprachwortschatz, die Sie selber als Namen nicht verwenden dürfen. Mit anderen Worten: Schlüsselworte sind C-Befehlsworte, wie z.B. „if" für die Programmierung einer bedingten Verzweigung. Sie dürfen daher keine Variable mit dem Namen if benennen, weil es dann zu Fehlermeldungen kommt.

Datentypen

Datentypen sind Zahlenarten, wie aus der Mathematik bekannt:

- ganze Zahlen: 1, 2, 3, –5, –1075, ...
- Fließkomma-Zahlen: 3.1415, 125.78, –3456.789, ...

Auch in C werden diese Zahlentypen unterschieden.
Zusätzlich gibt es noch Charakter-Typen (char) und so genannte Zeichenketten (Textketten bzw. Strings), die aus reinen ASCII-Zeichen bestehen.

Operatoren

Operatoren sind Verknüpfungszeichen (ein oder zwei Stück), die bestimmte Operationen mit Zahlen oder (Rechen-)Ausdrücken realisieren, z.B.:

- Die Addition zweier Zahlen, gekennzeichnet durch den „+"-Operator: a + b.
- Der Vergleich zweier Zahlen durch den „> (größer)"-Operator: a > b.
- Die logische Verknüpfung zweier Aussagen durch den „&& (UND)"-Operator: „Wenn ((a>25) && (a<32)) dann ...".

Kommentare

Kommentare sind unerlässlich in jedem Programm, um bestimmte Programmschritte bzw. Programmabläufe zu erläutern, damit man später auch noch durch das Programm „hindurchsteigt".

Felder / Strukturen

Felder und Strukturen sind mehrdimensionale Anordnungen, bestehend aus Elementen gleichen oder unterschiedlichen Datentyps, z.B. Vektoren oder Matrizen.

Anweisungen

Von diesen gibt es drei verschiedene Arten:
a) Einfache Anweisungen:

c = a + b

Der Variablen c wird die Summe der Variablen a und b zugewiesen.

10. Die Software-Plattform ‚C51'

b) C-eigene (interne) Funktionen. Die eigentlichen Befehle von C werden als Funktionen bezeichnet (genauer: als Bibliotheksfunktionen, da sie alle in bestimmten Bibliotheken zusammengefasst sind):

    y = sin(x);

    printf("Hallo, Du da!");

c) Von Ihnen selbst geschriebene Funktionen (diese werden in anderen Programmiersprachen z.B. als Unterprogramme oder Prozeduren bezeichnet):

    mw_ein();   // Einlesen von Messwerten

    mw_aw();   // Auswerten von Messwerten

Programmkonstrukte in C

Programmkonstrukte in C dienen zum strukturierten Aufbau des Programms. Hier finden Sie Anweisungen für Programmschleifen, bedingte Verzweigungen usw.

Nachfolgend sind diese Programmelemente aufgeführt, in den einzelnen Lektionen werden sie detailliert erläutert:

- Die Blockanweisung
- Die „for"-Schleife
- Die „if ... else"-Abfrage
- Die „while"-Schleife
- Die „do while"-Schleife
- Die „switch ... case"-Unterscheidung
- Die „break"-Anweisung
- Die „continue"-Anweisung
- Die „return"-Anweisung

Pointer

Das Arbeiten mit Zeigern (Pointer) ist ein wesentliches Merkmal von C.

Stringverarbeitung

Unter diesem Punkt findet der Anwender Funktionen zur Be- und Verarbeitung von Zeichenketten, die jedoch z.B. bei einer Prozessautomatisierung nicht so häufig verwendet werden.

Interrupts

Die Verarbeitung von unvorhersehbaren Programmunterbrechungen (den so genannten Interrupts) stellt eine der wesentlichsten und leistungssteigernden Eigenschaften eines jeden µCs dar.

Dementsprechend muss eine µC-Programmiersprache auch in der Lage sein, solche „Ausnahmesituationen" optimal zu unterstützen, d.h. programmtechnisch zu realisieren und schnellstmöglich abzuarbeiten.

µC-spezifische Anpassungen

Sie ergänzen den ANSI-C-Standard, so dass C-Programme die besonderen Eigenschaften des µCs optimal ausnutzen können und dem Anwender z.B. ein leistungsfähiges Echtzeitverhalten auf der unmittelbaren Feldebene der Prozessautomatisierung zur Verfügung stellen.

Präprozessor-Anweisungen

Präprozessor-Anweisungen sind Befehle an den so genannten Präprozessor, der eine bestimmte „Vorverarbeitung" des Programmtextes vornimmt, bevor der C-Compiler diesen Programmtext übersetzt.

10.2 Der Aufbau eines C-Programms

Aus allen zuvor aufgeführten Grundelementen ist nun ein C-Programm „zusammengebaut", wobei der sorgfältige Programmierer i.A. eine immer gleich bleibende Grundstruktur (Grundrahmen) seiner Programme beibehält, *Abb. 10.2.1*.

Dieser Aufbau eines C-Programms kann in einem Punkt variieren: Die selbst geschriebenen Funktionen können am Anfang (A) oder am Ende (B) des Programms stehen.

Im zweiten Fall müssen dann bei (A) aber die Funktions-Prototypen eingetragen sein.

Wir bevorzugen im weiteren Verlauf die Version mit den vorab gestellten kompletten Funktionsdefinitionen bei (A) und dementsprechend keinen Eintragungen bei (B).

10.3 Die Standard-Bibliotheken von C

Die Standard-Funktionen von C, d.h. der normal vorhandene Befehlsumfang von ANSI-C, sind in so genannten Funktionsbibliotheken zusammengefasst, die beim Kauf des C-Compilers bzw. der IDE mitgeliefert werden.

Jede Bibliothek umfasst hierbei ein bestimmtes Fachgebiet: So gibt es z.B. eine Bibliothek für rein mathematische Funktionen, eine mit Funktionen zur Stringverarbeitung, eine für Ein/Ausgabe-Funktionen usw.

Im Anhang 5 geben wir Ihnen einen ersten Überblick über die vorhandenen Bibliotheken des 8051er-C-Compilers der Firma Keil, und in den Lektionen des Kapitels 11 werden wir die wichtigsten Funktionen nach und nach näher beschreiben.

Möchten Sie vorab mehr Informationen erhalten, so schlagen Sie bitte im C-Handbuch der Firma Keil nach (entweder in der gedruckten Form oder in der Online-Hilfe von µVision2, sofern Sie alle Handbücher mit installiert haben).

10. Die Software-Plattform ‚C51'

Anweisungen für den Präprozessor.
...

Definition von globalen Variablen.

(A):   Definition der selbst geschriebenen Funktionen.

Start des eigentlichen Hauptprogramms ≡ Start der Hauptfunktion main():

void main(void)
{
    Zur Lösung der gewünschten Programmaufgabe:

        Definition von lokalen Variablen,

        Aufruf von C-Standard-Bibliotheks-Funktionen,

        Aufruf von selbst geschriebenen Funktionen.
}
Ende des eigentlichen Hauptprogramms ≡ Ende der Hauptfunktion main().

(B):   Alternativ können auch hier die Definitionen der selbst geschriebenen Funktionen stehen

Abb. 10.2.1: Die Grundstruktur eines C-Programms

10.4 Das INTEL-HEX-Format und die Programmierung eines EPROMs

Sie haben nun ein Programm fertiggestellt und möchten es zu Testzwecken in ein 8051er-System transferieren, einen ON-Chip-Flash-Programmspeicher oder ein endgültiges, dauerhaftes Programm-EPROM damit programmieren. Um dieses zu realisieren, müssen Sie zuvor noch etwas über die Arbeitsweise eines Hochsprachen-Compilers erfahren.

Jeder Compiler erzeugt, nach einigen Zwischenarbeitsschritten, eine endgültige Programmcode-Datei, in der die einzelnen Befehle Ihres Hochsprachenprogramms so in den Assembler-Code (Maschinensprache) übersetzt worden sind, dass der µC sie verstehen und abarbeiten kann.

Diese Endergebnis-Datei nennt man die HEX-Datei; sie hat fast immer, bei gleichem Dateinamen wie das Ursprungsprogramm bzw. bei gleichem Namen wie das angelegte 8051er-Projekt, die Datei-Endung „.hex", so auch beim hier verwendeten C51er-Compiler.

Wenn Sie sich solch eine Datei z.B. mit einem Textverarbeitungssystem einmal anschauen, dann werden Sie erkennen, dass sie einen besonderen Aufbau hat: Die einzelnen Befehle werden im HEX-Code dargestellt und sind in einer besonderen Art und Weise angeordnet. Dieses Darstellungsformat ist quasi genormt und heißt das INTEL-HEX-Format.

Diese HEX-Datei wird im Allgemeinen für drei verschiedenen Aufgaben eingesetzt:

1) Für das Herunterladen (den „Download") von zu testenden Programmen vom Entwicklungsrechner (PC) zum Zielsystem, hier:

    ❐ in das 80C537er-TFH-System,

    ❐ in den ISAC-Cube,

    ❐ in das CAN-ExBo.

    Der „Programm-Sender" sendet die Progamm-Datei im INTEL-HEX-Format aus. Der „Programm-Empfänger" empfängt diese Datei, setzt voraus, dass sie im INTEL-HEX-Format vorliegt und kann diese daher automatisch entsprechend weiterverarbeiten, das heißt:

    ❐ Einladen des Assembler-Codes in den RAM-Programmspeicher beim 80C537-TFH-System oder

    ❐ Programmierung des ON-Chip-Flash-Programmspeichers beim ADuC812 bzw. beim T89C51CC01.

    Diesen Download des INTEL-HEX-Files werden wir in den nachfolgenden Lektionen permanent anwenden, um unsere Programme auf den 8051er-Zielsystemen auszutesten.

2) Für den Betrieb von Programmiergeräten: Wenn Sie einen Programmspeicherbaustein (ein EPROM) erstellen wollen, so benötigen Sie dazu ein spezielles Programmiergerät. Der Transfer des einzuprogrammierenden Programmes vom Entwicklungsrechner in die Programmiereinheit geschieht ebenfalls auf der Grundlage des INTEL-HEX-Formats.

3) Für den Einsatz von High-Tech-µC-Entwicklungs- und Testsystemen (Kosten: ab 2.500 € aufwärts), den so genannten Emulatoren. Auch hier erfolgt der Datenaustausch zwischen dem Entwicklungsrechner und dem Emulator unter anderem auf der Basis dieses Standardformats.

10. Die Software-Plattform ‚C51'

Weiterhin können Sie noch als sehr wichtige Information die Größe Ihres Programms aus der INTEL-HEX-Datei entnehmen.

✄ Grundlagen: „Das INTEL-HEX-Format"

In dieser pdf-Datei in der Rubrik „Grundlagen" auf der CD finden Sie weitergehende Informationen zum Themenkreis: „Der INTEL-HEX-Code, die Größe des Programms und die Programmierung eines EPROMs".

11. Der 8051er-‚C'-Kursus

In den nachfolgenden Lektionen und praktischen Applikationen tauchen wir in die Hard- und Software-Welt des 8051ers ein.

Sie werden jetzt im Verlauf dieses 8051er-Kurses sowohl den Aufbau und den Betrieb eines 8051er-µCs an den Beispielen des 80C537ers, des AduC812ers und des T89C51CC01ers als auch den Umgang mit der IDE-µVision2 und der Programmiersprache C kennen lernen, wobei der Schwerpunkt auf der sofortigen praktischen Anwendung liegt.

Auf die allerletzten Feinheiten des 8051ers, von µVision2 oder von C werden wir hier nicht eingehen. Hierzu sei auf die entsprechenden Handbücher verwiesen [23; 6], die Sie auf jeden Fall griffbereit auf Ihrem Arbeitsplatz liegen haben sollten.

Um nicht nur buchbegleitend, sondern um auch ganz allgemein für höchste Aktualität zu sorgen, haben wir speziell ein Anwender-Forum in Form einer Internet-Web-Site eingerichtet: *www.palmtec.de*.

Hier finden Sie laufend interessante Links zu Themen rund um den 8051er und auch Applikationen aus dem Hard- und Softwarebereich. Ein regelmäßiger Besuch dieser Site lohnt sich also.

Wenn Sie selber interessante Anwendungen oder Hinweise zum 8051er haben und diese veröffentlichen wollen, wenn Sie Fragen haben oder wenn Probleme aufgetaucht sind, so schreiben Sie uns – wir kümmern uns darum.

Hinweise zu den einsetzbaren C51-Compilern:

Obwohl wir uns hier schwerpunktmäßig zunächst auf die DIE-µVision2 der Firma Keil abstützen, können Sie selbstverständlich alle Ausführungen zur Programmiersprache C für 8051er auch auf andere C51-Compiler übertragen und all unsere Beispiele und Demo-Programme damit ausführen, sofern es sich um einen ANSI-gemäßen C-Compiler handelt (was jedoch fast immer der Fall ist):

- Freeware-C-Compiler aus dem Internet SDCC
- C-Compiler der Firma Rigelcorp Reads51
- C-Compiler µC/51 der Firma Wickenhäuser (hierauf gehen wir kurz im letzten Kapitel dieses Bandes und ausführlicher im zweiten Band ein),
- C-Compiler der Firma Raisonance RC-51,
- C-Compiler der Firma Tasking TASKING C51,
- etc.

Beachten müssen Sie lediglich, dass die anderen „Hilfsprogramme" rund um den C51er-Compiler, die so genannte „Integrierte Entwicklungsumgebung (IDE)" (siehe Kapitel 9), nicht einheitlich genormt und bei jeden Hersteller immer etwas anders aufgebaut ist. Die wesentlichen Grundelemente sind jedoch stets gleich enthalten:

11. Der 8051er-‚C'-Kursus

- Editor-Programm zur Eingabe des Quell-Textes, teilweise mit Syntax-Colorierung,
- „Einstell-Fenster" zur Festlegung der Arbeitsbedingungen des Compilers, des Assemblers, des Linkers etc.
- Konvertierungsprogramm, um z. B. ein Intel-HEX-File zu erzeugen,
- Terminalprogramm zum Programm-Download und zur Darstellung weiterer Daten,
- Debugger zur Fehlersuche,
- etc.

Zum Umgang mit diesen Programmen müssen Sie dann die jeweilige Dokumentation des Herstellers studieren.

Hinweise zu unseren C-Programmen:

In den grundlegenden Lektionen des ersten Bandes werden wir alle C-Programm-Beispiele zunächst für das 80C537er-TFH-System entwickeln.

Natürlich laufen diese Programme auch auf den anderen Ziel-Mikrocontrollern (ADuC812, T89C51CC01). Man muss in erster Linie lediglich beachten, dass bei diesen 8051ern die serielle Schnittstelle SS0 zur Kommunikation mit dem Entwicklungs-PC teilweise etwas anders konfiguriert wird.

In den fortgeschrittenen Lektionen der nachfolgenden Bände werden wir auch auf Besonderheiten der anderen beiden 8051er eingehen und entsprechende Programme dazu schreiben.

Teilweise finden Sie solche angepassten Lösungen bereits auf unserer CD im Unterverzeichnis ‚Dateien zum Buch'.

Auch auf unserer Homepage im Internet unter *www.palmtec.de* werden wir nach und nach entsprechende Applikationen zum ADuC812 bzw. zum T89C51CC01 einstellen.

Ein regelmäßiger Besuch dort lohnt sich also!

Zur Kennzeichnung, für welchen Ziel-Mikrocontroller das jeweilige C-Programm geschrieben ist, ergänzen wir den Dateinamen mit entsprechenden Abkürzungen:

    *_tfh.c   ≡   Programm für das 80C537er-TFH-System

    *_can.c   ≡   Programm für den T89C51CC01 (CAN-ExBo)

    *_isac.c   ≡   Programm für den ADuC812 (ISAC-Cube)

In den Grundlagen-Lektionen dieses Bandes lassen wir bei den Programmbeschreibungen der Einfachheit halber allerdings die Ergänzung *_tfh weg, da alle Programme ja im Wesentlichen für das 80C537er-TFH-System geschrieben worden sind.

11.1 Der Einstieg in C51

11.1.1 Lektion 1: Die ersten Grundlagen der Programmerstellung in C

> Lernziele:
>
> In dieser Start-Lektion erhalten Sie den „ersten Kontakt" mit der Arbeitsumgebung µVision2, das heißt, Sie erfahren, wie Sie ganz allgemein ein C-Programm in µVision2 erstellen und es übersetzen lassen. Dazu geben Sie bereits ihr erstes eigenes C-Programm ein.
>
> - Neu eingeführte C-Befehle, Funktionen und Datentypen:
>
>   void, main, printf, /* Kommentare */, // Kommentare
>   Allgemeines über Funktionen in C.
>
> - Behandelte interne ON-Chip-Peripherie-Einheiten: keine
>
> - Behandelte externe Peripherie-Einheiten: keine
>
> - Verschiedenes:
>   – Erste Einführung in das Arbeiten mit der µVision2-Entwicklungsoberfläche.

Die grundsätzliche Programmierung eines 8051er-System in C geschieht nun, vereinfacht gesehen, in den folgenden fünf Schritten:

1) Die Eingabe und das Speichern des C-Programmtextes.
2) Die Hinzufügung des Programms zu Ihrem jeweiligen Projekt.
3) Die Übersetzung des C-Programms und das automatische Zusammenlinken mit anderen Programmteilen.
4) Die Übertragung des übersetzten Programms (des INTEL-HEX-Files zu Ihrem Projekt) auf das jeweilige 8051er-System mit Hilfe des entsprechenden Download-Programms.
5) Der Start und das Austesten des Programms auf dem 8051er-System.

> ☛ **Merke: Die Bearbeitung von Projekten**
>
> Im weiteren Verlauf des Buches werden wir im Wesentlichen mit dem Projekt „TFH" arbeiten, da der 80C537er die „größte Menge an 8051er-Wissen" bietet.
> Dort, wo wir näher auf die Besonderheiten des ADuC812ers bzw. des T89C51CC01ers eingehen, werden wir dann auch die Projekte „ISAC" bzw. „CAN" verwenden.

11. Der 8051er-‚C'-Kursus

🎬 „Die Eingabe des ersten C-Programms"

Schritt 1: Die Eingabe und das Speichern des C-Programmtextes

Um ein Programm in C zu erstellen (den sog. Quell-Text oder das Source-File), starten Sie aus unserem 8051er-Projektordner die µVision2-Entwicklungsumgebung, *Abb. 11.1.1.1*.

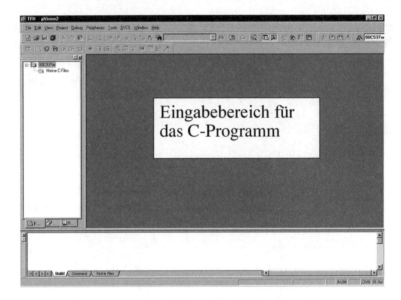

Abb. 11.1.1.1: Die µVision2-Entwicklungsumgebung

Die Bildschirmdarstellung sollte genau so aussehen, wie Sie sie im Kapitel 9.2 verlassen haben.
Sie öffnen jetzt das Pull-Down-Menü ‚File' und klicken auf den Punkt ‚New'.
Im Haupteingabe-Fenster erscheint ein neues Fenster mit dem Namen ‚Text1' (oben in der linken Ecke). Sinnvollerweise vergrößern Sie dieses Fenster durch Klicken auf das entsprechende Fenster-Steuersymbol.
Nun soll Ihr erstes C-Programm eingegeben werden. Tippen Sie dazu den folgenden Programm-Text ein (was Sie jetzt eingeben, wird Ihnen natürlich nachfolgend sofort erklärt):

```
#include <stdio.h>

void main (void)

{
        /* Ausgabe eines Textes */
```

11.1 Der Einstieg in C51

```
        printf ("Hallo");         // Ausgabetext: Hallo


}
```

Diesen Text speichern Sie ab unter dem File-Namen ‚test-1.c' im Verzeichnis ‚Das 8051er-Buch-Projekt' (Pull-Down-Menü ‚File', Menü-Punkt ‚Save As...'), *Abb. 11.1.1.2*.

Hinweis:

Alle Beispielprogramme aus diesem Buch befinden sich natürlich auch auf der beiliegenden CD im Verzeichnis ‚Programme zum Buch'.

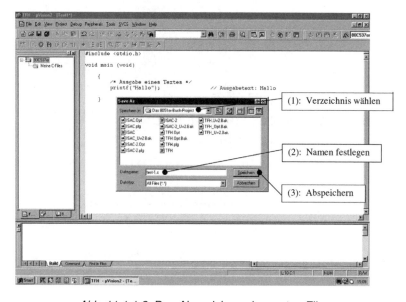

Abb. 11.1.1.2: Das Abspeichern des ersten Files

2) Die Hinzufügung des Programms zu Ihrem Projekt

Nun müssen Sie dieses Programm in Ihr Projekt einfügen:

Im linken Teilfenster der μVision2-Arbeitsoberfläche klicken Sie mit der rechten Maustaste auf das Unterverzeichnis ‚Meine C-Files', und im dann erscheinenden Pull-Down-Menü wählen Sie den Punkt ‚Add Files to Group ‚Meine C-Files''. Sie wählen nun aus dem Verzeichnis ‚Das 8051er-Buch-Projekt' das File ‚test-1' aus und fügen es hinzu (Add und dann Close anklicken). Im linken Teilfenster sehen Sie nun dieses File im Unterverzeichnis ‚Meine C-Files' hinzugefügt.

11. Der 8051er-‚C'-Kursus

Ergebnis:

Sie haben nun ein Projekt namens ‚TFH' erzeugt, das aus dem einzigen File test-1.c besteht (Sie erinnern sich: Der Name des Projektes wurde so in Kapitel 9.2 festgelegt).

3) Die Übersetzung des C-Programms und das Zusammenlinken mit anderen Programmteilen

Jetzt können Sie Ihr Programm das erste Mal übersetzen.

Dies geschieht mit der Anweisung ‚Rebuild target', *Abb. 11.1.1.3*.

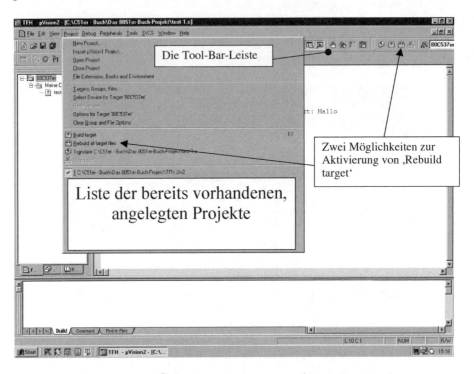

Abb. 11.1.1.3: Die Übersetzung des Programms mit ‚Rebuild Target'

Zur Aktivierung dieser Anweisung haben Sie nun zwei Möglichkeiten:

- ❏ Auswahl des Punktes ‚Rebuild target' im Pull-Down-Menü ‚Project' oder
- ❏ Klicken auf das entsprechende Icon in der Tool-Bar-Leiste.

Ihr Programm test-1.c wird nun übersetzt, und im unteren Teilfenster des µVision2-Bildschirms können Sie den Übersetzungsablauf beobachten und das Ergebnis feststellen, *Abb. 11.1.1.4*.

Es wurde also Ihr Zielsystem TFH zusammengebaut (das heißt, die entsprechenden µVision2-Einstellungen und Optionen wurden beachtet), das Programm test-1.c wurde compiliert, und abschlie-

11.1 Der Einstieg in C51

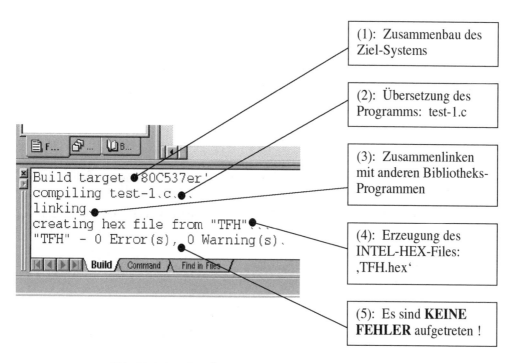

Abb. 11.1.1.4.: Der Übersetzungsablauf und das Ergebnis

ßend wurde ein INTEL-HEX-File mit dem Namen TFH.hex erzeugt, das jetzt in das 80C537er-TFH-System geladen werden kann.

Und das Wichtigste: Bei der Erzeugung von TFH.hex sind keine Fehler und keine Warnungen aufgetreten (wir gehen einmal davon aus, dass Sie bei der Eingabe dieses 6-Zeilers keine Fehler gemacht haben).

Sie könnten nun die letzten beiden Schritte:

4) die Übertragung des übersetzten Programmes auf das 80C537er-TFH-System,

5) den Start und das Austesten des Programmes auf dem 80C537er-TFH-System,

durchführen und hätten Ihr erstes C-Projekt erfolgreich abgeschlossen.

Aber bevor Sie das tun, müssen wir Ihnen natürlich erst einmal erklären, was Sie eigentlich programmiert haben (obwohl Sie das wahrscheinlich schon erahnen).

Schauen wir uns dazu jede einzelne Zeile des Programms einmal näher an:

#include <stdio.h>

Diese Zeile ist eine Anweisung an den C-Compiler und bewirkt, dass dieser eine weitere C-Programm-Datei einbindet, nämlich die Datei stdio.h, eine so genannte „Header-Datei" oder „Definitions-Datei".

11. Der 8051er-‚C'-Kursus

Über deren wichtige Aufgabe werden Sie noch einiges erfahren, hier nur soviel: stdio.h ($\equiv$ Header-Datei für Standard-I/O-Funktionen) sorgt dafür, dass die Ein-/Ausgabe-Funktionen in Ihrem C-Programm auch korrekt ausgeführt werden.

(Die Experten mögen uns die kleine Ungenauigkeit verzeihen: Natürlich ist die #include-Anweisung eine Präprozessor-Anweisung, aber dazu kommen wir noch.)

void main (void)

Jedes C-Programm beginnt mit einem Anfangs- bzw. Startwort; dieses ist immer ‚main' ($\equiv$ Hauptfunktion).

Wie Sie später noch sehen werden, ist dieses ‚main' eine C-Funktion und kein C-Befehl bzw. keine C-Anweisung.

Diese Funktionseigenschaft von main hat jedoch eine wichtige Konsequenz zur Folge, denn Funktionen in C haben immer keinen, einen oder mehrere Eingangs- bzw. Übergabewerte und keinen oder einen Ergebnis- bzw. Rückgabewert.

Das hört sich komplizierter an, als es ist. Betrachten Sie einfach ein Beispiel aus der normalen Mathematik, die Funktion zur Quadratberechnung:

$$y = x^2$$

Diese Funktion benötigt den Eingangswert x, genau die Zahl, die quadriert werden soll, hier z.B. x = 6.

Als Ergebniswert der Funktion erhalten wir den Funktionswert y, also den Quadratwert:

$$y = 6^2 = 36$$

Kommen wir jetzt zurück zu unserer C-Hauptfunktion main.

Die Übergabewerte an die Funktion main werden im nachfolgenden Klammerpaar (...) übergeben.

Bloß, welche Werte sollen wir denn übergeben? Unser Programm soll doch sofort nach dem Einladen in das 80C537er-TFH-System starten, ohne dass wir ihm noch irgendwelche Daten mitgeben müssen.

Dass unsere Funktion main keine Übergabedaten benötigt, muss dem Compiler mitgeteilt werden, sonst meckert dieser, weil er bei jeder Funktion automatisch zunächst einmal Übergabewerte erwartet.

Das Fehlen dieser Übergabewerte wird dem Compiler durch das Schlüsselwort void ($\equiv$ leer, nichts) mitgeteilt, das anstelle der Übergabewerte in das Klammerpaar hinter main geschrieben wird.

Der Compiler erkennt dann also: Die Funktion main (unser Hauptprogramm) soll sofort gestartet werden, ohne dass irgendwelche Werte übergeben werden müssen.

Wie Sie beim obigen „Quadrat-Beispiel" jedoch gesehen haben, gibt eine Funktion in der Regel genau einen Wert zurück, das heißt, es entsteht ein Funktionswert, der i.A. weiterverarbeitet wird.

Aber selbst dieses ist bei unserem ersten Programm zunächst unerwünscht: Das Programm soll ja abgearbeitet werden und danach anhalten, es soll also gar kein Rückgabewert entstehen.

11.1 Der Einstieg in C51

Auch dieser Sachverhalt muss dem Compiler mitgeteilt werden, und zwar ebenfalls durch das Schlüsselwort void, diesmal vor dem eigentlichen Funktionsaufruf, also vor dem Wort main.

Damit ist ‚main' als eine Funktion gekennzeichnet, die keinen Rückgabewert erzeugt.

An dieser Stelle haben Sie schon ein sehr schönes Beispiel vor Augen, dass auch die Programmiersprache C gewissen Wandlungen, Erneuerungen und Umdefinitionen unterworfen ist. Es gibt nämlich bei den C-Compilern kleine, aber gemeine Unterschiede, die auf unterschiedlichen C-Entwicklungsständen beruhen.

Schreiben Sie z.B. ein C-Programm für Ihren PC, so akzeptieren viele Compiler als Programmanfang die Zeile:

$$\text{main ()}$$

also ohne das Schlüsselwort void am Anfang und in der Klammer.

Lassen Sie nun aber den C-Compiler von µVision2 diese Zeile übersetzen, so „meckert" dieser und gibt zwei Warnungen aus, da dieser Programm-Anfang eine Anfangsdefinition gemäß einer älteren C-Norm darstellt. Solche Warnungen sind zunächst einmal nicht schlimm, stören aber doch erheblich. Bei void main() erscheinen dagegen keine Warnungen.

☞ Merke: „Der Anfang eines C-Programms"

Die Hauptfunktion ‚main' für ein 8051er-Programm wird bei uns immer wie folgt definiert:

$$\text{void main (void)}$$

bzw.

$$\text{void main()}$$

Allgemein: Werden keine Werte an eine C-Funktion übergeben, so bleibt das runde Klammerpaar leer, oder man schreibt void hinein.

Der Funktionsrumpf { ... }

Nachdem Sie nun den Programmanfang korrekt definiert haben, müssen Sie die einzelnen Anweisungen eingeben, das heißt, Sie müssen den so genannten Hauptprogramm-Rumpf bzw. den so genannten Funktions-Rumpf eingeben. Solch ein Block von Anweisungen wird in C in ein Paar geschweifte Klammern {...} gesetzt.

Den Start Ihres Programms haben Sie so in der dritten Programmzeile ({) und das Ende des Programms so in der sechsten Programmzeile (}) festgelegt (Leerzeilen werden hier nicht als Programmzeilen gezählt).

Das eigentliche Programm, das Sie eingegeben haben, besteht nur aus einer einzigen Zeile: printf("Hallo"), siehe nachfolgend.

Kommentare

Zur Erläuterung einzelner Befehle bzw. Befehlssequenzen können und sollten Sie auch jederzeit im Programmtext Kommentare einfügen, die auf zwei verschiedene Arten gekennzeichnet werden:

11. Der 8051er-‚C'-Kursus

1. Kommentare werden zwischen die Sonderzeichen /* ..... */ eingeschlossen. Der Compiler ignoriert dann bei seiner Übersetzungsarbeit alles, was zwischen diesen Zeichen steht:

    /* Alles, was hier steht,

    wird jetzt nicht mehr beachtet */

2. Kommentare werden von den Sonderzeichen // eingeleitet. Dann ignoriert der Compiler bei der Übersetzung alle Zeichen bis zum jeweiligen Zeilenende:

    // Der Rest der Zeile bis zum Zeilenende wird nicht mehr beachtet.

Genauer gesagt: Der Präprozessor (siehe später) eliminiert diese Kommentare, bevor der Compiler das Programm übersetzt.

Weiterhin ist es zulässig, den Programmtext, je nach Bedarf und persönlichem Geschmack des Programmierers, durch Leerzeilen zu strukturieren, die ebenfalls vor der eigentlichen Programmübersetzung entfernt werden.

printf("Hallo");

Dieser einzige Befehl unseres Hauptprogramms ist ein Ausgabebefehl, der den Text, der in den runden Klammern zwischen den Anführungszeichen steht, auf dem Bildschirm des Rechners ausgibt.

Genauer betrachtet, ist printf() auch eine C-Funktion, an die der Ausgabetext übermittelt wird und die keinen Rückgabewert besitzt.

Allgemeiner: printf() sorgt für eine formatierte Ausgabe von Daten und Informationen auf dem jeweiligen Ausgabemedium.

Wird hierbei ein reiner Text ausgegeben, so spricht man von einer Zeichenkette oder einem String.

Wichtig:
Jeder Befehl (jede Funktion) ist mit einem Semikolon abzuschließen.

Damit ist unser erster 6-Zeiler umfassend erklärt, und wir können als Zwischenergebnis hier nun eine erste wichtigen Zusammenfassung angeben:

∑ Zusammenfassung: „Die Eingabe von C-Programmen"

Die Eingabe von C-Programmelementen

Alle Anweisungen, Befehle, Funktionen und sonstigen C-Programmelemente werden durch normale Buchstaben, d.h. ohne Verwendung der deutschen Sonderzeichen (ä, ö, ü, Ä, Ö, Ü, ß), eingegeben. Die einzige Ausnahme bilden die Kommentare: Hier können Sie diese Ausnahmebuchstaben verwenden, da Kommentare ja vom Compiler (Präprozessor) „überlesen" werden.

Groß- und Kleinschreibung:

Bei der Eingabe von C-Sprachelementen (Befehlen, Funktionen, Variablennamen etc.) überwacht der C-Compiler sehr pingelig die Groß- und Kleinschreibung. So wird

11.1 Der Einstieg in C51

printf("Hallo");

problemlos akzeptiert, während

Printf("Hallo");

oder

PRINTF("Hallo");

zu Fehlermeldungen führen. Das sollten Sie jetzt ruhig einmal ausprobieren und in unserem Programm das kleine ‚p' von printf durch ein großes ‚P' ersetzen. Nach der erneuten Übersetzung des Programms erscheint die Fehlermeldung im unteren Fenster des µVision2-Arbeitsbildschirmes, Abb. 11.1.1.5.

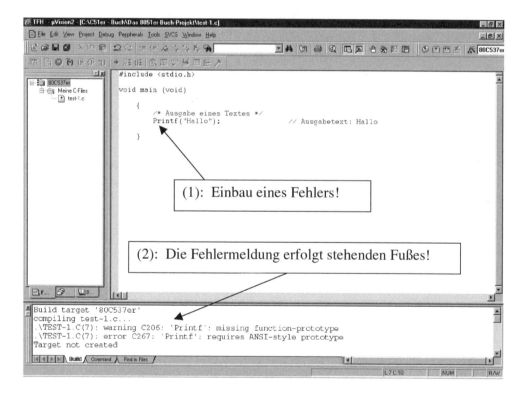

Abb. 11.1.1.5: Fehlermeldung bei Verstoß gegen die „Groß-/Kleinschreibungs-Regeln"

Der Compiler gibt Ihnen also an:

❏ dass das Symbol ‚Printf' nicht definiert ist (er kennt nur ‚printf', mit kleinem ‚p')

157

11. Der 8051er-‚C'-Kursus

❏ dass er im weiteren Verlauf der Übersetzungsarbeit mit ‚Printf' „nicht viel anfangen" kann und es somit zu weiteren Fehlermeldungen kommt und

❏ dass der Zusammenbau des Zielsystems nicht erfolgte: „Target not created", dass also keine neue, aktualisierte Intel-HEX-Datei erzeugt worden ist.

Achten Sie also genauestens auf die jeweiligen Schreibweisen.

Strings bzw. Zeichenketten

Strings oder Zeichenketten, die ausgegeben werden sollen, stehen immer in Anführungszeichen.

Funktionen

Die Programmiersprache C verfügt im Vergleich zu anderen Programmiersprachen nur über sehr wenige direkte Befehle. Viele Programmabläufe werden mit Hilfe von Funktionen durchgeführt, an die zum einen Werte übergeben werden können und die zum anderen einen eigenen Wert, den Funktionswert, zurückgeben können, der dann i. A. weiterverarbeitet werden kann.

Werden keine Werte an eine C-Funktion übergeben, so bleibt das runde Klammerpaar leer, oder man schreibt void hinein.

Das Semikolon

Da die Programmiersprache C keine Zeilennummern verwendet (wie das z. B. bei einigen BASIC-Dialekten der Fall ist), muss der Compiler wissen, wo eine Programmzeile zu Ende ist und die nächste beginnt.

Die Rolle dieses Trennungszeichens übernimmt bei C das Semikolon:

> **Jede C-Programmzeile, in der sich ein Befehl oder eine Funktion befindet, endet grundsätzlich mit einem Semikolon!**

Es gibt lediglich drei Ausnahmen von dieser Regel:

1. In der Programmzeile mit dem Wort main (Start des Programms) steht kein Semikolon.
2. In Programmzeilen, in denen sich nur alleine geschweifte Klammern auf { oder zu } befinden, steht kein Semikolon.
3. Am Ende von Programmzeilen, die mit einem # beginnen, steht kein Semikolon.
   Das # zeigt hier an, dass es sich um einen besonderen Befehl handelt, nämlich um eine Präprozessor-Anweisung. Der Präprozessor bearbeitet diese Zeile dann entsprechend, bevor der Compiler sie „zu sehen" bekommt.

An dieser Stelle zeigt sich leider wieder eine kleine Schwäche von C-Compilern: Vergessen Sie einmal ein Semikolon am Ende einer Befehlszeile, so meldet der Compiler nicht einfach: „Semikolon am Ende der Zeile x fehlt", sondern gibt sehr oft äußerst seltsame Fehlermeldungen aus, die auf den ersten Blick absolut nichts mit einem fehlenden Semikolon zu tun haben.

Probieren Sie das ruhig aus, in dem Sie das Semikolon am Ende der Befehlszeile printf("Hallo") löschen und das Programm danach erneut übersetzen lassen, *Abb. 11.1.1.6.*

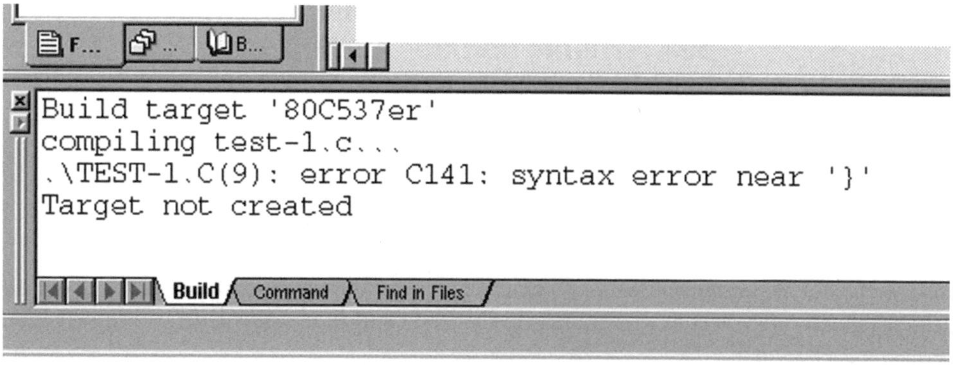

11.1 Der Einstieg in C51

```
Build target '80C537er'
compiling test-1.c...
.\TEST-1.C(9): error C141: syntax error near '}'
Target not created
```

Abb. 11.1.1.6: Fehlermeldung zu: „Hier fehlt ein Semikolon!"

Mit solchen scheinbar „ungenauen" Fehlermeldungen müssen Sie leider leben; hier hilft dann nur „scharfes Hinsehen", um z.B. das fehlende Semikolon als Fehlerursache zu erkennen. Sie werden sich aber im Laufe der Zeit sehr schnell an solche Meldungen gewöhnen und nach und nach auch deren tieferen Sinn verstehen.

Der C-Anweisungsblock (C-Blockanweisung)

Ein Block von zusammenhängende Befehlen oder Funktionen wird in C in geschweifte Klammern gesetzt, wobei solch ein Block durchaus auch aus nur einer einzigen Anweisung (Befehl bzw. Funktionsaufruf) bestehen kann.

Insbesondere wird der gesamte Hauptprogramm-Rumpf in {...} gesetzt.

Nach all diesen Ausführungen wollen Sie jetzt sicherlich endlich etwas „sehen" und laden daher das vom Compiler erzeugte HEX-File (TFH.hex) mit Hilfe des Download-Programms auf Ihr 80C537er-TFH-System (siehe Kapitel 8.5.2). Sie rufen wie beschrieben HyperTerm auf und starten das 8051er-Programm durch Eingabe von g0 und Druck auf die Return-Taste.

Seltsamerweise erscheinen jetzt hunderte von „Hallos" auf dem Bildschirm und nicht nur einmal „Hallo", wie Sie es eigentlich gewollt hatten.

Irgendetwas scheint nicht funktioniert zu haben!

Mit diesem sicherlich unbefriedigenden Ergebnis beenden wir (zugegebenermaßen psychologisch sehr ungeschickt) die erste Lektion. Aber in der folgenden Lektion werden wir unser Programm sofort so ergänzen, dass es lauffähig wird.

11. Der 8051er-‚C'-Kursus

11.1.2 Lektion 2: Ausgaben über die serielle Schnittstelle; das Terminal und der ASCII-Code; ESC-Steuersequenzen

> **Lernziele:**
>
> In dieser Lektion werden wir uns intensiv mit der Kommunikation zwischen den 8051er-Systemen und ihrer Außenwelt beschäftigen.
>
> Dazu lernen Sie neben den entsprechenden C-Funktionen für „strömende Ausgaben" auch das PC-Terminalprogramm HyperTerm, den ASCII-Code und zwei verschiedene Terminal-Emulationen näher kennen.
>
> - Neu eingeführte C-Befehle, Funktionen und Datentypen: printf, putchar
>
> - Behandelte interne ON-Chip-Peripherie-Einheiten: keine
>
> - Behandelte externe Peripherie-Einheiten: keine
>
> - Verschiedenes:
>   - Das PC-Terminalprogramm HyperTerm
>   - Die Terminal-Emulationen ‚ANSI' und ‚VT52'
>   - Der ASCII-Code
>   - ESC-Steuersequenzen

Greifen wir sofort den Faden aus der vorhergehenden Lektion auf: Warum funktionierte das erste C-Programm test-1.c bzw. TFH.hex nicht?

Es gibt hierbei im Wesentlichen einen Grund, der dafür verantwortlich ist:

**Das Programm test-1.c wurde nicht korrekt abgeschlossen –
und das, obwohl der Compiler keine Fehler oder Warnungen gemeldet hat!**

Hinweis:

Bei Verwendung der beiden anderen 8051er-Systeme (ISAC-Cube und CAN-ExBo) gibt es noch einen zweiten wichtigen Grund:

Die Verbindung der 8051er-Systeme mit der Außenwelt wurde nicht korrekt hergestellt (initialisiert).

Hierauf werden wir nachfolgend noch näher eingehen.

1) Der korrekte Abschluss eines 8051er-Programms

Wenn Ihr C-Programm vom 8051er komplett abgearbeitet worden ist, stellt sich immer die Frage: Was passiert eigentlich danach, das heißt, wie verhält sich der Mikrocontroller am Programmende?

11.1 Der Einstieg in C51

Bei der Programmierung von PCs ist die Sache recht einfach, denn wenn das Programm zu Ende ist, „lauert" im Hintergrund ja noch das jeweilige Betriebssystem (DOS, Windows etc.), das dann sofort wieder die ordnungsgemäße Kontrolle über den Rechner übernimmt, das heißt, am Programmende erscheint i. A. die Bildschirmmeldung des Betriebssystems.

Beim 80C537er-TFH-System ist die Situation aber eine andere, hier gibt es kein Betriebssystem, das den Mikrocontroller weiter beschäftigt. Ist der letzte Befehl Ihres C-Programms abgearbeitet worden, „sieht" der 80C537er in seinem Programmspeicher nach, welche Befehle jetzt noch folgen. Da in diesen Programmspeicherstellen dann i. A. aber nur rein zufällige, undefinierte Zahlenwerte stehen, stürzt das Programm und damit auch das System hoffnungslos ab.

Um dieses nun zu verhindern, muss der 80C537er am Programmende „sinnvoll" weiterbeschäftigt werden, damit er keinen „Unsinn" macht.

Dieses geschieht z. B. dadurch, dass man eine so genannte „Endlosschleife" programmiert, die der 80C537er nicht mehr verlassen kann. Er läuft so also „endlos, aber definiert im Kreise herum", und das Programm (das System) befindet sich in einem stabilen Endzustand.

Eine solche Endlosschleife lässt sich sehr einfach mit der while-Anweisung programmieren (siehe später in Lektion 5) und hat das folgende Aussehen:

```
/* Endlosschleife zum ordnungsgemäßen Abschluss des Programms */
while (1);
```

Diese Zeile sollte also immer Ihr 8051er-Programm beenden.

Der Einbau dieser Endlosschleife entfällt natürlich, wenn Ihr Programm immer zyklisch durchläuft, ohne das Ende je zu erreichen, also z. B. bei der permanenten Überwachung einer Maschine.

> ☛ **Merke: „Die Endlosschleife"**
>
> Soll das 8051er-Programm irgendwann einmal definiert beendet werden, so ist am Schluss des Programms eine Endlosschleife zu programmieren, die dafür sorgt, dass der 8051er in einen stabilen Endzustand gebracht wird.

Als Erstes müssen Sie daher in Ihrem Programm test-1.c die Endlosschleife einbauen. Aber bevor Sie das tun, lesen Sie besser weiter.

2) Die Verbindung des 80C537er-TFH-Systems mit der Außenwelt

Wenn Sie sich die Beschreibung zur printf-Funktion in der vorherigen Lektion noch einmal näher ansehen, so finden Sie dort die Aussage:

> „Allgemeiner: printf sorgt für eine formatierte Ausgabe von Daten
> und Informationen auf dem jeweiligen Ausgabemedium."

Welches Ausgabemedium ist hier nun aber gemeint?

Schreiben Sie z. B. ein C-Programm für Ihren PC, so ist das Ausgabemedium (die Ausgabeeinheit) i. A. der Monitor oder der Drucker, *Abb. 11.1.2.1.*

11. Der 8051er-‚C'-Kursus

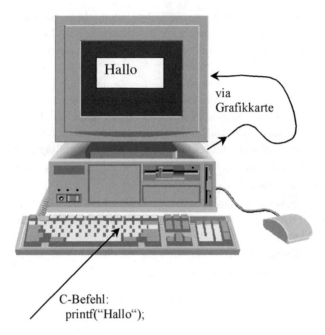

Abb. 11.1.2.1: Die Wirkung des Befehls printf("Hallo"); bei der Programmierung eines PCs

Der auszugebende Text erscheint also „automatisch aus dem Mikroprozessor" des PCs heraus via Graphikkarte auf dem Bildschirm.

Da im Gegensatz zum PC an vielen Mikrocontroller-Systemen zunächst weder Monitor noch Drucker angeschlossen sind, erfolgt bei diesen Systemen die Zeichenausgabe häufig über eine serielle Schnittstelle ($\equiv$ Ausgabemedium). Von dort geht es dann über das Schnittstellenkabel z.B. zum seriellen Eingang des Entwicklungs-PCs (COM1 oder COM2), und von da via Mikroprozessor und Graphikkarte zum Bildschirm, *Abb. 11.1.2.2*.

Bei unserem 80C537er-TFH-System „mündet" die serielle Schnittstelle SS0 des 80C537ers an der PC-Schnittstelle.

Der PC seinerseits wird jetzt als Terminal betrieben und stellt die über seine Schnittstelle empfangenen Zeichen einfach „nur" auf dem PC-Monitor dar.

An dieser Stelle können Sie jetzt bereits durch scharfes Nachdenken den Grund des zweiten „Fehlers" erkennen, der die Ursache des „Nicht-Funktionierens" unseres ersten Programms test-1.c ist.

✘ Grundlagen: „Das Terminal und der ASCII-Code"

In dieser pdf-Datei in der Rubrik „Grundlagen" auf der CD finden Sie weitergehende Informationen zum Themenkreis: „Das Terminal und der ASCII-Code"

11.1 Der Einstieg in C51

Beim Einsatz der seriellen Schnittstelle des 80C537ers zur Datenübertragung zum Terminal (zum COM1- bzw. COM2-Port des PCs) müssen die Sende- und die Empfangsschnittstelle zuerst auf die entsprechenden Schnittstellenparameter eingestellt (parametriert) werden.

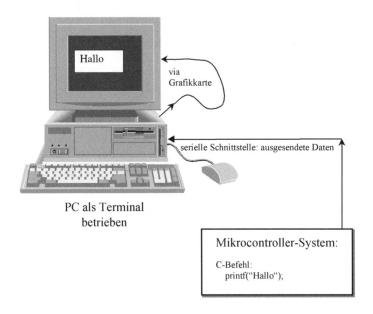

Abb. 11.1.2.2: Die Wirkung des Befehls printf("Hallo") bei der Programmierung eines Mikrocontroller-Systems

Unter anderem muss dazu auf beiden Seiten die Datenübertragungsgeschwindigkeit (Baudrate) gleich eingestellt werden.

Während Sie das Terminalprogramm HyperTerm bei der Installation in Kapitel 8.3 bereits richtig konfiguriert haben, fehlt eine solche Schnittstellenparametrierung für das jeweilige 8051er-System selber noch.

Mit anderen Worten: Sie müssen in Ihrem C51er-Programm eine geeignete Parametrierungsroutine programmieren und diese als Erstes aufrufen, damit alle nachfolgenden (printf-)Ausgabeanweisungen auch korrekt über die entsprechende serielle Schnittstelle abgewickelt werden können.

Da die printf-Anweisung eines jeden C51er-Compilers über die serielle Schnittstelle SS0 eines 8051er abgewickelt wird (diese Schnittstelle besitzt i.A. jeder 8051er), müssen die Parametrierungsanweisungen genau auf diese Schnittstelle abgestimmt sein.

Da wir uns aber mit der seriellen Schnittstelle SS0 eines 8051ers erst später näher beschäftigen werden, geben wir Ihnen hier zunächst „kommentarlos" die entsprechende Programmergänzung zur Schnittstellen-Parametrierung für unsere 8051er an (diese Programmzeilen sind für die verwendeten 8051er etwas unterschiedlich!, siehe Lektion 12):

11. Der 8051er-‚C'-Kursus

Schnittstelleninitialisierung für den ISAC-Cube und das CAN-ExBo:

- 11,0592 MHz Taktfrequenz
- Verwendung von Timer T1 als Baud-Rate-Generator, das heißt, Timer T1 ist für andere Anwendungen nicht mehr einsetzbar
- Das funktioniert bei jedem 8051er mit dieser Taktfrequenz!

```
/*******************************************************************************/
/*    Initialisierung der seriellen Schnittstelle 0 eines beliebigen 8051er Systems!    */
/*       Schnittstellenparameter:     9600Baud, 8 Datenbit, 1 Stopp-Bit, asynchroner Betrieb   */
/*******************************************************************************/

     SCON=0x52;
     TMOD |=0x20;
     TH1=0xfd;
     TR1=1;
     TI=1;
```

Schnittstelleninitialisierung für das 80C537er-TFH-Board:

- 12,00 MHz Taktfrequenz
- Verwendung des speziellen internen Baud-Rate-Generators für SS0
- Timer T1 bleibt frei für andere Anwendungen
- Das funktioniert nur bei 8051ern, die einen besonderen internen Baud-Rate-Generator haben und mit 12,00 MHz betrieben werden

```
/*******************************************************************************/
/* Initialisierung der seriellen Schnittstelle 0 des 80C537er-TFH-Boards mit 12MHz-Quarz! */
/*       Schnittstellenparameter:     9600Baud, 8 Datenbit, 1 Stopp-Bit, asynchroner Betrieb   */
/*******************************************************************************/

     BD = 1;            // Baudratengenerator für Serial Interface 0 eingeschaltet und
     PCON |= 0x80;      // Baudrate durch Setzen des Bits SMOD auf 9600Bd verdoppelt!
     S0CON = 0x52;      // Serial Interface Mode 1, 8-Bit-UART, Empfänger eingeschaltet,
                        // Sender-IR-Flag gesetzt und Empfänger-IR-Flag gelöscht!
```

Mit dieser kleinen Programmergänzung wird die serielle Schnittstelle SS0 eines 8051ers eingestellt auf:

- eine Datenübertragungsrate von 9.600 Baud
- eine Datenwortbreite von 8 Bit
- keine Paritätsprüfung
- ein Stopp-Bit

Somit stimmen jetzt die Datenübertragungs-Parameter von HyperTerm und vom 8051er-System überein, und einer korrekt ablaufenden Datenübertragung zwischen beiden Systemen steht nichts mehr im Wege.

11.1 Der Einstieg in C51

☞ Merke: „Die Parametrierung der seriellen Schnittstelle SS0"

Bei unserem 80C537er-TFH-System sieht die „Sache" ein klein wenig anders aus: Wenn Sie dieses System mit unserem Monitor-EPROM betreiben, so initialisiert das Monitor-Programm nach dem Start (Reset) die serielle Schnittstelle SS0 automatisch mit den richtigen Werten, das heißt, in diesem Falle brauchen Sie den obigen Programmteil nicht zu verwenden, die printf-Anweisung funktioniert von Anfang an immer korrekt.

Wenn Sie aber ein eigenes Programm in ein selbst gebranntes EPROM anstelle des Monitor-EPROMs einsetzen, so fehlt diese automatische Schnittstellen-Parametrierung, das heißt, Sie müssen dann auf jeden Fall die zusätzlichen Programmzeilen programmieren.

Sie sollten sich deshalb sinnvollerweise von Anfang an daran gewöhnen, die Schnittstelle SS0 immer korrekt mit den vorherigen Anweisungen zu initialisieren, obwohl dieses dann beim 80C537er-TFH-System im Monitorbetrieb doppelt durchgeführt wird.

Damit Sie die vorherigen Zeilen nicht abtippen müssen, haben wir Ihnen auf der CD im Unterverzeichnis ‚Programme zum Buch' bereits ein fertiges Programmgerüst (Rahmenprogramm) mit dem Namen ‚rahmen_tfh.c' hinterlegt, mit dem wir ab jetzt arbeiten werden (die Rahmenprogramme für die anderen beiden Systeme heißen ‚rahmen_isac.c' und ‚rahmen_can.c').

In diesen Programmen ist ebenfalls die zu Anfang dieser Lektion erwähnte Endlosschleife am Ende des Programmtextes enthalten.

🎬 „Das erste funktionierende 8051er-Programm"

Sie starten jetzt zunächst die µVision2-Entwicklungsumgebung und tauschen das Programm ‚test-1.c' gegen das Programm ‚rahmen_tfh.c' aus:

1. Klicken Sie mit der rechten Maustaste auf den Programm-Namen ‚test-1.c', *Abb. 11.1.2.3*.

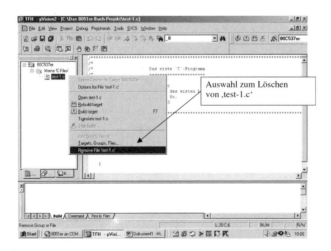

Abb. 11.1.2.3: Der Austausch des Programms ‚test-1.c' gegen das Programm ‚rahmen_1.c, l'

11. Der 8051er-‚C'-Kursus

2. Im nun erscheinenden Pull-Down-Menü wählen Sie

,Remove File ‚test-1.c"

Das File test-1.c wird damit aus dem Verzeichnis ‚Meine C-Files' gelöscht (es bleibt aber natürlich auf der Festplatte erhalten).

3. Klicken Sie mit der rechten Maustaste auf den Verzeichnisnamen ‚Meine C-Files' und wählen Sie im nun erscheinenden Pull-Down-Menü den Punkt:

‚Add Files to Group ‚Meine C-Files" (*Abb. 11.1.2.4*)

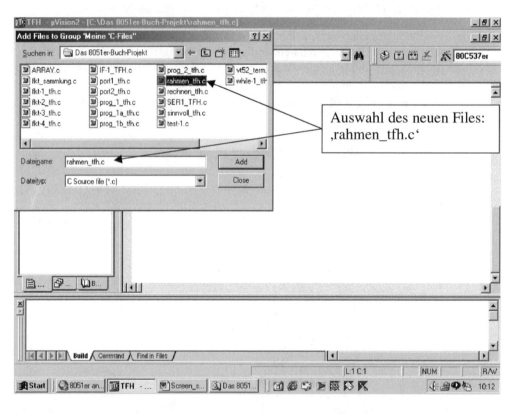

Abb. 11.1.2.4: Der Austausch des Programms ‚test-1.c' gegen das Programm ‚rahmen_1.c, II'

4. Aus dem Verzeichnis:

‚Das 8051er-Buch-Projekt'

11.1 Der Einstieg in C51

markieren Sie die Datei ‚rahmen_tfh.c' und klicken dann mit der linken Maustaste auf ‚Add' und ‚Close'. Damit ist das Programm ‚rahmen_tfh.c' in das Arbeitsverzeichnis ‚Meine C-Files' eingetragen.

5. Wenn Sie nun zweimal mit der linken Maustaste auf den Namen ‚rahmen-tfh.c' klicken, erscheint der Programmtext von ‚rahmen_tfh.c' im Editor-Fenster, *Abb. 11.1.2.5.*

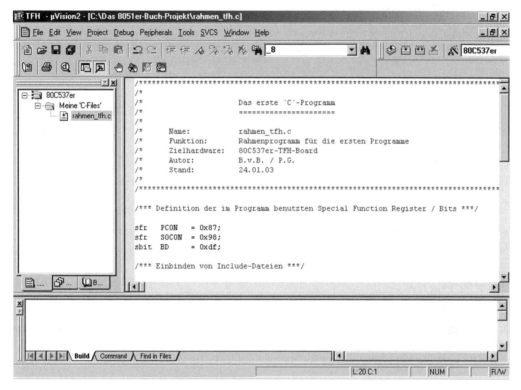

Abb. 11.1.2.5: Der Austausch des Programms ‚test-1.c' gegen das Programm ‚rahmen_1.c, III'

In dieses Rahmenprogramm können Sie jetzt ab der gekennzeichneten Stelle:

```
/*******************************************************************************/
/* Beginn des eigentlichen Hauptprogramms, d.h. ab hier können Sie ihre Befehle eingeben! */
/*******************************************************************************/
```

Ihren eigenen Programmtext eingeben, also:

```
printf("Hallo");
```

11. Der 8051er-‚C'-Kursus

Nun haben Sie alle drei Elemente für das erste erfolgreiche C-Programm des 80C537er-TFH-Systems zusammen, *Abb. 11.1.2.6.*

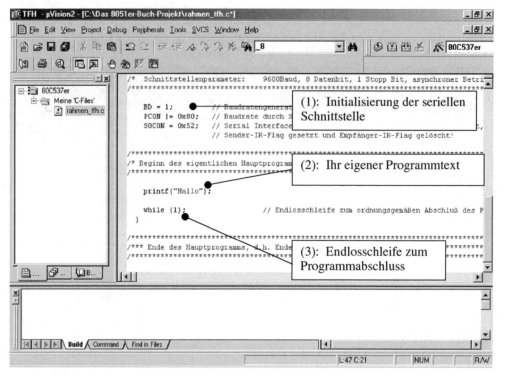

Abb. 11.1.2.6: Die drei Elemente eines erfolgreichen C-Programms für das 80C537er-TFH-Board

1. Die korrekte Initialisierung der seriellen Schnittstelle für den Datentransfer.
2. Ihr eigener Programmtext.
3. Die Endlosschleife für den korrekten Abschluss des Programms.

Jetzt steht dem erfolgreichen Austesten Ihres Programms nichts mehr im Wege:

1. Übersetzen Sie das Programm mit ‚Rebuild target'. Es dürfen auch jetzt keine Fehler angezeigt werden.
2. Laden Sie den erzeugten INTEL-HEX-File TFH.hex (!) mit Hilfe von HyperTerm auf das 80C537er-TFH-Board herunter (siehe Kapitel 8.5.2).
3. Starten Sie das Programm auf dem 80C537er-TFH-Board durch Betätigen der RESET-Taste und Eingabe von g0. Das lang erwartete Ergebnis erscheint auf dem Bildschirm, *Abb. 11.1.2.7.*

Bei jedem weiteren Druck auf die RESET-Taste und Eingabe von g0 wird das Programm erneut gestartet und so der Text erneut ausgegeben.

11.1 Der Einstieg in C51

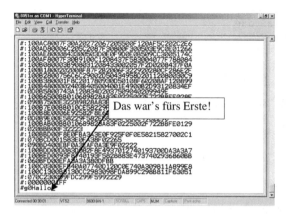

Abb. 11.1.2.7: Das Ergebnis des ersten C-Programms ‚rahmen-tfh.c'

Obwohl das Ergebnis auf den ersten Blick sicherlich nicht gerade umwerfend ist, haben Sie schon einige grundlegende Schritte zur Programmierung des 80C537er-TFH-Boards in C durchgeführt, und der 80C537er hat sich bei Ihnen, über die serielle Schnittstelle, mit einem „Hallo" das erste Mal zurückgemeldet.

Machen wir uns nun daran, das Programm nach und nach zu verfeinern.

Als Erstes möchten Sie Texte nacheinander, in verschiedenen Zeilen ausgeben. Sie müssen dazu ein Carriage Return (Wagenrücklauf) und ein Line Feed (Zeilenvorschub) programmieren. Mit anderen Worten: Sie müssen jetzt bestimmte Steuerzeichen mit ausgeben, um die Bildschirmdarstellung entsprechend aufzubauen.

Auch das lässt sich mit der printf-Funktion sehr einfach realisieren, denn Sie können im Ausgabestring bestimmte Steueranweisungen mit einbauen:

> **Merke: „Der Einbau von Steuerzeichen in Ausgabestrings zum Aufbau einer einfachen Bildschirmdarstellung"**

1. Ein Steuerzeichen in einem String wird durch einen „\" (Back-Slash) eingeleitet bzw. gekennzeichnet.
2. Dem Back-Slash folgt genau ein einziges Steuerzeichen, das durch einen bestimmten Buchstaben ausgedrückt wird.
3. Steuerzeichen können auch hintereinander geschrieben werden, wobei sie jedoch immer einzeln durch „\" getrennt werden müssen.
4. Mehrere Steuerzeichen können im String verteilt werden oder ganz allein in einer eigenen printf-Anweisung stehen.
5. Die jeweilige Interpretation der vom 8051er gesendeten Steuerzeichen ist von der verwendeten Terminal-Emulation auf dem PC abhängig!
6. Die in Ausgabestrings zulässigen Steuerzeichen sind in der *Tab. 11.1.2.1* zusammengefasst.

169

11. Der 8051er-‚C'-Kursus

Steuerzeichen	Bedeutung
\a	Alarm („Bell")
\\	Das \-Zeichen (Back-Slash) wird ausgegeben
\b	Rückschritt nach links
\r	Wagenvorlauf
\"	Das "-Zeichen (doppeltes Hochkomma) wird ausgegeben
\f	Seitenvorschub
\t	Tabulatorschritt
\0	Das Nullzeichen (Stringende-Kennzeichen)
\'	Das '-Zeichen (Hochkomma) wird ausgegeben
\v	Line-Feed
\n	Wagenrücklauf mit neuer Zeile
\c	Unterdrückung eines Zeilenvorschubs
\?	Das ?-Zeichen (Fragezeichen) wird ausgegeben
\onnn	Die oktale Zahl nnn wird ausgeben (Wertebereich 1Byte, 0..377 oktal)
\xnn	Die hexadezimale Zahl nn wird ausgeben (Wertebereich 1 Byte, 0..ff hex.)

Tab. 11.1.2.1: Die zulässigen Steuerzeichen zum Aufbau einer einfachen Bildschirmdarstellung

Das wichtigste Steuerzeichen ist sicherlich \n zur Aktivierung eines Wagenrücklaufes und eines Zeilenvorschubes, das heißt, nach dem Auftreten dieses Steuerzeichens steht der Bildschirmcursor am Anfang der nächsten Zeile.

Beispiel:

Sie können unser aktuelles Programm rahmen-tfh.c nun so abändern, dass die Meldung ‚Hallo' zeilenweise nach jedem Reset des 80C537er-TFH-Boards ausgegeben wird, also:

printf("Hallo\n");

Welche Bildschirmdarstellung erscheint wohl bei:

printf("Wochenend\n und\n Sonnenschein!\n");

Probieren Sie es aus!

11.1 Der Einstieg in C51

Und nun sind Sie selbst mit der ersten kleinen eigenen Übung an der Reihe:

Übung:
Schreiben Sie ein Programm namens ausgabe_1.c, das die folgenden Aufgaben erfüllt:

- Zeile 1: Ausgabe des Textes: ‚Hallo hier bin ich !'
- Ausgabe eines Piep-Tons („Bell")
- Ausgabe zweier Leerzeilen
- 4. Zeile: Ausgabe des Textes: „Hier wird ein Anführungszeichen mit ausgegeben"
- Ausgabe von dreimal Line Feed und danach Ausgabe des Textes: „Ergebnis von 3 * Line Feed"
- 9. Zeile: Ausgabe des Textes: „Ausgabe der deutschen Sonderzeichen: äöü ß ÄÖÜ"

Den korrekten Kern der Lösung dieser Aufgabe finden Sie nachfolgend direkt abgedruckt (die komplette Lösung ist natürlich auf der CD enthalten):

```
/* Text für 1. Zeile */
printf("Hallo hier bin ich !\n");

/* Ausgabe des Piep-Tons */
printf("\a");

/* Ausgabe von zwei Leerzeilen */
printf("\n\n");

/* Text für 4. Zeile */
printf("Hier wird ein Anführungszeichen \" mit ausgegeben");

/* Line Feeds und Text */
printf("\v\v\vErgebnis von 3 * Line Feed\n");

/* Text für 9. Zeile */
printf("Ausgabe von deutschen Sonderzeichen: äöü ß ÄÖÜ");
```

Nach der Übersetzung und dem Transfer des Programms auf das 80C537er-TFH-Board können Sie sich mit HyperTerm das Ergebnis ansehen.
Dort wählen Sie, sofern noch nicht im Kapitel 8.3 geschehen, für die Bildschirmdarstellung der Zeichen zunächst die Terminal-Emulation gemäß „ANSI"-Standard, *Abb. 11.1.2.8.*

 „Die Einstellung der Terminal-Emulation unter HyperTerm"

11. Der 8051er-,C'-Kursus

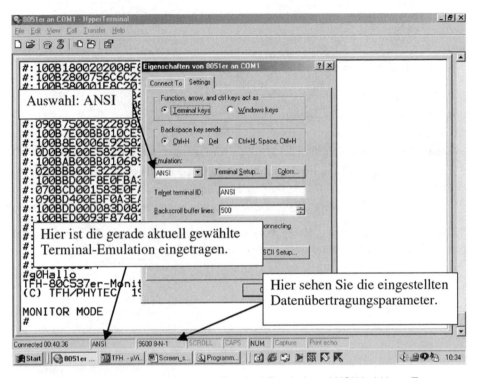

Abb. 11.1.2.8: Die Einstellung der Terminal-Emulation „ANSI" bei HyperTerm

Einstellung der Terminal-Emulation:

- Pull-Down-Menü ‚File' anwählen
- Untermenü ‚Properties' anklicken
- Registerkarte ‚Settings' auswählen
- Bei ‚Emulation' anwählen: ‚ANSI'
- Einstellungen mit ‚OK' bestätigen.

Hinweis:

Die vorhergehende Einstellungsbeschreibung bzw. die verwendeten Bezeichnungen beziehen sich auf die installierte HyperTerm Private Edition V6.3, siehe Kapitel 8.3.

Falls Sie diese Version nicht installiert haben und die „abgespeckte" HyperTerm-Version von Win95, Win98 oder WinNT benutzen, so laufen die Einstellungen ähnlich ab, nur dass Sie mit den deutschen Begriffen konfrontiert werden: ‚Properties' sind dann eben ‚Eigenschaften', etc.

Hinweis:

Damit Sie die nachfolgenden Darstellungen ebenfalls so auf Ihrem Bildschirm sehen können, müssen Sie noch den entsprechenden Zeichensatz (Font) für die HyperTerm-Darstellungen auswählen:

11.1 Der Einstieg in C51

Menü-Punkt: View / Font :   Schriftart: Courier

                                            Schriftschnitt: Standard

                                            Größe: 12

Wenn Sie nun das Programm auf dem 80C537-TFH-Baord starten, so sollten Sie die gewünschte Bildschirmdarstellung erkennen können, *Abb. 11.1.2.9.*

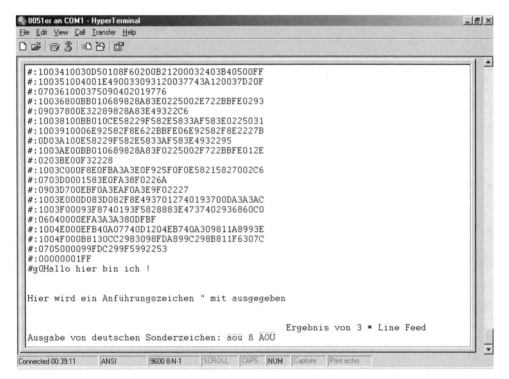

Abb. 11.1.2.9: Die gewünschte Bildschirmdarstellung auf HyperTerm mit der ‚ANSI'-Terminal-Emulation

Um Ihnen nun noch die unterschiedliche Interpretation der Steuerzeichen bei der jeweiligen Terminal-Emulation klar vor Augen zu führen, wählen Sie bitte jetzt, analog wie zuvor beim ANSI-Terminal beschrieben, einmal die Terminal-Emulation ‚VT52' aus:

VT52 ≡ Virtual Terminal Emulation gemäß der Festlegung 52 des amerikanischen Computerherstellers DEC. Dies ist eine der weltweit gebräuchlichsten Terminal-Emulationen, die auf PCs und anderen Rechnern läuft.

Danach löschen Sie den Terminal-Bildschirm (Pull-Down-Menü ‚Edit' und Anwahl des Unterpunktes ‚Clear Screen') und starten das 8051er-Programm erneut.

11. Der 8051er-‚C'-Kursus

Das Ergebnis sieht „verblüffend" aus, *Abb. 11.1.2.10*.

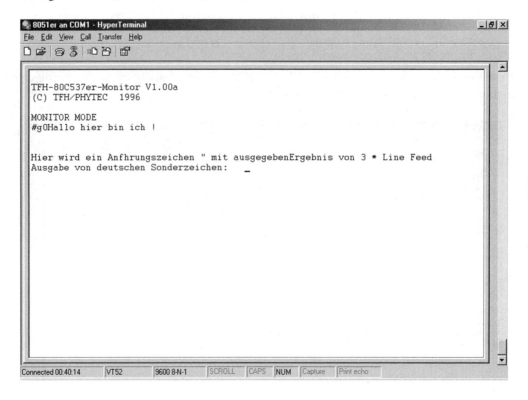

Abb. 11.1.2.10: Die neue Bildschirmdarstellung auf HyperTerm mit der ‚VT52'-Terminal-Emulation

1. Die Steuerzeichen für Line Feed werden von VT52 nicht ausgewertet, der Cursor bewegt sich nicht von der Stelle.
2. Die deutschen Sonderzeichen (Umlaute) werden bei VT52 komplett unterdrückt.
3. Die Terminal-Emulation ‚VT220' ergibt auch „interessante" Ergebnisse.

Sie haben hier also ein gutes Beispiel dafür, dass verschiedene Terminal-Emulationen bestimmte Steuer- oder Sonderzeichen gar nicht oder sogar unterschiedlich interpretieren bzw. darstellen. Beim Wechsel auf ein anderes Terminal-Programm hilft also nur probieren oder das Nachschlagen in der Bedienungsanleitung, um die korrekten Steuerzeichen auszuwählen und anwenden zu können.

Nun ist abschließend noch die Frage zu klären, welche Terminal-Emulation wir im weiteren Verlauf des Buches benutzen werden.

11.1 Der Einstieg in C51

☞ Merke: Die „richtige" Terminal-Emulation

Für normale, einfache Kontrollausgaben auf dem Terminal verwenden wir die ‚ANSI'-Emulation. Sie besitzt den Vorteil, die C-Steuerzeichen aus der *Tab.11.1.2.1* korrekt auszuwerten und auch die deutschen Umlaute darzustellen.

Der Nachteil dieser Emulation ist jedoch, dass die Bildschirmdarstellung ‚durchläuft', das heißt, die alten Zeilen werden nach oben weg- bzw. herausgeschoben, wenn unten neue Zeilen hinzukommen. Auch lässt sich der Terminal-Bildschirm vom 8051er aus nicht direkt löschen, und der Bildschirm-Cursor kann nicht wahlfrei auf dem Bildschirm positioniert werden (siehe nachfolgend).

Wenn dagegen fest aufgebaute Bildschirmmasken zur Prozessvisualisierung erzeugt werden sollen (um z.B. Messwerte, Zustandsinformationen etc. an immer festen Bildschirmpositionen darzustellen), der Cursor also wahlfrei an bestimmte Positionen gesetzt und der Bildschirm einfach vom 8051er aus komplett gelöscht werden soll, dann verwenden wir die VT52-Emulation, die noch weitere, zusätzliche Steuerzeichen auswerten kann. Die deutschen Umlaute müssen dann allerdings durch ihre Ersatzdarstellungen ausgedrückt werden, also ‚ä' durch ‚ae' etc.

Bisher haben wir Buchstaben, Zahlen und (Satz-)Sonderzeichen in ASCII-Darstellung über die serielle Schnittstelle des 80C537ers zum Terminal übertragen. Mit Hilfe einiger Steuerzeichen konnte bereits ein einfach strukturierter Bildschirmaufbau erzeugt werden.

Bestimmte Terminals (Terminal-Emulationen, z.B. VT52) gestatten aber auch die Verwendung weiterer, leistungsfähigerer Steuerzeichenfolgen (ESC-Sequenzen); man kommt so vom einfachen Terminal, das nur Zeichen darstellen kann, zum intelligenten Terminal, mit dem komplette Bildschirmmasken zur Informationsdarstellung aufgebaut werden können.

11. Der 8051er-‚C'-Kursus

> ☞ **Merke: „Escape-Sequenzen, ESC-Sequenzen, ESC-Kommandos"**

Diese Art der Steuersequenzen stammt noch aus den Anfängen der Computer-Technik, noch lange bevor Billy Gates mit DOS, Windows etc. in Erscheinung trat.

Mit bestimmten Steuerzeichenfolgen (die im „Ausgabetext-Strom" mit eingebaut waren) wurden damals die Ausgabegeräte, insbesondere die ersten Drucker, angesteuert, und zwar wurden damit die Druckeigenschaften ein- bzw. umgestellt, wie z.B.: Fettdruck, Kursiv-Druck, Unterstreichungen, Hoch- und Tiefstellungen etc.

Insbesondere die Firma EPSON, einer der damaligen Drucker-Marktführer, hat quasi genormte Steuersequenzen für ihre Drucker entwickelt, die alle mit dem nichtdruckbaren ASCII-Steuerzeichen Escape $\equiv$ ESC $\equiv$ 1bh $\equiv$ 27d anfangen. Andere namhafte Druckerhersteller haben dann diese Steuerungsmethode übernommen.

Ein Drucker, der in dem zu ihm gesendeten Datenstrom ein Byte mit dem Wert 1bh empfängt, also ein nichtdruckbares ASCII-Zeichen, weiß nun, dass alle nachfolgenden Zeichen, egal ob es sich um druckbare oder um nicht druckbare ASCII-Zeichen handelt, als weitere Steuerzeichen zu interpretieren sind, die nicht gedruckt werden sollen, sondern die Druckeigenschaften beeinflussen bzw. neu festlegen.

Erst beim Erscheinen eines bestimmten Endzeichens ($\equiv$ weiteres nicht druckbares ASCII-Steuerzeichen) oder nach einer bestimmten, genau festgelegten Anzahl weiterer Zeichen ist die Steuerzeichenfolge beendet, und die nachfolgenden Zeichen werden wieder ganz normal ausgedruckt, und zwar so lange, bis das nächste ESC-Zeichen erscheint, das erneut den Anfang einer neuen Steuerzeichenfolge ankündigt.

Diese Escape- oder kurz ESC-Sequenzen werden heutzutage nicht nur zur Ansteuerung von Druckern, sondern ganz allgemein für den Betrieb von Ausgabegeräten (Displays, Terminals, Anzeigetafeln etc.) verwendet.

Leider ist aber auch hier die jeweilige Bedeutung dieser Steuerkommandos nicht einheitlich genormt. Gemeinsam ist ihnen nur, dass sie alle mit dem ESC-Zeichen anfangen. Der Aufbau, die Interpretation der nachfolgenden Steuerzeichenfolge und (falls erforderlich) das verwendete Endzeichen ist bei jedem Hersteller verschieden.

Im Anhang 2 sind die ESC-Sequenzen, die von der HyperTerm-VT52-Emulation unterstützt werden, aufgelistet.

Beachten Sie bitte, dass Groß- und Kleinschreibung bei den „Steuerbuchstaben" sehr genau unterschieden wird!

Wie baut man nun diese ESC-Seqeunzen in sein C-Programm ein?

Der Anfang von Steuerzeichenfolgen in printf-Ausgabestrings wird ja bekanntlicherweise mit einem ‚\' gekennzeichnet. Danach folgt ein einziges Steuerzeichen, hier also zunächst das ESC-Zeichen, das den ASCII-Code 1b in der hexadezimalen Zahlendarstellung hat (siehe Anhang 1).

Zur Kennzeichnung, dass es sich um eine HEX-Zahl handelt, muss dieser Zahl in einem Ausgabestring der Buchstabe ‚x' vorangestellt werden:

11.1 Der Einstieg in C51

Wichtiger Hinweis:

An dieser Stelle haben die „Erfinder" von C (wieder einmal) nicht ganz „so sorgfältig gearbeitet und geplant":

HEX-Zahlen in ganz normalen C-(Rechen-)Ausdrücken werden, zur Unterscheidung von Zahlen aus anderen Zahlensystemen, mit der vorangestellten Kennzeichnung ‚0x' versehen, also: 1bh ≡ 0x1b (darauf kommen wir in Lektion 3 noch ausführlich zu sprechen).

Werden HEX-Zahlen jedoch als Steuerzeichen in Ausgabestrings eingebaut, so werden diese HEX-Zahlen nur durch ein vorangestelltes ‚x', in Verbindung mit dem ‚\ ', gekennzeichnet, also: 1bh ≡ \x1b.

In solchen Fällen müssen Sie also sehr genau aufpassen, dass Sie sich nicht vertun.

In Verbindung mit *Tab. 11.1.2.1* ergibt sich daher hier:

$$\text{Steuerzeichen ESC im Ausgabestring} \equiv \text{\textbackslash x1b}$$

Der nachfolgende Steuerbuchstabe wird ebenfalls durch seinen hexadezimalen ASCII-Code dargestellt, also durch z.B.:

$$H \equiv \text{\textbackslash x48}$$

Somit lautet die C-Steueranweisung zur *Positionierung des Bildschirm-Cursors auf die Home-Position* (≡ linke obere Bildschirmecke):

$$\text{ESC H} \equiv \text{printf("\textbackslash x1b\textbackslash x48");}$$

Oder, verbunden mit einer Textausgabe:

printf("\x1b\x48Hier ist ganz oben !");

Um den *Cursor um drei Stellen nach rechts* zu setzen, programmiert man daher: 3-mal ESC C:

printf("\x1b\x43\x1b\x43\x1b\x43");

Die *genaue, gezielte Positionierung des Cursors* auf der Bildschirmfläche erreicht man mit der ESC-Sequenz:

$$\text{ESC Y   Zeilenkoordinate   Spaltenkoordinate}$$

wobei hier Folgendes zu beachten ist: Sowohl bei der Zeilenkoordinate als auch bei der Spaltenkoordinate ist immer noch ein Offsetwert von 32 (≡ 20h) hinzuzuaddieren.

Beispiel:

Positionierung des Cursors in die 10. Zeile und dort auf die 2. Spalte:

$$\text{Zeilenkoordinate: } 10 + 32 = 42 \equiv \text{2ah}$$

$$\text{Spaltenkoordinate: } 2 + 32 = 34 \equiv \text{22h}$$

11. Der 8051er-‚C'-Kursus

Somit ergibt sich als ESC-Sequenz:

ESC Y 2ah 22h

und in C programmiert:

printf ("\x1b\x59\x2a\x22");

Ab dieser Stelle werden dann die nachfolgenden Texte ausgegeben, z.B. mit:

printf("Hier: Zeile 10, Spalte 2");

Die *Abb. 11.1.2.11* zeigt zur Verdeutlichung die einzelnen Zeichen- bzw. Cursorpositionen bei der Zeichenausgabe auf dem Terminal-Monitor, wobei die Grundeinstellung der VT52-Emulation bei 24 Zeilen (Zeilennummern: 0 ... 23) und 80 Spalten (Spaltennummern: 0 ... 79) liegen sollte.

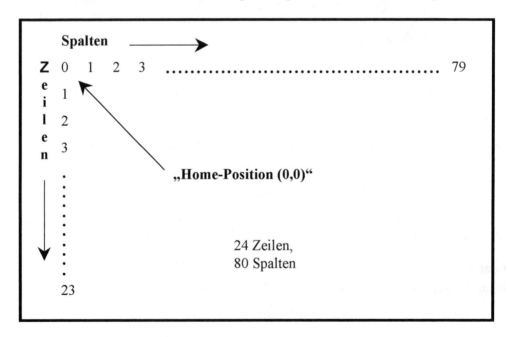

Abb. 11.1.2.11: Die Bildschirmkoordinaten beim Terminal-Monitor (VT52-Emulation)

11.1 Der Einstieg in C51

Der gesamte Terminal-Bildschirm wird gelöscht mit

   ESC H ≡ Cursor auf Home-Positionund
   ESC J ≡ Bildschirm ab Cursor-Position löschen
   printf("\x1b\x48\x1b\x4a");

Die VT52er-Experten werden jetzt aber sagen: „Das Löschen des Bildschirms geht doch einfacher, mit nur einer einzigen ESC-Sequenz, nämlich mit ESC E."

 Die Experten-Ecke: „Der VT52-Emulator und HyperTerminal"

Die vorangehende Expertenaussage ist richtig, aber die VT52er-Emulation von HyperTerminal unterstützt seltsamerweise nicht alle gültigen ESC-Sequenzen einer echten VT52er-Emulation.

So funktionieren z.B. die ESC-Kommandos zum Ein- und Ausschalten des Cursors nicht und auch nicht diejenigen ESC-Steueranweisungen, die mit kleinen Buchstaben als Steuerzeichen arbeiten, z.B. ESC p für inverse Zeichendarstellung.

Mit diesen kleine „Macken" muss man also leben.

Die nicht funktionierenden ESC-Sequenzen sind daher auch nicht im Anhang 2 enthalten, sie können aber leicht aus dem Internet besorgt werden.

Eine weitere kleine „Gemeinheit" hält der C-Compiler noch bereit. Laut gültiger C-Norm folgt nach \x eine ein- maximal zweistellige HEX-Zahl zur Übergabe eines Byte-Wertes (Wertebereich dezimal: 0 ... 255, hexadezimal: 00h ... ffh), also ist zulässig:

   \x0, \x1, \x2, ... , \xfe, \xff

      bzw.

   \x00, \x01, \x02, ... , \xfe, \xff

Man kann somit programmieren:

   printf("\x1b\x48Hallo");

Die Ausgabe ‚Hallo' erscheint in der linken oberen Bildschirmecke.
Programmiert man aber zum Beispiel:

   printf("\x1b\x48Erste Bildschirmposition hier!");

so meldet der Compiler einen Fehler!

   error C250: '\esc': value exceeds 255 (Wert übersteigt 255)

Warum das?

11. Der 8051er-‚C'-Kursus

Ganz einfach: Der C-Compiler interpretiert das ‚E' nach der x48 als weitere Stelle einer HEX-Zahl und erkennt somit die Zahl 48E ($\equiv$ 1166 dezimal) – und dieser Wert ist größer als der maximal zulässige Wert einer Byte-Zahl (255 dezimal).

Mit anderen Worten: Der Compiler bewertet nicht nur genau maximal zwei Zeichen nach dem ‚x' (wie es die Norm vorschreibt), sondern auch das danach folgende dritte Zeichen. Wenn dieses Zeichen „wie eine HEX-Zahl aussieht" (also eine Zahl 0...9 oder ein Buchstabe a...f bzw. A...F), dann „meckert" er (eigentlich grundlos).

Bei der Ausgabe von ‚Hallo' ergibt sich keine Fehlermeldung, da ein ‚H' keine gültige HEX-Zahl ist.

Sie sehen also, die „Wege" eines C-Compilers sind nicht immer leicht nachzuvollziehen, und daher hier unser Tip:

> ☛ **Merke: „Die Verwendung von ESC-Steuersequenzen"**
>
> Schreiben Sie zur Vermeidung von „komischen" Fehlermeldungen die ESC-Steuersequenzen immer allein in einer einzigen printf-Anweisung, ohne dass noch direkt ein Ausgabetext folgt, also z.B.:
>
> printf("\x1b\x48");
> printf("Erste Bildschirmposition hier!");
>
> Dieses wird vom Compiler akzeptiert und funktioniert auch.

> ☛ **Merke: „Über die Verwendung von Terminal-Steuerzeichen"**
>
> Steuerzeichen funktionieren zur Zeit nur in eine Richtung, nämlich vom 80C537er-TFH-Board zum Terminal. Die umgekehrte Wirkungsrichtung, das Terminal sendet Steuerzeichen an das 80C537er-TFH-Board, ist natürlich auch möglich, jedoch reagiert das Mikrocontroller-System noch nicht auf diese Steuerzeichen, da die notwendige Software dazu noch nicht im Mikrocontroller-System enthalten ist. Mit fortschreitender Programmiererfahrung können Sie sich aber solche „Steuersignal-Interpretationssoftware" selber schreiben, wobei Sie auch ganz individuelle Reaktionen auf einzelne Steuerzeichen einbauen können.

Zum Abschluss dieser Lektion werden wir uns noch eine andere C-programmtechnische Möglichkeit der Zeichenausgabe über die serielle Schnittstelle des 8051ers ansehen.

Bisher haben wir Texte immer mit Hilfe der printf-Funktion auf dem Terminal dargestellt.

Der kritische Punkt bei dieser Funktion ist der Buchstabe ‚f' am Ende des Funktionsnamens, denn er bedeutet, dass es sich um eine formatierte Ausgabe von Informationen handelt. Die weitergehende Bedeutung dieser Aussage werden Sie später noch kennen lernen, hier nur soviel: printf sorgt u.a. dafür, dass der Anwender eine Vielzahl von unterschiedlichen Zahlen (ganze Zahlen, reelle Zahlen etc.) ganz nach seinem Geschmack, vielfältig formatiert (z.B. Anzahl der Kommastellen festlegen, Darstellung in Exponentialform etc.) ausgeben kann.

11.1 Der Einstieg in C51

Aufgrund dieser sehr leistungsfähigen Eigenschaften ist die printf-Funktion eine sehr mächtige Funktion, das heißt, sie benötigt im Programmspeicher viel Speicherplatz.

Wenn Sie jetzt nur „einzelne, einfache, unformatierte" ASCII-Zeichen bzw. Zahlenwerte über die serielle Schnittstelle des 8051ers ausgeben wollen (z.B. bei der reinen Übertragung von Messwerten zwischen dem 80C537er-TFH-Board und einem PC), so können Sie dazu auch die C-Funktion putchar benutzen:

Beispiel:

putchar(0x41);

gibt die HEX-Zahl 41h bzw. das ASCII-Zeichen 'A' über die serielle Schnittstelle aus, da 41h der ASCII-Code dieses Buchstabens ist. Mit putchar können Sie jedoch immer nur ein einziges ASCII-Zeichen bzw. einen Byte-Wert übertragen (Beachten: HEX-Zahlen werden ganz allgemein durch ein vorgestelltes 0x... gekennzeichnet, siehe später).

Die bisher kennengelernten C-Funktionen printf und putchar gehören zu der Gruppe der „Stream Input and Output"-Funktionen, und diese sind für den „strömenden" Datentransfer zwischen dem 80C537er-TFH-Board und dem Terminal (Ein-/Ausgabe-Medium) zuständig.

Mit ihnen wird ganz allgemein der Datentransfer zwischen zwei beliebigen Rechnereinheiten über die serielle Schnittstelle realisiert, z.B. wenn das 80C537er-TFH-Board Messwerte erfasst und diese über die Schnittstelle an einen Auswerterechner (PC etc.) übersendet.

In den nächsten Lektionen werden wir uns mit der Eingabe von Daten über das Terminal zum 80C537er-TFH-Board hin beschäftigen.

Zum Abschluss dieses Kapitels bringen wir noch etwas Farbe in das Geschehen, indem wir uns die so genannte Syntax-Colorierung etwas näher ansehen.

 „Die Syntax-Colorierung"

Bei der Eingabe des C-Programmtextes ist Ihnen sicherlich schon aufgefallen, dass der eigentliche Programmtext im Editor „schön bunt" dargestellt wird.

Diese Einfärbung der Programmtexte dient nun nicht zur Entspannung des Programmierers, sondern stellt ein sehr gutes Editierhilfsmittel bei der Eingabe dar, um so genannte Syntax-Fehler schnell zu erkennen (Syntax ≡ (richtige) Schreibweise der Elemente einer Programmiersprache). Wenn Sie nämlich an einer bestimmten Stelle im Programm die festgelegte Farbe nicht sehen, haben Sie etwas falsch (geschrieben) eingegeben.

11. Der 8051er-‚C'-Kursus

Für die Farbgebung im Editor gilt zunächst:

Die Kommentare

Die Kommentare werden immer grün eingefärbt, das heißt:

- Ihre gewollt verwendeten Kommentare müssen immer grün aussehen.

- Sieht „auf einmal" eine C-Befehlszeile bzw. eine C-Funktion grün aus, so haben Sie irgendwo vorher ein Kommentar-Ende-Zeichen ausgelassen. Das heißt, diese grüne C-Programmzeile wird jetzt gar nicht mehr abgearbeitet, sondern als Kommentar ausgeblendet.

Sie können so aber auch z. B. Ihr Programm austesten, indem Sie störende bzw. noch nicht aktuelle Programmteile einfach als Kommentare markieren und somit von der nächsten Compilierung ausschließen. Sie müssen dann nicht immer Programmteile löschen und wieder neu eingeben.

Die C-Schlüsselworte

Sie werden blau eingefärbt. Hierdurch können Sie sehr leicht Schreibfehler entdecken, z.B.:

- Das Schlüsselwort ‚void' muss in blau erscheinen. Haben Sie jedoch nur ‚vod' geschrieben, so wird es schwarz dargestellt und beim Compilieren dann als Fehler angemeckert.

- Entsprechend:

    ‚include' in blau, ‚includ' in schwarz,

    ‚while' in blau, ‚whle' in schwarz, etc.

Strings

Alle Zeichenketten-Eingaben in " ... " werden rot eingefärbt. Hier ist besonders häufig ein kritischer Fehler festzustellen, wenn man das einleitende „ bzw. abschließende " vergisst: Der nicht korrekt begonnene bzw. abgeschlossene String erscheint dann schwarz.

Achten Sie also darauf, dass z.B. die in " ... " eingeschlossenen Klammerinhalte aller printf()-Anweisungen in rot dargestellt werden, sonst haben Sie etwas Wesentliches vergessen.

Die gleiche Einfärbung gilt auch für char-Variablen, die in ' ... ' eingeschlossen sein müssen (siehe Lektion 4).

Andere Eingaben

Alle anderen Eingaben, wie die C-Standard-Funktionen (printf, scanf etc.), Ihre selbst geschriebenen Funktionen, die C-Operatoren, Variablen-Namen etc. werden schwarz dargestellt.

11.1 Der Einstieg in C51

Die Syntax-Colorierung können Sie im Pull-Down-Menü „View" unter „Options" (es erscheint das Properties-Fenster), Register-Karte „Editor", Kasten „C-Files" unter dem Punkt „Use syntax coloring" ein- oder ausschalten, *Abb. 11.1.2.12*.

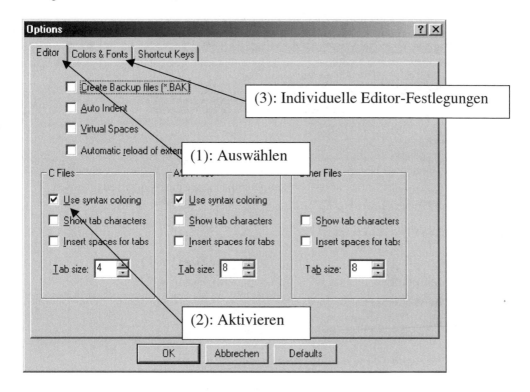

Abb. 11.1.2.12: Die Aktivierung der Syntax-Colorierung

Wir empfehlen Ihnen auf jeden Fall, die Syntax-Colorierung einzuschalten (das ist nach der Installation von µVision2 sowieso automatisch der Fall).

Wählen Sie im Properties-Fenster zusätzlich noch die Register-Karte „Colors & Fonts" an, so können Sie sich sogar Ihre persönliche Farbzusammenstellung für die Syntax-Colorierung zusammenmixen. Auch der Zeichensatz und die Zeichenhöhe für die Darstellung im Editor ist hier festlegbar.

Der Gestaltung Ihres persönlichen Editor-Erscheinungsbildes unter µVision2 steht also nichts mehr im Wege.

Und hier kommt nun etwas, was sich leider ab jetzt nicht mehr vermeiden lässt: Die ...

11. Der 8051er-‚C'-Kursus

🏋 Übungsaufgaben

Schreiben Sie ein Programm namens ‚vt52_demo.c', das die nachfolgende Bildschirmmaske auf dem Terminal erzeugt (ausgewählt: VT52-Terminal-Emulation):

In solche feststehenden Bildschirmmasken können dann später gezielt die einzelnen Prozessdaten direkt eingetragen werden; man erhält so ein immer aktualisiertes Prozessabbild.

Anregung:
Vergleichen Sie einmal die Bildschirmdarstellung, wenn Sie eine andere Terminal-Emulation bei HyperTerm ausgewählt haben!

11.1 Der Einstieg in C51

11.1.3 Lektion 3: Bits, Bytes und Zahlensysteme

> **Lernziele:**
>
> In dieser recht trockenen Lektion über Zahlen, Zahlen, Zahlen ... lernen Sie alles Grundlegende über die Informationsdarstellung in einem Rechnersystem, und Sie erhalten einen Überblick über die gebräuchlichen Rechner-Zahlensysteme.
>
> - Neu eingeführte C-Befehle, Funktionen und Datentypen: keine
> - Behandelte interne ON-Chip-Peripherie-Einheiten: keine
> - Behandelte externe Peripherie-Einheiten: keine
> - Verschiedenes:
>   - Zahlensysteme: Dezimal, Dual, Hexadezimal, Oktal, BCD

Grundlage für die Informationsverarbeitung und -darstellung (Daten-, Programm- und Zustandsinformationen) in jedem Computer-System ist das so genannte Bit (Binary-Digit, zweiwertige Ziffer), die kleinste, nicht mehr weiter teilbare Informationseinheit im System. Ein Bit kann die Werte „logisch 0" (auch FALSE bzw. FALSCH) oder „logisch 1" (auch TRUE bzw. WAHR) annehmen.

In elektrischen Systemen werden diese beiden Zustände im Allgemeinen durch elektrische Spannungen dargestellt; daher gilt z.B.:

$$\text{log.},1` = \text{High-Pegel} = +5V$$

$$\text{log.},0` = \text{Low-Pegel} = 0V$$

In anderen technischen Systemen, z.B. in pneumatischen Anlagen, kann der Zustand eines Bits z.B. durch „Luftdruck vorhanden" bzw. „kein Luftdruck vorhanden" dargestellt werden, wobei es natürlich keine pneumatischen Computer gibt, wohl aber pneumatische Steuerungen, die auch mit logischen Zuständen (Bits) arbeiten.

Mit den beiden Zuständen eines Bits kann man jedoch nicht allzu viele Informationen darstellen, genauer gesagt, es sind nur zwei Informationen darstellbar: 0, 1 oder Ja, Nein, oder H, L. Daher hat man immer eine Gruppe von 8 Bits zu einem so genannten Byte zusammengefasst. Mit solch einem Byte können nun insgesamt 256 verschiedene Informationszustände dargestellt werden, denn es gibt genau 256 verschiedene Möglichkeiten, die 0er- und die 1er-Kombinationen der 8 Bits in einem Byte zu mischen.

11. Der 8051er-‚C'-Kursus

Beispiele:

Drei mögliche Kombinationen der 8 Bits:

    a) 0100 0100

    b) 1111 0110

    c) 0000 0000

☞ **Merke: „Die Anzahl der verschiedenen Bitkombinationen"**

Die Menge der verschiedenen Bit-Kombinationsmöglichkeiten bzw. die Menge der verschiedenen Bit-Informationszustände, die durch eine bestimmte Anzahl von Bits realisiert werden kann, berechnet sich nach der Formel:

Menge der verschiedenen Bit-Kombinationen = 2^n,

wobei n die Anzahl der Bits ist.

Beispiele:

a) Mit einem Bit lassen sich also $2^1 = 2$ verschiedene Zustände darstellen, nämlich 0 und 1.

b) Mit einem Byte (= 8 Bit) lassen sich somit $2^8 = 256$ verschiedene Zustände darstellen.

c) Mit zwei Bytes (= 16 Bit) lassen sich somit $2^{16} = 65.536$ verschiedene Zustände darstellen.

☞ **Merke: „Die Word-, Kilo-, Mega- und Giga-Größen"**

Werden nun (beliebige) Daten in Speichern abgelegt, z.B. auf einer Floppy-Disk, auf einer Hard-Disk oder in einem RAM-Speicherbaustein, so benutzt man zur Größenangabe für Speicherbereiche weitere 2er-Potenzen der Einheit Byte. So bedeuten:

- 1 Word: eine Speicherbereich der Größe 2 Byte.
- 1 kByte (Kilo-Byte): ein Speicherbereich der Größe 1.024 Byte (= 2^{10} Byte, und nicht 1.000 Byte).
- 1 MByte (Mega-Byte): ein Speicherbereich der Größe 1.048.576 Byte (= $2^{10} * 2^{10} = 2^{20}$ Byte).
- 1 GByte (Giga-Byte): ein Speicherbereich der Größe 1.073.741.824 Byte (= $2^{10} * 2^{10} * 2^{10} = 2^{30}$ Byte).

Sehr oft findet man noch die Bezeichnung Nibble, was soviel wie Halbbyte, also eine Einheit, zusammengesetzt aus 4 Bits, bedeutet.

In einem µC-System liegen die größten Speicherbereiche maximal im MByte-Bereich, die Größe GByte werden Sie hauptsächlich in PC-Systemen vorfinden.

11.1 Der Einstieg in C51

An dieser Stelle kann man schon die folgenden Tatsachen festhalten:

1) Die meisten µC sind heutzutage so genannte 8- oder 16-Bit-Controller; das bedeutet, dass alle Speicherplätze für Daten und Programmbefehle immer ein Byte bzw. zwei Byte ($\equiv$ 1 Word) breit sind (8-Bit-Controller: z.B. die Controller aus der 8051er-Familie, 16-Bit-Controller: z.B. die Controller aus der C166er-Familie, [10]).

2) Fast alle Informationsvorgänge in einem µC-System werden byte- bzw. wordweise abgewickelt.

3) Mit 8 Bit breiten Programmbefehlen kann man maximal 256 verschiedene Befehle für einen µC definieren, meistens sind es aber weniger (der 8051er kennt nur 255 verschiedene Assembler-Befehle).

4) Da einzelne Datenwerte bei 8-Bit-µC ebenfalls nur 8 Bit breit sind, kann man mit diesen beiden Bytes nur die Zahlen 0 ... 255 ausdrücken. Das ist jedoch sehr oft viel zu wenig, so dass man für größere Zahlen mehrere Bytes benutzt, z.B. das sog. Word, das aus 2 Bytes und das Double Word, das aus vier Bytes besteht und mit denen man dann Werte im Bereich von 0 ... 65.535 bzw. 0 ... 4.294.967.296 darstellen kann.

> ☞ **Merke: „Die grundlegenden Größen zur Informationsdarstellung beim 8051er"**
>
> Bei Arbeiten auf der µC-Ebene des 8051ers werden hauptsächlich die „Größen": Bit, Byte, Word und Double Word verwendet, wobei in der Programmiersprache ‚C' andere Bezeichnungen für Word und Double Word verwendet werden (siehe nächste Lektion).

Kommen wir nun zurück zu einer näheren Betrachtung eines Bytes. Um die 256 verschiedenen Zustände eines Bytes eindeutig zu kennzeichnen bzw. zu unterscheiden, hat man eine Verknüpfung mit dem so genannten dualen Zahlensystem (auch binäres Zahlensystem genannt) durchgeführt.

Aus dem täglichen Leben kennen Sie alle das dezimale Zahlensystem. Zahlen aus diesem System sind aus einzelnen Stellen „zusammengebaut". Jede dieser Stellen hat dabei eine ganz bestimmte Wertigkeit, die sich als Potenz der Basiszahl 10 ergibt.

Beispiel:

4785 im Dezimalsystem bedeutet nun nichts anders als:

Potenz der Basis 10:	10^3	10^2	10^1	10^0
Dezimale Wertigkeit:	1000	100	10	1
Dezimalzahl:	4	7	8	5
Ergebnis:	= $4*10^3$ +	$7*10^2$ +	$8*10^1$ +	$5*10^0$
	= 4*1000 +	7*100 +	8*10 +	5*1
	= 4000 +	700 +	80 +	5
	= 4785			

Jede Stelle einer Dezimalzahl kann einen Wert zwischen 0 und 9 einnehmen, jede Stelle ist also „zehnwertig".

Ganz analog ist nun das duale Zahlensystem aufgebaut, wobei „dual (binär)" nichts anderes als „zweiwertig" bedeutet, das heißt, jede Stelle einer Dualzahl (Binärzahl) kann nur zwei Werte, nämlich 0 und 1, annehmen; damit kann man jede Stelle durch ein Bit darstellen. Die Wertigkeit der einzelnen Stellen wird durch Potenzen von 2 ausgedrückt, also 2^0, 2^1, 2^2, 2^3 etc.

Betrachtet man nun ein Byte, so kann man diese Bitfolge auch als eine Dualzahl auffassen. Diese Dualzahl lässt sich in das Dezimalsystem oder in ein beliebiges anderes Zahlensystem umwandeln, das heißt, um die verschiedenen Kombinationsmöglichkeiten eines Bytes eindeutig unterscheiden zu können, wird jeder 8-Bit-Folge eine Zahl des Dual-, des Dezimal- oder eines anderen Zahlensystems zugeordnet.

Beispiele:

Byte	Dual- bzw. Binärzahl	Dezimalzahl
0010 1101	0010 1101	45
1111 1000	1111 1000	248
0000 0010	0000 0010	2

Die oben durchgeführte Umrechnung einer Dualzahl in eine Dezimalzahl geschieht entsprechend wie beim Dezimalsystem gezeigt. Man muss hierzu den Wert jeder Stelle (0 oder 1) und die zugehörige 2er-Potenz dieser Stelle beachten: Analog zum Dezimalsystem besitzt die äußerst rechte Stelle die Wertigkeit 2^0 (diese Stelle nennt man auch *Least Significant Bit LSB* ≡ Bit mit der nied-

11.1 Der Einstieg in C51

rigsten Wertigkeit), die äußerst linke Stelle besitzt die höchste Wertigkeit, hier also 2^7 (diese Stelle wird auch *Most Significant Bit MSB* = Bit mit der höchsten Wertigkeit genannt).

Beispiel:

Welchen Wert hat die Dualzahl (das Byte) 1010 1101?

Potenz der Basis 2:	2^7	2^6	2^5	2^4	2^3	2^2	2^1	2^0
Dezimale Wertigkeit:	128	64	32	16	8	4	2	1
Dualzahl:	1	0	1	0	1	1	0	1
Ergebnis:	= $1*2^7$ +	$0*2^6$ +	$1*2^5$ +	$0*2^4$ +	$1*2^3$ +	$1*2^2$ +	$0*2^1$ +	$1*2^0$
	= 1*128 +	0*64 +	1*32 +	0*16 +	1*8 +	1*4 +	0*2 +	1*1
	= 128 +	0 +	32 +	0 +	8 +	4 +	0 +	1
	= **173**							

Die umgekehrte Richtung, Wandlung einer Dezimalzahl in eine Binärzahl, ist etwas aufwendiger, hier kann man jedoch sehr gut mit einer „Trick-Formel" arbeiten, wenn man nicht einen der modernen Taschenrechner besitzt, der diese Umwandlung automatisch durchführen kann.

Man dividiert dazu die Dezimalzahl fortlaufend durch 2; die entstehenden ganzzahligen Reste bilden die gesuchte Binärzahl.

Beispiel:

Wandlung der Dezimalzahl 1573 in eine Binärzahl:

1573	:	2	=	786	Rest **1**	(LSB der Binärzahl)
786	:	2	=	393	Rest **0**	
393	:	2	=	196	Rest **1**	
196	:	2	=	98	Rest **0**	
98	:	2	=	49	Rest **0**	
49	:	2	=	24	Rest **1**	
24	:	2	=	12	Rest **0**	
12	:	2	=	6	Rest **0**	
6	:	2	=	3	Rest **0**	
3	:	2	=	1	Rest **1**	
1	:	2	=	0	Rest **1**	(MSB der Binärzahl)

11. Der 8051er-‚C'-Kursus

Der „Zusammenbau" der Binärzahl geschieht nun von „unten nach oben", also

$$1573_{dezimal} = 110\ 0010\ 0101_{binär}$$

MSB LSB

☞ Merke: „Die Kennzeichnung von Zahlen"

Zur Unterscheidung von Zahlen aus den unterschiedlichen Zahlensystemen werden zwei Arten von Kennzeichnungen verwendet:

a) Werden Zahlen in *normalen Texten* geschrieben, so werden zur eindeutigen Unterscheidung beim dualen, oktalen und dezimalen Zahlensystem kleine Kennbuchstaben (Indizes) immer *hinter* die Zahl gesetzt.
Bei *hexadezimalen Zahlen* wird eine Kennzeichnung gemäß den Festlegungen in der Programmiersprache C verwendet (siehe nachfolgend).

b) Werden Zahlen in *Programmtexten* verwendet, so werden zur eindeutigen Unterscheidung, je nach Programmiersprache, teilweise andere Kennbuchstaben vor oder hinter die Zahl gesetzt.

Damit erhält man:

1. *Dezimalzahlen* in normalen Texten: Verwendung des Kennbuchstabens ‚d' am Ende der Zahl, also zum Beispiel: 123d (Dezimalzahl 123). Nur bei Dezimalzahlen kann diese Kennung auch entfallen, das heißt, jede Zahl ohne Kennbuchstaben wird immer als Dezimalzahl interpretiert.

2. *Dualzahlen (Binärzahlen)* in normalen Texten: Verwendung des Kennbuchstabens ‚b' am Ende der Zahl, also zum Beispiel: 101b = 5.

Wichtig für die weiteren Betrachtungen ist, dass Sie sich die Darstellungen der Dezimalzahlen 0 ... 15 im Dualsystem besonders merken und verinnerlichen. Diese Werte können nämlich mit genau 4 Bits (Halbbyte) dargestellt werden, und im weiteren Verlauf Ihrer Programmiertätigkeit werden Sie gerade diese Zahlen fast stündlich gebrauchen, *Tab. 11.1.3.1*, Spalten 1 und 2.

Dezimal	Dual	Hexadezimal	Oktal	BCD
0	0000	0	00	0000 0000
1	0001	1	01	0000 0001
2	0010	2	02	0000 0010

Tab. 11.1.3.1: Die Darstellungen der Zahlen 0 ... 15 in den wichtigsten Zahlensystemen

11.1 Der Einstieg in C51

Dezimal	Dual	Hexadezimal	Oktal	BCD
3	0011	3	03	0000 0011
4	0100	4	04	0000 0100
5	0101	5	05	0000 0101
6	0110	6	06	0000 0110
7	0111	7	07	0000 0111
8	1000	8	10	0000 1000
9	1001	9	11	0000 1001
10	1010	a bzw. A	12	0001 0000
11	1011	b bzw. B	13	0001 0001
12	1100	c bzw. C	14	0001 0010
13	1101	d bzw. D	15	0001 0011
14	1110	e bzw. E	16	0001 0100
15	1111	f bzw. F	17	0001 0101

Tab. 11.1.3.1: Die Darstellungen der Zahlen 0 ... 15 in den wichtigsten Zahlensystemen

Im weiteren geschichtlichen Entwicklungsverlauf der Rechnerarchitekturen wurde ein anderes sehr wichtiges Zahlensystem entwickelt, das *Hexadezimale Zahlensystem* (*HEX-System* oder auch *Sedezimales Zahlensystem* genannt), für dessen Einführung es zwei wichtige Gründe gab:

1) Sie wissen bereits, dass in einem µC-System alle Informationen durch 0/1er-Bitkombinationen dargestellt werden. Also wird z.B. eine Reihe von Befehlen für den µC wie folgt aussehen:

0100111100010001 ...

Der µC kann diese Zahlenreihe korrekt abarbeiten, aber Sie als Programmierer haben es schwer, dem Programmablauf zu folgen, da Sie gar nicht wissen, wo ein einzelner Befehl aufhört, wo der nächste Befehl anfängt und was für Befehle überhaupt bearbeitet werden. Diese 0/1er-Darstellungsart ist also µC-gerecht, aber sehr „menschenunfreundlich". Man muss also eine menschengerechtere Informationsdarstellungsform entwickeln.

2) In den Anfängen der digitalen Rechnertechnik wurde sehr häufig mit Informationsbreiten von 4 Bit und Vielfachen davon gerechnet, also z.B. Breite eines zu verarbeitenden Datums: 4, 8, 12, 16, 20, ... Bit. Heutzutage rechnet man vorzugsweise mit 8 Bit und den Vielfachen davon (8, 16, 32, 128 (in der Sony Playstation II)), wobei 8 aber auch ein Vielfaches von 4 ist.

11. Der 8051er-‚C'-Kursus

Für eine übersichtlichere Schreibweise der grundlegenden 0/1er-Bit-Kombinationen fasst man deshalb immer eine Gruppe von 4 Dualziffern (4 Bits) zu einer neuen Ziffer zusammen.

Mit 4 Bits kann man nun insgesamt 16 verschiedene Zahlen darstellen (von 0 bis 15) und man erhält so das Hexadezimal- oder Sedezimalsystem, das durch folgende Eigenschaften gekennzeichnet ist:

❐ die Basis dieses Zahlensystems ist 16,

❐ jede Stelle einer HEX-Zahl kann somit 16 verschiedene Werte annehmen: 0 ... 15,

❐ die Wertigkeiten der einzelnen Stellen entsprechen den Potenzen von 16.

Bei der Schreibweise der HEX-Zahlen gibt es eine Besonderheit. Damit man die Zahlen 10 bis 15 auch durch eine einzige Ziffer (Stelle) darstellen kann, werden hierfür die ersten Buchstaben des Alphabetes benutzt, also:

Dezimal	Hexadezimal
10	a bzw. A
11	b bzw. B
12	c bzw. C
13	d bzw. D
14	e bzw. E
15	f bzw. F

So entsteht die dritte Spalte in der *Tab.11.1.3.1*.

11.1 Der Einstieg in C51

☛ Merke: „Die Kennzeichnung von Hexadezimalzahlen"

HEX-Zahlen werden ab jetzt im normalen Text und im Programmtext durch die vorangestellte Kennung ‚0x' gekennzeichnet.
Diese Darstellung entspricht der Festlegung für HEX-Zahlen in der Programmiersprache C.
In anderen Programmiersprachen bzw. in anderen allgemeinen Texten finden Sie oft eine Kennzeichnung von HEX-Zahlen durch den nachgestellten Index ‚h'.

Beispiel:

- HEX-Zahl: a3ef
- Darstellung in diesem Buch: 0xa3ef
- Alternative Darstellung (in anderen Texten), z. B.: a3efh

Die Buchstaben a bis f werden in Programmtexten sehr oft sowohl in großer als auch in kleiner Schreibweise akzeptiert.
Wir werden hier durchgängig kleine Buchstaben verwenden.

Wichtig für alle weiteren Betrachtungen ist auch hier die Umwandlung von Zahlen aus dem Dezimal- in das Hexadezimalsystem und umgekehrt, wobei die gleichen Regeln und Verfahren angewendet werden können wie bei den Betrachtungen zum Dualsystem.

Beispiele:

1) Umwandlung der HEX-Zahl 0x5ad3 in eine Dezimalzahl:

Potenz der Basis 16:	16^3	16^2	16^1	16^0
Dezimale Wertigkeit:	4096	256	16	1
HEX-Zahl:	5	a	d	3
Ergebnis:	≡ $5*16^3$ +	$a*16^2$ +	$d*16^1$ +	$3*16^0$
	= 5*4096 +	10*256 +	13*16 +	3*1
	= 20 480 +	2 560 +	208 +	3
	= **23 251**			

11. Der 8051er-‚C'-Kursus

2) Umwandlung der Dezimalzahl 9871 in eine HEX-Zahl:

9871	:	16	=	616	Rest **15**	= 0x**f**	(Letzte Stelle der HEX-Zahl)
616	:	16	=	38	Rest **8**	= 0x**8**	
38	:	16	=	2	Rest **6**	= 0x**6**	
2	:	16	=	0	Rest **2**	= 0x**2**	(Erste Stelle der HEX-Zahl)

Der „Zusammenbau" der HEX-Zahl geschieht nun von „unten nach oben", also

$$9871_{dezimal} = \mathbf{268f}_{hexadezimal} = 0x268f$$

Die zuvor als Beispiel erwähnte Befehlsfolge für den µC sieht nun in hexadezimaler Schreibweise wie folgt aus:

$$4\ f\ 1\ 1\ ...$$

wobei man aber nicht die Dualzahl 0100111100010001 als Ganzes erst in eine Dezimalzahl wandelt, um dann daraus eine HEX-Zahl zu machen, sondern man benutzt auch hierbei einen sehr einfachen „Umwandlungstrick" (siehe nachfolgenden „Merke-Kasten").

Die HEX-Zahl 0x4f11 ist nun zwar eine wesentlich kürzere Schreibweise, für den menschlichen Programmierer aber immer noch nicht sehr aussagekräftig. Der nächste Schritt ist nun die Einführung des Assemblers, der es ermöglicht, menschenverständlichere µC-Programme zu entwickeln. Wir bleiben in diesem Buch aber weiterhin bei der µC-Hochsprache C, die man als moderne Weiterentwicklung der Assembler-Sprache betrachten kann.

Es gibt nun noch zwei weitere wichtige Zahlensysteme in der Rechnertechnik, die wir uns noch anschauen wollen:

Das Oktalsystem

Das ist ein Zahlensystem mit der Basis 8, also kann jede Stelle die Wertigkeiten 0 ... 7 haben. Zahlen aus diesem System werden in normalen Texten durch den Index q gekennzeichnet.

Die entsprechenden Umrechnungen ins Dezimalsystem sind in der *Tab. 11.1.3.1*, in der vierten Spalte, zu sehen.

11.1 Der Einstieg in C51

Früher hatte das Oktalsystem eine starke Bedeutung, heutzutage wird es aber immer mehr durch das Hexadezimalsystem ersetzt.

☞ **Merke: „Die Umwandlung von Zahlen: BIN ↔ HEX ↔ OKT"**

Eine Umwandlung vom hexadezimalen in das duale Zahlensystem bzw. umgekehrt lässt sich problemlos als Kopfrechenaufgabe lösen. Der Grund hierfür sind die verwandten Basen der Zahlensysteme:

                Dualsystem: Basis 2

                Hexadezimalsystem: Basis 16 (=2*2*2*2)

Eine Stelle des hexadezimalen Systems entspricht also immer vier Stellen des Dualsystems.

Bei der Wandlung von *Dual nach Hexadezimal* ist zu beachten, dass die beliebig große duale Zahl zuerst *von rechts nach links* in Halbbytes (4 Bit-Gruppen) zerlegt wird. Jedes Halbbyte entspricht nun einer Stelle der HEX-Zahl.

Beispiel:

        110101001110001110110101001b
= 110 1010 0111 0001 1101 1010 1001b
= 6   A   7   1   D   A   9h

Bei der Wandlung von Hexadezimal nach Dual ist lediglich zu beachten, dass jede Stelle der HEX-Zahl genau vier Stellen der Dualzahl ergeben muss.

Beispiel:

        0x1AC5E
= 0001 1010 1100 0101 1110b

Die Vorteile des Hexadezimalsystems gegenüber dem Dezimalsystem lassen sich nun direkt ableiten:

- Einfache Rückwandlung zum Dualsystem (zur „Bitebene")!
- Acht Bits (ein Byte) lassen sich immer durch genau zwei Stellen im HEX-Format abbilden!

Eine Umwandlung vom *oktalen in das duale Zahlensystem* bzw. umgekehrt erfolgt analog, jedoch gilt hier, dass eine Stelle des oktalen Zahlensystems genau drei Stellen des Dualsystems entspricht.

11. Der 8051er-‚C'-Kursus

Das BCD-Zahlensystem (der BCD-Code)

Diese Zahlendarstellung wird hauptsächlich zur Durchführung von absolut genauen Berechnungen benötigt. Wie Sie im Folgenden noch sehen werden, kann man mit dem dualen oder hexadezimalen Zahlensystem bei Rechnungen mit gebrochenen Zahlen (Komma-Zahlen) nur näherungsweise genau rechnen. Das ist aber in vielen Bereichen nicht immer akzeptabel. Denken Sie hierbei nur an die Buchhaltung in einem Großbetrieb: Werden die Rechnungen (speziell bei großen Summen) nur mit einer Genauigkeit von einem Cent durchgeführt, so tritt bei 100.000 Einzelposten schon eine Differenz von 1000 € auf. Daher benutzt man hier eine Zahlendarstellung im BCD-Code und kann damit absolut exakte Berechnungen durchführen.

BCD bedeutet *binary coded decimals*, also binär codierte Dezimalzahlen, das heißt, jede einzelne Stelle einer Dezimalzahl wird durch eine Gruppe von vier Bits dargestellt.

Beispiel:

$$1 5 9 3$$

$$= 0001\ 0101\ 1001\ 0011\ \text{bcd}$$

(ziffernweise Umsetzung der Dezimalzahl)

Von den 16 möglichen Kombinationen der vier Bits werden nur 10 bei der BCD-Darstellung gebraucht (0000b ... 1001b), die restlichen 6 Kombinationen (1010b ... 1111b) werden nicht verwendet, was im Endeffekt zwar die eigentliche Durchführung von Berechnungen erschwert, nicht aber deren Genauigkeit beeinträchtigt.

> ☞ **Merke: „Rechengeschwindigkeit und Rechengenauigkeit"**
>
> Hohe Rechengenauigkeit und hohe Rechengeschwindigkeit sind zwei Faktoren, die sich gegenseitig ausschließen; es gilt:
>
> 1. Berechnungen mit höchster Rechengeschwindigkeit und relativ geringer Genauigkeit werden in der Ganzzahlendarstellung *(Integer-Darstellung)* durchgeführt („Rechnen mit ganzen Zahlen").
> 2. Berechnungen mit höherer Genauigkeit und mittlerer Rechengeschwindigkeit werden in der Fließkomma-Zahlendarstellung *(Floating-Point-Darstellung)* durchgeführt (hohe, aber nicht absolute Genauigkeit).
> 3. Berechnungen mit absoluter Genauigkeit und geringster Rechengeschwindigkeit werden in der BCD-Zahlendarstellung durchgeführt.
>
> Der Begriff der Rechengeschwindigkeit ist natürlich relativ zu sehen: Sie ist auch bei den Berechnungen im BCD-Code noch wesentlich höher als die menschliche Rechengeschwindigkeit.

11.1 Der Einstieg in C51

 Die Experten-Ecke: „Die Zahlencodes"

In der Rechnertechnik gibt es noch eine ganze Menge weiterer Sonder-Zahlencodes bzw. Zahlensysteme (Gray-, Glixon-, O'Brien-, ... Code), die aber nur auf sehr begrenzten Spezialgebieten ihren Einsatz finden. Daher wird an dieser Stelle auf die entsprechende weiterführende Literatur zum Gebiet „Zahlencodes" verwiesen, z.B. [21].

Desgleichen wird auch hier auf die Berechnungen im BCD-Code nicht näher eingegangen, da der Anwender, der in einer Hochsprache programmiert, von diesen internen Abläufen im µC sowieso „nichts merkt".

Zwei wichtige Punkte wurden bei der Betrachtung von Zahlencodes und Zahlensystemen bisher jedoch noch ausgelassen:

1) Wie stellt man negative Zahlen dar?
2) In den vorangegangenen Ausführungen haben wir uns ausschließlich mit ganzen Zahlen beschäftigt. Wie werden nun gebrochene Zahlen (Kommazahlen, Real-Zahlen, Fließkomma-Zahlen, Floating-Point-Zahlen) dargestellt?

Informationen hierzu erhalten Sie in unseren Grundlageninformationen auf der CD:

 Grundlagen: „Zahlensysteme"

In dieser pdf-Datei in der Rubrik Grundlagen auf der beiliegenden CD finden Sie weitergehende Informationen zum Themenkreis: „Darstellung von negativen Zahlen, Fließkomma-Zahlen etc."

Zum Abschluss sollten Sie sich jedoch als Resümee die folgenden Punkte merken:

☞ **Merke: „Über das Rechnen mit Fließkommazahlen"**

1. Eine Fließkommazahl benötigt im Allgemeinen wesentlich mehr Speicherplatz als eine ganze Zahl:
    4 benötigt als ganze Zahl im Speicher 8 Bit = 1 Byte Platz
    4,1 benötigt als Fließkommazahl im Speicher 32 Bit = 4 Byte Platz
2. Rechenoperationen mit Fließkommazahlen benötigen wesentlich mehr Zeit als Rechenoperationen mit ganzen Zahlen.
3. Berechnungen mit Fließkommazahlen beinhalten Rechenungenauigkeiten, da rechnerintern nur mit einer begrenzten Anzahl von Bit-Stellen gearbeitet wird. Die jeweilige Anwendung entscheidet, ob diese Ungenauigkeiten noch tolerierbar sind.
4. Fazit: Mit Fließkommazahlen sollte in einem Rechnersystem nur dann gerechnet werden, wenn dieses auch wirklich unumgänglich ist, weil „Fließkomma-Zahlen-Berechnungsarten" viel Speicherplatz und viel Rechenzeit kosten.

11. Der 8051er-‚C'-Kursus

Zugegebenermaßen ist dieses Kapitel über Zahlensysteme für den Anfänger nicht ganz einfach zu verstehen, aber die Beschäftigung hiermit ist leider unumgänglich für das Erstellen von Programmen und für das „Rechnen mit Werten" in einem Programm.

Wir können Ihnen aber zusichern, dass in den anderen Lektionen kein weiteres so trockenes Kapitel vorkommt und der Schwerpunkt wieder eindeutig auf der Praxisorientiertheit liegen wird.

Und hier sind sie wieder, die ...

Übungsaufgaben

1. Wieviele Byte sind 5,25 kByte?

2. Wandeln Sie die folgenden Dezimalzahlen in Dualzahlen um:

    3, 78, 3412, 78903

3. Wandeln Sie die folgenden Dualzahlen in Dezimalzahlen um:

    1000101110b, 00011b, 1111011101b

4. Wandeln Sie die folgenden Dezimalzahlen in Hexadezimalzahlen um:

    12, 456, 45678, 234, 65123334

5. Wandeln Sie die folgenden HEX-Zahlen in Dezimalzahlen um:

    0x1234, 0xaaff, 0x1af4, 0x00abcd

6. Wandeln Sie die folgenden Dualzahlen in HEX-Zahlen um:

    1100101010110000010b, 00000010010b, 111100000000010b

7. Wandeln Sie die folgenden HEX-Zahlen in Dualzahlen um:

    0xacbd, 0xff99a, 0x123456, 0x12ab34cd

8. Wandeln Sie die folgenden Oktalzahlen in BCD-Zahlen um:

    123q, 774q, 10001q, 56723q

9. Stellen Sie die folgenden gebrochenen Dezimalzahlen als normierte duale Fließkommazahlen (Mantisse, Exponent) dar:

    1,23

    45,89

    167,3456

11.1.4 Lektion 4: Die Variablen in C; Eingaben über die serielle Schnittstelle; die C-Arithmetik; die formatierte Ausgabe

Lernziele:

1) In dieser Lektion erfolgt der Transfer Ihres „Zahlenwissens" aus der Lektion 3 auf die C-Ebene.

2) Sie lernen die zulässigen C-Zahlenarten (Datentypen) kennen und erfahren, wie Sie Zahlen über die Tastatur des Entwicklungs-PCs eingeben, mit ihnen rechnen und sie wieder „schön" formatiert ausgeben können.

- Neu eingeführte C-Befehle, Funktionen und Datentypen:
    - scanf();
    - Adressoperator &
    - _getkey();
    - getchar();
    - Modulo-Operator %
    - Zuweisungsoperatoren „Operator="
    - Operatoren „++" und „--"
    - printf() im Detail: Formatierung von Ausgaben

- Behandelte interne ON-Chip-Peripherie-Einheiten: keine

- Behandelte externe Peripherie-Einheiten: keine

- Verschiedenes:
    - Variablen-Definitionen
    - Datentypen in C
    - Formatzeichen
    - die Grundrechenarten in C
    - höhere mathematische Funktionen in der C-Bibliothek math.h

Die in der vorherigen Lektion vorgestellten Zahlenarten (Datentypen) finden Sie zum größten Teil in jeder Programmiersprache wieder; bevor wir nun konkret mit Zahlen rechnen, erfolgt daher zunächst ein Überblick über das Zahlensystem in C.

Man unterscheidet generell *drei Grundarten* von Variablen- bzw. Datentypen (≡ Zahlenarten):

❏ Integer-Typen (≡ Ganze Zahlen)

❏ Float-Typen (≡ Komma-Zahlen)

❏ Typen, speziell für die Programmierung von µC

11. Der 8051er-, ‚C'-Kursus

Die *Abb. 11.1.4.1* zeigt eine detaillierte Übersicht.

Anmerkungen:

1. Die in den nachfolgenden Ausführungen gebrauchten Bezeichnungen „Datentyp" und „Variablentyp" sind identisch.
2. Integer- und Float-Typen gibt es grundsätzlich in jedem C-Compiler, ob für µC, PCs oder Workstations.
3. Typen, speziell zur Programmierung von µC (bit, sbit, sfr, sfr16) gibt es nur bei den entsprechend dafür geeigneten C-Compilern ($\equiv$ Ergänzungen zum Standard-C-Umfang).
   Den Typ „pointer" gibt es auch in jeden C-Compiler, er wird hier nur „willkürlich" den µC-Datentypen zugeordnet.
4. Bei vielen C-Compilern, so auch bei unserem C51-Keil-Compiler, braucht der Zusatz „signed" für die vorzeichenbehafteten Variablentypen nicht unbedingt mit angegeben werden, das heißt, die Angabe:

            int   ist identisch mit signed int
            long ist identisch mit signed long
            char ist identisch mit signed char.

    Nur der Zusatz „unsigned" muss immer mit angegeben werden, wenn wirklich mit vorzeichenlosen, nur positiven Datentypen gearbeitet werden soll. Wir werden daher in unseren weiteren Ausführungen i.A. auf den Zusatz „signed" verzichten.

Hinweis:

Der Keil-C51er-Compiler versteht und verarbeitet beide Bezeichnungsarten von vorzeichenbehafteten Datentypen problemlos.

Zusammengefasst gilt nun:

Jeder Daten- bzw. Variablentyp hat in C einen eigenen, charakteristischen Namen; man erkennt an dieser Bezeichnung:

- ob es eine vorzeichenbehaftete Zahl ist,
- die Zahlenmenge (den Wertebereich) für diese Zahl und
- die „Auflösung" für diese Zahl (ganze Zahlen / Komma-Zahlen).

Im Detail unterscheidet C weiterhin sehr genau zwischen:

1. Vier unterschiedlichen Grundzahlenarten:
    - Logische Grundzustände: 0 oder 1,
    - Ganze Zahlen,
    - Fließkomma-Zahlen,
    - Adress-Zahlen ((pointer) ganze Zahlen mit besonderer Bedeutung, siehe später).
2. Vorzeichenbehafteten Zahlen (signed), die positiv oder negativ sein können.
3. Vorzeichenlosen Zahlen (unsigned), die nur positiv sind.

11.1 Der Einstieg in C51

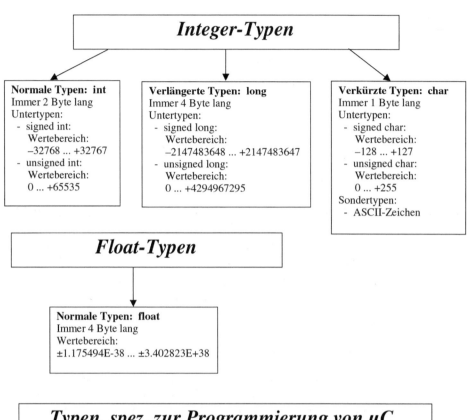

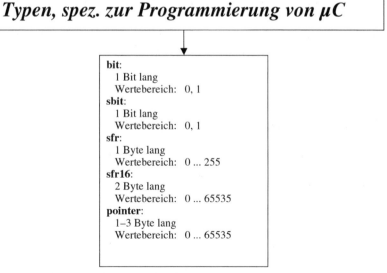

Abb. 11.1.4.1: Die Variablen- bzw. Datentypen unter C

11. Der 8051er-‚C'-Kursus

4. Unterschiedlich großen Zahlenmengen (Wertebereich), z.B.:
   - ganze Zahlen im Bereich von –128 ..... +127 (char),
   - ganze Zahlen im Bereich von 0 ..... +255 (unsigned char),
   - Fließkomma-Zahlen im Bereich von $\pm 1{,}176 * 10^{-38}$ ..... $\pm 3{,}40 * 10^{+38}$ (float)
   - etc.

Je nach Größe des gesamten Zahlenbereiches und der Art der Zahlen benötigen die einzelnen Zahlen beim Abspeichern im µC-System unterschiedlich viele Bytes Speicherplatz.

Bei den ganzen Zahlen kann man sich darüber hinaus noch aussuchen, in welchem *Zahlensystem* man die Zahlen angeben möchte:

- Im *dezimalen* Zahlensystem: Hierbei ist keine besonderer Kennzeichnung der Dezimalzahlen notwendig, z.B.: 5389.
- Im *hexadezimalen* Zahlensystem: Hier ist eine besondere Kennzeichnung der HEX-Zahlen durch ein vorangestelltes „0x" notwendig (siehe Lektion 3), z.B.: 0x5a6f = 23151.
- Im *oktalen* Zahlensystem: Hier ist die Kennzeichnung die vorangestellte Zahl 0, das heißt, alle Zahlen, die mit 0 anfangen, werden automatisch als Oktal-Zahlen aufgefasst: 023 = 19 = 0x13.

> ☞ **Merke: Das binäre Zahlensystem**
>
> Beim näheren Hinsehen fällt besonders auf, dass C generell das binäre (duale) Zahlensystem nicht kennt, das heißt, es können keine Binärzahlen angegeben werden, man muss immer auf die dezimale, die hexadezimale oder die oktale Darstellung zurückgreifen.

Auf die speziellen Datentypen „bit", „sbit", „sfr", „sfr16" und „pointer" für den Zugriff auf die Special Function Register (SFR) eines µCs werden wir in Kapitel 11.2 näher eingehen.

An der *Abb. 1.1.4.1* sieht man jetzt auch deutlich:

> ☝ **Wichtig: „Die Verwendung von Float-Zahlen"**
>
> Float-(Fließkomma-)Zahlen sollten nur dann verwendet werden, wenn dieses unbedingt erforderlich ist (Stichworte aus Lektion 3: erhöhter Speicherplatzbedarf und niedrige Rechengeschwindigkeit).

Wenden wir uns nun der nächsten wichtigen Frage zu:

Wie arbeitet man in einem C-Programm mit diesen Datentypen?

Als Erstes muss man sich einen „Platzhalter" oder eine so genannte *Variable* definieren, mit der man dann später im Programm rechnen kann.

11.1 Der Einstieg in C51

☞ **Merke: „Variablen"**

Eine Variable kann man sich als eine Schublade für eine Zahl vorstellen: Man kann eine Zahl hineinlegen (einlesen, einschreiben) und eine Zahl herausholen (auslesen). Es ist natürlich klar, dass jede Schublade einen eindeutigen Namen haben muss, damit man die abgelegten Zahlen auch wiederfinden kann. Weiterhin muss jede Schublade selbstverständlich auch die passende Größe für die jeweils abzulegende Zahl besitzen.

In der µC-Realität bedeutet solch eine Schublade nichts anderes als die Reservierung eines bestimmten Speicherbereiches für eine Zahl. Daraus folgt, dass eine Variable grundsätzlich immer durch folgende Angaben eindeutig festgelegt ist:

- durch einen bestimmten *Datentyp* (≡ Speicherplatzbedarf),
- durch einen eindeutigen *Namen*,
- durch einen *Wert*,
- durch eine eindeutige (Speicherplatz-)*Adresse*.

Die Definition von Variablen

Alle Variablen, die Sie in Ihrem Programm verwenden wollen, müssen zuerst einmal definiert werden. Diese geschieht sehr oft am Anfang des Programms durch Angabe des Datentyps (Datentyp-Namen gemäß *Abb. 11.1.4.1*) und durch Vergabe eines eindeutigen, zulässigen Namens. Um die Speicherplatzverteilung (Reservierung der benötigten Anzahl Speicherbytes und Vergabe der Speicherplatzadressen) im Datenspeicher kümmert sich der C-Compiler automatisch.

Beispiele:

```
// Definition von drei unsigned int-Variablen mit den Namen: ‚a', ‚wert' und ‚q56z'
unsigned int    a, wert, q56z;


// Definition von zwei float-Variablen mit den Namen: ‚hier' und ‚otto'
float    hier, otto;


// Definition von fünf char-Variablen mit den Namen: ‚c1', ‚c2', ‚c3', ‚c4'
// und ‚c5'
char     c1,c2,c3,c4,c5;
```

11. Der 8051er-‚C'-Kursus

☛ **Merke: „Die Definition von C-Variablen, I"**

Der Aufbau einer Variablendefinition ist immer gleich:

    Datentyp Name1,Name 2, ... Namen;

Zu Anfang wird der Datentyp angegeben, dann folgen nacheinander die einzelnen Variablen-Namen, durch Kommata getrennt. Hinter dem letzten Namen steht ein Semikolon.

In einer Variablendefinition kann auch nur ein Variablen-Name mit dem zugehörigen Datentyp stehen.

Jeder Variablenname darf nur einmal vergeben werden (Eindeutigkeit der Namen).

Bei der Auswahl und bei der Vergabe von Variablen-Namen haben Sie recht große Freiheiten, Sie müssen jedoch folgende Regeln beachten:

1. Alle Variablen-Namen müssen immer mit einem Buchstaben oder einem Unterstrich ‚_' anfangen:

     otto, hier, Heute, _eumel, _tag   zulässige Namen

     3da, 2test, &hallo   nicht zulässige Namen

2. Nach dem ersten Buchstaben können weitere Buchstaben, Zahlen oder der Unterstrich ‚_' in beliebiger Kombination folgen. Andere Zeichen sind nicht erlaubt!

     hier_und_jetzt, da123, julia_4_3 zulässige Namen

     otto_4$$, heute_&_12   nicht zulässige Namen

3. Die deutschen Umlaute ä,Ä,ö,Ö,ü,Ü,ß sind nicht erlaubt!

4. C unterscheidet sehr genau zwischen Groß- und Kleinschreibung:

     int wert, Wert, WErt, weRt;

   Hiermit haben Sie vier verschiedene Integer-Variablen definiert!

5. Definieren Sie zwei Variablen mit gleichem Namen, aber unterschiedlichem Datentyp, so erscheint eine Fehlermeldung:

     char wert;

     unsigned int wert;

     ⇒ error C231: 'wert' : redefinition

6. Definieren Sie zwei Variablen mit gleichem Namen und gleichem Datentyp, so erscheint eine Fehlermeldung:

     `unsigned char u;`

     `unsigned char u;`

     ⇒ error C231: 'wert' : redefinition

11.1 Der Einstieg in C51

7. Variablen-Namen werden von C mit mindestens 32 signifikanten Stellen ausgewertet, das heißt, mindestens die ersten 32 Stellen werden als Variablen-Namen verwendet, die darüberhinausgehenden Stellen werden ignoriert.

8. Verschreiben Sie sich bei einem Variablen-Namen, so erscheint die Fehlermeldung:
    float   wert;
   Im Programm schreiben Sie später fälschlicherweise:
    wrt=6.7;
    ⇒ error 67: 'wrt' undefined identifier
   Vor der Fehlermeldung steht die Nummer der entsprechenden Zeile, in der der Fehler aufgetreten ist, so dass Sie einfach die Korrektur vornehmen können (hier weggelassen).

9. Einige Namen sind von der Verwendung als Variablen-Namen ausgeschlossen. Dazu gehören die Befehls- und Schlüsselworte aus C: Eine Variable namens ‚if' oder ‚void' ist also nicht zulässig.

10. Sie sollten sich von Anfang an angewöhnen, aussagekräftige Variablen-Namen zu verwenden, damit Sie bereits am Namen die Bedeutung (Verwendung) der Variablen erkennen können:

Beispiel:
  besser
        int   anfangs_wert;
  anstatt
        int   aw;

> ☛ **Merke: „Die Definition von C-Variablen, II"**
>
> Durch die Variablen-Definition wird lediglich ein Speicherplatz (eine Schublade) für die Variablen definiert. Der Inhalt des Speicherplatzes (der Schublade) wird hierbei noch nicht festgelegt, das heißt, nach den Variablen-Definitionen sind zwar reservierte Speicherplätze für die Variablen vorhanden, die Inhalte dieser Speicherplätze (Zahlenwerte der Variablen) sind aber völlig unbestimmt, nach jedem Einschalten des µC-Systems können dort andere Werte vorliegen.
>
> Bevor also eine beliebige Variable sinnvoll in Ihrem Programm benutzt werden kann, muss ihr erst einmal ein gewünschter Anfangswert zugewiesen werden.
>
> Die kann auf drei verschiedene Arten erfolgen:
> 1. Sie können bei der Definition der Variablen schon direkt einen Wert zuordnen.
> 2. Die Werte für Variablen werden dem System von außen, vom Bediener, z.B. über eine angeschlossene Tastatur, eingegeben.
> 3. Der µC besorgt sich die Variablen-Werte selber, in dem er zum Beispiel einen Messwertsensor abfragt oder den Zustand einer Maschine einliest.

Die Zuordnung eines Variablen-Wertes bei der Variablen-Definition

Man spricht in diesem Fall auch von einer (Anfangs-)Initialisierung der Variablen.

Beispiel:

$$\text{float} \quad z=3.56, z1=345.67, z3=-2345.6;$$

Sie haben also drei Float-Variablen definiert und diesen sofort schon Anfangswerte zugeordnet.

> ☞ **Merke: Das Arbeiten mit Float-Werten**
>
> Achten Sie beim Arbeiten mit Fließkomma-Zahlen (Float-Variablen) unbedingt darauf, dass Sie einen Punkt ' . ' anstatt des gewohnten Kommas ' , ' zur Trennung von Vor- und Nachkomma-Stellen eingeben, da Sie sonst eine Syntax-Fehlermeldung erhalten.

Die Eingabe eines Variablen-Wertes über die Terminal-Tastatur

Wir machen Sie jetzt mit einer weiteren wichtigen C-Standard-Funktion vertraut, mit scanf(). Hiermit lesen Sie vom „Standard-Eingabe-Gerät" Ihres Zielsystems Zeichen bzw. Werte ein.

Bei unseren 8051er-Systemen ist diese Eingabe-Einheit die serielle Schnittstelle des 8051ers; das bedeutet:

scanf() liest Zeichen/Werte über die Schnittstelle ein und ordnet
diese Zeichen/Werte den entsprechenden (Programm-)Variablen zu.

Da an der seriellen Schnittstelle SS0 des 8051ers Ihr Entwicklungs-PC als Terminal angeschlossen ist, können Sie sehr einfach über die PC-Tastatur Werte für Ihre Variablen eingeben.

Der Aufbau der scanf()-Funktion sieht wie folgt aus:

scanf("%FZ",&VAR-NAME)

Jetzt kommen schon wieder einige neue „C-Sachen" auf Sie zu:

Das Formatzeichen (FZ)

Zuerst einmal muss scanf() wissen, welcher Variablen-Typ eigentlich eingelesen werden soll: eine int-, eine float-, eine char- Variable etc.

Um dieses anzugeben, arbeitet man mit so genannten „*Formatzeichen*":

11.1 Der Einstieg in C51

☞ Merke: Formatzeichen

Formatzeichen dienen
- zur *formatierten Eingabe* von Variablen-Werten mit Hilfe der scanf()-Funktion,
- zur *formatierten Ausgabe* von Variablen-Werten mit Hilfe der printf()-Funktion.

Daher rührt bei beiden Funktionsnamen der Buchstabe ‚f' am Ende.

Format(kenn)zeichen geben in den Einlese- bzw. Ausgabe-Funktionen an, welchen Datentyp die Variable hat, die eingelesen bzw. ausgegeben werden soll.

Zu jedem Datentyp aus der *Abb. 11.1.4.1* gibt es ein besonderes Formatzeichen.

Zur Kennzeichnung, dass in einer Einlese- bzw. Ausgabe-Anweisung ein Formatzeichen steht, wird dieses durch ein vorangestelltes %-Zeichen markiert.

Weiterhin legen Formatzeichen bei der Datenausgabe noch fest, in welcher Darstellungsform die Variablenwerte ausgegeben werden (siehe nachfolgend).

Da Formatzeichen durch Zusätze noch weiter ergänzt werden können, stellen sie ein leistungsfähiges (und manchmal auch sehr verwirrendes) Instrument für Ein- und Ausgabeoperationen in C dar.

Die *Tab. 11.1.4.1* zeigt die wichtigsten Formatzeichen für die Eingabe von Variablen mittels der scanf()-Funktion (einen vollständigen Überblick finden Sie im Handbuch des C-Compilers).

Datentyp	Formatzeichen	Bemerkung
char	%c	Eingabe eines einzelnen (ASCII-)Zeichens (eines Bytes), interpretiert als vorzeichenbehaftete Ganzzahl!
char	%bd	Vorzeichenbehaftete 1 Byte große Ganzzahl, **nur** im dezimalen Zahlensystem!
char	%bi	Vorzeichenbehaftete 1 Byte große Ganzzahl, wahlweise im oktalen, dezimalen oder sedezimalen Zahlensystem!
unsigned char	%c	Eingabe eines einzelnen (ASCII-)Zeichens (eines Bytes), interpretiert als vorzeichenlose Ganzzahl!
unsigned char	%bo	Vorzeichenlose 1 Byte große Ganzzahl, **nur** im oktalen Zahlensystem!
unsigned char	%bu	Vorzeichenlose 1 Byte große Ganzzahl, **nur** im dezimalen Zahlensystem!
unsigned char	%bx %bX	Vorzeichenlose 1 Byte große Ganzzahl, **nur** im hexadezimalen Zahlensystem!

Tab. 11.1.4.1: Die wichtigsten Formatzeichen beim Einlesen von Variablenwerten durch die scanf()-Funktion (Auszug)

11. Der 8051er-‚C'-Kursus

Datentyp	Formatzeichen	Bemerkung
int	%d	Vorzeichenbehaftete 2 Byte große Ganzzahl, **nur** im dezimalen Zahlensystem!
int	%i	Vorzeichenbehaftete 2 Byte große Ganzzahl, wahlweise im oktalen, dezimalen oder sedezimalen Zahlensystem!
unsigned int	%o	Vorzeichenlose 2 Byte große Ganzzahl, **nur** im oktalen Zahlensystem!
unsigned int	%u	Vorzeichenlose 2 Byte große Ganzzahl, **nur** im dezimalen Zahlensystem!
unsigned int	%x bzw. %X	Vorzeichenlose 2 Byte große Ganzzahl, **nur** im hexadezimalen Zahlensystem!
long	%ld bzw. %Ld	Vorzeichenbehaftete 4 Byte große Ganzzahl, **nur** im dezimalen Zahlensystem!
long	%li bzw. %Li	Vorzeichenbehaftete 4 Byte große Ganzzahl, wahlweise im oktalen, dezimalen oder sedezimalen Zahlensystem!
unsigned long	%lo bzw. %Lo	Vorzeichenlose 4 Byte große Ganzzahl, **nur** im oktalen Zahlensystem!
unsigned long	%lu bzw. %Lu	Vorzeichenlose 4 Byte große Ganzzahl, **nur** im dezimalen Zahlensystem!
unsigned long	%lx, %lX, %Lx bzw. %LX,	Vorzeichenlose 4 Byte große Ganzzahl, **nur** im hexadezimalen Zahlensystem!
float	%f	Fließkommazahl, verschiedene Eingabe-Formate werden akzeptiert, z.B.: 12.34 (= [-] dddd.dddd) 1.234e1 (= [-] d.dddd e [-] dd) 1.234E1 (= [-] d.dddd E [-] dd)

Tab. 11.1.4.1: Die wichtigsten Formatzeichen beim Einlesen von Variablenwerten durch die scanf()-Funktion (Auszug)

Sie erkennen bereits hier die Vielseitigkeit einer formatierten Eingabe:

1. Bei den ganzen Zahlen (int) können Sie wählen, in welchem Zahlensystem Sie die Zahlen eingeben möchten: nur im dezimalen, nur im hexadezimalen, nur im oktalen System oder wahlweise in einem der drei zuvor genannten Zahlensysteme (siehe Sonderstellung von ‚i').

   Beispiel:

   scanf("%x",....);

   ≡ die Eingabe wird als vorzeichenlose (immer positive) HEX-Zahl interpretiert.

11.1 Der Einstieg in C51

2. Bei den Float-Zahlen können Sie wählen, in welcher Schreibweise diese Werte eingegeben werden sollen:

   a) „*Normal*", mit Vor- und Nachkomma-Stellen:

   Beispiel:

   $$123.978 \quad (\equiv [-]dddd.dddd)$$

   b) Im „*Exponential-Format*" mit Mantisse und Exponent (zur Basis 10):

   Beispiel:

   $$3.79e\text{-}3 \quad (\equiv [-]dddde[-]dd)$$

   Hier steht es Ihnen dann noch zusätzlich frei, den Exponenten mit einem kleinen ‚e' oder mit einem großen ‚E' zu kennzeichnen.

   > **Wichtig: Die Eingabe von float-Werten**
   >
   > Beachten Sie, dass bei der Eingabe von Float-Werten ein Punkt anstelle eines Kommas eingegeben wird, um Vor- und Nachkommastellen zu trennen, also:
   >
   > 23.56 anstatt 23,56!
   >
   > **Wird dieses nicht beachtet, so erscheint keine Fehlermeldung, sondern das Programm stürzt einfach ab.**

3. Zum Einlesen von char-Variablen (ASCII-Zeichen) gibt es nur ein einziges Formatzeichen (%c), das heißt, je nach dem, welchen Datentyp Sie für die einzulesende Variable gewählt haben, wird der eingelesene Charakter (das eingelesene Byte) als vorzeichenlose Zahl unsigned char (0 ... 255) oder als vorzeichenbehaftete Zahl char (–128 ... +127) interpretiert.

4. Setzen Sie vor die einfachen Formatzeichen (d,i,u,x,o) noch den Buchstaben ‚l' oder ‚L', so erhalten Sie die Formatzeichen die entsprechenden Long-Datentypen.

5. Setzen Sie vor die einfachen Formatzeichen (d,i,u,x,o) noch den Buchstaben ‚b' oder ‚B', so erhalten Sie die Formatzeichen die entsprechenden verkürzten Datentypen.

Wir sind aber noch nicht fertig mit den Erläuterungen zu unserer scanf()-Funktion:

Nachdem Sie der Einlesefunktion den Datentyp, der eingelesen werden soll, mitgeteilt haben, müssen Sie noch angeben, in (unter) welcher Variablen (Variablen-Namen) dieser Wert gespeichert werden soll.

Dazu geben Sie einfach den Variablen-Namen an (VAR-NAME), dem allerdings ein ‚&'-Zeichen vorangestellt wird.

Hier erscheint eine weitere, bisher unbekannte Eigenschaft von C: Das &-Zeichen ist der so genannte Adressoperator; das bedeutet, dass der scanf()-Funktion nicht die Variable selbst (der Vari-

11. Der 8051er-‚C'-Kursus

ablen-Name selbst) angegeben wird, sondern die Adresse der Variablen im Datenspeicher des µC-Systems. Das heißt, scanf() „packt" den eingegebenen Wert für die Variable sofort unter der richtigen Adresse in den Speicher (warum das hier so gelöst wird, bleibt ein Geheimnis der Herren Kernighan und Ritchie).

> ☞ **Wichtig: Der Adressoperator & in der scanf()-Funktion**
>
> Vergessen Sie bitte nie, den &-Adressoperator vor dem Namen einer Variablen, die eingelesen werden soll, zu setzen!
>
> Denn fehlt dieses &-Zeichen, so gibt der C-Compiler gemeinerweise natürlich keine Fehlermeldung aus, sondern übersetzt das Programm „fehlerfrei", nur funktioniert es später nicht richtig!

> **∑ Zusammenfassung: Die scanf()-Funktion**

Mit Hilfe der scanf()-Funktion werden Variablenwerte über die serielle Schnittstelle SS0 des 8051ers eingelesen. An SS0 ist zur Zeit nur der Entwicklungs-PC als Terminal angeschlossen.

Die scanf()-Funktion besteht aus zwei wesentliche Teilen:

1. Dem Formatzeichen, das den Datentyp der einzulesenden Variablen angibt.
   Das Kennzeichen für ein nachfolgendes Formatzeichen ist das %-Zeichen.
   Der gesamte Formatausdruck steht in "...", ist also ein String. Man spricht daher auch von einem Formatstring.

2. Dem Formatstring folgt, durch Komma getrennt, der Variablen-Name, dem unbedingt ein &-Zeichen vorangestellt werden muss (Ausnahmen davon werden wir später noch besprechen).

Beispiele:

```
// Variablen-Definitionen
unsigned int i1, i2, otto;
float f1,egon;
char c1,c2,heidi;


// Einlesen von Variablen-Werte durch scanf():

scanf("%u",&otto);
```
/* ≡ Es wird ein Wert für die Variable otto eingelesen. Der Zahlenwert muss im dezimalen Zahlensystem eingegeben werden. */

11.1 Der Einstieg in C51

scanf("%x",&i1);
// ≡ Ein Hexadezimal-Wert für die Variable i1 wird eingelesen.

scanf("%f",&egon);
// ≡ Ein Wert für die float-Variable egon wird eingelesen.

scanf("%c",&heidi);
/* ≡ Ein Wert für die char-Variable heidi wird eingelesen, d.h. es wird genau ein (ASCII-)Zeichen eingelesen, und dieses wird der Variable heidi zugeordnet. */

> **❗ Extrem wichtig: Fehleingaben bei der scanf()-Funktion**
>
> Fehleingaben bei der scanf()-Funktion werden NICHT abgefangen; das bedeutet: Entweder werden Fehleingaben (einigermaßen) richtig interpretiert, oder das Programm stürzt ab!

Die Grundlage für dieses *sehr kritische* und *extrem fehlerträchtige* Verhalten eines C-Programms ist die, zugegebener Maßen, seltsame „Arbeitseinstellung" eines jeden C-Compilers:

Der C-Compiler überprüft nicht, ob das gewählte Formatkennzeichen auch zu dem angegebenen Variablentyp passt, das heißt, gegebenenfalls werden andere Werte im Datenspeicher einfach „brutal" überschrieben, oder es wird mit falschen Werten weitergearbeitet, ohne dass irgendeine Art von Fehlermeldung ausgegeben oder angezeigt wird.

Dieses Verhalten soll einmal an einem ausführlichen Beispiel dargestellt werden, da gerade der C-Anfänger an diese Stelle sehr oft auf den C-Compiler hereinfällt und sich nur schwer zu helfen weiß.

Das auf der CD enthaltenen Programm datentypen_2.c dient hierbei als Arbeitsgrundlage; wir demonstrieren die Problematik am Beispiel von Char-Variablen:

Als Erstes werden im Programm insgesamt sechs Char-Variablen definiert und mit bestimmten Werten vorbesetzt (Sie erinnern sich: Diese Arten von Variablen belegen genau ein Byte im Datenspeicher des µC-Systems):

unsigned char-Variablen:

	wert1	= 202	= 0xca
	wert2	= 7	= 0x07
	wert3	= 156	= 0x9c

char-Variablen:

	wert4	= -84	= 0xac
	wert5	= 0	= 0x00
	wert6	= -98	= 0x9e

11. Der 8051er-‚C'-Kursus

Beim Übersetzen des Programms legt der Compiler diese Variablen-Werte nacheinander im Datenspeicher an der Adresse 0x100 ab, so dass sich folgendes Speicherabbild ergibt :

Variable	Speicherplatz-Adresse	Speicherinhalt
wert6	0x105	0x9e
wert5	0x104	0x00
wert4	0x103	0xac
wert3	0x102	0x9c
wert2	0x101	0x07
wert1	0x100	0xca

 Die Experten-Ecke: „Der Speicherort für Variablen"

Anhand der vom Compiler angelegten *.map-Datei können Sie sehr gut erkennen, welche Variable an welchem Speicherort (≡ Speicherplatz mit welcher Adresse) im Datenspeicher abgelegt wird.

Soweit ist nun noch alles in Ordnung.

Probleme beim Einlesen von Werten

Fall A)

Nun soll eine neuer Wert für die Variable wert2 eingelesen werden, und zwar mit:

```
// Einlesen von wert2 als vorzeichenlose 1-Byte-Zahl
scanf("%bu",&wert2);
```

Als neuen Wert geben Sie z.B. 20 = 0x14 ein.

Das ergibt noch keine Probleme, denn das Formatkennzeichen in der scanf(...)-Anweisung stimmt mit dem Variablentype von wert2 überein; als neuer Speicherinhalt ergibt sich:

Fall B)

Jetzt wird wert2 aber als vorzeichenlose 16-Bit(2 Byte)-Variable eingelesen:

```
// Einlesen von wert2 als vorzeichenlose 16-Bit-Zahl
scanf("%u",&wert2);
```

11.1 Der Einstieg in C51

Speicherbelegung VOR der Eingabe von wert2			Speicherbelegung NACH der Eingabe von wert2			
Variable	Speicher-platz-Adresse	Speicher-inhalt	Variable	Speicher-platz-Adresse	Speicher-inhalt	Bemer-kungen
wert6	0x105	0x9e	wert6	0x105	0x9e	
wert5	0x104	0x00	wert5	0x104	0x00	
wert4	0x103	0xac	wert4	0x103	0xac	
wert3	0x102	0x9c	wert3	0x102	0x9c	
wert2	0x101	0x07	wert2	0x101	**0x14**	Alles o.k.!
wert1	0x100	0xca	wert1	0x100	0xca	

Obwohl nun Formatkennzeichen und Datentyp erheblich voneinander abweichen, gibt der Compiler keine Fehlermeldung aus, aber bei der Eingabe von wert2 kommt es zu einem sehr kritischen Fehler, der zunächst nicht bemerkt wird.

Für wert2 geben Sie z.B. den Wert 30 = 0x1e ein:

Speicherbelegung VOR der Eingabe von wert2			Speicherbelegung NACH der Eingabe von wert2			
Variable	Speicher-platz-Adresse	Speicher-inhalt	Variable	Speicher-platz-Adresse	Speicher-inhalt	Bemer-kungen
wert6	0x105	0x9e	wert6	0x105	0x9e	
wert5	0x104	0x00	wert5	0x104	0x00	
wert4	0x103	0xac	wert4	0x103	0xac	
wert3	0x102	0x9c	wert3	0x102	**0x1e**	Fehler!!
wert2	0x101	0x07	wert2	0x101	**0x00**	Fehler!!
wert1	0x100	0xca	wert1	0x100	0xca	

11. Der 8051er-‚C'-Kursus

Für den Speicherplatz von wert2 wurde gemäß der Variablentyp-Festlegung genau ein Byte im Datenspeicher reserviert.

Durch die scanf(...)-Anweisung mit "%u" wird das Programm aber gezwungen, zwei Byte einzulesen und abzuspeichern, das heißt, die so programmierte scanf(...)-Anweisung ergänzt nun ihrerseits zwangsweise ihre Eingabe mit einem zweiten Byte zu:

0x 00 1e

(1e ≡ Ihre Eingabe,   00 ≡ Ergänzung von scanf(...))

Diese zwei Bytes müssen nun aber auch im Datenspeicher abgelegt werden: Das höherwertige Byte (0x00) wird im Byte-Speicherplatz von wert2 unter der Adresse 0x101 abgespeichert, und das niederwertige Byte wird jetzt „gnadenlos" in die nächste Speicherstelle mit der Adresse 0x102 abgelegt.

Damit ist aber der Wert der Variablen wert3 unwiderruflich überschrieben worden!

wert3 hat also einen falschen Wert, und irgendwann kommt es zu einer fehlerhaften Programmausführung, oder das Programm stürzt komplett ab.

Selbst der neue Wert der Variablen wert2 ist nicht korrekt abgespeichert worden!

Und wohlgemerkt: Der C-Compiler meldet hierbei keinen einzigen Fehler bei der Programmübersetzung. Auch zur Laufzeit des Programms erscheint keine Fehlermeldung!

Fall C)

Jetzt gehen wir noch einen Schritt weiter:

Wir lesen die Byte-Variable wert2 als long-Wert, also als 4-Byte-Variable ein:

// Einlesen von wert2 als vorzeichenlose 32-Bit-Zahl

scanf("%lu",&wert2);

Die scanf(...)-Funktion liefert nun „unbarmherzig" 4 Bytes zurück, die jetzt „irgendwo" abgespeichert werden müssen.

Gehen wir einmal davon aus, dass Sie den Wert 40 = 0x28 eingetippt haben (bei der Eingabe selber machen Sie also immer noch keinen Fehler, denn Sie geben ja anscheinend immer nur eine Byte-Variable ein), dann ergibt sich das folgende Speicherabbild:

11.1 Der Einstieg in C51

Speicherbelegung VOR der Eingabe von wert2			Speicherbelegung NACH der Eingabe von wert2			
Variable	Speicher-platz-Adresse	Speicher-inhalt	Variable	Speicher-platz-Adresse	Speicher-inhalt	Bemer-kungen
wert6	0x105	0x9e	wert6	0x105	0x9e	
wert5	0x104	0x00	wert5	0x104	**0x28**	**Fehler!!**
wert4	0x103	0xac	wert4	0x103	**0x00**	**Fehler!!**
wert3	0x102	0x9c	wert3	0x102	**0x00**	**Fehler!!**
wert2	0x101	0x07	wert2	0x101	**0x00**	**Fehler!!**
wert1	0x100	0xca	wert1	0x100	0xca	

Die scanf(...)-Funktion „formt" nun aus Ihrer Eingabe den 4-Byte-Wert:

0x 00 00 00 28

(28 ≡ Ihre Eingabe, 00 00 00 ≡ Ergänzungen von scanf(...))

Das höchstwertige Byte wird jetzt im Speicherplatz mit der Adresse von wert2 (0x101) abgelegt und die nachfolgenden Bytes einfach dahinter: So werden die Inhalte der Variablen wert3, wert4 und wert5 unwiederbringlich zerstört, und wert2 enthält auch nicht den korrekten Wert.

Auch in diesem Fall ist ein Programmabsturz unausweichlich!

> ! **Sehr wichtig: „Das Einlesen mit scanf(...)"**
>
> Die scanf(...)-Funktion liefert immer die durch das Formatkennzeichen festgelegte Anzahl an Bytes zurück, die dann „irgendwie" abgespeichert werden müssen, das heißt:
>
> **Die Längenfestlegung im Formatkennzeichen von scanf(...) überschreibt immer die Längenfestlegung gemäß dem definierten Variablentyp!**
>
> Sie müssen also selber „höllisch" darauf achtgeben, dass Variablentyp und Formatkennzeichen auch zueinander passen.

Wichtiger Hinweis:

Dasselbe gilt natürlich auch in umgekehrter Richtung:

    unsigned long l1;
    scanf("%bu",&l1);

11. Der 8051er-‚C'-Kursus

Sie haben l1 als long-Variable, d.h. als 4 Byte langen Wert, definiert.

Eingelesen durch die scanf(...)-Anweisung wird jedoch nur ein einzige Byte ("%bu")!

Egal, wie groß die Zahl nun ist, die Sie eingeben, scanf(...) gibt immer nur ein Byte zurück, das dann in einem der 4 Byte-Speicherplätze von l1 abgespeichert wird. Der Rest ihrer eingegebenen Zahl verschwindet im „Nichts", d.h. wird vom Programm einfach ignoriert.

Die entsprechenden Probleme mit Formatkennzeichen und Variablentyp-Festlegung ergeben sich ebenfalls bei der Ausgabe von Werten mittels printf(...). Wir werden darauf eingehen, wenn wir uns diese Funktion näher anschauen.

Die Eingabe mehrerer Variablen-Werte mittels scanf()

Mit scanf() können auch mehrere Variablen-Werte gleichzeitig eingegeben werden:

Beispiel:

```
unsigned int a,b,c;
float f1,f2;

// Eingabe der Werte
scanf("%i %i %f %f %i",&a,&b,&f1,&f2,&c);
// Kontroll-Ausgabe
printf("\na= %u, b= %u, f1= %f, f2= %f, c= %u",a,b,f1,f2,c);
```

Hierbei sind nun folgende Punkte zu beachten:

1. Die einzelnen Formatzeichen werden direkt hintereinander oder (nur) durch Leerzeichen getrennt in den Formatstring eingegeben.
2. Bei der Eingabe über die PC-Tastatur
    - werden die einzugebenden Werte entweder hintereinander, durch Leerzeichen getrennt, eingegeben (das letzte Zeichen hinter dem letzten Eingabewert ist ein Leerzeichen oder die RETURN-Taste) oder
    - jeder einzelne Eingabewert wird durch ein RETURN abgeschlossen.
3. Zwischen den einzelnen Formatzeichen im Formatstring können auch beliebige Trennzeichen stehen; diese müssen dann aber bei der Eingabe der Werte ebenfalls in der gleichen Reihenfolge mit eingegeben werden.

Beispiel:

Bei der Eingabe eines Datums ist man normalerweise gewohnt, die Trennungspunkte zwischen Tag-Monat-Jahr mit einzugeben. Also programmiert man z.B. für das Einlesen eines Datums in das µC-System:

11.1 Der Einstieg in C51

printf("Bitte das Datum eingeben:");

scanf("%i.%i.%i",&a,&b,&c);

printf("\nDas eingegebene Datum ist: %u.%u.%u",a,b,c);

Bei der Eingabe des Datums müssen jetzt die beiden Trennungspunkte ebenfalls, an exakt der richtigen Stelle, mit eingegeben werden, also z.B.:

  25.11.2000   (RETURN)

Keine Leerzeichen, kein RETURN nach den einzelnen Werten. Abschluss der Eingabe mit RETURN.

4. Fehleingaben (z.B. Buchstabe statt Zahl, fehlende bzw. falsche Trennungszeichen) führen auch hier unweigerlich zum Programmabsturz!

Nun gibt es bestimmt sehr oft die Situation, in der Sie sich sagen: „scanf() ist sicherlich eine tolle Funktion mit vielen Möglichkeiten, aber ich möchte in meinem Programm nur einen einzigen Byte-Wert (einen einzigen Buchstaben bzw. nur einen einzigen Tastendruck) einlesen. Muss ich dafür immer scanf() benutzen?"

Nein, das müssen Sie nicht, denn es gibt auch zwei einfacher strukturierte Funktionen, gerade für solche Einsatzzwecke optimiert:

Die _getkey()-Funktion

Die _getkey()-Funktion wartet ganz einfach auf ein (einziges) Zeichen ($\equiv$ Charakter), das über die serielle Schnittstelle SS0 des 8051ers empfangen wird.

Die Variable, deren Wert mit dieser Funktion eingelesen werden kann, ist daher eine signed bzw. unsigned char-Variable.

Beispiel:

  unsigned char c1;

  /*Der Variablen c1 wird das nächste Zeichen zugeordnet, das über SS0 empfangen wird: */

  c1=_getkey();

Die Funktion getchar();

Bei der Verwendung eines Terminals zur Zeicheneingabe bzw. zur Zeichenübermittlung an das µC-System möchte man sehr oft auf dem Terminalbildschirm sehen, was man eingegeben hat: ob der µC das gesendete Zeichen korrekt empfangen hat und dieses somit fehlerfrei weiterverarbeitet wird.

11. Der 8051er-‚C'-Kursus

Es ist also manchmal sinnvoll, wenn der µC das empfangene Zeichen sofort als Echo wieder an das Terminal zurücksendet. Dieses macht die Funktion getchar(), Abb. 11.1.4.2.

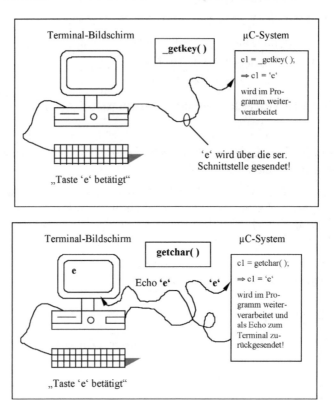

Abb. 11.1.4.2: Die Eingabefunktionen _getkey() und getchar()

Bei Verwendung von getchar() wird also das empfangene Zeichen eingelesen und gleichzeitig als Echo wieder über die serielle Schnittstelle SS0 an das Terminal zurückgesendet.

Zur Erzeugung dieses Echos ruft das Programm (unsichtbar für den Anwender) nach dem Einlesen des Zeichens die „Einzel-Zeichen-Sende-Funktion" putchar() auf (siehe Lektion 2).

Mit anderen Worten: Die getchar()-Funktion ist intern zusammengesetzt aus der _getkey()- und aus der putchar()-Funktion.

Ansonsten sind _getkey() und getchar() in ihrer Anwendung gleich.

Beachten Sie auf jeden Fall: Auch die RETURN-Taste (genauer: das Drücken der RETURN-Taste) stellt ein gesendetes Zeichen dar!

11.1 Der Einstieg in C51

Die Ermittlung eines Variablen-Wertes durch den µC selber

Die dritte Möglichkeit, den Programmvariablen Werte zuzuweisen, hat der µC selber. Er kann z.B. Messwerte aus dem ON-Chip-A/D-Wandler auslesen, I/O-Ports abfragen oder Zählwerte aus den Timer-Registern ermitteln.

Nachdem nun alle Variablen ihre entsprechenden Grund- bzw. Anfangswerte erhalten haben, können sie in Ihrem Programm verarbeitet, d.h. miteinander verknüpft werden.

Wir betrachten hier zunächst nur die Verarbeitung von Zahlen, die Manipulationsmöglichkeiten von Zeichenketten (Strings) werden wir im zweiten Band näher aufzeigen.

Zur Durchführung von Berechnungen stehen dem Anwender in C grundsätzlich vier große Gruppen unterschiedlicher Rechenoperatoren und Funktionen zur Verfügung:

1. Die Grundrechenarten für normale Zahlen.
2. Spezielle Verknüpfungs- und Zuweisungsoperatoren.
3. Höherwertige mathematische Funktionen.
4. Die Grundrechenarten der boolschen Algebra (siehe Lektion 5).

Die Grundrechenarten für normale Zahlen

Sie entsprechen denjenigen, die Sie aus der normalen Mathematik her kennen:

+	≡	die Addition
−	≡	die Subtraktion
*	≡	die Multiplikation
/	≡	die Division

Es gelten die bekannten Regeln:

1. „Punkt-vor-Strich-Rechnung": 7 + 4 * 5 = 27
2. Die Regel 1. kann durch das Setzen von Klammern aufgehoben werden:

    (7 + 4) * 5 = 55
3. Bei Gleichungen gilt: Erst werden die Berechnungen auf der rechten Seite der Gleichung durchgeführt, dann erfolgt die Zuweisung zur Variablen auf der linken Seite der Gleichung.

Da wir in C jedoch mit zwei grundsätzlich verschiedenen Zahlenarten arbeiten (Integer- und Float-Zahlen), sind noch einige Besonderheiten zu beachten:

1. Werden Float-Zahlen (Komma-Zahlen) Integer-Variablen zugeordnet, so werden die Nachkommastellen einfach abgeschnitten, ohne Auf- oder Abrundung.

11. Der 8051er-‚C'-Kursus

Beispiel:

> unsigned int i;
>
> i=5.0/3.0;   // i hat hiernach den Wert 1!

2. Gleichzeitige Mehrfachzuweisungen sind bei allen Zahlenarten möglich.

Beispiel:

> int i1,i2,i3,i4;
> i1=i2=i3=i4=20;   // alle Variablen erhalten den Wert 20.

3. Bei Ausdrücken, in denen unterschiedliche Variablen-Typen miteinander verknüpft werden, gilt der folgende Kernsatz:

„Werden zwei Variablen unterschiedlichen Datentyps miteinander verknüpft, so erhält das Ergebnis immer den genaueren Datentyp der beiden Variablen."

Und hier liegen, gerade für den Anfänger, wieder eine Menge Fehler bereit!

Beispiel:

> float f1;
> f1=1/3;

Das Ergebnis, der Wert von f1, scheint auf den ersten Blick ganz klar, nämlich f1=0,33333, f1 ist schließlich eine Float-, also „Komma"-Variable.

Wenn Sie das aber programmieren und sich den Wert von f1 ausgeben lassen, so erleben Sie eine herbe Enttäuschung: f1=0.00000!

Mit den zuvor genannten Regeln wird dieses Ergebnis aber verständlich.

Zuerst wird der Ausdruck auf der rechten Seite der Gleichung berechnet (1/3), dann erfolgt die Zuordnung des Berechnungswertes zur Variablen f1 auf der linken Seite.

Die Zahlen 1 und 3 sind beides Integer-Zahlen: Es sind keine Punkte und keine Nachkommastellen vorhanden. Nun wird die Division berechnet, und hier liegt schon das Problem: „1 dividiert durch 3" ist 0, da beide Zahlen von gleichen Datentyp „Integer" sind. Die Division wird also auf der Integer-Ebene durchgeführt, da Integer der (einzige) genauere Datentyp ist. Somit ist auch f1 gleich 0 (das Entsprechende gilt auch, wenn anstelle der Zahlen Integer-Variablen stehen würden).

Die Lösung dieses „Falsch-Rechnen-Problems" ist nun recht einfach: Wir machen aus den Integer-Zahlen auf der rechten Seite der Gleichung einfach Float-Zahlen:

> f1=1.0/3;   oder   f1=1./3;   oder   f1=1/3.0   oder
> f1=1/3.   oder   f1=1.0/3.0 oder   f1=1./3.

11.1 Der Einstieg in C51

Nun ist mindestens einer der beiden Zahlen eine Float-Zahl; nach der vorherigen Regel erhält das Verknüpfungsergebnis immer den genaueren Datentyp, hier also „float". Die Division wird nun auf der Float-Ebene durchgeführt, da float der genauere Datentyp ist.

Damit ergibt sich f1=0,33333, und alles ist wieder in Ordnung.

Spezielle Verknüpfungs- und Zuweisungsoperatoren

Sie machen das Verständnis eines C-Programms bzw. das allgemeine Verständnis der C-Verknüpfungen für den Anfänger ebenfalls recht gewöhnungsbedürftig. Wir schauen uns zunächst drei Arten von Operatoren näher an:

- der Modulo-Operator %
- die Zuweisungsoperatoren „Operator="
- die Inkrement/Dekrement-Operatoren „++" und „--"

Der Modulo-Operator %

Mit diesem Operator (Verknüpfungszeichen) ermitteln Sie den Rest bei einer Integer-(Ganzzahl-)Division.

Beispiel:

„7 geteilt durch 2 ist 3, Rest 1", also

```
int a,b;

a=7/2;      // a ist hier nach gleich 3: normales Integer-Ergebnis der Division

b=7 % 2;    // b ist hier nach gleich dem Rest der Integer-Division, also b=1
```

Die Zuweisungsoperatoren

Mit diesen Operatoren können Sie (Schreib-)Verkürzungen von Zuweisungen (≡ Gleichungen) vornehmen, jedoch wird dadurch die Lesbarkeit von Programmen für den Anfänger wesentlich verschlechtert.

11. Der 8051er-‚C'-Kursus

> ### ☞ Merke: Die Zuweisungsoperatoren, I
>
> Der allgemeine Aufbau von Gleichungen mit Zuweisungsoperatoren sieht wie folgt aus:
>
> **Variable Operator= Ausdruck**
>
> Den Ausdruck „Operator=" nennt man den Zuweisungsoperator.
> Solch eine Zuweisung ist gemäß den C-Festlegungen wie folgt zu interpretieren:
>
> **Variable = Variable Operator (Ausdruck)**
>
> Für „Operator" können folgende Verknüpfungsoperatoren stehen:
>
> $+ \quad - \quad * \quad / \quad \% \quad << \quad >> \quad \& \quad \wedge \quad |$
>
> Einige dieser Operatoren kennen Sie bereits, die anderen werden Sie noch kennen lernen.

Sofort einige Beispiele zur Verdeutlichung:

Beispiel:

    int a,b;

    a +=5;

Hier gilt:

    a ≡ ist die Variable
    + ≡ ist der Operator
    5 ≡ ist der Ausdruck

also ergibt sich damit der äquivalente Ausdruck zu:

    a = a + (5);   bzw.:   a= a + 5;

Wichtig ist hier unbedingt, dass Sie sich die Klammern (...) um den Ausdruck gesetzt denken, damit keine Fehlinterpretationen auftreten.
Im obigen Beispiel sind zwar keine Klammern notwendig, aber betrachten wir einmal das nächste

Beispiel:

    a *= b+7;

    Das ist äquivalent zu: a = a* (b + 7);
    Lassen Sie hier aber die Klammern weg, so ergibt sich ein anderes, falsches Ergebnis:

11.1 Der Einstieg in C51

a = a *b + 7;

Denken Sie an „Punkt-vor-Strich-Rechnung!"

Spätestens hier stellt sich die Frage nach dem Sinn, nach den Vorteilen der Zuweisungsoperatoren. Entweder schreibt man:

a = a / 3;

oder

a /= 3;

Das Ergebnis ist beides mal das Gleiche, nur ist die zweite Lösung für den „normal" denkenden Programmier-Anfänger sicherlich schwerer zu verstehen.

Sie erinnern sich: C wurde von Programmierfreaks entwickelt, und die Herren Kernighan und Ritchie schreiben in ihrem Standardwerk über C, [22], zu den Zuweisungsoperatoren:

- Ausdrücke können mit Zuweisungsoperatoren kompakter geschrieben werden,
- Ausdrücke mit Zuweisungsoperatoren „reflektieren eher die menschliche Denkweise".

Sie können sich hier zwar Ihr eigenes Urteil zu diesen beiden Aussagen bilden, aber Sie sollten sich an das Arbeiten mit den Zuweisungsoperatoren gewöhnen, da es den fortgeschrittenen C-Programmierer auszeichnet, möglichst auf das Wesentliche reduzierte, kryptische Programmtexte zu entwickeln.

Sie können natürlich jeder Zeit ohne Probleme auf Zuweisungsoperatoren verzichten, aber nach einiger Zeit zeugt dieses wirklich nicht mehr von gutem C-Programmierstil.

Die Inkrement/Dekrement-Operatoren („++", „--")

Für zwei bestimmte Spezialfälle gibt es in C besondere Operatoren: für das Inkrement einer Integer-Variablen (der Wert der Variablen wird um 1 erhöht) und für das Dekrement einer Integer-Variablen (der Wert der Variablen wird um 1 erniedrigt). Also:

int i;

i = i + 1;

ist ein zulässiger Ausdruck, kann aber in C auch vereinfacht geschrieben werden als:

i++;

mit dem speziellen Operator „++".

Entsprechend gilt:

i = i – 1;

wird zu

i--;
mit dem speziellen Operator „--".

Aber: C wäre nicht C, wenn es nicht auch hierzu weitere interessante Ergänzungen gäbe, die speziell in zusammengesetzten Ausdrücken zum Einsatz kommen können:

Das Postinkrement
Erst wird die Variablen im Rechenausdruck benutzt, dann wird ihr Wert um 1 erhöht:

unsigned int i,a;
i=3;
a = 5 + i++;

Also: Nach dem letzten Befehl enthält a den Wert 5+3=8 und i den Wert 4, das heißt, i wird erst benutzt und dann um 1 erhöht.
„++" ist hier ein Post-Operator, da er hinter der Variablen steht.

Präinkrement
Erst wird der Wert der Variablen um 1 erhöht, dann wird die Variable benutzt:

unsigned in i,a;
i=3;
a= 5 + ++i;

Hiernach hat a den Wert 9 und i den Wert 4.
„++" ist hier ein Prä-Operator, da er vor der Variablen steht.

Das Postdekrement
Hier gilt entsprechend:

unsigned int i,a;
i=3;
a = 5 + i--;

Hiernach hat a den Wert 8 und i den Wert 2.
„--" ist hier ein Post-Operator, da er hinter der Variablen steht.

Prädekrement
Hier gilt entsprechend:

unsigned in i,a;

11.1 Der Einstieg in C51

```
i=3;
a= 5 + --i;
```

Hiernach hat a den Wert 7 und i den Wert 2.
„--" ist hier ein Prä-Operator, da er vor der Variablen steht.

> ☞ **Merke: „Die Operatoren in C"**
>
> In C gibt es eine Vielzahl von Operatoren (mehr als C-Schlüsselwörter), die teilweise vor und hinter den Variablen stehen können und somit eine andere Bedeutung haben.
> Sie müssen daher immer „sehr scharf hinsehen", um nicht auf Fehlinterpretationen hereinzufallen

Andererseits können Sie selber jetzt mit diesen Operatoren solche kompakten Programmtexte entwerfen.

Abschließend können wir jetzt endlich ein kleines Problem aus dem Kapitel 10 lösen. Dort fragten wir, was sich wohl hinter:

```
a+ = ++a + a++;
```

verbirgt.
Für den Anfangswert von a=15 ergibt sich daraus ...?   (a=49!)

Die höherwertigen mathematischen Funktionen

Wenn Sie verstärkt mit Fließkomma-Zahlen höherwertige mathematische Funktionen, wie sin(x), cos(x), log(x) etc. berechnen wollen, so stellt Ihnen C eine mathematische Bibliothek zur Verfügung, in der solche Funktionen enthalten sind: die Bibliothek ‚math.h'.
Sie müssen lediglich diese Bibliothek durch eine include-Anweisung (für den Präprozessor) am Anfang Ihres Programms einbinden:

```
#include <math.h>
```

Danach stehen Ihnen die in *Tab. 11.1.4.2* aufgeführten Funktionen zur Verfügung:

Funktion	Beispiel	Wirkung
int abs(int val)	a = abs(b);	**Absolutwert:** Liefert den Absolutwert (Betrag) der 16-Bit-Integer-Zahl b (|b|).
float acos(float val)	a = acos(b);	**Arcus Cosinus:** Die Umkehrfunktion des Cosinus für b im Bogenmaß wird im Bereich von $[0,\pi]$ berechnet.

Tab. 11.1.4.2: Die Funktionen der C-Bibliothek ‚math.h'

Funktion	Beispiel	Wirkung
float asin(float val)	a = asin(b);	**Arcus Sinus:** Die Umkehrfunktion des Sinus für b im Bogenmaß wird im Bereich von $[-\pi/2, \pi/2]$ berechnet.
float atan(float val)	a = atan(b);	**Arcus Tangens:** Die Umkehrfunktion des Tangens für b im Bogenmaß wird im Bereich von $[-\pi/2, \pi/2]$ berechnet.
float atan2(float y, float x)	a = atan(b/c);	**Arcus Tangens:** Die Umkehrfunktion des Tangens für b/c im Bogenmaß wird im Bereich von $[-\pi, \pi]$ berechnet.
char cabs(char val)	a = cabs(b);	**Absolutwert:** Liefert den Absolutwert (Betrag) der 8-Bit-Integer-Zahl b (|b|).
float ceil(float val)	a = ceil(b);	**ceil:** Liefert die nächst höhere Ganzzahl von b. Aus 8.87 wird 9, aus –4.32 wird –4.
float cos(float val)	a = cos(b);	**Cosinus:** Berechnet den Cosinus von b im Bogenmaß.
float cosh(float val)	a = cosh(b);	**Cosinus Hyperbolicus:** Berechnet den Cosinus Hyperbolicus von b im Bogenmaß.
float exp(float val)	a = exp(b);	**Exponent:** Berechnet den Exponetialwert von e^b, wobei e die Eulersche Zahl (= 2,7183) ist.
float fabs(float val)	a = fabs(b);	**Absolutwert:** Liefert den Absolutwert (Betrag) der Float-Zahl b (|b|).
float floor(float val)	a = floor(b);	**floor:** Liefert die nächst niedrige Ganzzahl von b. Aus 8.87 wird 8, aus –4.32 wird –5.
float fmod(float y, float x)	a = fmod(b, c);	**fmod:** Liefert den Rest der Division zweier Float-Zahlen (b/c), jedoch erhält a das Vorzeichen von b, und a ist immer kleiner als c.
long labs(long val)	a = labs(b);	**Absolutwert:** Liefert den Absolutwert (Betrag) der 32-Bit-Integer-Zahl b (|b|).

Tab. 11.1.4.2: Die Funktionen der C-Bibliothek ‚math.h‘

Funktion	Beispiel	Wirkung
float log(float val)	a = log(b);	**Logarithmus Naturalis:** Berechnet den natürlichen Logarithmus von b zur Basis e.
float log10(float val)	a = log10(b);	**Dekadischer Logarithmus:** Berechnet den Logarithmus von b zur Basis 10.
float modf(float val, float *n)	a = modf(b,*c);	**modf:** Die Fließkommazahl b wird in einen ganzzahligen Wert und einen Fließkommawert, der die Nachkommastelle beinhaltet, aufgespalten. Der ganzzahlige Wert wird unter die Adresse gespeichert, auf die der Pointer c zeigt, der Fließkommawert wird von der Funktion zurückgeliefert.
float pow(float x, float y)	a = pow(b, c);	**Potenzfunktion:** Berechnet den Exponetialwert von b^c.
float sin(float val)	a = sin(b);	**Sinus:** Berechnet den Sinus von b im Bogenmaß.
float sinh(float val)	a = sinh(b);	**Sinus Hyperbolicus:** Berechnet den Sinus Hyperbolicus von b im Bogenmaß.
float sqrt(float val)	a = sqrt(b);	**Quadratwurzelfunktion:** Berechnet die Quadratwurzel von b (a = √b)
float tan (float val)	a = tan(b);	**Tangens:** Berechnet den Tangens von b im Bogenmaß.
float tanh(float val)	a = tanh(b);	**Tangens Hyperbolicus:** Berechnet den Tangens Hyperbolicus von b im Bogenmaß.

Tab. 11.1.4.2: Die Funktionen der C-Bibliothek ‚math.h'

11. Der 8051er-,C'-Kursus

Beispiele:

    float d, e;

    d=sqrt(47.11);   // d = 6.863673

    e=5.0;
    d=pow(8.15,e);   // d = 8.15^5 = 35 957.37

    e=20.007;
    d=log(e);   // d = ln(20.007) = 2.996082

Nachdem Sie nun so gut mit allen Zahlenarten in C umgehen können, verspüren Sie sicherlich den Wunsch, Rechenergebnisse ansprechend auf dem Terminalbildschirm auszugeben bzw. darzustellen.

Hierzu bietet sich jetzt die *formatierte Ausgabe* an; wir betrachten dazu einmal die schon aus der Lektion 2 bekannte printf()-Funktion etwas detaillierter.

Die formatierte Ausgabe mit printf()

Die neuen Formatzeichen

Das „f" im Funktionsnamen von printf() lässt schon vermuten, dass eine formatierte Ausgabe von Variablen-Werten mit Hilfe von Formatzeichen möglich ist. Dazu gibt es, neben den bereits bekannten und auch hier geltenden Formatzeichen aus der *Tab. 11.1.4.1*, weitere bzw. anders zu interpretierende Formatzeichen für diese Ausgabefunktion, *Tab. 11.1.4.3*.

Datentyp:	Formatzeichen:	Bemerkung:
unsigned int	%x	Ausgabe von hexadezimalen Ganzzahlen, wobei die Buchstaben a...f als klein geschriebene Buchstaben ausgegeben werden.
unsigned int	%X	Ausgabe von hexadezimalen Ganzzahlen, wobei die Buchstaben A...F als groß geschriebene Buchstaben ausgegeben werden.
float	%f	Ausgabe der Fließkommazahl in Form von: „Vorkommastellen . Nachkommastellen", also: [-] dddd.dddd.

Tab. 11.1.4.3: Die besonderen Formatzeichen für die Ausgabefunktion printf(...) (Auszug)

11.1 Der Einstieg in C51

Datentyp:	Formatzeichen:	Bemerkung:
float	%e	Ausgabe der Fließkommazahl in Form von: „Mantisse e Exponent", also: [-] d.ddd. e [-] dd. Der Exponent ist durch ein kleines e gekennzeichnet.
float	%E	Ausgabe der Fließkommazahl in Form von: „Mantisse E Exponent", also: [-] d.ddd. E [-] dd. Der Exponent ist durch ein großes E gekennzeichnet.
float	%g	Hier wählt das Programm die kompaktere Ausgabeform aus, entweder %f (%lf) oder %e (%le), also: [-] dddd.dddd oder [-] d.ddd. e [-] dd.
float	%G	Hier wählt das Programm die kompaktere Ausgabeform aus, entweder %f (%lf) oder %E (%lE), also: [-] dddd.dddd oder [-] d.ddd. E [-] dd.

Tab. 11.1.4.3: Die besonderen Formatzeichen für die Ausgabefunktion printf(...) (Auszug)

Die formatierte Ausgabe

> ☞ **Merke: Die formatierte Ausgabe**
>
> Die Anwendung der Formatzeichen bei der Ausgabefunktion printf() geschieht entsprechend wie bei scanf(), nur dass jetzt die Namen der Variablen, die ausgegeben werden sollen, direkt, ohne vorangestellten &-Adressoperator, angegeben werden.

Zur Demonstration der formatierten Ausgabe haben wir ein Programm namens „Formatierte_Ausgabe.c" geschrieben, das Sie übersetzen, laden, starten und sich ansehen sollten. Parallel dazu geben wir Ihnen nachfolgend einige Beispiele und weitere Erläuterungen:

Beispiele:

```
unsigned int i;
float f;

i=259;
f=38.79;

// Ausgabe der Integer-Variablen i im Standard-Integer-Format
printf("%i",i);
// Auf dem Terminal-Bildschirm erscheint der Wert von i, also 259
```

229

11. Der 8051er-‚C'-Kursus

Sie können bei der Ausgabe aber auch sehr einfach Text und Variablen-Werte mit einander mischen:

    printf("Die Variable i im HEX-Format: %x",i);

Hier wird zunächst der Text ausgegeben; der Formatausdruck %x im Ausgabe-String wirkt als Platzhalter für die erste Zahl nach dem Komma (nach dem Ende des Textstrings), das heißt, der C-Compiler setzt „ganz stur" die erste Zahl, die er findet, an die Stelle des ersten Formatzeichens und gibt sie im angegebenen Format aus.

    Ob die Ausgabe richtig und sinnvoll ist, überprüft der Compiler nicht!

Wenn Sie daher programmieren

    printf("Die Variable i im HEX-Format: %x",f);
    // also eine Float-Variable als Integer-Wert ausgeben

so wird als Wert von f eben 28f6 dargestellt, was natürlich absolut nicht mehr zu verwerten ist.

> ☞ **Merke: Die Zuordnungen bei der printf()-Funktion**
>
> Der C-Compiler überprüft nicht, ob Sie bei der printf()-Funktion die auszugebenden Variablen-Werte auch sinnvoll den Formatzeichen zugeordnet haben.
>
> Es wird auf jeden Fall immer irgend etwas ausgegeben; Sie selbst müssen genau darauf achten, dass sinnvolle Ausgaben entstehen, d.h. dass Sie die Zuordnungen auch korrekt durchführen:
>
> **Die Variablen-Definition muss, wie bei der scanf(..)-Funktion, zum Formatzeichen passen!**

Auch das möchten wir Ihnen anhand von Beispielen klar machen. Grundlage hierzu ist wieder das Programm datentypen_2.c:

Probleme bei der Ausgabe von Werten

Gehen wir dazu wieder einmal von der folgenden Speicherbelegung aus:

Variable	Speicherplatz-Adresse	Speicherinhalt
wert6	0x105	0x9e
wert5	0x104	0x00
wert4	0x103	0xac
wert3	0x102	0x9c
wert2	0x101	**0xa7**
wert1	0x100	0xca

11.1 Der Einstieg in C51

Die unsigned char-Variable wert2 hat hier den Wert 0xa7 = 167.

Untersuchen wir nun die Ergebnisse der Ausgaben mit verschiedenen Formatkennzeichen:

Fall A)

Ausgabe von wert2 (korrekt) als vorzeichenlose 1-Byte-Zahl:

$$\textbf{printf("\%bu",wert2);}$$

Auf dem Bildschirm erscheint die fehlerfrei Anzeige 167.

Fall B)

Ausgabe von wert2 als vorzeichenbehaftete 1-Byte-Zahl:

$$\textbf{printf("\%bd",wert2);}$$

Nun sehen Sie den falschen Wert –89 (warum wohl?).

Hinweis:

Es werden in diesem Fall nur Zahlen bis 127 korrekt dargestellt (warum wohl?).

Fall C)

Ausgabe von wert2 als vorzeichenlose 16-Bit-(2 Byte-)Zahl:

$$\textbf{printf("\%u",wert2);}$$

Jetzt ergibt sich wieder das bekannte „Längenproblem" aufgrund des Formatkennzeichens: Die Funktion printf(...) muss aufgrund von „%u" auf jeden Fall genau zwei Bytes ausgeben!

Das erste Byte ist der Wert von wert2, also 0xa7, und als zweites Byte wird einfach noch einmal 0xa7 ausgeben (warum auch immer), so dass auf dem Bildschirm letztendlich falsch

$$\textbf{42752 (= 0xa7a7)}$$

angezeigt wird.

Fall D)

Ausgabe von wert2 als vorzeichenlose 32-Bit-(4 Byte-)Zahl:

$$\textbf{printf("\%lu",wert2);}$$

In diesem Fall „holt sich" printf(...) „gnadenlos" 4 Bytes aus dem Datenspeicher und stellt sie dar (nach welchem System dieses geschieht, bleibt ein Geheimnis des Compiler-Herstellers).

In unserem Falle wird ausgegeben:

$$\textbf{2801795072 (=0xa7000000)}$$

also auf jeden Fall etwas Falsches!

11. Der 8051er-‚C'-Kursus

☞ **Merke: „Ausgaben mit printf(...)"**

Die Funktion printf(...) stellt immer unabänderlich so viele Bytes dar, wie das Formatkennzeichen vorgibt. Die Längenfestlegung des auszugebenden Datentyps wird hierbei nicht beachtet.

Auch hier müssen Sie als Anwender genauestens darauf achten, was Sie ausgeben wollen und wie Sie diese Ausgaben programmieren, das heißt, Formatkennzeichen und Variablentyp müssen auf jeden Fall immer zusammenpassen.

Die Ausgabe von mehreren Variablen mit printf(...)

Sie können mit der printf(...)-Funktion auch *mehrere Variablen* auf einmal ausgeben:

    printf("Variable i in klein HEX: %x\nVariable i in groß HEX: %X\nVariable f: %f",i,i,f);

Der C-Compiler nimmt hier die folgende (sture) Zuordnung vor:

- das erste ‚i' aus der Variablen-Liste wird dem ersten Formatzeichen %x zugeordnet,
- das zweite ‚i' aus der Variablen-Liste wird dem zweiten Formatzeichen %X zugeordnet,
- das ‚f' aus der Variablen-Liste wird dem dritten Formatzeichen %f zugeordnet.

Und Sie erinnern sich hier: Die Steuerzeichenfolge ‚\n' sorgt dafür, dass die gesamte Ausgabe in drei einzelnen Zeilen erfolgt.

Starten Sie nun einmal unser vorbereitetes Programm „*Formatierte Ausgabe.c*", sehen Sie sich die Bildschirmdarstellung an und vergleichen Sie diese mit dem Programm-Listing.

Die Formatzeichen bieten dem Anwender aber noch viel mehr, wenn man die *erweiterte Formatierung der Ausgabe* benutzt.

Die Festlegung der Stellenanzahl bei der Ausgabe

Sie dient ganz wesentlich dazu, eine Ausgabe optimal lesbar zu gestalten, denn störende „unnütze" führende oder nachfolgende Nullen können z.B. abgeschnitten werden.

Zur erweiterten Ausgabe-Formatierung werden zwischen dem %-Zeichen und dem eigentlichen Formatzeichen (FZ)

- das *width(Weiten)-Feld* w,
- ein Dezimal-Punkt und
- das *precision (Präzisions)-Feld* p

eingefügt, also:

    "%w.pFZ"

Das p-Feld ist bei der Ausgabe von Integer-Zahlen, das p- und das w-Feld ist bei der Ausgabe von Float-Zahlen relevant.

11.1 Der Einstieg in C51

Beispiel:

    float f;

    unsigned int i;

    f=753.349876;

    i=5;

    printf("Die Zahl f lautet: %6.2f",f);   // Zeile 1

    printf("Die Zahl i lautet: %4u",i);   // Zeile 2

Hierbei sind jetzt die folgenden Punkte zu beachten:

Die Ausgabe von Integer-Zahlen: (Formatzeichen: d,u,x,o,ld,lu,lx,lo,bu,bd,bo,bx)

1. Das w-Feld wird nicht angegeben (wird ignoriert). Es wird nur das p-Feld ausgewertet, und der Punkt davor entfällt bzw. wird ignoriert (siehe Zeile 2).
2. Das p-Feld gibt die Gesamtanzahl der auszugebenden Stellen der Integer-Zahl an.
3. Ist p größer als die vorhandene Anzahl der Stellen der auszugebenden Integer-Zahl, so werden links vor der Zahl entsprechend viele Leerzeichen ausgegeben:

    printf("%4u",i);   // Vierstellige Ausgabe von i

    ergibt: _ _ _5   (_ ≡ Leerzeichen bei der Ausgabe)

4. Ist die auszugebende Integer-Zahl größer als der durch p reservierte Platz, so wird die Integer-Zahl trotzdem komplett ausgegeben, es entsteht kein Ziffern-Verlust.

Die Ausgabe von Float-Zahlen: (Formatzeichen f, e, g, E, G, lf, le, lg, lE, lG)

1. w gibt nun die Gesamtanzahl der für die Ausgabe reservierten Stellen an, wobei der Dezimalpunkt als eine eigene Stelle mitgezählt wird. Das p-Feld gibt die Anzahl der Nachkomma-Stellen an:

    "%6.2f"

bedeutet daher: Insgesamt werden für f sechs Stellen reserviert bzw. f wird 6-stellig ausgegeben mit:
- zwei Nachkomma-Stellen,
- einem Dezimal-Punkt,
- drei Vorkomma-Stellen.

2. Muss, durch die p-Angabe bedingt, die Anzahl der Nachkomma-Stellen bei der Ausgabe reduziert werden, so wird automatisch entsprechend auf- oder abgerundet.
3. Ist die Anzahl der reservierten Vorkomma-Stellen größer die Vorkomma-Stellenanzahl der auszugebenden Float-Zahl, so werden rechtsbündig Leerzeichen ausgegeben.

11. Der 8051er-‚C'-Kursus

4. Ist die Anzahl der reservierten Nachkomma-Stellen größer als die Nachkomma-Stellenanzahl der auszugebenden Float-Zahl, so werden die restlichen Nachkomma-Stellen mit Nullen aufgefüllt.
5. Ist die auszugebende Float-Zahl größer als der durch w und p reservierte Platz, so werden die Vorkomma-Stellen der Float-Zahl komplett, d.h. ohne Ziffernverlust, und die Nachkomma-Stellen der Float-Zahl gerundet ausgegeben.

Das ist aber immer noch nicht alles: printf() kann noch:

- Zahlen linksbündig ausgeben,
- führende Nullen doch mit ausgeben,
- ein zusätzliches ‚+'-Zeichen bei positiven Zahlen mit ausgeben,
- etc.

Über diese Optionen informiert Sie das C-Handbuch detaillierter.

Auf die formatierte Ausgabe von Charakter- und Pointer-Variablen mit printf() werden wir in den entsprechenden Kapiteln zu diesen Datentypen näher eingehen.

Abschließend wollen wir noch kurz auf einen weiteren Datentyp näher eingehen:

Probleme beim Arbeiten mit Byte-Werten

Beim Umgang mit µCs steht man sehr oft vor dem Problem, mit Byte-Werten arbeiten zu müssen.

Wie zuvor gesehen, sind hierbei die Formatkennzeichen "%bu" bzw. "%c" wesentlich, wobei als Variablentype i.A. unsigned char gewählt wird.

Sie müssen allerdings auch hier sehr genau beachten, welches Formatkennzeichen Sie für welche Variablen-Wert-Darstellung verwenden.

Das soll an einem einfachen Beispiel klar gemacht werden:

Wir definieren

      unsigned char c1;

Das Einlesen von Byte-Werten:

Fall A):
Einlesen mit

      scanf("%bu",&c1);

Eingelesen wird hiermit ein einzelnes Byte, das auch als „echte" Zahl interpretiert und weiterverarbeitet wird.

Geben Sie jetzt z.B. über die Terminal-(PC-)Tastatur ein:

      Druck auf die Taste (Zahl) ‚0' und dann RETURN,

so hat nach der scanf(...)-Anweisung die Variable c1 wirklich den Wert 0, das heißt, „%bu" dient zum Einlesen einer 1-Byte langen unsigned Integer-Zahl.

Anders sieht es jedoch im zweiten Fall aus:

Fall B):
Einlesen mit:

$$\text{scanf("\%c",\&c1);}$$

Mit diesem Formatkennzeichen erhält c1 den ASCII-Code der gedrückten Taste zugeordnet, d.h.

$$\text{Druck auf die Taste (Zahl) ‚0' und dann RETURN.}$$

Jetzt besitzt die Variable c1 den Wert 0x30 ($\equiv$ ASCII-Code der Taste bzw. Zahl ‚0'), und dieser Wert wird dann auch weiterverarbeitet.

Ganz kritisch wird es, wenn Sie eine mehrstellige Zahl (d.h. mehrere Tastendrücke hintereinander) eingeben wollen:

Sie möchten z.B. die Zahl ‚34' eingeben und drücken dazu die Tasten ‚3' und ‚4'.

Beim Druck auf die Taste ‚3' wird der Werte 0x33 über die serielle Schnittstelle des PCs an den µC gesendet. Die Variable erhält dadurch diesen Wert 0x33 zugeordnet – und damit ist die scanf(...)-Funktion beendet! Es sollte ja nur ein Zeichen (char) der Länge 1 Byte eingelesen werden.

Doch was passiert mit dem zweiten Tastendruck?

Beim Druck auf die Taste ‚34' sendet das Terminalprogramm ganz normal ein Byte mit dem Wert 0x34 ($\equiv$ ASCII-Code der Taste bzw. Zahl ‚4') über die serielle Schnittstelle an den µC.

Dieses Byte gelangt in den Buffer-Speicher der seriellen µC-Schnittstelle (siehe Lektion 13) und bleibt dort liegen, da es von keiner scanf(...)-Anweisung abgeholt wird (die vorherige scanf(...)-Anweisung ist ja schon beim Einlesen des ersten Tastendrucks abgearbeitet worden).

Mit anderen Worten: Wenn Sie nun im weiteren Verlauf Ihres Programms an einer anderen Stelle eine scanf(...)-Anweisung benutzen, um einen ganz anderen Wert einzulesen, so liest diese scanf(...)-Anweisung erst einmal den noch im Schnittstellen-Buffer vorliegenden Wert 0x34 ein und verarbeitet diesen, und zwar, ohne dass Sie zuvor überhaupt eine Eingabe gemacht bzw. eine Taste gedrückt haben. Das ist natürlich völlig falsch!

Ähnliche Probleme ergeben sich bei der

Ausgabe von Byte-Werten:
Es sei:

    unsigned char c1;

    c1=0x35;   // 0x35 = 53 (dez)

11. Der 8051er-‚C'-Kursus

Fall A)
Ausgabe mit:

   printf("%bu",c1); // Ausgabe im dez. System

Auf dem Bildschirm erscheint die „echte" Zahl ‚53' ($\equiv$ 0x35).

Fall B)
Ausgabe mit:

   printf("%bx",c1); // Ausgabe im hex. System

Auf dem Bildschirm erscheint die „echte" Zahl ‚35' (als Hex-Zahl zu interpretieren).

Fall C)
Ausgabe mit:

   printf("%c",c1); // Ausgabe als Charakter (ASCII-Zeichen)

c1 wird nun als „echter" Charakter („echtes" ASCII-Zeichen) ausgegeben, das heißt, auf dem Bildschirm erscheint das ASCII-Zeichen mit dem Code 0x35, also das Zeichen ‚5'.

Auch hier müssen Sie sich daher sehr sorgfältig darüber im Klaren sein, was Sie eigentlich ausgeben, d.h. auf dem Bildschirm darstellen wollen und dementsprechend das passende Formatkennzeichen auswählen.

> ☞ **Merke: „Über das Arbeiten mit Byte-Werten"**
>
> 1. Möchten Sie in Ihrem Programm mit echten nur positiven Byte-Werten (Wertebereich: 0 ... 255) arbeiten, so sollten Sie die folgenden Empfehlungen dringendst beachten:
>   - Variablentype: immer   unsigned char
>   - Formatkennzeichen für Ein- bzw. Ausgabe mit der scanf(...)- bzw. printf(...)-Anweisung: immer   %bu   bei dezimalen Werten
>   %bx   bei hexadezimalen Werten bzw.
>   %bX   bei hexadezimalen Werten
>
> 2. Wollen Sie wirklich mit ASCII-Zeichen arbeiten, so gilt:
>   - Variablentyp: immer   unsigned char
>   - Formatkennzeichen für Ein- bzw. Ausgabe mit der scanf(...)- bzw. printf(...)-Anweisung: immer   %c
>
> 3. Es gibt wenig Gründe, um mit dem Variablentyp (signed)char zu arbeiten.

Hinweis:
Die Zuordnung eines einzelnen ASCII-Zeichens zu einer char-Variablen in Ihrem Programm geschieht dadurch, dass Sie das ASCII-Zeichen in einfache Anführungszeichen setzen (nicht in doppelte Anführungszeichen, denn diese sind den Strings vorbehalten!):

11.1 Der Einstieg in C51

Beispiel:

unsigned char x;

x='d';
// oder
x=100;

Beide Anweisungen haben dasselbe Ergebnis, denn 100 ist der ASCII-Code des Buchstabens ‚d'. Damit nun die Programmier-Praxis nicht zu kurz kommt, haben wir noch ein kleines Demo-Programm für Sie, das Sie einmal analysieren und ausprobieren sollen:

```c
/****************************************************************************/
/*                                                                          */
/*                Eingabe, Rechnen und Ausgabe von Variablen                */
/*                ==========================================                */
/*                                                                          */
/* Name:rechnen_tfh.c                                                       */
/* Funktion:Beispiele                                                       */
/* Zielhardware:80C537er-TFH-Board                                          */
/* Autor:B.v.B. / P.G.                                                      */
/* Stand:24.01.03                                                           */
/*                                                                          */
/****************************************************************************/

/*** Definition der im Programm benutzten Special Function Register / Bits ***/

sfr    PCON   = 0x87;
sfr    S0CON  = 0x98;
sbit   BD     = 0xDF;


/*** Einbinden von Include-Dateien ***/

#include <stdio.h>              // Standard I/O Funktionen


/*** Start des Hauptprogramms! *********************************************/

void main ()
                                // Ab hier werden die Befehle des Programms eingegeben
   {
/*** Definition der verwendeten Variablen ***/

    int i1, i2, i3;
    float r1, r2, r3;

/****************************************************************************/
/* Funktion void init_seri(void) initialisiert die serielle Schnittstelle 0 des 80C537er- */
/* TFH-Boards unter der Voraussetzung, dass mit einem 12MHz-Quarz gearbeitet wird!        */
/*                                                                                        */
/* Schnittstellenparameter: 9600Baud, 8 Datenbit, 1 Stopp-Bit, asynchroner Betrieb        */
/*                                                                                        */
/****************************************************************************/
```

11. Der 8051er-‚C'-Kursus

```
BD = 1;                // Baudratengenerator für Serial Interface 0 eingeschaltet und
PCON |= 0x80;          // Baudrate durch Setzen des Bits SMOD auf 9600Bd verdoppelt!
S0CON = 0x52;          // Serial Interface Mode 1, 8-Bit-UART, Empfänger eingeschaltet,
                       // Sender-IR-Flag gesetzt und Empfänger-IR-Flag gelöscht!

/******************************************************************************/
/* Beginn des eigentlichen Hauptprogramms, d.h., ab hier können Sie ihre Befehle eingeben!*/
/******************************************************************************/

    printf("\x1b\x48\x1b\x4a");          //Bildschirm löschen

    printf("Start des Hauptprogramms rechnen_tfh.c: Das Rechnen in C51 \n\n");

    printf("Bitte geben Sie zwei Integer-Zahlen wie folgt ein:\n");
    printf("Zahl1 <LEERTASTE> Zahl2 <RETURN> \n\n");
    scanf("%i %i",&i1, &i2);

    printf("\n\n\nBitte geben Sie zwei Real-Zahlen wie folgt ein:\n");
    printf("Zahl1 <LEERTASTE> Zahl2 <RETURN> \n\n");
    scanf("%f %f",&r1, &r2);

    printf("\n\n\n\n\nDie Grundrechenarten fuer Integer-Zahlen\n\n");
    printf("    1. Addition:       %d + %d = %d\n", i1, i2, i1+i2);
    printf("    2. Subtraktion:    %d - %d = %d\n", i1, i2, i1-i2);
    printf("    3. Multiplikation: %d * %d = %d\n", i1, i2, i1*i2);
    i3 = 5*i2 + 4*i1;
    printf("    4. Gemischt:       5 * %d + 4 * %d = %d\n\n", i2, i1, i3);

    printf("    Die erweiterten Grundrechenarten fuer Integer-Zahlen\n\n");
    printf("    5. Division, ganzzahliges Ergebnis: %d / %d = %d\n", i1, i2, i1/i2);
    printf("    6. Division, Rest der Division:     %d mod %d = %d\n", i1, i2, i1%i2);
    printf("    7. Gemischt: %d geteilt durch %d = %d, Rest %d\n\n\n", i1,i2,i1/i2,i1%i2);

    printf("Die Grundrechenarten fuer Real-Zahlen\n\n");
    printf("    1. Addition:       %f + %f = %f\n", r1, r2, r1+r2);
    printf("    2. Subtraktion:    %f - %f = %f\n", r1, r2, r1-r2);
    printf("    3. Multiplikation: %f * %f = %f\n", r1, r2, r1*r2);
    printf("    4. Division:       %f : %f = %f\n", r1, r2, r1/r2);
    r3 = 3.6*r2 + 4.67/r1;
    printf("    5. Gemischt:       3.6 * %f + 4.67 : %f = %f\n\n", r2, r1, r3);

    while (1);            // Endlosschleife zum ordnungsgemäßen Abschluss des Programms
}
/*** Ende des Hauptprogramms, d.h. Ende des gesamten Programms! ****************/
```

Und nun der „Rechnen mit Zahlen"-Höhepunkt:

🏋 Übungsaufgaben

1. Schreiben Sie ein Programm, das drei Float-Zahlen einliest, jeweils das Produkt und die Differenz der drei Zahlen bildet und die Ergebnisse als Float-Zahlen ausgibt. Die Summe der Zahlen soll als Integer-Zahl ausgegeben werden. Programmieren Sie eine „ansprechende" Bildschirmdarstellung.

2. Schreiben Sie ein Programm, das drei Integer-Zahlen einliest und die Summe der Quadrate dieser Zahlen ausgibt.

11.1.5 Lektion 5: Die Vergleichsoperatoren, die logischen Operatoren, die bitweisen Operatoren, die boolesche Algebra und die Schleifen

---

Lernziele:

In diesem Kapitel werden Sie zunächst logische Aussagen kennen lernen; auf deren Grundlage können Sie dann interessante Programmverzweigungsentscheidungen treffen.

Mit Hilfe der booleschen Algebra und boolescher Variablen lernen Sie weiterhin, logische Verknüpfungen durchzuführen.

- Neu eingeführte C-Befehle, Funktionen und Datentypen:
    - Mathematische Vergleichs-Operatoren: <, <=, ==, >, >= und !=
    - Negations-Operator !
    - Logische Operatoren: &&, ||
    - Bitweise Operatoren: &, |, ^ und ~
    - Verschiebe-Operatoren: <<, >>
    - if...else-Vergleich
    - while-Schleife
    - do...while-Schleife
    - switch...case-Entscheidung
    - break-Anweisung
    - continue-Anweisung

- Behandelte interne ON-Chip-Peripherie-Einheiten: keine

- Behandelte externe Peripherie-Einheiten: keine

Die logischen Aussagen

Die Grundlage für viele Entscheidungen innerhalb eines Programmablaufes bilden so genannte logische Aussagen.

Aus dem täglichen Gebrauch kennen Sie eine Vielzahl solcher Aussagen oder Bedingungen, bei denen es immer nur zwei Wahrheitsalternativen gibt:

Beispiele:

- Die Tür ist geöffnet: Das ist wahr oder falsch.
- Der Motor läuft: Das ist wahr oder falsch.
- Der Messwert ist größer 100 V: Das ist wahr oder falsch.
- Die Wartezeit ist abgelaufen: Das ist wahr oder falsch.

11. Der 8051er-‚C'-Kursus

☞ **Merke: „Logische Aussagen"**

Eine (logische) Aussage ist zunächst ein Satz, der entweder wahr oder falsch ist. Der Wahrheitswert muss also eindeutig bestimmbar sein.

Beispiele:
- München liegt in Norddeutschland!   (Ist mit Sicherheit falsch.)
- 25 kann ohne Rest durch 5 geteilt werden!   (Ist wahr.)
- Morgen regnet es vielleicht!   (Ist keine Aussage im obigen Sinn, denn es kann kein eindeutiger Wahrheitswert zugeordnet werden.)
- Der VfL Bochum wird Deutscher Meister!   (Sicherlich ein guter Witz, aber keine eindeutig zu bewertende Aussage.)

Wichtig ist also, dass (logische) Aussagen grundsätzlich nur zwei Wahrheitszustände haben: Sie sind entweder wahr (true oder logisch ‚1'), oder sie sind falsch (false oder logisch ‚0'). Ein ‚vielleicht' gibt es hierbei nicht!

Aufgrund dieser beiden eindeutigen Zustände können nun innerhalb eines Programmes Entscheidungen getroffen werden, die zu ganz unterschiedlichen Programmverläufen führen.

Logische Aussagen werden sehr oft auch als (logische) Bedingungen bezeichnet. Eine Bedingung kann entweder erfüllt (wahr) oder nicht erfüllt (falsch) sein.

Die if...else-Anweisung

Damit Sie mit dem Wahrheitsgehalt solcher Aussagen den Ablauf eines µC-Programms auch beeinflussen können, gibt es in C die *if...else-Anweisung*, auch *if...else-Kontrollstruktur* genannt.

☞ **Merke: „Die if...else-Anweisung"**

Die if...else-Anweisung hat ganz allgemein den folgenden Aufbau:

```
if (Aussage)
   {
      (Programmblock bzw. Blockanweisung)
   }
else
   {
      (Programmblock bzw. Blockanweisung)
   }
```

Die if-Anweisung dient also dazu, eine Auswahl *zwischen genau zwei* Möglichkeiten zu treffen:

11.1 Der Einstieg in C51

if...	≡	**wenn** die nachfolgende
Aussage	≡	**wahr** ist, **dann** führe den
Programmblock	≡	nach if aus,
else	≡	**sonst** (wenn also die Aussage falsch ist) führe den
Programmblock	≡	nach else aus.

Man nennt solch einen if-Vergleich auch eine *bedingte (Programm)Anweisung*: Überprüfung einer Bedingung, und je nach deren Wahrheitsgehalt (wahr oder falsch) wird genau einer von zwei bestimmten Programmblöcken ausgeführt.

Ein ganz einfaches Beispiel soll diese if-Konstruktion verdeutlichen:

Beispiel:

Im Programm if-1.c wird eine einzugebende Integerzahl daraufhin verglichen, ob sie größer, gleich oder kleiner als 125 ist. Hier der Kern des Programms:

```
void main ()
  {
   unsigned char i;

   // Löschen des Terminal Bildschirms
   printf("\x1b\x48\x1b\x4a");
   printf("Start des Hauptprogramms if-1.c: Der Gebrauch der if-Anweisung");

   // Endlosschleife, das Programm läuft kontinuierlich durch!
   while(1)
     {
       printf("\n\n   Bitte geben Sie eine Integer-Zahl (0..255) ein: ");
       scanf("%i",&i);

       // Erster Vergleich, ist i = 125?
       if (i==125)
         {
           printf("i ist genau gleich 125!\n");
         }

       // Zweiter Vergleich, ist i > 125?
       if (i>125)
         {
           printf("i ist groesser als 125!\n");
         }
       // else Zweig, ist i <= 125?
       else
         {
           printf("i ist kleiner oder gleich 125!\n");
         }
       // Befehl A;
       // Befehl B;
     }
  }
```

Schauen wir uns dieses Programm nun etwas näher an:

Beim ersten Vergleich wird untersucht, ob i gleich 125 ist. Ist das der Fall, so wird der nach if folgende Programmblock ausgeführt, und die entsprechende Meldung erscheint auf dem Bildschirm. Zusätzlich sehen Sie hier, dass der else-Teil bei einer if-Abfrage nicht unbedingt immer vorhanden sein muss.

> ☞ **Merke: „Die einfache if-Abfrage (der einfache if-Vergleich)"**
>
> Beim einfachen if-Vergleich kann der else-Teil entfallen; das bedeutet: Ist die Vergleichsaussage wahr, so wird der nach if stehende Programmblock ausgeführt. Ist die Vergleichsaussage dagegen falsch, so wird der gesamte folgende Block übersprungen und mit den danach folgenden Befehlen des Programms fortgefahren.

Beim zweiten Vergleich wird eine vollständige if-Abfrage durchgeführt, also ein if-Vergleich mit else-Teil: Ist i>125, so wird der if-Block ausgeführt und bei i nicht größer als 125 der else-Block.

Zu beachten ist hier unbedingt die „mathematische Logik" des Vergleichs: Wenn i genau gleich 125 ist, so wird nicht der if-Block des zweiten Vergleichs bearbeitet, sondern der else-Block des zweiten Vergleiches wird ausgeführt, da i ja nicht größer als 125 ist. Bei der hier vorliegenden Programmierung erscheinen also zwei Meldungen, wenn Sie i=125 eingeben:

- einmal: „i ist genau gleich 125." (vom ersten Vergleich her) und

- einmal: „i ist kleiner oder gleich 125." (vom else-Teil des zweiten Vergleichs her)

Es ist also auch hier sehr wichtig, dass Sie sich darüber im Klaren sind, wie die logischen Aussagen bei einem Vergleich mathematisch exakt interpretiert werden, damit das Programm auch das macht, was Sie wollen.

Nach der Durchführung des zweiten Vergleichs in if-1.c wird dann mit den Befehlen A, B, usw. des Programms fortgefahren.

Bei der Programmierung der if-Anweisung sollten Sie sowohl den if- als auch den else-Programmblock einrücken, damit bereits optisch die if...else-Konstruktion klar erkannt wird.

Die Vergleichsoperatoren

Zur Durchführung der Vergleiche bei einer if-Abfrage stehen Ihnen die bekannten mathematischen Vergleichsoperatoren zur Verfügung.

11.1 Der Einstieg in C51

☛ **Merke: „Die Vergleichsoperatoren in C"**

Zur Durchführung von Vergleichen stehen in C die folgenden Operatoren zur Verfügung:

==	gleich
>	größer
<	kleiner
!=	ungleich
>=	größer gleich
<=	kleiner gleich

Auch hier geht C wieder eigene Wege, insbesondere müssen Sie bei der „Gleichheit" darauf achten, dass Sie zweimal das ‚='-Zeichen schreiben. Ein einziges ‚='-Zeichen bedeutet ja eine Variablen-Zuweisung, und die ist in einem Vergleich völlig fehl am Platz. C antwortet daher in diesem Fall mit einer Warnmeldung: "constant in condition expression".

Weiterhin müssen die Vergleichsausdrücke immer in runden Klammern (...) eingeschlossen werden.

Der Negationsoperator ‚!'

Durch den Operator ‚!' wird eine Bedingung negiert, d.h. ihr Wahrheitsgehalt umgekehrt (das entspricht dem logischen NOT):

```
if (!(i==3785))
        {
                Programmblock
        }
```

Der Programmblock wird also ausgeführt, wenn i nicht gleich 3785 ist.

Der Wert von logischen Aussagen

Wie werden Bedingungen (logische Aussagen) nun in C „wertemäßig" behandelt?
Es gilt hierbei der folgende Merksatz:

☛ **Merke: „Der Wert von Bedingungen"**

Bedingungen werden C-intern wie ganz normale Zahlenwerte behandelt, und zwar gilt:

- eine wahre (positive) Bedingung hat immer den Wert 1 bzw. ungleich 0
- eine falsche (negative) Bedingung hat immer den Wert 0

Anmerkung: C selber verteilt intern immer nur die beiden Werte 0 oder 1. In Ihrem Programm können Sie aber ganz allgemein mit den Werten 0 und ungleich 0 arbeiten.

11. Der 8051er-‚C'-Kursus

Damit können Sie jetzt auch vereinfacht programmieren:

if (a)

    {

        Dieser Programmblock wird ausgeführt, wenn a ungleich 0 ist, denn alle Werte ungleich 0 sind in C immer wahr!

    }

if (!b)

    {

        Dieser Programmblock wird ausgeführt, wenn b = 0 ist, denn der Wert = 0 sind in C immer falsch!

    }

Die logischen Operatoren

Sehr oft reichen in einer Programmentscheidungssituation einfache Vergleiche aus, wie Sie sie gerade kennen gelernt haben: i kleiner ..., i größer ..., i gleich ... Genau so oft kommt es aber vor, dass Sie komplexere Vergleiche durchführen müssen.

Beispiel:

Sie erfassen einen Messwert und müssen überprüfen, ob dieser in einem bestimmten Bereich liegt, um dann bestimmte Aktionen auszulösen.

Nehmen wir dazu einmal an, der A/D-Wandler erfasst einen Spannungsmesswert, und nur wenn dieser Wert im Bereich zwischen 115 und 135 liegt (die Spannungseinheit V wird hier der Einfachheit halber zunächst einmal weggelassen), soll ein Motor eingeschaltet werden, andernfalls soll der Motor ausgeschaltet werden.

Mit einer einfachen if-Konstruktion, wie Sie sie zuvor kennen gelernt haben, kommen Sie an dieser Stelle nicht weiter, denn Sie müssen den Messwert mit *zwei* Grenzwerten vergleichen:

„Der Motor darf nur dann eingeschaltet werden, wenn der Messwert größer gleich 115 *UND* kleiner gleich 135 ist."

Es sind also gleichzeitig zwei Bedingungen zu erfüllen, bevor etwas passiert. Die beiden Bedingungen selber sind nun durch eine so genannte *UND-Verknüpfung* miteinander verbunden.

Solch eine UND-Verknüpfung, im Englischen auch einfach AND genannt, ist eine der logischen Grundverknüpfungen der so genannten *booleschen Algebra*.

11.1 Der Einstieg in C51

☛ **Merke:** „Die boolesche Algebra"

Die *boolesche Algebra* (nach dem englischen Mathematiker G. Boole benannt) oder auch die *Schaltalgebra* oder auch die *logische Verknüpfungsalgebra* beschäftigt sich mit den verschiedenen Verknüpfungsmöglichkeiten so genannter Schaltungs- oder boolescher Variablen. Das sind Variablen, die nur zwei Werte annehmen können: 0 oder 1; wahr oder falsch; true oder false; High oder Low.

Somit kann einer booleschen Variablen der Wahrheitswert einer logischen Aussage zugeordnet werden, und mehrere solcher booleschen Variablen lassen sich miteinander verknüpfen, das heißt, „man kann mit ihnen nach bestimmten Regeln rechnen".

Die wichtigsten logischen Grundverknüpfungen (boolesche Funktionen) zwischen zwei oder mehreren Variablen sind:
- die logische UND-Verknüpfung (AND)
- die logische ODER-Verknüpfung (OR)
- die logische EXKLUSIV-ODER-Verknüpfung (EXOR oder XOR)
- die Negation einer Variablen oder einer booleschen Funktion NICHT (NOT)

Jede boolesche Funktion kann durch eine entsprechende *Wahrheits(werte)-Tabelle* vollständig und eindeutig gekennzeichnet werden.

Die *Tab. 11.1.5.1a* und *b* zeigen die Wahrheitstabelle der AND-Verknüpfung.

Teilaussage 1	AND	Teilaussage 2	=	Ausgangsergebnis
falsch	AND	falsch	=	falsch
falsch	AND	wahr	=	falsch
wahr	AND	falsch	=	falsch
wahr	AND	wahr	=	wahr

Tab. 11.1.5.1a: Die AND-Verknüpfung zweier Aussagen

Variable 1	AND	Variable 2	=	Ergebnis
0	AND	0	=	0
0	AND	1	=	0
1	AND	0	=	0
1	AND	1	=	1

Tab. 11.1.5.1b: Die AND-Verknüpfung zweier boolescher Variablen

11. Der 8051er-‚C'-Kursus

Im Teil *a* der Tabelle ist eine verbale Beschreibung in Bezug auf logische Aussagen und in Teil *b* eine Beschreibung mit den logischen Variablen-Zuständen 0 und 1 für die AND-Verknüpfung angegeben.

Sie sehen hier, dass das Ausgangsergebnis einer AND-Funktion nur dann wahr (log.‚1') ist, wenn alle beiden Teilaussagen wahr sind.

Und auch hier geht C nun seine eigenen Wege: Während andere Programmiersprachen die AND-Verknüpfung durch das Wort ‚AND' kennzeichnen, benutzt C den Operator ‚&' in zweifacher Ausführung, also:

logisches AND ≡ && in C

Diese AND-Verknüpfung kann man nun wie folgt zur Programmierung unseres „Motor-Einschaltproblems" verwenden:

```
unsigned char mw;   // mw = erfasster Messwert
.......
if ((mw>=115) && (mw<=135))
        {
                // if-Block zum Einschalten des Motors
                .....
        }
   else
        {
                // else-Block zum Ausschalten des Motors
                .....
        }
```

Sie erkennen, dass man hier den if-Vergleich auf zwei Teilaussagen anwendet, die durch den C-Operator ‚&&' verknüpft sind. Der if-Block wird dann und nur dann ausgeführt, wenn die if-Bedingung erfüllt ist, wenn also beide Teilaussagen wahr sind. In diesem Fall wird der else-Block nicht bearbeitet. Ist jedoch mindestens eine der Teilaussagen falsch, so wird der if-Block übersprungen, der else-Block dagegen ausgeführt und der Motor damit ausgeschaltet.

Natürlich funktioniert der if-Vergleich auch mit der AND-Verknüpfung von mehr als zwei Teilaussagen.

> ☞ **Merke: „Die AND-Verknüpfung"**
>
> Mit der booleschen Grundverknüpfung AND kann man den if-Vergleich so erweitern, dass der if-Block immer nur dann ausgeführt wird, wenn alle Bedingungen gleichzeitig erfüllt sind. Ist nur eine einzige der Bedingungen falsch, so wird der if-Block übersprungen, und, falls vorhanden, der else-Block bearbeitet. Ist dagegen kein else-Block vorhanden, so wird der nächst folgende Befehl des Programms nach dem if-Block bearbeitet.

11.1 Der Einstieg in C51

Die Programmierung der Motor Ein-/Ausschaltfunktion kann nun aber auch auf eine andere Art und Weise erfolgen:

„Der Motor muss ausgeschaltet werden, wenn der Messwert kleiner als 115 *ODER* größer als 135 ist."

Hierbei wird die boolesche Grundfunktion ODER (im englischen *or*) benutzt. *Tab. 11.1.5.2a* und *b* zeigen das Verhalten dieser Funktion.

Teilaussage 1	OR	Teilaussage 2	=	Ausgangsergebnis
falsch	OR	falsch	=	falsch
falsch	OR	wahr	=	wahr
wahr	OR	falsch	=	wahr
wahr	OR	wahr	=	wahr

Tab. 11.1.5.2a: Die OR-Verknüpfung zweier Aussagen

Variable 1	OR	Variable 2	=	Ergebnis
0	OR	0	=	0
0	OR	1	=	1
1	OR	0	=	1
1	OR	1	=	1

Tab. 11.1.5.2b: Die OR-Verknüpfung zweier boolescher Variablen

Sie sehen jetzt, dass das Ausgangsergebnis einer OR-Verknüpfung immer dann wahr (log.‚1') ist, wenn *mindestens* eine der Teilaussagen wahr (log.‚1') ist.

Und schon wieder geht C hier seine eigene Wege: Während andere Programmiersprachen die OR-Verknüpfung durch das Wort ‚OR' kennzeichnen, benutzt C den Operator ‚|' in zweifacher Ausführung, also:

logisches OR   ≡ || in C

Wichtiger Praxishinweis:

Sie geben das ‚|'-Zeichen auf der PC-Tastatur mit ‚Alt Gr'+ ‚<'-Taste ein!

Somit können Sie nun die if-Abfrage, unter Verwendung der OR-Verknüpfung, wie folgt programmieren:

11. Der 8051er-‚C'-Kursus

```
        if ((mw<115) || (mw>135))
            {
                        // if-Block zum Ausschalten des Motors
                        .....
            }
        else
            {
                        // else-Block zum Einschalten des Motors
                        .....
            }
```

Im Vergleich zur vorherigen Lösung dient hier jetzt der if-Block zum Ausschalten des Motors und der else-Block zum Einschalten.

> ### ☞ Merke: „Die OR-Verknüpfung"
>
> Mit der booleschen Grundverknüpfung OR kann man den if-Vergleich so erweitern, dass der if-Block immer dann ausgeführt wird, wenn mindestens eine von mehreren Bedingungen erfüllt ist. Auch wenn mehr als eine oder sogar alle Bedingungen erfüllt sind, wird der if-Block abgearbeitet.
>
> Nur wenn alle Bedingungen gleichzeitig falsch sind, wird der if-Block übersprungen, und, falls vorhanden, der else-Block bearbeitet. Ist kein else-Block vorhanden, so wird der nächst folgende Befehl des Programms nach dem if-Block bearbeitet.

Welche der beiden Lösungsmöglichkeiten Sie zum Betrieb des Motors letztendlich programmieren, bleibt Ihrem eigenen Geschmack überlassen, denn das Endergebnis, die korrekte Motoransteuerung, ist in beiden Fällen gleich.

Nun eine neue Problemstellung: Eine Maschine soll durch Tastendruck eingeschaltet werden. Zulässig zur Einschaltung sind alle Buchstaben-Tastendrücke einer Tastatur, außer ein Druck auf die Taste ‚s' (warum auch immer).

Die Einschaltabfrage für die Maschine könnten Sie nun wie folgt programmieren:

```
    unsigned char taste;

    scanf("%c",&taste);

    if ((taste=='a') || (taste=='b') || .... || (taste=='r') || (taste=='t') || ... || (taste=='z'))
            {
                // Einschaltsequenz für die Maschine
                .....
            }
```

11.1 Der Einstieg in C51

```
        else
            {
                    // Ausschaltsequenz für die Maschine
                    .....
            }
```

Diese if-Abfrage ist sicherlich mehr als umständlich, und daher sollten Sie auf jeden Fall besser programmieren:

```
if (!(taste=='s'))
        {
                // Einschaltsequenz
                .....
        }
    else
        {
                // Ausschaltsequenz
                .....
        }
```

Streichen Sie zunächst erst einmal gedanklich den Operator ‚!' vor dem Vergleich taste=='s'. Dann wird der if-Block bearbeitet, wenn Sie die Taste s eingegeben haben, was hier aber unerwünscht ist (der else-Block wird nicht ausgeführt). Durch die Einfügung des Operators ‚!' wird nun der if-Block dann bearbeitet, wenn die gedrückte Taste nicht gleich s ist, und der else-Block dann, wenn die Taste s gedrückt wurde. Man kann also, wie bereits gesehen, durch den ‚!'-Operator ($\equiv$ *NOT*) eine so genannte *Invertierung (Umkehrung)* des Wahrheitsgehaltes einer logischen Aussage erreichen, *Tab. 11.1.5.3a* und *b*.

NOT	Aussage	=	Ausgangsergebnis
NOT	falsch	=	wahr
NOT	wahr	=	falsch

Tab. 11.1.5.3a: Die Negation einer Aussage

11. Der 8051er-‚C'-Kursus

NOT	Variable	=	Ergebnis
NOT	0	=	1
NOT	1	=	0

Tab. 11.1.5.3b: Die Negation einer booleschen Variablen

☞ Merke: true und false bei logischen Aussagen und deren Verneinung"

Bisher haben wir immer davon gesprochen, dass logische Aussagen erfüllt oder nicht erfüllt sind. Im korrekten Vokabular der Programmiertechnik sagt man jedoch, dass Aussagen entweder true (wahr) oder aber false (falsch) sind.

Durch die Verwendung von „!(Aussage)", d.h. durch die Verneinung einer Aussage, wird nun der logische Zustand einer Aussage umgekehrt, aus true wird false, und aus false wird true.

Natürlich hätten Sie das vorherige Problem auch ohne die Verwendung von ‚!' wie folgt lösen können:

```
if (taste=='s')
    {
        // Ausschaltsequenz
        .....
    }
else
    {
        // Einschaltsequenz
        .....
    }
```

Sie sehen also, dass Sie bei der Verwendung der booleschen Grundverknüpfungen in Verbindung mit der if-Abfrage vielerlei Möglichkeiten haben, ein bestimmtes Problem programmtechnisch in den Griff zu bekommen.

11.1 Der Einstieg in C51

☞ **Merke: „Weitere Möglichkeiten der if-Abfrage"**

Alle zuvor durchgeführten Vergleiche und alle booleschen Grundoperationen können auch mit Integer-, Character- und Float-Variablen bzw. -Konstanten durchgeführt werden:

    float r1=5.71, r2=1.287951e4;

    float r3,r4;
    unsigned int i1,i2;
    unsigned char c1,c2,c3,c4;

    if (r1>r3) { ..... }

    if ((r2==r3) || !(r1==r4)) { ..... }

was identisch ist mit

    if ((r2==r3) || (r1!=r4)) { ..... }

Auch die bekannten Rechenoperationen in C können in Vergleichsausdrücken bei Float- und Integer-Variablen bzw. Konstanten benutzt werden:

    if ((r1-r4) > (r3+r2)) { ..... }
    if ((i1>i2) || (r3<r4)) { ..... }

Auch eine Kombination von Float- und Integer-Größen ist möglich:

    if (r1>i1) { ..... }

Natürlich gilt das alles auch für Charakter-Variablen:

    if ((c1<c2) && ((c3-c4)>50)) { ..... }

wobei die Variablen hier sowohl 1-Byte-Integer-Zahlenwerte als auch ASCII-Zeichen beinhalten können.
Wenn die Variablen ASCII-Zeichen beinhalten, wird bei den durchzuführenden Vergleichen der jeweilige ASCII-Code des Zeichens zugrunde gelegt, also ist

$$'m' < 'q'$$

da der ASCII-Code von m gleich 109 und der ASCII-Code von q gleich 113 ist.
Desgleichen ergibt sich bei c3='x' und c4='b':
also wird

$$(c3 - c4) > 50 \rightarrow false, da$$

$$c3 - c4 = 120 - 98 = 22 \text{ ist!},$$

wobei der Sinn dieser Berechnung nicht unbedingt einsichtig ist; sie ist aber durchführbar.

11. Der 8051er-‚C'-Kursus

Die *Tab. 11.1.5.4* zeigt abschließend auf einen Blick die Funktionstabellen der logischen Operatoren AND, OR und NOT und die der wichtigsten zusammengesetzten logischen Funktionen NAND und NOR.

B1	B2	B1 && B2	B1 || B2	! B1	! (B1 && B2)	! (B1 || B2)
Bed.1	Bed.2	AND	OR	NOT	NAND	NOR
falsch	falsch	falsch	falsch	wahr	wahr	wahr
falsch	wahr	falsch	wahr	wahr	wahr	falsch
wahr	falsch	falsch	wahr	falsch	wahr	falsch
wahr	wahr	wahr	wahr	falsch	falsch	falsch

Tab. 11.1.5.4: Die wichtigsten logischen Grundoperatoren

☞ **Merke: „Die EXOR-Verknüpfung"**

Einen Operator für das EXCLUSIV OR (EXOR) gibt es in C nicht!
Diese Verknüpfung muss durch entsprechende Kombination der vorhandenen Grundverknüpfungen AND, OR und NOT nachgebildet werden, und zwar gilt:

a EXOR b ≡ (a AND (not b))   or   ((not a) and b)
         ≡ (a && (!b))   \|\| ((!a) && b)

Die bitweisen Operatoren

Ein weiterer programmiertechnisch sehr wichtiger Aspekt, insbesondere für die Programmierung von µC, ergibt sich daraus, dass die booleschen Verknüpfungen AND, OR, EXOR und NOT in C auch bitweise auf Integer- und Charakter-Variablen angewandt werden können.

11.1 Der Einstieg in C51

☞ Merke: „Die bitweisen Operatoren"

Bei den bitweisen Verknüpfungsoperatoren erfolgt die Verknüpfung der einzelnen Zahlenwerte untereinander immer bitweise.

Für diese Verknüpfungen gibt es in C eigene Verknüpfungsoperatoren, die teilweise den Verknüpfungsoperatoren für logischen Bedingungen (Aussagen) sehr ähnlich sehen:

-   &   für das bitweise AND
-   | für das bitweise OR
-   ^   für das bitweise EXOR
-   ~   für die bitweise Negierung

Gerade hier ist in C eine große Fehlerquelle gegeben, da man die Operatoren für die Aussagenverknüpfungen sehr leicht mit den Operatoren für die bitweisen Verknüpfungen verwechseln kann und C dann KEINE Fehlermeldung anzeigt: Denn irgend etwas kann in C immer irgendwie verknüpft werden!

Betrachten Sie dazu die folgenden Beispiele, die den Gebrauch der bitweisen Operatoren verdeutlichen sollen.

Zuerst eine tabellarische Übersicht über die Wertetabellen der bitweisen Operatoren und einiger wichtiger „zusammengesetzter" Verknüpfungen, *Tab. 11.1.5.5*.

B1 Bit1	B2 Bit2	B1 & B2 AND	B1 | B2 OR	B1 ^ B2 XOR	~B1 NOT	~(B1 & B2) NAND	~(B1 | B2) NOR	~(B1 ^ B2) Äquivalenz
0	0	0	0	0	1	1	1	1
0	1	0	1	1	1	1	0	0
1	0	0	1	1	0	1	0	0
1	1	1	1	0	0	0	0	1

Tab. 11.1.5.5: Die Wertetabellen der bitweisen Verknüpfungsoperatoren und einiger wichtiger „zusammengesetzter" Verknüpfungen

☞ Merke: „Der Ablauf der bitweisen Verknüpfung"

Bei den bitweisen Verknüpfungen werden die einzelnen Bits der Eingangszahlen spaltenweise logisch miteinander verknüpft und ergeben so das **jeweilige Bit** der Ergebniszahl.
Es entsteht also wieder eine Zahl und kein logischer **Zustand**!

11. Der 8051er-‚C'-Kursus

Für die nachfolgenden Erklärungen gelte:

    unsigned char   x = 0x3a;

    unsigned char   y = 0xf6;

    unsigned char   z;

Die bitweise AND-Verknüpfung: &

z = x & y;   // die einzelnen Bits werden AND-verknüpft

bitweises AND	Bit 7	Bit 6	Bit 5	Bit 4	Bit 3	Bit 2	Bit 1	Bit 0
x:=0x3a	0	0	1	1	1	0	1	0
y:=0xf6	1	1	1	1	0	1	1	0
z:=0x32	**0**	**0**	**1**	**1**	**0**	**0**	**1**	**0**

Die bitweise OR-Verknüpfung: |

z = x | y;   // die einzelnen Bits werden OR-verknüpft

bitweises OR	Bit 7	Bit 6	Bit 5	Bit 4	Bit 3	Bit 2	Bit 1	Bit 0
x:=0x3a	0	0	1	1	1	0	1	0
y:=0xf6	1	1	1	1	0	1	1	0
z:=0xfe	**1**	**1**	**1**	**1**	**1**	**1**	**1**	**0**

Die bitweise EXOR-Verknüpfung (Antivalenz, Ungleichheit): ^

z = x ^ y;   // die einzelnen Bits werden EXOR-verknüpft

bitweises EXOR	Bit 7	Bit 6	Bit 5	Bit 4	Bit 3	Bit 2	Bit 1	Bit 0
x:=0x3a	0	0	1	1	1	0	1	0
y:=0xf6	1	1	1	1	0	1	1	0
z:=0xcc	**1**	**1**	**0**	**0**	**1**	**1**	**0**	**0**

11.1 Der Einstieg in C51

Die bitweise Negierung (NOT): ~

z = ~ x;   // die einzelnen Bits werden negiert

bitweises NOT	Bit 7	Bit 6	Bit 5	Bit 4	Bit 3	Bit 2	Bit 1	Bit 0
x:=0x3a	0	0	1	1	1	0	1	0
z:=0xc5	1	1	0	0	0	1	0	1

Das bitweise NAND: ~(&)

z = ~ (x & y);   // die einzelnen Bits werden NAND-verknüpft

bitweises NAND	Bit 7	Bit 6	Bit 5	Bit 4	Bit 3	Bit 2	Bit 1	Bit 0
x:=0x3a	0	0	1	1	1	0	1	0
y:=0xf6	1	1	1	1	0	1	1	0
z:=0xcd	1	1	0	0	1	1	0	1

Das bitweise NOR: ~(|)

z = ~ (x | y);   // die einzelnen Bits werden NOR-verknüpft

bitweises NOR	Bit 7	Bit 6	Bit 5	Bit 4	Bit 3	Bit 2	Bit 1	Bit 0
x:=0x3a	0	0	1	1	1	0	1	0
y:=0xf6	1	1	1	1	0	1	1	0
z:=0x01	0	0	0	0	0	0	0	1

Die bitweise Äquivalenz (Gleichheit): ~(^)

z = ~ (x ^ y);   // die einzelnen Bits werden auf Gleichheit überprüft

bitweises Äquiv.	Bit 7	Bit 6	Bit 5	Bit 4	Bit 3	Bit 2	Bit 1	Bit 0
x:=0x3a	0	0	1	1	1	0	1	0
y:=0xf6	1	1	1	1	0	1	1	0
z:=0x33	0	0	1	1	0	0	1	1

11. Der 8051er-‚C'-Kursus

Besonders wichtig sind diese bitweisen Verknüpfungen beim Einstellen von Betriebsarten für interne oder externe Peripherie-Einheiten in einem µC-System über Special Function Register (SFRs, siehe Kapitel 11.2). Die nachfolgend von uns gelüfteten Programmiertricks werden Ihnen später das Programmierleben vereinfachen.

Stellen Sie sich einmal vor, Sie wollen das 5. Bit (5. Bit ist das Bit 4, da das 1. Bit ja Bit 0 ist!) einer *unsigned char-Variablen (≡ eines Bytes!)* gezielt auf log.‚1' setzen, *ohne* die anderen Bits dieser Variablen zu verändern. Wie würden Sie dieses Problem lösen?

Nach einer kurzen „Denk- und Lösungsphase" Ihrerseits möchten wir Ihnen die Lösung präsentieren:

    unsigned char c1;

    c1= c1 | 0x10;   // Setzen des 5. Bits auf log.‚1' durch die OR-Ver-
                               // knüpfung mit der *Bitmaske* 0001 0000b = 0x10

Der „Trick" liegt hierbei in der OR-Verknüpfung: durch die log.‚1' an der 5. Bitstelle wird diese Stelle in der Variablen c1 *zwangsweise* auf log.‚1' gesetzt, egal, was vorher an dieser Stelle stand:

alter Wert an der 5. Bitstelle	OR	1	=	neuer Wert an der 5. Bitstelle
0	OR	1	=	1
1	OR	1	=	1

Die anderen 7 Bitstellen werden durch die OR-Verknüpfung mit einer log.‚0' in ihrem Wert *nicht* verändert:

alte Werte der Bitstellen	OR	0	=	neue Werte der Bitstellen
0	OR	0	=	1
1	OR	0	=	1

Sie sehen also, mit Hilfe der (Bit-)Maske 0001 0000b können Sie gezielt nur den Wert des 5. Bits beeinflussen, Sie können also das 5. Bit zwangsweise auf log.‚1' *(aus)maskieren*.

Ganz entsprechend können Sie jetzt die folgende Aufgabe lösen:

„Die 3. Bitstelle der Charakter-Variablen c2 soll zwangsweise auf log.‚0' gesetzt werden, ohne die Zustände der anderen Bits zu ändern."

    unsigned char c2;

11.1 Der Einstieg in C51

```
c2=c2 & 0xfb;        // Setzen des 3. Bits auf log.‚0' durch die
                     // AND-Verknüpfung mit der Bitmaske
                     // 1111 1011b = 0xfb
```

Hier erfolgt nun eine bitweise AND-Verknüpfung mit einer Bitmaske, denn es gilt:

- Eine AND-Verknüpfung mit log.‚0' setzt den Wert einer Bitstelle *zwangsweise* auf log.‚0':

alte Werte der Bitstellen	AND	0	=	neue Werte der Bitstellen
0	AND	0	=	0
1	AND	0	=	0

- Eine AND-Verknüpfung mit log.‚1' ändert den Wert eines Bits nicht:

alte Werte der Bitstellen	AND	1	=	neue Werte der Bitstellen
0	AND	1	=	0
1	AND	1	=	1

Die zwangsweise Ausmaskierung einer Bitstelle auf den Wert log.‚0' erfolgt also durch eine Bitmaske, in der an der entsprechenden Stelle eine log.‚0' steht und an allen anderen Stellen eine log.‚1'.

Natürlich können Sie auch mehrere Bits auf einmal ausmaskieren:

- Die Bits 0, 4 und 6 sollen zwangsweise auf log.‚1' gesetzt werden, ohne die anderen Bitwerte zu verändern: Maskierung mit

```
        ... | 0x51;              // OR mit 0101 0001
```

- Die Bits 4–7 sollen zwangsweise auf log.‚0' gesetzt werden, ohne die Werte der Bits 0–3 zur verändern: Maskierung mit

```
        ... & 0x0f;              // AND mit 0000 1111
```

11. Der 8051er-‚C'-Kursus

> ☛ **Merke: „Die Maskierung von Bits"**
>
> Unter der Maskierung von Bits versteht man ganz allgemein das zwangsweise Setzen des Bitwertes auf log.‚0' oder log.‚1' durch die Verwendung einer geeigneten Bitmaske und einer booleschen Grundverknüpfung, ohne die anderen Bits des Bytes zu ändern.
>
> Eine zwangsweise log.‚0' wird erzeugt durch die Verwendung der AND-Verknüpfung und einer Bitmaske, die an der entsprechenden Bitstelle eine log.‚0' und an allen anderen Bitstellen eine log.‚1' aufweist.
>
> Eine zwangsweise log.‚1' wird erzeugt durch die Verwendung der OR-Verknüpfung und einer Bitmaske, die an der entsprechenden Bitstelle eine log.‚1' und an allen anderen Bitstellen eine log.‚0' aufweist.
>
> Die Anwendung von Maskierungen wird bevorzugt bei *externen* (SFR-)Speicherstellen angewendet, da im Gegensatz dazu sehr viele *interne* (SFR-)Speicherstellen bitadressierbar sind und somit diese Bits direkt angesprochen werden können.
>
> Das wird in den nachfolgenden Lektionen noch näher erläutert und vor allen Dingen auch angewandt.

Neben der Maskierung von Bits wird häufig die *Invertierung einer unsigned Charakter-Variablen* (eines Bytes) benötigt.

Geben Sie bitte eine Programmroutine an, die die Invertierung der Charakter-Variablen c3 in die Charakter-Variable c4 speichert!

Auch hier wollen wir Sie nicht lange „schmoren" lassen:

      unsigned char c3,c4;

      c4=~c3;

Die Verschiebungsopratoren

Eng mit den bitweisen Operatoren hängen die Verschiebungs-Operatoren zusammen. Mit ihrer Hilfe können Integer- und Charakter-Variablen um eine bestimmte Anzahl von (Bit-)Stellen nach rechts oder nach links verschoben werden.

Generell gilt hierbei immer:

- die nach rechts bzw. links herausgeschobenen Stellen gehen dabei verloren,
- von links bzw. von rechts nachgezogen werden immer nur Nullen.

Die Verschiebung nach rechts: >>

Allgemein:

      c>>n ≡ die Variable c wird um n Stellen nach rechts verschoben.

258

11.1 Der Einstieg in C51

Beispiel:

    unsigned char c1,c2;

    c1=15;   // also: c1 = 0001 1001b
    c2=c1>>3;   // c1 wird um drei Stellen nach rechts verschoben:
                         // also: c2 = 0000 0011b = 3

Die Verschiebung nach links: <<

Allgemein:

    c<<n ≡ die Variable c wird um n Stellen nach links verschoben.

Beispiel:

    unsigned char c1,c2;

    c1=9;   // also: c1 = 0000 1001b
    c2=c1<<4;   // c1 wird um fünf Stellen nach links verschoben:
                         // also: c2 = 1001 0000b = 144

 Die Experten-Ecke: „Die Verschiebeoperatoren"

Eine Verschiebung um n Stellen nach rechts entspricht einer Integerdivision durch 2^n!
Eine Verschiebung um n Stellen nach links entspricht einer Multiplikation mit 2^n!

Die Zuweisungsoperatoren

Für alle bitweisen Operatoren (bis auf die Negation) und für die beiden Verschiebungs-Operatoren gibt es auch entsprechende Zuweisungsoperatoren (siehe Lektion 4). Das heißt, die folgenden Ausdrücke sind äquivalent:

    a&=15;   ≡   a = a & 15;
    b|=3;   ≡   b = b | 3;
    c<<=7;   ≡   c = c << 7;
    usw.

Mit Hilfe der logischen Zustände von Aussagen können wir nun zwei weitere wichtige C-Konstrukte näher untersuchen:

- die „while"-Schleife und
- die „do while"-Schleife.

Die „while"-Schleife

hat den folgenden recht einfach zu verstehenden Aufbau:

```
while (Bedingung)
    {
         ..........
         Programmblock / Blockanweisung / Schleifenkörper
         ..........
    }
```

Übersetzt man while mit dem deutschen Ausdruck: *„solange ..."*, so wird die Funktion dieser Schleife schnell klar:

- Solange die Bedingung in der Klammer wahr ist, wird der nachfolgende Programmblock (auch Blockanweisung oder Schleifenkörper genannt) permanent ausgeführt.
- Wenn die Bedingung nicht (mehr) wahr ist, wird der Schleifenkörper nicht (mehr) ausgeführt und das Programm mit den Befehlen nach dem Schleifenkörper fortgeführt.

Solch eine Schleifenkonstruktion (Schleifenkonstrukt) nennt man auch *kopfgesteuerte Schleife*, da die Schleifenbedingung am Anfang, am Kopf der Schleife steht.

> ☛ **Merke: „Die „while"-Schleife"**
>
> Der Schleifenkörper einer „while"-Schleife wird solange bearbeitet, wie die Schleifenbedingung wahr ist.
>
> Ist die Schleifenbedingung bereits am Anfang falsch, so wird der Schleifenkörper nicht einmal bearbeitet, es wird sofort mit den Befehlen nach dem Schleifenkörper fortgefahren.
>
> Ist die Bedingung immer wahr, so wird die Schleife nie verlassen *(Endlosschleife)*.

Und nun ein Beispiel dazu: der Kern des Programms while-1.c aus unserer Sammlung:

```c
void main ()
  {
    unsigned char c1;

    // Löschen des Terminal-Bildschirms
    printf("\x1b\x48\x1b\x4a");
    c1='A';

    // While-Schleife
    while (c1!='t')
      {
        // Schleifenkörper
        printf("Bitte eine Taste druecken: ");
        scanf("%C",&c1);
```

11.1 Der Einstieg in C51

```
        if (c1!='t') printf("          Nicht getroffen!!\n");
    }


    // Hier geht´s weiter nach der Schleife
    printf("\n\n  Treffer!  Versenkt!");
    printf("\a");


    // Endlosschleife zum ordnungsgemäßen Abschluss des Programms
    while (1);
    // Ende des Hauptprogramms, d.h. Ende des gesamten Programms
}
```

In diesem Programmteil finden Sie sogar zwei „while"-Schleifen:

1. `while (c1!='t')`

Der nachfolgende Schleifenkörper wird solange wiederholt ausgeführt, wie die gedrückte Taste nicht gleich dem Buchstaben 't' ist.

Erst wenn c1='t' ist, wird die Schleife verlassen und die nachfolgenden Programmzeilen abgearbeitet, also die „Treffer-Meldung" ausgegeben.

2. `while (1);`

Das ist die Endlosschleife.

Die Endlosschleife

Bei dieser Schleifenkonstruktion ist die Schleifenbedingung immer wahr. Sie erinnern sich: Der logische Zustand „wahr" wird C-intern durch eine Integer-Zahl 0 ausgedrückt, als z.B. durch 1.

$$\text{while(1);}$$

wird also nie verlassen, und der Schleifenkörper, der aus der so genannten Leeranweisung ';' besteht, wird dauernd, bis in alle Ewigkeit (oder bis zum Druck auf die Reset-Taste) vom Mikrocontroller ausgeführt.

Natürlich kann der Schleifenkörper einer Endlosschleife auch aus ganz normalen C-Anweisungen bestehen, die dann fortlaufend ausgeführt werden:

☞ **Merke: „Die Endlosschleife"**

Die Programmierung einer Endlosschleife ist immer dann sehr sinnvoll, wenn das Programm (ein Programmteil) permanent wiederholt ausgeführt werden soll und nie abbricht. Dieses Verhalten ist eigentlich bei jedem Programm sinnvollerweise der Fall:

- bei einer permanenten Uhrzeitanzeige,
- bei einer permanenten Messwerterfassung und Übertragung,
- bei einer permanenten Maschinenüberwachung,
- etc.

In solchen Fällen ist eine Endlosschleife erwünscht.

☞ **Merke: „Die ungewollte Endlosschleife"**

Kritisch wird es allerdings dann, wenn Sie die Abbruchbedingung falsch formuliert haben, das heißt, Sie haben sie so programmiert, dass die Abbruchbedingung ungewollt nie falsch werden kann. Das bedeutet, die „while"-Schleife wird wider Erwarten nie verlassen, Sie erhalten eine ungewollte Endlosschleife, und *das Programm ist abgestürzt*.

Achten Sie also hier unbedingt darauf, dass die Bedingung für den Abbruch der „while"-Schleife *in der Schleife selber erzeugt wird* und auch erfüllbar ist!

Besteht der Schleifenkörper aus nur einen einzigen Anweisung, so können die geschweiften Klammern um den Schleifenkörper auch ersatzlos entfallen.

Die „do...while"-Schleife

Auch diese Schleifenkonstruktion erschließt sich dem Anwender sehr einfach durch die Übersetzung der englischen Schlüsselworte:

    do...while   ≡ mache so lange wie ...!

Also:

```
        do
            {
                ..........
                Programmblock / Blockanweisung / Schleifenkörper
                ..........
            }
        while (Bedingung);
```

11.1 Der Einstieg in C51

Diese Schleife (der Schleifenkörper) wird so lange ausgeführt, wie die Bedingung wahr ist.

Ist die Bedingung nicht (mehr) wahr, so wird mit den Befehlen nach while fortgefahren.

Solch eine Schleifenkonstruktion (Schleifenkonstrukt) nennt man auch *fußgesteuerte Schleife*, da die Schleifenbedingung am Ende, am Fuß der Schleife steht.

Auf den ersten Blick mag man keinen großen Unterschied zur „while"-Schleife erkennen, aber

> ☞ Merke: „Die „do...while"-Schleife"
>
> Bei der „do...while"-Schleife wird der Schleifenkörper immer mindestens einmal abgearbeitet, denn die Überprüfung der Schleifenabbruchbedingung erfolgt ja erst am Fuß der Schleife, also an ihrem Ende.
>
> Ganz konkret bedeutet dieses: Auch wenn die Bedingung bereits am Anfang falsch ist, wird der Schleifenkörper zumindest einmal bearbeitet.

Unbedingt zu beachten ist: Die Programmzeile mit

while (Bedingung) ;

wird bei der „do...while"-Schleife immer mit einem Semikolon abgeschlossen (anderes als bei der „while"-Schleife!).

Kommen wir nun zum letzten C-Konstrukt, den Sie bisher noch nicht kennen gelernt haben,

Die switch ... case-Anweisung

In den vorherigen Ausführungen haben Sie die „Bedingte Abfrage mit Hilfe der „if ... else"-Konstruktion kennen gelernt: Abhängig vom Wahrheitswert einer Bedingung führte das Programm:

- entweder nur einen bestimmten Programmblock aus oder auch nicht (reine „if"-Abfrage)
- oder das Programm führte genau einen von zwei unterschiedlichen Programmblöcken aus („if ... else"-Abfrage).

Stellen Sie sich aber nun einmal folgendes Szenario vor: Sie haben, wie in Lektion 10 noch beschrieben wird, eine Matrix-Tastatur mit 24 verschiedenen Tasten an Ihr 8051er-System angeschlossen, und bei jedem Tastendruck soll eine andere Aktion ausgeführt werden (wie das ja auch normalerweise üblich ist).

Das bedeutet, Sie müssten 24 „if"-Abfragen programmieren, für jede Taste eine. Dies ist aber recht aufwendig, sehr unübersichtlich und somit nicht besonders effektiv.

Eine sehr gute Alternative bietet hier die *„switch ... case"-Anweisung*.

> ☞ Merke: „Die „switch ... case"-Anweisung
>
> Abhängig vom Wert einer Variablen, wird bei diesem Konstrukt ein ganz bestimmter, eindeutig festgelegter Programmblock (Blockanweisung) ausgeführt.

11. Der 8051er-‚C'-Kursus

Wenn Sie „switch ... case" mit „schalte in einem ganz bestimmten Fall um nach ... " übersetzen, dann wird die Funktion des nachfolgenden Programmteils recht schnell klar:

(**Anmerkung:** Blockanweisung bedeutet hier ganz einfach eine einzige C-Anweisung oder mehrere C-Anweisungen, die allerdings *nicht* in { .... } eingeschlossen werden müssen!)

    unsigned char a;

    switch (a)
        {   // Start des gesamten switch ... case-Blocks
            case 1:   Blockanweisung 1
                          break;
            case 12:   Blockanweisung 2
                          break;
            case 23:   Blockanweisung 3
                          break;
            case 35:   Blockanweisung 4
                          break;
            default: Blockanweisung für den Rest
                          break;
        }   // Ende des gesamten switch ... case-Blocks

    Anweisung A;

    Anweisung B;

Abhängig vom Wert der unsigned char-Variable a ($\equiv$ Variable, die den Umschaltvorgang bzw. Auswahlvorgang steuert), werden nun bestimmte Blockanweisungen ausgeführt:

- Im Falle von a=1 („case 1") wird die Blockanweisung 1 ausgeführt.
- Im Falle von a=12 („case 12") wird die Blockanweisung 2 ausgeführt.
- Im Falle von a=23 („case 23") wird die Blockanweisung 3 ausgeführt.
- Im Falle von a=35 („case 35") wird die Blockanweisung 4 ausgeführt.

Nach der Ausführung der jeweiligen Blockanweisung springt das Programm an das Ende des gesamten „switch"-Blockes; der Programmablauf wird mit den Anweisungen A, B, ... nach dem „switch"-Block fortgeführt.

Und was passiert, wenn a keinen der vier Werte besitzt?

Hier gibt es dann zwei Möglichkeiten:

11.1 Der Einstieg in C51

1. In unserem Beispiel haben wir den Umschaltfall nach „default" definiert, das heißt, immer dann, wenn a keinen der „case"-Werte besitzt, wird diejenige Blockanweisung ausgeführt, die nach „default" folgt.
Danach geht es dann mit den Anweisungen A, B ... weiter.

2. Man kann den „default"-Teil auch ersatzlos weglassen, dann wird, wenn a keinem der „case"-Werte entspricht, auch keine Blockanweisung ausgeführt, und das Programm macht einfach mit den Anweisungen A, B ... nach dem „switch"-Konstrukt weiter.

> ☛ **Merke: „Die „default"-Anweisung"**
>
> Existiert für die switch-Variable kein entsprechender „case"-Wert, so wird entweder die Blockanweisung nach der „default"-Anweisung ausgeführt, oder, falls diese fehlt, der ganze „switch ... case"-Block übersprungen und mit den Anweisungen danach fortgefahren.

Einige wichtige Punkte müssen Sie hier noch beachten:

1. Die Auswahlvariable a sollte immer eine ganzzahlige Variable sein, also vom Typ: signed/unsigned char, signed/unsigned int etc.

2. Es können beliebig viele „case"-Fälle unterschieden werden, natürlich auch mit negativen (ganzen) Zahlen, z.B.:

    ```
    case -395:          Blockanweisung
                        break;
    ```

3. Für verschiedene Werte der Auswahlvariablen a können auch gleiche Blockanweisungen abgearbeitet werden, z.B.:

    ```
    case 27:
    case 179:
    case 528:           Blockanweisung
                        break;
    ```

Wenn a also den Wert 27 oder 179 oder 528 besitzt, dann wird in diesen Fällen die gleiche Blockanweisung abgearbeitet.

11. Der 8051er-‚C'-Kursus

4. Es gilt immer: Liegt eine Übereinstimmung des Wertes der Auswahlvariablen mit einem „case"-Wert vor, so werden alle Anweisungen nach diesem case ausgeführt, auch diejenigen Anweisungen, die zu den nachfolgenden case-Blockanweisungen gehören, wenn nicht jede case-Blockanweisung mit dem Befehl „break;" abgeschlossen wird.

☞ Merke: „Der Abschluss mit break"

Die Anweisung „break" (≡ „Abbruch") hinter den Blockanweisungen der case-Teile bewirkt, dass sofort an das Ende des „switch"-Konstuktes gesprungen wird, das Programm also mit den Anweisungen A, B, ... weitermacht.

Wird das „break" als Abschluss einer Blockanweisung im case-Teil vergessen, so werden auch die Blockanweisungen der nachfolgenden case-Teile abgearbeitet und zwar so lange, bis das erste „break" erscheint.

Vergessen Sie also z.B. überall das „break", so werden in unserm Beispiel bei a=1 alle Blockanweisungen von allen case-Fällen und vom default-Fall nacheinander ausgeführt, und das ist natürlich absolut nicht sinnvoll.

Das Fehlen der „break"-Anweisung bildet gerade am Anfang Ihrer C-Karriere eine große Fehlerquelle: In solch einem Fall meldet der C-Compiler nämlich absolut keinen Fehler und keine Warnung bei der Programmübersetzung, denn es ist ja nicht verboten, das „break" wegzulassen und die Blockanweisungen nacheinander auszuführen. Es ist nur nicht sinnvoll, das zu machen, aber dieses interessiert den Compiler nicht!

Vergessen Sie daher niemals, die Blockanweisungen eines jeden case-Zweiges mit der Anweisung „break;" abzuschließen!

Die „break"-Anweisung lässt sich aber noch allgemeiner einsetzen:

☞ Merke: „Die „break"-Anweisung ganz allgemein"

Die „break"-Anweisung unterbricht grundsätzlich immer
die Blockanweisung { ..... }, die for-, die do ... while- und die while-Schleife,
in der sie steht, das heißt,
beim Auftreten von „break" in solch einem Programmkonstrukt verzweigt das Programm immer an das Ende dieses Konstruktes und macht mit den Anweisungen direkt nach diesem Konstrukt weiter.

So lassen sich die gerade erwähnten Schleifenkonstrukte sehr einfach vorzeitig verlassen, wenn man z.B. in solch einer Schleife programmiert:

   if (Bedingung) break;

Wenn also die Bedingung erfüllt ist, wird die Schleife sofort beendet, d.h. verlassen und mit den Anweisungen danach fortgefahren.

Eine letzte, grundlegende C-Anweisung fehlt noch; sie soll jetzt abschließend vorgestellt werden:

11.1 Der Einstieg in C51

Die „continue-Anweisung"

Diese Anweisung ist das „Gegenstück" zur „break"-Anweisung. Beim Auftreten von „continue" in einer:

- for-Schleife,
- do ... while-Schleife,
- while-Schleife

verzweigt das Programm immer zum Kopf der jeweiligen Schleife, das heißt, der Schleifenkörper wird dann vom Anfang an wieder abgearbeitet.

Beachten:

- ❏ Eine erneute Anfangsinitialisierung der Schleifenvariablen bei der for-Schleife findet jedoch nicht statt.
- ❏ Die Schleifenvariable (der Schleifenzähler) bei einer for-Schleife wird jedoch (weiter) erhöht.
- ❏ Die Schleifenbedingung bei der for- bzw. der while-Schleife wird erneut überprüft, da sie ja am Schleifenkopf steht.

Ein Beispiel soll die Verwendung von „continue" verdeutlichen (Auszug aus dem Programm ‚continue-1.c'):

```
unsigned char c;

printf("Die ersten Buchstaben des Alphabets lauten:\n\n   ");

// Schleife
for (c='a'; c<='g'; c++)
        {
                if (c=='d') continue;
                printf("%c  ",c);
        }

printf("\n\nAlles o.k.?");
```

Was ist das Besondere an der sich ergebenden Bildschirmdarstellung?

Wenn Sie es nicht auf anhieb „erraten", lassen Sie dieses Programm einfach ablaufen.

Das war's in dieser Lektion.

267

11. Der 8051er-‚C'-Kursus

„Alles Logo":

❦ Übungsaufgaben

1. Schreiben Sie ein Programm, das Ihre ASCII-Charakter-Eingaben so lange auf dem Terminal-Bildschirm ausgibt, bis Sie ein kleines oder ein großes ‚z' eingeben. Dieses Ende-Zeichen soll noch mit ausgegeben werden, aber danach erscheint die Meldung „Fertig", und das Programm soll beendet sein.

2. Schreiben Sie ein Programm namens ‚*switch-1.c*', das Ihre Tastendrücke von der Terminal-(PC-)Tastatur daraufhin überprüft, ob ein Vokal (a, e, i, o, u) oder ein Konsonant (alle restlichen Zeichen) eingegeben wurde.
Im Falle eines Vokals soll zu jedem Vokal eine entsprechende, eigene Meldung ausgegeben werden.
Bei der Eingabe eines anderen Zeichens soll eine generelle Fehlermeldung angezeigt werden.

3. Schreiben Sie ein Programm für ein einfaches *Code-Schloss*. Um das Schloss zu öffnen, müssen über die Terminal-Tastatur die Buchstaben des Namens Ihrer Liebsten bzw. Ihres Liebsten in richtiger Reihenfolge eingegeben werden, z.B. also: „*Gabi*".
Die gleichen Buchstaben, in einer anderen Reihenfolge eingegeben, sollen das Schloss jedoch *nicht* öffnen (denn wer kennt schon „ibaG"?)!
Allerdings soll es egal sein, ob die Buchstaben in großer, in kleiner oder in gemischter Schreibweise eingegeben werden.
Das Öffnen des Schlosses wird hier dadurch simuliert, dass Sie eine bit-Variable verwenden, die dann wahr wird, wenn die Eingabebedingungen erfüllt worden sind. Andernfalls soll falsch entstehen und die Abfrage erneut beginnen (es sind hier also zunächst beliebig viele Lösungsversuche hintereinander zum „Knacken" des Code-Schlosses zulässig). Weiterhin soll das Öffnen des Schlosses dadurch gekennzeichnet werden, dass auf dem Terminal-Bildschirm die Meldung „Geöffnet" erscheint, begleitet von einem Beep. Bei einem Fehlversuch erscheint „Ätsch!" und ein Beep.

Dieses Code-Schloss werden wir in der Lektion 10 auch wirklich realisieren, wenn wir uns ansehen, wie man Matrix-Tastaturen an Mikrocontroller-Systeme anschließen kann.

11.1 Der Einstieg in C51

11.1.6 Lektion 6: Funktionen in C und die Header-Dateien

Lernziele:

In dieser Lektion werden wir uns mit sehr wichtigen Feinheiten der C-Programmierung auseinandersetzen, und Sie lernen, wie man durch die Verwendung von selbst geschriebenen Funktionen äußerst effiziente Programme erstellen kann.

Danach werden Sie keine Verständnis-Probleme mehr haben, wenn die Profis von „Modularer Programmierung" sprechen, und es wird für Sie ein Einfaches sein, global und lokal zu denken.

- Neu eingeführte C-Befehle, Funktionen und Datentypen:
    - for-Schleife
    - return
    - extern
    - eigene Funktionen ohne Parameterübergabe
    - eigene Funktionen mit Parameterübergabe
    - eigene Funktionen mit Wertrückgabe
    - Funktionsschachtelung
    - lokale/globale Variablen

- Behandelte interne ON-Chip-Peripherie-Einheiten: keine

- Behandelte externe Peripherie-Einheiten: keine

- Verschiedenes:
    - Header-Dateien
    - Präprozessor
    - Präprozessor-Anweisungen:
        #include
        #define
        #ifdef
        #ifndef
        #endif

Mit Ihrem bisherigen Wissen können Sie schon eine Vielzahl von Problemen C-technisch lösen. Was allerdings im Laufe der Zeit auffallen wird, sind „Effizienz-Probleme" bei größeren Programmen: Die Programme werden umständlich, unübersichtlich und können im Aufbau sicherlich optimiert werden.

Betrachten wir dazu direkt ein

11. Der 8051er-,C'-Kursus

Beispiel:

Sie müssen ein Programm zur Steuerung und Überwachung einer Maschine schreiben. Dazu ist regelmäßig die Temperatur einer Antriebswelle zu messen und mit der Uhrzeit versehen auf dem Überwachungsmonitor (Terminal-Bildschirm) darzustellen.

Das entsprechende Flussdiagramm, das Ihrer Problemlösung zugrunde liegt, könnte aussehen wie in *Abb. 11.1.6.1*.

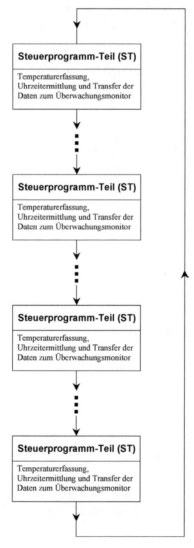

Abb. 11.1.6.1: Temperaturerfassung, Uhrzeitermittlung und Transfer der Daten zum Überwachungsmonitor

11.1 Der Einstieg in C51

Sie sehen, dass Sie bei dieser Lösung den Programmblock

- Temperaturerfassung,
- Uhrzeitermittlung,
- Daten zum Terminal senden

an vier verschiedenen Stellen programmieren müssen.

Gehen wir weiterhin davon aus, dass dieser Block 300 Byte Programmspeicherplatz benötigt, so müssen Sie für diese regelmäßigen Überwachungssequenzen insgesamt 1.200 Byte Speicherplatz einplanen.

Weiterhin

- ❐ muss der Block beim Compilieren viermal übersetzt werden, und das kostet Zeit,
- ❐ erscheint der gesamte Block exakt gleich an vier verschiedenen Stellen im ausgedruckten Programmlisting, dieses wir dadurch länger und unübersichtlicher,
- ❐ müssen Sie die vier exakt gleichen Blöcke immer „mitschleppen", wenn Sie im C-Editor der IDE arbeiten, und das ist ebenfalls umständlich,
- ❐ muss eine Programmänderung im Block viermal eingetippt werden.

Es wäre also sehr hilfreich, wenn es ein vereinfachtes Programmierverfahren geben würde, das speziell beim mehrfachen Auftreten absolut gleicher Programmsequenzen (Programm-Blöcke) in einem Gesamtprogramm zum Einsatz kommen könnte.

Ein solches Programm(hilfs)werkzeug gibt es und wird in vielen Programmiersprachen *Unterprogramm-Technik* genannt. In C werden solche Unterprogramme als *„selbst geschriebene Funktionen"* bezeichnet (Sie erinnern sich: In C läuft alles über Funktionen ab).

> ☞ **Merke: „Selbst geschriebene Funktionen, I"**
>
> Eine selbst geschriebene C-Funktion ist nichts anderes als eine beliebige Ansammlung normaler C-Anweisungen (Konstrukte, Funktionen, Befehle), die über einen eindeutig definierten Namen aufgerufen und dann komplett als Block abgearbeitet werden.

Das gesamte C-Programm besteht im Allgemeinen somit aus einer Hauptfunktion main() (≡ *Hauptprogramm* oder *Hauptprogramm-Rahmen*) und einer Sammlung selbst geschriebener Funktionen.

Die Hauptfunktion ruft die selbst geschriebenen Funktionen mit ihren Namen auf.
Die *Abb. 11.1.6.2* verdeutlicht diesen so genannten *Funktionsaufruf*.

11. Der 8051er-‚C'-Kursus

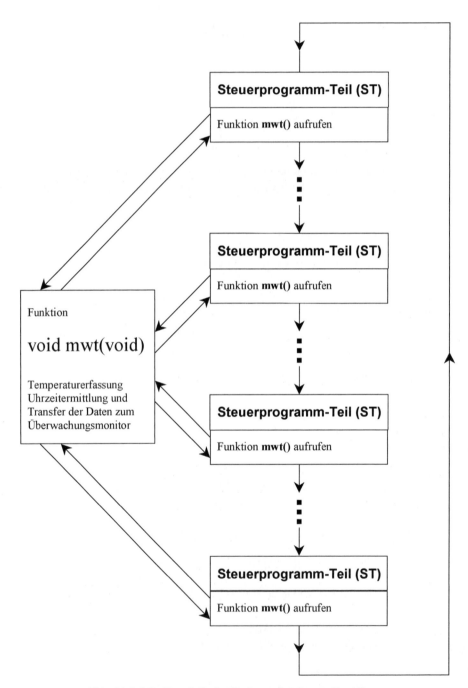

Abb. 11.1.6.2: Der Aufruf selbst geschriebener Funktionen

11.1 Der Einstieg in C51

Der in der *Abb. 11.1.6.2* dargestellte Ablauf des Arbeitens mit selbst geschriebenen Funktionen ist nun ganz einfach zu verstehen:

> ☞ **Merke: „Selbst geschriebene Funktionen, II"**
>
> Beim Aufruf einer Funktion muss hinter dem Funktionsnamen immer ein Paar runde Klammern gesetzt werden.
>
> In diese Klammern werden die an die Funktion zu übergebenden Parameter geschrieben (siehe nachfolgend).
>
> Werden an eine Funktion keine Werte übergeben, so bleiben die Klammern leer, oder das Schlüsselwort ‚void' (‚nichts') wird hineingeschrieben (siehe dazu auch Lektion 1, Beschreibungen zur Funktion main()).

1) Die Funktion soll „mwt()" (Messwerttransfer) heißen, das heißt, in diesem Programmblock sind alle C-Befehle enthalten, die zur Temperaturmessung, zur Uhrzeitermittlung und zum Datentransfer zum Terminal benötigt werden.

2) Innerhalb des Hauptprogramms (der Hauptfunktion main()) wird diese Funktion nun dadurch aufgerufen, dass man einfach den Namen der Funktion wie eine normale Anweisung verwendet:

    .....

    Befehl A;

    mwt();   // Aufruf der Funktion mit dem Namen mwt()

    Befehl B;

    Befehl C;

    mwt();   // Aufruf der Funktion mit dem Namen mwt()

    .....

3) Die Programmausführung verzweigt nun automatisch in die Funktion mwt(), arbeitet die in diesem Programm-Block stehenden Befehle ab und kehrt dann wieder zum Hauptprogramm zurück. Nun werden die nach dem Funktions-Aufruf stehenden Befehle B, C, ... des Hauptprogramms weiter bearbeitet. Es gehen also keine Befehle des Hauptprogramms verloren.

4) Beim Erscheinen der nächsten Befehlszeile

    mwt();

im Hauptprogramm geschieht das Gleiche.

11. Der 8051er-‚C'-Kursus

> ☛ **Merke: „Selbst geschriebene Funktionen, III"**
>
> Man kann eine selbst geschriebene Funktion ganz einfach als eine neue C-Funktion auffassen, denn eine selbst geschriebene Funktion wird genau wie eine normale C-Funktion gehandhabt bzw. aufgerufen, nur mit dem Unterschied, dass sich hinter einer selbst geschriebenen Funktion ein größerer Programmblock, zusammengesetzt aus beliebigen C-Befehlen (Funktionen, Anweisungen), verbirgt.
> Bei jedem Aufruf wird immer der gleiche Programm-Block in der gleichen Art und Weise abgearbeitet.
>
> **Fazit:**
> Durch die Technik der selbst geschriebenen Funktionen kann der Funktionsumfang (Funktisonsvorrat) der C-Sprache durch eigene, individuell gestaltete Funktionen beliebig erweitert werden.

Das Ergebnis, das wir nun mit dieser Funktions-Technik erreicht haben, stellt eine erhebliche Verbesserung des entstandenen Programms dar:

1) Sie brauchen den Programm-Block mwt() zur Temperaturerfassung, zur Uhrzeitermittlung und zum Datentransfer *nur einmal* als Funktion zu schreiben.

2) Innerhalb des Gesamtprogramms kommt die Funktion mwt() nur einmal vor, im Hauptprogramm dagegen stehen nur vier einzelne Funktions-Aufrufe mwt(); also nur vier einzelne C-Befehlszeilen, die dafür sorgen, dass die gesamte Funktion viermal ausgeführt wird.

3) Das Programm wird schneller übersetzt. Es müssen nur einmal der Funktions-Block mwt() und die vier Aufrufe compiliert werden, anstatt die vier Einzelblöcke.

4) Sie sparen wertvollen Programmspeicherplatz:

   • vier Blöcke in der alten Version = 1.200 Byte

   • 1 Block und vier Aufrufe in der neuen Version = ca. 400 Byte.

5) Das Programm-Listing wird kürzer und übersichtlicher, ebenso die Arbeit mit dem C-Editor.

6) Programmänderungen müssen nun nur einmal in der Funktion mwt() vorgenommen werden.

Ein Nachteil dieser Funktions-Technik soll hier allerdings nicht verschwiegen werden: Die beim Funktions-Aufruf notwendige Verzweigung in die Funktion selber und der am Ende der Funktion erfolgende Rücksprung zum Hauptprogramm kosten unter anderem Zeit, denn der µC muss bestimmte Datensicherungsaktionen durchführen, damit dieses „Hin- und Herschalten" zwischen Hauptprogramm und Funktion reibungslos und ohne Fehler abläuft (was dabei im Einzelnen alles durchgeführt werden muss, ist für Sie als Hochsprachenprogrammierer erst einmal belanglos).

11.1 Der Einstieg in C51

> ☞ **Merke: „Der Zeitfaktor bei der Funktions-Technik"**
>
> Hauptprogramme, die mit sehr vielen selbst geschriebenen Funktionen arbeiten, laufen im Allgemeinen „etwas" langsamer ab als Hauptprogramme, die auf selbst geschriebene Funktionen verzichten, die also mit einer Lösung gemäß *Abb. 11.1.6.1* arbeiten.
>
> Dieser Zeitunterschied wird allerdings erst dann kritisch, wenn sehr schnelle Programmreaktionen erforderlich sind, wenn also z. B. eine sehr schnell laufende Zeitungsdruckmaschine geregelt und überwacht werden soll. Dann müssen weitere besondere Programmiertechniken angewendet werden, um einen zeitoptimalen Programmablauf zu erreichen.

Mit dieser beschriebenen Funktions-Technik können Sie nun eine Menge weiterer eigener Funktionen für andere *immer wiederkehrende gleiche Programmteile* schreiben.

Beispiel:

Die einwandfreie Funktion der bereits erwähnten Maschinenüberwachungsanlage soll zusätzlich noch durch eine blinkende LED angezeigt werden:

❏ Blinkt die LED, so ist alles o.k.

❏ Ist die LED dauernd an oder dauernd aus, so liegt ein Fehler vor.

Die entsprechende Blinkroutine haben Sie nun als Funktion mit dem Namen led_blink() geschrieben, und der Funktions-Aufruf geschieht dann durch:

    led_blink();   // Blinken der LED

Das Flussdiagramm des so erweiterten Hauptprogramms könnte dann wie folgt aussehen, *Abb. 11.1.6.3*.

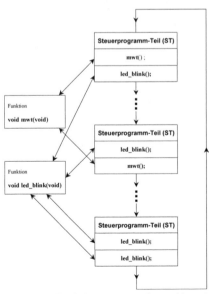

Abb. 11.1.6.3: Zwei verschiedene Funktionen, von einem Hauptprogramm aus aufgerufen

11. Der 8051er-‚C'-Kursus

Das Hauptprogramm ruft an den entsprechenden Stellen die einzelnen Funktionen auf, diese werden abgearbeitet, und danach wird mit dem Hauptprogramm fortgefahren. Sie sehen auch, dass die Reihenfolge der Funktions-Aufrufe völlig beliebig sein kann, wie bei jedem anderen normalen C-Befehl auch.

Die Funktions-Technik bietet aber noch einen weiteren sehr wichtigen Vorteil:

> ☞ **Merke: „Selbst geschriebene Funktionen, IV"**
>
> Selbst geschriebene Funktionen können einzeln nacheinander entwickelt, ausgetestet und danach ins Hauptprogramm integriert werden.

Das gesamte Hauptprogramm setzt sich somit aus verschiedenen *Programm-Modulen* zusammen:

- Modul 1: Hauptprogramm-Teil bzw. Hauptprogramm-Funktion main()
- Modul 2: Funktion: mwt();
- Modul 3: Funktion: led_blink();
- Modul 4: Funktion: .....
- etc.

Die geeignete Kombination der einzelnen Modul- bzw. Funktions-Aufrufe ergibt dann das sehr übersichtliche Gesamtprogramm.

Diese Art der Programmerstellung nennt man daher *Modulare Programmierung*; man kann die einmal erstellten Funktions-Module nun auch in beliebigen anderen Programmen verwenden, in denen Messwerte erfasst und mit der Uhrzeit ausgesendet werden sollen oder in denen man eine blinkende LED benötigt. Sie brauchen also solche Routinen nicht immer neu schreiben, da sie ab jetzt bereits in ausgetesteter Form vorliegen.

> ☞ **Merke: „Selbst geschriebene Funktionen, V"**
>
> Programmteile, die vielfach in gleicher Form an verschiedenen Stellen des Hauptprogramm zum Einsatz kommen, werden sinnvollerweise in Form von Funktionen geschrieben. Das Hauptprogramm ruft diese Funktionen immer dann auf, wenn sie gerade benötigt werden.
>
> Im Extremfall reduziert sich ein Hauptprogramm auf einen „Rahmen", in dem eine Ansammlung von Funktions-Aufrufen steht. Das gesamte Programm wird dadurch sehr übersichtlich.

Kommen wir nun zur *Kernfrage*, deren Beantwortung Sie sicherlich schon brennend interessiert:

„Wie schreibt man denn nun eigentlich eigene Funktionen in C?"

11.1 Der Einstieg in C51

Funktionen in C

Das Wesentlichste zu Funktionen haben Sie schon in der Lektion 1 kennen gelernt, als wir die Hauptfunktion main() näher untersucht haben. Sie erinnern sich sicherlich:

void main (void)

An Funktionen können Parameter übergeben werden, die in der runden Klammer hinter dem Wort main aufgeführt sind. Werden keine Werte übergeben, so bleibt die Klammer leer, oder das Schlüsselwort ‚void' steht in der Klammer.

Funktionen geben zunächst immer einen Funktionswert zurück. Soll eine Funktion keinen Funktionswert zurückgeben, so schreibt man void vor den Funktionsnamen.

Genau das Gleiche gilt nun für selbst geschriebenen Funktionen:

```
void mfkt_1(void)
    {
        Definition der in der Funktion verwendeten Variablen
        .....
        Funktionskörper bzw. Blockanweisung bzw. Programmblock
        .....
    }
```

Das war's schon.

Betrachten wir uns diese Konstruktion einmal etwas näher:

1. Schauen Sie sich dazu noch einmal die *Abb. 10.2.1* im Kapitel 10.2 an: Funktionen werden sehr oft nach den globalen Variablen und Konstanten des Hauptprogramms und vor dem eigentlichen Hauptprogramm (der Hauptfunktion main()) in das Gesamtprogramm hineingeschrieben. Die Ausnahmen werden Sie nachfolgend noch kennen lernen.

   Das hat einen recht einfachen Grund: Wenn Sie in der Hauptfunktion main() eine Funktion aufrufen, so muss diese Funktion bereits vorher bekannt sein, das Hauptprogramm muss also sicher sein, dass diese Funktion überhaupt existiert. Daher muss sie vor dem Hauptprogramm definiert (eingegeben) worden sein.

   Verwenden Sie einen Funktions-Aufruf von einer nicht zuvor definierten Funktion, so erscheint zunächst die Compiler-Warnmeldung:

   "warning C206: 'name': missing function-prototype",

   gefolgt von den zwei Linker Warnmeldungen:

   "WARNING L1: UNRESOLVED EXTERNAL SYMBOL"

   "WARNING L2: REFERENCE MADE TO UNRESOLVED EXTERNAL"

2. Zur Kennzeichnung einer selbst geschriebenen C-Funktion gibt es kein besonderes C-Schlüsselwort:
   Man „denkt" sich einfach einen passenden Funktions-Namen aus, z.B. mfkt_1 (‚Meine Funktion 1') und gibt an, ob Parameter übergeben werden und ob ein Funktionswert zurückgegeben werden soll.
   In unserem Beispiel werden keine Werte an die Funktion übergeben: ... mfkt_1 (void), und es wird kein Funktionswert zurückgeliefert: void mfkt_1 ...

3. Für die Auswahl des Funktions-Namens gelten die gleichen Regeln wie für die Namenswahl bei Variablen, siehe Lektion 4. Im Wesentlichen gilt: C unterscheidet exakt zwischen Groß- und Kleinschreibung, und die ersten 31 Zeichen des Namens werden zur Auswertung herangezogen.

4. Die gesamte erste Zeile:

   void mfkt_1(void)

   wird *Funktionskopf* genannt.
   Beachten Sie unbedingt, dass hinter dem Funktionskopf *KEIN Semikolon* steht!

5. In dem runden Klammern-Paar nach dem Funktions-Namen werden die Variablen definiert, die Sie in der Funktion verwenden wollen. Hierauf werden wir nachfolgend noch näher eingehen. Werden keine Variablen übergeben, so wird dort das Schlüsselwort void eingetragen.

6. Als Letztes folgt der eigentliche Funktionskörper (Blockanweisung bzw. Programmblock), in dem die Befehle der Funktion aufgeführt sind. Dieser Block muss immer durch { und } eingeschlossen sein, auch wenn die Funktion nur aus einem Befehl besteht.

Ein recht einfaches Beispiel soll das Arbeiten mit eigenen Funktionen verdeutlichen:

Beispiel:

Sicherlich ist es Ihnen bereits oft aufgefallen, dass wir in jedes unserer C-Programme einen Programmteil einbauen mussten, der die serielle Schnittstelle SS0 des 8051ers entsprechend initialisiert, damit die serielle Datenübertragung mit dem Terminal auch korrekt abläuft.

Diese Programmsequenz wollen wir jetzt als Funktion schreiben und dann aus unserer Hauptfunktion (aus unserem Hauptprogramm) aus aufrufen.

Das neuen Programm, das wir nun erstellen, heißt fkt-1.c:

```
/**************************************************************************/
/*                  Das Arbeiten mit Funktionen, Teil I                   */
/*                  ===================================                   */
/*                                                                        */
/*    Name:           fkt-1_tfh.c                                         */
/*    Funktion:       Demo zum Arbeiten mit Funktionen                    */
/*    Zielhardware:   80C537er-TFH-Board                                  */
/*    Autor:          B.v.B. / P.G.                                       */
/*    Stand:          03.02.03                                            */
/**************************************************************************/
```

11.1 Der Einstieg in C51

```c
/*** Definition der im Programm benutzten Special Function Register / Bits ***/

sfr    PCON   = 0x87;
sfr    S0CON  = 0x98;
sbit   BD     = 0xDF;

/*** Einbinden von Include-Dateien ***/

#include <stdio.h>       // Standard I/O Funktionen



/******************************************************************************/
/* Selbst geschriebene Funktion                                               */
/******************************************************************************/

/******************************************************************************/
/* Funktion void init_seri(void) initialisiert die serielle Schnittstelle 0 des 80C537er- */
/* TFH-Boards unter der Voraussetzung, dass mit einem 12MHz-Quarz gearbeitet wird! */
/*                                                                            */
/* Schnittstellenparameter: 9600Baud, 8 Datenbit, 1 Stopp-Bit, asynchroner Betrieb */
/*                                                                            */
/******************************************************************************/

void init_seri(void)
  {
    BD = 1;             // Baudratengenerator für Serial Interface 0 eingeschaltet und
    PCON |= 0x80;       // Baudrate durch Setzen des Bits SMOD auf 9600Bd verdoppelt!
    S0CON = 0x52;       // Serial Interface Mode 1, 8-Bit-UART, Empfänger eingeschaltet,
  }                     // Sender-IR-Flag gesetzt und Empfänger-IR-Flag gelöscht!

/******************************************************************************/
/* Funktion void clear_screen(void) löscht den Terminal-Bildschirm!          */
/******************************************************************************/

void clear_screen(void)
  {
    printf("\x1b\x48\x1b\x4a");
  }



/******************************************************************************/
/*** Start desHauptprogramms! ************************************************/
/******************************************************************************/

void main ()
  {                     // Ab hier werden die Befehle des Programms eingegeben

    init_seri();        // Funktions-Aufruf: Initialisierung der ser. Schnittstelle SS0
    clear_screen();     // Funktions-Aufruf: Löschen des Terminal-Bildschirmes

    printf("Das Arbeiten mit Funktionen, Teil 1! ");     // Textausgabe auf dem Bildschirm

    while (1);          // Endlosschleife zum ordnungsgemäßen Abschluss des Programms
  }
/******************************************************************************/
/*** Ende des Hauptprogramms, d.h. Ende des gesamten Programms! **************/
/******************************************************************************/
```

11. Der 8051er-‚C'-Kursus

Wir haben in diesem Programm jetzt sogar zwei eigene Funktionen definiert:

void init_seri(void)

Das ist eine Funktion mit dem Name init_seri, an die keine Funktions-Parameter übergeben werden und die keinen Funktionswert zurückgibt. In dem { ..... }-Klammer-Paar finden Sie die C-Anweisungen, die notwendig sind, die serielle Schnittstelle SS0 entsprechend zu parametrieren.

void clear_screen(void)

Das ist eine Funktion mit dem Name clear_screen, an die keine Funktions-Parameter übergeben werden und die keinen Funktionswert zurückgibt. In dem { ..... }-Klammer-Paar finden Sie die (einzige) C-Anweisung, die notwendig ist, um den Terminal-Bildschirm zu löschen.

> ☞ **Merke: Die Parameterübergabe bei der Definition von Funktionen**
>
> Werden bei einer Funktions-Definition keine Parameter an die Funktion übergeben, so steht in dem (.....)-Klammer-Paar entweder das Schlüsselwort void, oder man trägt gar nichts ein:
>
> >   void clear_screen(void)   oder
> >   void clear_screen()
>
> sind also identische Funktionsköpfe.
> Wir werden in unseren Ausführungen immer die erste Version verwenden, damit ganz klar herauskommt, dass in solchen Fällen keine Funktionsparameter übergeben werden.

In der Hauptfunktion main() werden diese beiden Funktionen nun ganz einfach über Ihre Namen dann aufgerufen, wenn ihre Funktionen im Programmverlauf benötigt werden:

```
init_seri();          // Funktions-Aufruf: Init. der ser. Schnittstelle SS0
clear_screen();       // Funktions-Aufruf: Löschen des Terminal-Bildschirmes
```

Sie erkennen hier bereits den Vorteil des Einsatzes von Funktionen: Nachdem Sie die Funktion einmal geschrieben (definiert) haben, arbeiten Sie im Programm nur noch mit den leicht zu merkenden Funktions-Namen. Wenn Sie z.B. den Terminal-Bildschirm löschen wollen, programmieren Sie einfach:

>   clear_screen();   // sehr einfach zu merken

anstatt:

>   printf("\x1b\x48\x1b\x4a");   // unmöglich zu merken

Das Programm wird also übersichtlicher und leichter nachvollziehbar.

Obwohl die Funktion init_seri() im gesamten Programm nur einmal aufgerufen wird, haben Funktionen auch hierbei Vorteile, denn Sie können ja unterschiedliche Funktionen definieren, die die serielle Schnittstelle auf verschiedene Datenübertragungs-Parameter einstellt. Sie rufen dann bei Bedarf nur die einzelnen Funktionen auf und brauchen nicht immer die ganzen Programmzeilen für die (Um)Initialisierung erneut einzugeben.

> ☛ **Merke: „Über das Arbeiten mit selbst geschriebenen Funktionen"**
>
> Wohlgemerkt: Sie müssen nicht unbedingt mit selbst geschriebenen Funktionen arbeiten, denn wie Sie gesehen haben, erfüllen die Programme, die keine selbst geschriebenen Funktionen benutzen, und Programme, die selbst geschriebenen Funktionen benutzen, beides Mal die gleichen Aufgaben.
>
> Die Funktions-Technik vereinfacht jedoch die Programmierung erheblich und führt zu optimal strukturierten Programmen. Das einzelne Austesten der Funktionen reduziert die Programmentwicklungs- und Programmfehlersuchzeit, und einmal entwickelte Funktionen können sehr einfach in anderen Programmen weiterverwendet werden (Herüberkopieren mit dem Editor).

Das ist aber bei weitem noch nicht alles, was die Funktions-Technik dem fortgeschrittenen Programmierer so alles zu bieten hat.

Bevor wir hiermit jedoch weiter fortfahren, müssen Sie noch einen neuen C-Konstrukt kennen lernen, die

Die for-Schleife

Gehen wir einmal von folgender Situation aus:

Sie möchten 10-mal einen Messwert mit dem ON-Chip-A/D-Wandler einlesen (siehe Lektion 9), um dann daraus den arithmetischen Mittelwert zu berechnen.

Dazu müssten Sie jetzt 10-mal hintereinander die Messwerterfassungsroutine programmieren. Mit der gerade kennengelernten Möglichkeit, eigene Funktionen zu schreiben, reduziert sich der Aufwand in einem ersten Schritt darauf, eine entsprechende Funktion zur Messwerterfassung zu schreiben (sie soll einmal mw_erf() heißen) und diese 10-mal hintereinander aufzurufen.

Aber auch das ist sicherlich recht umständlich.

Hier bietet sich nun die for-Schleife als weiteres Konstrukt zur Vereinfachung der wiederholten Abarbeitung von Programmblöcken an.

11. Der 8051er-‚C'-Kursus

☞ **Merke: „Die for-Schleife, I"**

Bei einer for-Schleife wird der Schleifenkörper eine bestimmte Anzahl mal hintereinander wiederholt abgearbeitet.
Eine for-Schleife hat den folgenden *Grundaufbau*:

  for (Anweisung 1; Bedingung; Anweisung 2)
    {
      ....
      Schleifenkörper bzw. Programmblock bzw. Blockanweisung
      ....
    }

In der Klammer nach dem Schlüsselwort ‚for' stehen die Ausdrücke, die den Ablauf der Schleife steuern.
Unbedingt beachten: Am Ende der for-Zeile steht **KEIN** *Semikolon*!

Der Ablauf solch einer for-Schleife ist recht einfach zu durchschauen:

1. Zuerst wird die *Anweisung 1* ausgeführt. Damit wird meistens die Schleifen- bzw. Zählvariable auf ihren Anfangs- bzw. Startwert gesetzt.
   Diese Anweisung wird nur einmal, beim Start der Schleife, ausgeführt und danach nicht mehr.
2. Nun wird die *Bedingung* überprüft:
   Ist sie erfüllt, so wird der nachfolgende, in { ..... } eingeschlossene Schleifenkörper (Programmblock bzw. Blockanweisung) abgearbeitet.
   Ist die Bedingung dagegen nicht erfüllt, so wird der nachfolgende Schleifenkörper *nicht* bearbeitet, sondern mit den Anweisungen nach dem Schleifenkörper im Programm fortgefahren.
3. Nach der Abarbeitung des Schleifenkörpers wird die *Anweisung 2* ausgeführt. Meistens wird hierbei die Schleifenvariable (Zählvariable) verändert.
4. Als Nächstes wird beim Punkt 2) fortgefahren, also erneut die *Bedingung* überprüft und entscheiden, wo bzw. wie das Programm fortgesetzt wird.
5. Der ganze Ablauf wird so lange wiederholt, bis die Bedingung nicht mehr erfüllt ist. Das Programm wird dann mit den Befehlen nach dem Schleifenkörper fortgesetzt.

Ein etwas konkreteres Beispiel soll diesen Ablauf noch einmal verdeutlichen:

Beispiel:

  unsigned char i;

  for (i=1; i<=10; i++)
    {
      ....

```
                    // Schleifenkörper, z.B.
                    mw_erf();
                    ..........
            }
```

1. In der Anweisung 1 wird die Zählvariable i auf den Startwert 1 gesetzt.
2. Die Bedingung (i<=10) ist erfüllt, und der Schleifenkörper wird einmal bearbeitet.
3. Nach der Abarbeitung des Schleifenkörpers wird i durch die Anweisung 2 um eins erhöht (besitzt dann den Wert 2), und es wird wieder an den Anfang der Schleife gesprungen.
4. Die Bedingung ist immer noch erfüllt, der Schleifenkörper wird ein zweites Mal bearbeitet, usw., usw.
5. Wenn i den Wert 11 erreicht hat, ist die Bedingung nicht mehr erfüllt, der Schleifenkörper wird nicht mehr bearbeitet, und der Programmablauf wird mit den Befehlen nach dem Schleifenkörper fortgesetzt.
6. Mit anderen Worten: Der Schleifenkörper (unsere Messwerterfassung) ist nun insgesamt 10-mal abgearbeitet worden.

Darüber hinaus gilt bei for-Schleifen noch: Die { ..... }-Klammern können weggelassen werden, wenn der Schleifenkörper nur aus einer einzigen Anweisung besteht, z.B.:

```
        for (i=1; i<=10; i++)
            {
                    mw_erf();
            }
```

ist identisch mit:

```
        for (i=1; i<=10; i++)  mw_erf();
```

Probieren Sie nun selber ein kleines

Beispiel:

„Schreiben Sie ein Programm, das die Zahlen von 1 bis 15 nacheinander, jeweils in einer einzigen Zeile, ausgibt."

Unsere Lösung finden Sie unter for-1.c (nachfolgend ist nur der Kern der Hauptfunktion main() angegeben):

11. Der 8051er-‚C'-Kursus

```
/*******************************************************************************/
/*** Start des Hauptprogramms! ************************************************/
/*******************************************************************************/

void main ()
   {                                // Ab hier werden die Befehle des Programms eingegeben
      unsigned char i;              // Variablen-Definition

      init_seri();                  // Funktions-Aufruf: Init. der ser: Schnittstelle SS0
      clear_screen();               // Funktions-Aufruf: Löschen des Terminal-Bildschirmes
      printf("Das Arbeiten mit der for-Schleife, I:\n\n");      // Ausgabe

      for (i=1; i<=15; i++)         // for-Schleife
        {
           printf("  Die %bu. Zahl ist:   %bu\n",i,i);
        }

      while (1);                    // Endlosschleife zum ordnungsgemäß. Abschluss des Programms
   }

/*******************************************************************************/
/*** Ende des Hauptprogramms, d.h. Ende des gesamten Programms! ***************/
/*******************************************************************************/
```

Einige weitere Punkte sind bei der for-Schleifen-Konstruktion noch zu beachten:

1. Im Steuerausdruck in der Klammer der for-Zeile können auch berechenbare Ausdrücke stehen:

    y=5;
    for (i=1; i<=(5*y); i++);
    {
        // Schleifenkörper
    }

    Die Schleife wird also 25-mal bearbeitet.

2. Im Steuerausdruck in der Klammer der for-Zeile können auch einzelne Teile (Anweisung 1 bzw. Bedingung bzw. Anweisung 2) weggelassen werden. Es stehen dann nur die ‚;'.

3. Eine *Endlosschleife*, mit Hilfe der for-Schleife programmiert, sieht demnach so aus:

    for (; 1 ;)
    {
        // Schleifenkörper
    }

    das heißt:

11.1 Der Einstieg in C51

Anweisung 1: Ist gar nicht vorhanden; es wird also nichts ausgeführt.

Bedingung: Ist immer 1, also immer wahr.

Anweisung 2: Ist gar nicht vorhanden; es wird also nichts ausgeführt.

Mit anderen Worten: Die Schleifenbedingung ist und bleibt immer wahr, der Schleifenkörper wird bis in alle Ewigkeit ausgeführt (oder bis zum Druck auf die Reset-Taste).

4. Falsche Programmierung kann dazu führen, dass:

a) Der Schleifenkörper *nie* bearbeitet wird:

```
for (i=25; i<=12; i++)
{
        // Schleifenkörper
}
```

Die Bedingung ist von Anfang an falsch. Der Schleifenkörper wird also nicht bearbeitet, es wird sofort mit den Befehlen nach dem Schleifenkörper fortgefahren.

b) Der Schleifenkörper „fast" unendlich oft bearbeitet wird:

```
unsigned int i;

for (i=3; i>2; i++)
{
        // Schleifenkörper
}
```

Der Schleifenkörper wird so lange bearbeitet, bis i den unsigned-Zahlenbereich verlässt und wieder bei 0 anfängt.

Also läuft i von 3 bis 65.535, das heißt, der Schleifenkörper wird insgesamt 65.533-mal hintereinander bearbeitet.

c) Der Schleifenkörper immer bearbeitet wird ($\equiv$ ungewollte Endlosschleife):

```
unsigned char i;

for (i=5; i<300; i++)
{
        // Schleifenkörper
}
```

Die Bedingung wird nie falsch, was man aber erst bei ganz genauem Hinsehen erkennt: i ist eine unsigned char-Variable, die nur den Wertebereich von 0 ... 255 besitzt, also nie einen Wert größer 255 erreichen kann: Die Schleife wird nie verlassen!

5. Eine sehr wichtige Konstruktion ist:

for (i=1; i<=250; i++);

Der Schleifenkörper besteht hier aus der „*Leer-Anweisung*" ‚;', und das bedeutet:

Die Schleife macht „NICHTS", genauer gesagt: Sie macht 250-mal „NICHTS", das heißt, der µC „dreht" sich 250-mal im Kreis!

Nur: Auch das NICHTS-Machen beschäftigt den µC und kostet daher Rechenzeit.

Man kann mit solch einer Schleifenkonstruktion also eine *Wartezeit* zwischen zwei Befehlen erzeugen; daher heißt solch ein Programmgebilde auch „*Zeitverzögerungsschleife*".

Von dieser Schleifenart werden wir ab jetzt noch viel Gebrauch machen, denn in C gibt es keine direkte Funktion zur Erzeugung von Verzögerungszeiten.

Kommen wir nun wieder zurück zu unseren Funktionen und betrachten zwei wesentliche Erweiterungen, die erst richtig die Leistungsfähigkeit von Funktionen zur Geltung bringt:

Funktionen mit Parameter-Übergaben

Beispiel:
Stellen Sie sich einmal vor, Sie möchten in einer Bildschirmmaske auf dem Terminal-Bildschirm an 10 verschiedenen Stellen Messwerte (oder allgemein: Zahlen) eintragen bzw. ausgeben.

Zwei Aktionen sind dazu notwendig:
1. printf("\x1b\x59%c%c",(32+z),(32+s));

    Damit positionieren Sie den Cursor auf die Zeile z und die Spalte s (siehe Lektion 2).
2. printf("%d",i);

    Damit geben Sie den Zahlenwert der Variablen i aus.

Diese zwei Zeilen müssen Sie nun an insgesamt 10 verschiedenen Stellen in Ihrem Programm einbauen.

Das ist umständlich und aufwendig und „schreit" natürlich geradezu nach dem Einsatz einer entsprechenden Funktion.

Nur: Sie arbeiten hier ja dauernd mit variablen Daten: unterschiedlichen Cursor-Positionen und unterschiedlichen Zahlenwerten.

Daher stellt sich hier die Frage: Wie „versorgt" man eine Funktion mit unterschiedlichen zu verarbeitenden (Eingangs-)Daten?

Die Lösung ist recht einfach, denn man kann an eine Funktion Parameter übergeben, die anstelle des Wörtchens void in den runden Klammern hinter dem Funktionsnamen stehen.

11.1 Der Einstieg in C51

Schauen Sie sich dazu einmal die folgende Konstruktion der Funktion mess_pos() an (aus unserem Programm: fkt-2.c):

```
void mess_pos(unsigned char z, unsigned char s, int wert)
        {
                printf("\x1b\x59%c%c",(32+z),(32+s));
                printf("%d",wert);
        }
```

Was hier sofort auffällt, ist der erweiterte Kopf der Funktion mess_pos:

```
void mess_pos(unsigned char z, unsigned char s, int wert)
```

Die drei Variablen *z*, *s* und *wert* in der Klammer sind so genannte *Formal-Parameter* oder ganz einfach *Platzhalter* unterschiedlicher Variablen-Typs. Mit diesen Größen kann zunächst ganz normal im Funktions-Körper der Funktion gearbeitet werden: Sie sehen die entsprechende Verwendung dieser Platzhalter in den beiden Programmzeilen des Funktionskörpers.

Wenn die Funktion mess_pos() nun vom Hauptprogramm aufgerufen wird, so werden beim Aufruf der Funktion drei konkrete Werte für diese drei Platzhalter übergeben, z. B.:

```
mess_pos(2,0,27);
```

Das bedeutet nun, dass beim Aufruf von mess_pos() im Funktions-Kopf die Platzhalter durch diese Zahlen ersetzt werden. Mit anderen Worten:

- Überall, wo der (im Funktions-Kopf erste) Platzhalter „z" steht, wird nun die (im Funktions-Aufruf erste) Zahl ‚2' eingesetzt, und die Zahl, die für den zweiten Platzhalter „s" übergeben wurde, ersetzt den Platzhalter „s".
  Damit ergibt sich im Funktions-Körper:

  ```
  printf("\x1b\x59%c%c",(32+2),(32+0));
  ```

- Entsprechend gilt: Überall, wo der Platzhalter „wert" steht, wird nun die Zahl 27 eingesetzt, und damit ergibt sich im Funktions-Körper:

  ```
  printf("%d",27);
  ```

11. Der 8051er-‚C'-Kursus

Mit diesen übergeben Werten wird also aktuell im Funktions-Körper gearbeitet; man nennt diese Parameter daher *Aktual-Parameter*.

> **Merke: „Funktionen mit Parameter-Übergabe"**
>
> Bei Funktionen mit Parameter-Übergabe werden beim Funktions-Aufruf die Formal-Parameter (Platzhalter) durch die jeweiligen Aktual-Parameter des Funktions-Aufrufes ersetzt, und der Funktions-Körper wird mit diesen Werten abgearbeitet.
>
> Durch solch eine Parameter-Übergabe können Funktionen sehr universell gestaltet werden, und jeder Aufruf der im Prinzip immer gleichen Funktion ergibt mit anderen Aktual-Parametern ein anderes Ergebnis.
>
> Wichtig sind noch zwei Feststellungen:
>
> 1. Die Parameterübergabe verläuft hier nur vom aufrufenden Programmteil zur Funktion.
> 2. Der übergebenen Parameter wird in der Funktion (bzw. von der Funktion) nicht verändert.
>
> Das heißt, man kann zwar in der Funktion den übergebenen Parameter verändern, nach außen hin aber, d.h. im aufrufenden Programmteil, bleibt der Wert dieses Parameters unverändert erhalten (siehe auch nachfolgend: lokale und globale Variablen).

Jeder Aufruf von mess_pos() mit anderen Aktual-Parametern führt daher zu einer anderen Cursor-Positionierung und zur Ausgabe eines anderen Messwertes.

Die Anwendung dieser Platzierungs- und Ausgabe-Funktion mit verschiedenen Übergabe-Werten sehen Sie nun im Hauptprogramm-Teil von *fkt-2.c*; das Ergebnis können Sie auf dem Bildschirm betrachten.

Beim Arbeiten mit solchen Parameter-Übergaben an Funktionen müssen Sie nur einige wenige Punkte beachten:

1. Im Funktions-Kopf können fast beliebig viele Formal-Parameter enthalten sein (die genaue Anzahl bitte im Originalhandbuch zur aktuellen C-Version nachschlagen).

2. Für jeden Formal-Parameter muss der Parameter-Typ (Variablen-Typ) im Funktions-Kopf mit angegeben werden.

Beispiel:

      void beisp_1 (unsigned char a, int i1, float f1, float f2);

Die einzelnen Parameter sind dabei durch Kommata zu trennen.

288

11.1 Der Einstieg in C51

☞ **Wichtig: „Der Austausch Formal-Parameter ↔ Aktual-Parameter"**

Beim Aufruf einer Funktion mit Parameter-Übergabe muss:

1. die Anzahl der übergebenen Aktual-Parameter mit der Anzahl der Formal-Parameter übereinstimmen,
2. jeder Aktual-Parameter vom gleichen Typ sein wie der entsprechende Formal-Parameter,
3. die Reihenfolge der Parameter-Übergabe der Aktual-Parameter mit der Reihenfolge der Formal-Parameter übereinstimmen.

Beispiele:

Betrachten Sie das Programm fkt-2.c mit der Funktion mess_pos():

1) Sie übergeben beim Aufruf im Hauptprogramm nur zwei anstatt der drei Aktual-Parameter:

$$\text{mess\_pos}(7,4);$$

Dadurch erhalten Sie die Warnmeldung:

"warning C209: 'mess_pos': too few actual parameters"

2) Die Formal-Parameter in mess_pos sind als unsigned char bzw. int-Typen definiert. Wenn Sie die Funktion mit Float-Werten aufrufen, so „reagiert" C entsprechend:

$$\text{mess\_pos}(3.1,1.5,127.8);$$

Ergibt KEINE Fehler- oder Warnmeldung, sondern ...?

3) Wenn Sie innerhalb des gleichen Variablen-Typs die Reihenfolge der Aktual-Parameter vertauschen, so erhalten Sie zwar keine Fehlermeldung, aber die Funktion arbeitet trotzdem nicht so, wie Sie es wollen.
Sie möchten z.B. den Cursor in die Zeile 7 und dort in die Spalte 19 setzen und programmieren:

$$\text{mess\_pos}(19,7,k);$$

Der Cursor wird also ohne Fehlermeldung falsch platziert und der Wert von k ausgegeben.

Solche Fehler sind sehr unangenehm, da sie schwer zu finden sind. Achten Sie daher bei der Parameter-Übergabe immer auf die richtige Reihenfolge der Aktual-Parameter.

Sie brauchen für die Aktual-Parameter nicht unbedingt „richtige" Zahlen anzugeben, Sie können auch Variablen aus dem Hauptprogramm übergeben. Ergänzen Sie daher das Programm fkt-2.c am Ende des Hauptprogrammteils um die folgenden Programmzeilen:

```
for (i=1; i<=23; i++)
   {
      mess_pos(i,3*i,0);
   }
```

und schauen Sie, was passiert.

Betrachten wir abschließend einmal die folgende Funktion mit Parameterübergabe:

```
void wait_1ms(unsigned int multiplikator)
   {
      unsigned int i,j;
      for(i=0;i<multiplikator;i++)
         {
            for(j=0;j<123;j++);
         }
   }
```

Den Kern dieser Funktion bildet die innere for-Schleife

```
for(j=0;j<123;j++);
```

die ja bekanntlicherweise „nichts" tut.

Bei dem hier gewählten Grenzwert für j von 123 benötigt der 80C537er auf dem TFH-Board genau 1 ms für die Abarbeitung dieser „Untätigkeits-Schleife".

Dieser Wert für j gilt natürlich nur bei Betrieb des TFH-Boards mit einem 12-MHz-Quarz. Beim Einsatz des ISAC-Cube oder des CAN-ExBo's ergibt sich eine andere Zahl.

Mit anderen Worten: Mit dieser Schleifenkonstruktion lassen sich Wartezeiten (Verzögerungszeiten) mit einem Vielfachen von 1 ms erzeugen.

Schauen wir uns dazu die äußere for-Schleife an:

```
for(i=0;i<multiplikator;i++)
```

Der Anwender übergibt der Funktion wait_1ms() einen entsprechenden Multiplikator, der angibt, wie oft die 1-ms-Zeitverzögerung abgearbeitet wird.

Ein Aufruf von

```
wait_1ms(1000);
```

erzeugt daher eine Programmverzögerungszeit von 1000 * 1 ms = 1 s.

Diese Funktion werden wir ab jetzt noch sehr oft sinnvoll einsetzen.

Noch einen weiteren Punkt sollten Sie sich hier schon einmal merken: Werden in einer Funktion eigene Variablen gebraucht (hier die Variablen j und i), so werden diese direkt in der Funktion selber definiert und können danach unabhängig von Festlegungen in der main()-Funktion benutzt werden (siehe nachfolgend: Stichwort lokale/globale Variablen).

Die universellen Eigenschaften von Funktionen sind mit der Parameterübergabe bei weitem aber noch nicht ausgeschöpft:

Funktionen mit Werterückgabe

Bisher steht vor dem Funktionsnamen immer noch das Schlüsselwort void als Kennzeichen dafür, dass die Funktion keinen Wert an den aufrufenden Programmteil zurückgibt.

Nun liegt das grundsätzliche (mathematische) Wesen einer Funktion aber darin, einen *Funktionswert* zu berechnen und auch zurückzugeben. Und so etwas lässt sich natürlich ebenfalls mit C-Funktionen realisieren:

Betrachten wir dazu ein einfaches

Beispiel:

```
// enthalten in unserem Programm fkt-3.c
unsigned int quadrat(int q)
            {
                    unsigned int qua;
                    qua=q*q;
                    return(qua);
            }
```

Der Funktion mit den Namen quadrat wird die int-Variable q übergeben. In der Funktion selber wird q * q berechnet, das Ergebnis der Variablen qua zugewiesen und diese mit Hilfe der *return-Anweisung* an den aufrufenden Programmteil zurückgegeben.

Das heißt, nach Beendigung der Funktion quadrat hat diese einen ganz konkreten Wert, der z.B. einer Variablen zugeordnet werden kann.

Der Variablen-Typ des Rückgabewertes (also *der Typ der Funktion*) wird durch die *Typ-Angabe vor dem Funktions-Namen* festgelegt, hier also unsigned int.

Ein entsprechender Funktionsaufruf könnte nun z.B. so aussehen:

```
int a;
unsigned int b;
a=-34;
b=quadrat(a);
printf("Das Quadrat von %d ist :   %u\n\n",a,b);
```

Die Variable a (=–34) wird der Funktion quadrat übergeben, diese berechnet a * a (=1156) und gibt diesen Ergebniswert zurück.

11. Der 8051er-‚C'-Kursus

Durch die Anweisung

```
b=quadrat(a);
```

hat b nach dieser Programmzeile daher den Wert 1156, was durch die nachfolgende printf()-Ausgabe auch bestätigt wird.

Man kann solch eine Funktion mit Wertrückgabe nun überall dort „einbauen", wo man auch normale Variablenausdrücke verwenden kann, wie der nächste Aufruf zeigt:

```
a=123;
printf("Das Quadrat von %d ist :   %u\n\n",a,quadrat(a));
```

Auch die direkte Übergabe von Zahlenwerten an die Funktion ist möglich:

```
printf("Das Quadrat von 60 ist :   %u\n\n",quadrat(60));
```

Ebenfalls lassen sich Funktionen mit Werterückgabe ganz normal in Rechenausdrücken einsetzen:

```
b=23*quadrat(4);
printf("Der berechnete Wert ist :   %u\n\n",b);
```

In der Funktion selber kann noch eine Vereinfachung durchgeführt werden, denn in der Klammer nach dem Befehlswort return kann auch ein Rechenausdruck stehen. Damit lässt sich für die Funktion quadrat einfacher programmieren:

```
unsigned int quadrat(int q)
    {
            return(q*q);
    }
```

Und nun kommt noch etwas sehr Erstaunliches: Da die Funktion quadrat einen Funktionswert zurückgibt, würde man erwarten, dass dieser Wert nun auch irgendwie weiterverarbeitet werden *muss* und nicht „so einfach im Raum stehen bleiben darf", dass also Funktionen mit Wertrückgabe immer auf der rechten Seite von Zuweisungen oder in Rechenausdrücken stehen müssen.

Aber das ist nicht der Fall!

Sie können daher programmieren:

```
// Funktioniert auch, aber völlig sinnlos !!!
quadrat(3);
```

ohne dass der Compiler irgend einen Fehler meldet oder sonst irgend etwas passiert!

11.1 Der Einstieg in C51

Der Ergebniswert „verschwindet" also irgendwo.

Auch das ist eine Eigenheit von C, denn andere Programmiersprachen (wie z.B. Pascal) melden gnadenlos einen Fehler, weil sie nicht wissen, wohin mit dem Rückgabewert, wenn in solch einem Fall eine Funktion mit Werterückgabe alleine in einer Programmzeile steht.

Wir haben bisher gesehen, dass die Anweisung return(...) dafür sorgt, dass genau ein Wert von der Funktion zurückgegeben wird, mit anderen Worten: In einer Funktion mit Rückgabewert muss immer für alle möglichen „Endpunkte" genau ein gültiger return(...)-Befehl vorhanden sein!

Was diese Aussage konkret bedeutet, soll das folgende Beispiel klarmachen:

```
unsigned int quaquck(int q)
        {
                if (q<=20)
                        {
                                return(q*q);
                        }
        }
```

Lassen Sie diese Funktion übersetzen, so gibt der Compiler Ihnen leider keine Warnung aus, was passiert aber, wenn q z.B. 25 ist?

In diesem Fall endet die Funktion quaquck ganz einfach, ohne einen gültigen Rückgabewert, und das geht nicht gut: Denn von quaquck wird immer „irgendetwas" zurückgegeben, aber keiner weiß bei q>20 genau, was eigentlich!

Abhilfe können Sie in diesem Fall schaffen, in dem Sie einen else-Zweig einbauen, wie in der Funktion quaquh geschehen:

```
unsigned int quaquh(int q)
        {
                if (q<=20)
                        {
                                return(q*q);
                        }
                else
                        {
                                return(2*q);
                        }
        }
```

11. Der 8051er-‚C'-Kursus

Nun haben Sie alle möglichen „Ausstiegswege" aus der Funktion mit einem gültigen return(...)-Befehl abgesichert.

> ☞ **Merke: „Funktionen mit Werterückgabe"**
>
> Bei Funktionen mit Werterückgabe steht der Typ des zurückgegebenen Wertes bzw. der Funktions-Typ immer vor dem Funktionsnamen.
>
> Jeder mögliche Aussprungsweg aus der Funktion muss mit einer gültiger return(...)-Anweisung abgeschlossen werden, wobei *immer* ein Wert zurückgegeben werden muss.

Zwei kleine Beispiele sollen die letzte Aussage verdeutlichen:

Beispiele:

Ein einfaches

       return;

als Abschluss führt zu der schon bekannten Warnmeldung:

       warning C173: 'missing return-expression'

ein

       return();

führt zu der Fehlermeldung:

       error C141: syntax error near ')'

Und jetzt sind Sie wieder einmal am Zuge:

Übung:

Schreiben Sie eine Funktion namens minimum(), die die jeweils kleinere von zwei übergebenen float-Zahlen zurückgibt.

11.1 Der Einstieg in C51

Nach kurzer Überlegung könnte Ihre Lösung so aussehen:

```
float minimum(float f1, float f2)
        {
                if (f1<f2) return(f1);
                else return(f2);
        }
```

> ☞ **Merke: „Die Rückgabe der logischen Zustände ‚wahr' und ‚falsch'"**
>
> Die logischen Zustände „wahr" und „falsch" können ebenfalls als Werte von einer Funktion zurückgegeben werden, und Sie sollten sie so zurückgeben, wie das von C selber auch gemacht wird, das heißt:
>
> wahr   ≡   1   ⇒   Rückgabe durch: return(1);
> falsch ≡   0   ⇒   Rückgabe durch: return(0);

Beginnen wir nun mit einem neuen wichtigen Unterkapitel zum großen Themenblock „Funktionen":

Globale und lokale Variablen

In den nachfolgenden Ausführungen beschäftigen wir uns mit dem Gesichtspunkt des *„Gültigkeitsbereiches"* von Variablen, das heißt, Sie haben in Ihrem Programm „irgendwo", z.B. am Anfang der Hauptfunktion main() oder innerhalb einer selbst geschriebenen Funktion Variablen definiert, und die Frage, die sich Ihnen jetzt stellt, ist: Können Sie von jeder Stelle des Programmes aus beliebig auf alle Variablen zugreifen und deren Werte verändern, oder gibt es bestimmte Einschränkungen? Wie groß ist also der Gültigkeitsbereich von Variablen-Definitionen?

Bisher konnten Sie bei all unseren Programmen immer problemlos auf alle Variablen zugreifen, aber Sie werden jetzt die großen Feinheiten und deren Möglichkeiten erkennen.

Hinweis:

Anstelle vom Gültigkeitsbereich der Variablen wird auch sehr oft vom *Bezugsrahmen* oder von der *Lebensdauer* bzw. vom *Scope* der Variablen gesprochen. All diese Begriffe bezeichnen aber das Gleiche.

Betrachten Sie zur Einführung in diese Problematik einmal den folgenden Programmausschnitt, insbesondere die Variablendefinitionen:

```
void main ()
        {
                unsigned int i;
                unsigned int i;
```

11. Der 8051er-‚C'-Kursus

```
            i=5;
    }
```

Sie haben hier innerhalb der Hauptfunktion main() zweimal die gleiche Variable i definiert, und der Compiler quittiert Ihnen diese Nachlässigkeit natürlich mit einer entsprechenden Fehlermeldung:

error C231: 'i' : redefinition

Schauen wir uns nun im Vergleich einen anderen Programmausschnitt an:

```
unsigned int i;

void main ()
    {
        unsigned int i;
        i=5;
    }
```

Wir haben auch hier zweimal die gleiche Variable Namens i definiert, jetzt aber an zwei völlig unterschiedlichen Stellen:

- einmal außerhalb der Hauptfunktion main(), genauer: außerhalb jeder anderen Funktion und
- einmal innerhalb der Hauptfunktion main().

Die beiden Variablen haben zwar den gleichen Namen, aber einen unterschiedlichen „*Wirkungsbereich*", es kann also zu keinen Konflikten kommen, und der Compiler akzeptiert dieses problemlos.

Schauen wir uns diese Konstruktion also etwas näher an:

> ☞ **Merke: „Globale und lokale Variablen, I"**
>
> Unter *globalen Variablen* versteht man diejenigen Variablen, die direkt am Anfang des Programmes, *außerhalb jeder Funktion*, definiert werden. Diese Variablen besitzen in allen Teilen des Programms (in der Hauptfunktion main() und in allen anderen selbst geschriebenen Funktionen) Gültigkeit. Mit anderen Worten: Mit globalen Variablen kann man in allen Programmbereichen des Gesamtprogramms arbeiten bzw. von allen Programmstellen aus auf diese Variablen zugreifen, diese Variablen sind also „global" gültig.
>
> Im Gegensatz dazu stehen die *lokalen Variablen*: Das sind diejenigen Variablen, die in den (selbst geschriebenen) Funktionen definiert sind. Sie haben nur lokale Gültigkeit, nämlich nur in der entsprechenden Funktion; außerhalb dieser Funktion sind sie gänzlich unbekannt. Von der Hauptfunktion main() oder von anderen (selbst geschriebenen) Funktionen aus kann niemals auf solche lokalen Variablen zugegriffen werden. Lokale Variablen haben ihre Gültigkeit nur im Funktionskörper der ihnen zugeordneten Funktion.

11.1 Der Einstieg in C51

Das nachfolgende Programm fkt-4.c verdeutlicht die unterschiedlichen Geltungsbereiche globaler und lokaler Variablen:

```c
/******************************************************************************/
/*                                                                            */
/*                    Das Arbeiten mit Funktionen, Teil IV                    */
/*                    ====================================                    */
/*                                                                            */
/*         Name:          fkt-4_tfh.c                                         */
/*         Funktion:      Demo zum Arbeiten mit Funktionen: Lokale/Globale Variablen */
/*         Zielhardware:  80C537er-TFH-Board                                  */
/*         Autor:         B.v.B. / P.G.                                       */
/*         Stand:         03.02.03                                            */
/*                                                                            */
/******************************************************************************/

/*** Definition der im Programm benutzten Special Function Register / Bits ***/

sfr    PCON   = 0x87;
sfr    S0CON  = 0x98;
sbit   BD     = 0xDF;

/*** Einbinden von Include-Dateien ***/

#include <stdio.h>              // Standard I/O Funktionen

/******************************************************************************/
/* Hier stehen, außerhalb jeder Funktionsdef., jetzt all diejenigen Variablen, auf die: */
/*   - in ALLEN Funktionen, also                                              */
/*   - in jeder einzelnen Funktion und                                        */
/*   - in der main()-Funktion,                                                */
/*   - also im GESAMTEN Programm uneingeschränkt zugegriffen werden kann!     */
/* Das sind die "GLOBALEN" Variablen: sie gelten global überall im gesamten Programm! */
/******************************************************************************/

unsigned int g1,g2,g3;          // Drei globale Variablen:
unsigned int i;                 // Eine weitere globale Variable




/******************************************************************************/
/*   Selbst geschriebene Funktion                                             */
/******************************************************************************/
/******************************************************************************/
/* Funktion void init_seri(void) initialisiert die serielle Schnittstelle 0 des 80C537er- */
/* TFH-Boards unter der Voraussetzung, dass mit einem 12MHz-Quarz gearbeitet wird! */
/*                                                                            */
/* Schnittstellenparameter: 9600Baud, 8 Datenbit, 1 Stopp-Bit, asynchroner Betrieb */
/*                                                                            */
/******************************************************************************/

void init_seri(void)
  {
   BD = 1;                      // Baudratengen. für Ser. Interface 0 eingeschaltet und
```

11. Der 8051er-‚C'-Kursus

```c
    PCON |= 0x80;            // Baudrate durch Setzen des Bits SMOD auf 9600Bd verdoppelt!
    S0CON = 0x52;            // Serial Interface Mode 1, 8-Bit-UART, Emp. eingeschaltet,
  }                          // Sender-IR-Flag gesetzt und Empfänger-IR-Flag gelöscht!

/****************************************************************************/
/*  Funktion void clear_screen(void) löscht den Terminal-Bildschirm!        */
/****************************************************************************/

void clear_screen(void)
  {
    printf("\x1b\x48\x1b\x4a");
  }

/****************************************************************************/
/*  Funktion void veraendern_1(void), zum Verständnis der globalen und lokalen Variablen */
/*  - Verändern einer globalen Variablen                                    */
/****************************************************************************/

void veraendern_1(void)
  {
    g1=359;
    printf("Wert von g1 IN der Funktion \"veraendern_1\":   %u\n",g1);
  }

/****************************************************************************/
/*  Funktion void veraendern_2(void), zum Verständnis der globalen und lokalen Variablen */
/*  - Verändern einer lokalen Variablen                                     */
/****************************************************************************/

void veraendern_2(void)
  {
    unsigned int g1;
    g1=738;
    printf("Wert von g1 IN der Funktion \"veraendern_2\":   %u\n",g1);
  }

/****************************************************************************/
/*  Funktion void veraendern_3(void), zum Verständnis der globalen und lokalen Variablen */
/*  - Definition einer lokalen Variablen                                    */
/****************************************************************************/

void veraendern_3(void)
  {
    unsigned int otto;
    otto=345;
    printf("Wert von otto IN der Funktion \"veraendern_3\":   %u\n",otto);
  }

/****************************************************************************/
/*  Funktion void veraendern_4(void), zum Verständnis der globalen und lokalen Variablen */
/*  - Zugriff auf eine andere lokale Variable                               */
/****************************************************************************/

void veraendern_4(void)
  {
    unsigned int otto;
```

11.1 Der Einstieg in C51

```
      otto=43;
      printf("Wert von otto IN der Funktion \"veraendern_4\":   %u\n",otto);
   }
/******************************************************************************/
/*  Funktion void veraendern_5(void), zum Verständnis der globalen und lokalen Variablen  */
/*  - Zugriff auf die lokalen Variablen der Hauptfunktion main()                           */
/******************************************************************************/
void veraendern_5(void)
   {
/*
      unsigned int k1,k2,k3;
      k1=1; k2=2; k3=3;
      printf("Werte von k1, k2 und k3 in der Funktion \"veraendern_5\": %u, %u, %u",k1,k2,k3);
*/
   }
/******************************************************************************/
/*  Funktion void veraendern_6(void), zum Verständnis der globalen und lokalen Variablen  */
/*  - Große Gefahr bei der Verwendung von globalen Variablen                              */
/******************************************************************************/
void veraendern_6(void)
   {
      unsigned int i;                    // Lokale Variable i !!!!
      unsigned int summe;
      summe = 0;
      for (i=34; i<=40; i++)
        {
           summe=summe + i;              // Hier wird irgendetwas gemacht
        }
   }

/******************************************************************************/
/*** Start des Hauptprogramms! ************************************************/
/******************************************************************************/
void main ()
   {                                     // Ab hier werden die Befehle des Programms eingegeben

      unsigned int k1,k2,k3;
      g1=15; g2=16; g3=17;               // Grundinitialisierung der globalen Variablen:
      k1=35; k2=36; k3=37;               // Grundinitialisierung der lokalen Variablen
      init_seri();                       // Initialisierung der seriellen Schnittstelle SS0
      clear_screen();                    // Löschen des Terminal-Bildschirmes
      printf("Das Arbeiten mit Funktionen, Teil 4 ! \n\n");            // Begrüßung

      // 1. Fall: Die Änderung von globalen Variablen ist überall möglich:
      printf("Wert von g1 vorher:   %u\n",g1);
      veraendern_1();
      printf("Wert von g1 nachher:  %u\n\n",g1);

      // 2. Fall: Die Änderung von lokalen Variablen ist nur in der entspr. Funkt. möglich: g1=15;
      printf("Wert von g1 vorher:   %u\n",g1);
      veraendern_2();
      printf("Wert von g1 nachher:  %u\n\n",g1);
```

11. Der 8051er-‚C'-Kursus

```
       // 3. Fall: Auf lokale Variabeln kann außerhalb der entsprechenden Funktion
       //          NICHT zugegriffen werden:
       //otto=34;
       veraendern_3();

       // 4. Fall: Lokale Variablen sind wirklich nur in der entsprechenden Funktion bekannt:
       // veraendern_4();

       // 5. Fall: Die lokalen Variablen der Hauptfunktion main():
       printf("\nWerte von k1, k2 und k3 in der Funktion \"main\": %u,  %u,  %u\n",k1,k2,k3);
       veraendern_5();
       // 6. Fall: GROSSE GEFAHR !!!!
       for (i=0; i<=2; i++)
         {
           printf("\n\nLaufvariable i VOR  Aufruf von \"veraendern_6()\":  %u",i);
           veraendern_6();
           printf("\nLaufvariable i NACH Aufruf von \"veraendern_6()\":  %u",i);
         }

       while (1);             // Endlosschleife zum ordnungsgemäßen Abschluss des Programms
     }
/****************************************************************************/
/*** Ende des Hauptprogramms, d.h. Ende des gesamten Programms! *************/
/****************************************************************************/
```

Betrachten Sie zunächst erst einmal die *Abb. 10.2.1* im Kapitel 10.2 („Die Gesamtstruktur eines C-Programms").

Sie sehen dort, dass die *globalen Variablen* direkt am Programmanfang, i. A. unmittelbar nach den Anweisungen für den Präprozessor, definiert werden.

Damit beginnen wir auch in unserem Programm: Die drei Variablen g1, g2 und g3 werden global definiert:

```
          unsigned int g1,g2,g3;      // Drei globale Variablen:
```

Hinweise:

1. Wir arbeiten hier nur mit dem Variablen-Typ unsigned int. Natürlich gelten die Betrachtungen auch für alle anderen Variablen-Typen.
2. Wir benutzen der Anschaulichkeit wegen immer nur eine der definierten Variablen. Alle Ausführungen gelten natürlich auch für die anderen definierten Variablen.

Zuerst werden diese Variablen in der Hauptfunktion main() auf ihre Grundwerte gesetzt:

```
          g1=15; g2=16; g3=17;        // Grundinit. der glob. Variablen:
```

11.1 Der Einstieg in C51

1. Fall:

Hier wird nun gezeigt, dass der Wert der globalen Variablen g1 in der Funktion ‚veraendern_1()'
ohne Probleme geändert werden kann: Diese Änderung bleibt auch erhalten, wenn man zur Hauptfunktion main() zurückkommt:

```
/* - Verändern einer globalen Variablen   */

void veraendern_1(void)
  {
      g1=359;
      printf("Wert von g1 IN der Funktion \"veraendern_1\": %u\n",g1);
  }


// 1. Fall: Die Änderung von globalen Variablen ist überall möglich:
printf("Wert von g1 vorher:   %u\n",g1);
veraendern_1();
printf("Wert von g1 nachher:  %u\n\n",g1);
```

g1 hat vor Aufruf der Funktion den Wert 15, nach Aufruf der Funktion den Wert 359!

2. Fall:

In der Funktion ‚veraendern_2()':

```
/* - Verändern einer lokalen Variablen   */

void veraendern_2(void)
  {
       unsigned int g1;
        g1=738;
       printf("Wert von g1 IN der Funktion \"veraendern_2\": %u\n",g1);
  }
```

wird eine lokale Variable namens g1 definiert und in der Funktion selber auf 738 gesetzt.
Die globale Variable namens g1 bleibt davon unberührt:

```
// 2. Fall: Die Änderung von lokalen Variablen ist nur in der
// entsprechenden Funktion möglich:
g1=15;
printf("Wert von g1 vorher:   %u\n",g1);
```

```
veraendern_2();
printf("Wert von g1 nachher:  %u\n\n",g1);
```

und hat vor und nach dem Aufruf von ‚veraendern_2()' den Wert 15.

> ☞ **Merke: „Globale und lokale Variablen, II"**
>
> Globale und lokale Variablen können durchaus die gleichen Namen haben. Da sie aber unterschiedliche Gültigkeitsbereiche besitzen, beeinflussen Sie sich nicht.
>
> Zur besseren Lesbarkeit von Programmen sollte man nach Möglichkeit aber immer unterschiedliche Namen wählen.

3. Fall:

In der Funktion ‚veraendern_3()' wird eine lokale Variable namens ‚otto' definiert und auf den Wert 345 gesetzt:

```
/*  - Definition einer lokalen Variablen    */

void veraendern_3(void)
   {
       unsigned int otto;
       otto=345;
       printf("Wert von otto IN der Fkt \"veraendern_3\": %u\n",otto);
   }
```

Diese Variable ist *nur* in der Funktion ‚veraendern_3' bekannt, und nur in dieser Funktion kann auf ‚otto' zugegriffen werden.

Ein Zugriff von der Hauptfunktion main() aus auf die Variable ‚otto':

```
// 3. Fall: Auf lokale Variabeln kann außerhalb der
//    entsprechenden Funktion NICHT zugegriffen werden:
otto=34;                // Hier entsteht die Fehlermeldung !!!
veraendern_3();
```

führt zu der Compiler-Fehlermeldung:

error C202: 'otto': undefined identifier

Mit anderen Worten: ‚otto' ist nirgendwo anders bekannt als in seiner eigenen Funktion ‚veraendern_3'.

11.1 Der Einstieg in C51

Nehmen Sie die Zeile otto=34; heraus, so verschwindet die Fehlermeldung; ‚otto' ist und bleibt aber dennoch nur lokal verfügbar.

4. Fall:

In der Funktion ‚veraendern_3()' wird ja die lokale Variable ‚otto' definiert. Dass nun auch andere Funktionen nicht auf diese Variable zugreifen können, zeigt die Verwendung der Funktion ‚veraendern_4()':

```
/*  - Zugriff auf eine andere lokale Variable    */

void veraendern_4(void)
   {
       unsigned int otto;
       otto=43;
       printf("Wert von otto IN der Fkt \"veraendern_4\": %u\n",otto);
   }
```

Hier wird versucht, auf die lokal in ‚veraendern_4()' nicht bekannte Variable ‚otto' zuzugreifen; der C-Compiler antwortet wiederum mit der Fehlermeldung:

                error C202: 'otto': undefined identifier

Sie können allerdings durch:

```
        unsigned int otto;
```

auch in der Funktion veraendern_4() eine lokale Variable namens ‚otto' definieren und verwenden, ohne dass es Probleme mit ‚otto' aus der Funktion ‚veraendern_3()' gibt.

Mit anderen Worten:

Die Verwendung lokaler Variablen gleichen Namens mit unterschiedlichen Gültigkeitsbereichen ist zulässig.

5. Fall:

In der Hauptfunktion ‚main()' haben wir die lokalen Variablen k1, k2 und k3 definiert und initialisiert:

```
           unsigned int k1,k2,k3;
           g1=15; g2=16; g3=17;       // Grundinitial. der glob. Variablen:
```

Wenn in der Funktion ‚main()' jetzt die Funktion ‚veraendern_5()' aufgerufen wird:

```
/*   - Zugriff auf die lokalen Variablen der Hauptfunktion main()     */

void veraendern_5(void)
   {
      k1=1; k2=2; k3=3; // Ergibt Fehlermeldung !!!
      printf("k1 bis k3 in Fkt \"veraendern_5\": %u, %u, %u",k1,k2,k3);
   }
```

so hat man auch hier *keinen* Zugriff auf diese Variablen.

Man kann in ‚veraendern_5()' selber aber k1, k2 und k3 lokal definieren und benutzen:

```
/*   - Zugriff auf die lokalen Variablen der Hauptfunktion main()     */

void veraendern_5(void)
   {
     unsigned int k1,k2,k3;
     k1=1; k2=2; k3=3;
     printf("k1 bis k3 in Fkt \"veraendern_5\": %u, %u, %u",k1,k2,k3);
   }
```

Es gibt hier keine Probleme mit den Variablen k1, k2 und k3 der Hauptfunktion ‚main()', da unterschiedliche Gültigkeitsbereiche vorliegen.

6. Fall:

❗ Ganz Wichtig: „Globale und lokale Variablen, III"

Die folgende Situation kann zu *sehr unangenehmen und schwer zu findenden Fehlern führen*:

In fast allen Programmiersprachen und von vielen Programmierern wird als Laufvariable für die for-Schleife sehr gerne die Variable i benutzt, also z.B.:

```
for (i=1; i<=25; i++)
   {


   }
```

11.1 Der Einstieg in C51

(weil man bei der Eingabe dann wenig tippen muss und i als „Kennzeichen" für Integer steht).

Sie definieren nun am Anfang des gesamten Programms also eine globale Variable namens i.

In Ihrer Hauptfunktion main() haben Sie nun eine for-Schleife mit dieser Variablen i gebildet, und im zugehörigen Programmblock der for-Schleife rufen Sie eine weitere Funktion ‚veraendern_6()' auf, die ebenfalls eine for-Schleife mit der Variablen i enthält:

```
/*   - Große Gefahr bei der Verwendung von globalen Variablen    */
void veraendern_6(void)
   {
      unsigned int i;            // Lokale Variable i !!!!
      unsigned int summe;
      summe = 0;
      for (i=34; i<=40; i++)
         {
            summe=summe + i;     // Hier wird irgendetwas gemacht
         }
   }


// Ausschnitt aus main()
// 6. Fall: GROSSE GEFAHR !!!!
for (i=0; i<=2; i++)
   {
      printf("\nLaufvar. i VOR  Aufruf von \"veraendern_6()\": %u",i);
      veraendern_6();
      printf("\nLaufvar. i NACH Aufruf von \"veraendern_6()\": %u",i);
   }
```

Ihr Programm wird so, wie gewollt, einwandfrei laufen, denn den *großen Knackpunkt* haben Sie korrekt gelöst:

Sie haben zwei (Lauf-)Variablen namens „i" im Programm, aber die eine ist als globale Variable für das gesamte Programm und die andere als lokale Variable in der Funktion ‚veraendern_6()' definiert. Der Gültigkeitsbereich dieser Variablen ist also eindeutig abgegrenzt.

Im Eifer der Programmierung kommt es jedoch sehr häufig vor, dass man die Definition der lokalen Variablen ‚i' in der Funktion vergisst und das Programm dennoch fehlerfrei übersetzt wird. In der Funktion „wirkt" nun die globale Variable i des gesamten Programms, und damit wird die Schleife in der Hauptfunktion ‚main()' vollkommen falsch abgearbeitet, denn in ‚veraendern_6()' wird ja i verändert, und das hat fatale Folgen für die übergeordnete main()-for-Schleife:

11. Der 8051er-‚C'-Kursus

Beispiel:

Setzen Sie einmal in der Funktion ‚veraendern_6()' die Zeile

```
unsigned int i;
```

als Kommentar, also:

```
// unsigned int i;
```

und schauen Sie sich an, was passiert!

Die Schleife in der Hauptfunktion ‚main()' wird das erste Mal abgearbeitet: Mit (global) i=0 wird also die Funktion ‚veraendern_6()' aufgerufen. In der Funktion selber wird nun das gleiche i weiterverwendet (da nun ja die lokale Definition von i fehlt) und die Funktions-for-Schleife läuft von 34 bis 40, das heißt, nach Beendigung der Funktion ‚veraendern_6()' hat i (global) den Wert 41, und damit wird zur Hauptfunktion ‚main()' zurückgesprungen. Die main()-for-Schleife läuft aber nur bis 2, mit i=41 wird somit die Bearbeitung dieser Schleife sofort beendet, und Ihr Programm arbeitet fehlerhaft. Das können Sie auch an den entsprechenden Ausgaben erkennen:

Laufvariable i VOR Aufruf von "veraendern_6()": 0

Laufvariable i NACH Aufruf von "veraendern_6()": 41

Solch einen Fehler zu finden ist sehr schwierig, da Sie vom Compiler keinerlei Hilfshinweise bekommen: Er weiß ja nicht, dass die Variable i in ‚veraendern_6()' eigentlich als lokale Variable definiert sein sollte.

Also:

> ☞ **Merke: „Globale und lokale Variablen, IV"**
>
> Falls Sie es nicht vermeiden können oder wollen, globale und lokale Variablen mit gleichen Namen zu verwenden, so achten Sie unbedingt darauf, dass Sie lokale Variablen auch als solche am Anfang der Funktion definieren und damit den Gültigkeitsbereich dieser Variablen eindeutig festlegen.

7. Fall:

Arbeitet man mit lokalen Variablen, so muss man unbedingt beachten, dass die lokalen Variablen ihre Werte verlieren, sobald man die Funktion verlässt, denn die internen Datenspeicherplätze für die lokalen Variablen werden diesen vom µC nur temporär (zeitweise) zugeordnet, das heißt, nach Beendigung der Funktion wird der Speicherplatz für lokale Variablen wieder freigegeben, und dort können dann die lokalen Variablen von anderen Funktionen abgespeichert werden.

Beispiel:

```
void test (void)
        {
```

11.1 Der Einstieg in C51

```
                unsigned int eumel;

                .....

                .....

                eumel=7;
        }
```

Die Funktion ‚test()', mit der lokalen Variablen ‚eumel', wird mit dem Wert 7 für ‚eumel' verlassen, und der Programmverlauf springt zum Hauptprogramm zurück. Beim nächsten Aufruf der Funktion ‚test()' (insbesondere wenn zwischendurch noch andere Funktionen bearbeitet worden sind) kann *nicht* davon ausgegangen werden, dass ‚eumel' noch den Wert 7 besitzt. Der Anfangswert von ‚eumel' bei einem erneuten Funktions-Aufruf ist vielmehr völlig zufällig.

☞ Merke: „Globale und lokale Variablen, V"

Arbeitet man in einer Funktion mit lokalen Variablen, so muss man diesen Variablen innerhalb der Funktion zuerst geeignete Anfangswerte zuordnen, bevor man mit ihnen sinnvoll arbeiten kann.

Zum Abschluss dieses Themenbereiches über Variablen soll noch die Frage beantwortet werden: Warum arbeitet man eigentlich mit globalen und lokalen Variablen?

☞ Merke: „Globale und lokale Variablen, VI"

Der Einsatz von globalen Variablen bietet den *großen Vorteil*, dass diese in beliebigen Funktionen verändert werden können. Es sind z.B. Berechnung in Funktionen möglich, und deren Ergebnisse können sofort in der Hauptfunktion weiterverwendet werden, wenn man die Ergebnisvariable global definiert. Neben der Hauptfunktion können nun auch alle anderen Funktionen auf solche globalen Werte zugreifen und diese weiterverarbeiten. Man spart sich also umständliche Variablenübergaben an die Hauptfunktionen bzw. Parameter-Übergaben an andere Funktionen.

Globale Variablen bilden damit auch die Grundlage für die Entwicklung von Betriebssystemen, denn Betriebssystem-Routinen können solche Variablen verändern, die dann im Hauptprogramm weiter benutzt werden und umgekehrt.

Sollen dagegen bestimmte Variablen nur in einer Funktion Gültigkeit haben, so definiert man diese einfach als lokale Variablen.

Hier liegt dann aber auch, wie gesehen, der einzige Gefahrenpunkt, wenn man nämlich vergisst, lokale Variablen auch als solche zu definieren (siehe 6. Fall).

Die Werteübergabe mittels globaler Variablen ist die einfachste Form des Wertetransfers innerhalb eines Programms, auch wenn die „C-Profis" noch weitere Übergabemöglichkeiten kennen (z.B. die Pointer, auf die wir in Band 2 noch näher eingehen).

Die Funktions-Schachtelung

Kommen wir nun zur letzten wichtigen Eigenschaft von Funktionen: Sie können Funktionen nicht nur von der Hauptfunktion ‚main()' aus aufrufen, sondern auch von anderen Funktionen aus, mit anderen Worten: In einer Funktion kann wieder ein Funktions-Aufruf stehen usw. Man spricht dann von einer *Funktions-Schachtelung*.

Beispiel:

```
void fkt_1(void)
    {
        .....
    }

void fkt_2(void)
    {
        .....
        fkt_1();
        .....
    }

void fkt_3(void)
    {
        .....
        fkt_1();
        fkt_2();
        .....
    }
```

Hier sind nun drei Funktionen vorhanden, die sich untereinander aufrufen. Auch solch eine Programmkonstruktion vereinfacht die Erstellung des Gesamtprogramms erheblich und führt zu einer übersichtlichen Programmstruktur.

Hierbei ist jedoch ein Punkt zu beachten: Der C-Compiler übersetzt Ihren Quelltext ja von „oben nach unten", und das heißt: Bevor eine Funktion in einer anderen Funktion verwendet werden kann, muss sie dem Compiler bekannt sein. Bei dem letzten Beispiel ergeben sich keinerlei Probleme: wenn z. B. ‚fkt_1()' in der Funktion ‚fkt_2()' aufgerufen wird, ist ‚fkt_1()' vom Compiler schon übersetzt worden, ‚fkt_1()' ist dem Compiler also schon bekannt. Das Gleiche gilt für die Aufrufe von ‚fkt_1()' und ‚fkt_2()' in der Funktion ‚fkt_3()'.

Anders sähe es aber aus, wenn Sie ‚fkt_3()' oder ‚fkt_2()' in der Funktion ‚fkt_1()' aufrufen würden. Beim Übersetzen von ‚fkt_1()' kennt der Compiler ‚fkt_2()' und ‚fkt_3()' noch gar nicht, und daher erscheint die Warnmeldung:

>   warning C206: 'fkt_2' missing function-prototype

> ☞ **Merke: „Die Schachtelung von Funktionen"**

Bevor eine Funktion X von einer anderen Funktion Y aufgerufen werden kann, muss die Funktion X bereits definiert sein, im Programmtext also vor der Funktion Y stehen.

Die Schachtelung von Funktionen kann beliebig tief sein und wird nur durch den verfügbaren Datenspeicherplatz begrenzt, denn bei jeder Schachtelstufe legt der µC automatisch bestimmte Daten im Datenspeicher ab, um nach Beendigung der Funktionen wieder seinen „Rückweg" zur Hauptfunktion zu finden.

Allerdings sollten Sie die Schachtelungen nicht übertreiben, da sonst die gerade gewonnene Übersichtlichkeit des Gesamtprogramms wieder verloren geht.

> ∑ **Zusammenfassung: „Funktionen"**

Mit selbst geschriebenen Funktionen haben Sie die Möglichkeit, den Standard-Sprachumfang von C um eigene, leistungsfähige Programmroutinen (Befehle) zu erweitern. Solche selbstentwickelten Funktionen werden in einem C-Programm wie ganz normale C-Sprachelemente eingesetzt.

Eine selbst geschriebene Funktion besteht aus den Elementen:
- Funktions-Kopf (bei Bedarf: mit Parameterübergabe),
- Funktionsrumpf (Funktionskörper),
- Bei Bedarf: Rückgabe eines Funktionsergebnisses

An Funktionen lassen sich Parameter übergeben, die dann im Rumpf verarbeitet werden. Wichtig ist hierbei der globale bzw. lokale Gültigkeitsbereich von Variablen.

Funktionen können geschachtelt werden, auch ein rekursiver Aufruf ist möglich (eine Funktion ruft sich wieder selber auf). Die bekannten Sprachelemente von C, die man sehr oft auch einfach mit „C-Befehle" bezeichnet (z.B. printf(), getchar(), scanf(), etc.), sind in Wirklichkeit C-Funktionen: die so genannten *Standard-Funktionen* von C.

Die Funktionsprototypen

Sie haben nun bereits eine ganze Menge über Funktionen erfahren, so dass wir Sie nun langsam zu einem absoluten Höhepunkt, zu einem der Kernpunkte der Programmiersprache C, hinführen können: das Arbeiten mit Funktionsprototypen und mit Header-Dateien als unverzichtbare Grundlage der *modernen, modularen Programmierung von µC-Systemen.*

11. Der 8051er-‚C'-Kursus

Gehen wir dazu einmal von folgender Situation aus, *Abb. 11.1.6.4*:

```
// Variablen-Definition etc!

*
*
// Selbst geschriebene Funktionen!

void fkt_1(...)
void fkt_2(...)
*
*
void fkt_100(...)

// Hauptfunktion!

void main()
  {
    *
    *
  }
```

Abb. 11.1.6.4: Das „Superprogramm" ‚sup.c' für den 8051er

Sie haben ein „Super-Programmm" namens ‚sup.c' für den 8051er geschrieben mit vielfältigen Eigenschaften: Ansteuerung von LC-Display und Echtzeituhr, Messwerterfassung, Datenübertragung und Prozesssteuerungs- und Regelalgorithmen. Mit anderen Worten: Sie verwenden in Ihrem Programm 100 selbst geschriebene Funktionen, die wir der Einfachheit halber einmal ‚fkt_1()' bis ‚fkt_100()' nennen wollen (mit und ohne Parameterübergabe, mit und ohne Wertrückgabe).

Dieses große Projekt läuft einwandfrei, ist vorläufig abgeschlossen, und Sie wenden sich Ihrer nächsten 8051er-Aufgabe zu.

In diesem neuen Projekt mit dem Programm ‚neu_1.c' können Sie 30 bereits fertige Funktionen aus dem Programm ‚sup.c' sinnvoll verwenden. Sie kopieren also aus ‚sup.c' mit Hilfe des Texteditors diese Funktionen nach ‚neu_1.c'.

Für Ihr danach folgendes Programm ‚neu_2.c' brauchen Sie wiederum 15 Funktionen aus ‚sup.c', und wieder kopieren Sie diese hin und her.

Sie erkennen, worauf wir hinauswollen. Haben Sie einmal einen „Stamm" von sinnvollen Funktionen für den Betrieb eines 8051er-Systems entwickelt, so werden Sie sicherlich diese Funktionen immer wieder verwenden wollen („Prinzip der natürlichen Faulheit"), und das bedeutet: Vor Be-

11.1 Der Einstieg in C51

ginn eines jeden neuen Projektes kopieren Sie sich erst einmal von den verschiedensten Stellen die benötigten Grundfunktionen zusammen. Das ist aber:

- sehr umständlich,
- sehr langwierig (langweilig) und
- sehr fehlerbehaftet,

denn Sie müssen sicherstellen, dass Sie auch alles richtig „mitkopieren" und keine Teile vergessen, sonst häufen sich später die Fehlermeldungen, und eine mühsame Fehlersuche beginnt, noch bevor Sie überhaupt eine einzige Zeile Ihres neuen Programms geschrieben haben.

Und an dieser Stelle setzt das modulare Grundkonzept von C an, das es erlaubt, selbst geschriebene Funktionen in so genannten *Funktionssammlungen* zusammenzufassen und diese bei Bedarf einfach in jedem Projekt zu verwenden.

Alles weitere erklären wir Ihnen nun Schritt für Schritt an einem umfangreichen, aber einfachen

Beispiel:

(Alle nachfolgend erwähnten Programme befinden sich in unserer Programmsammlung)

Bei der Realisierung unseres ersten Programms ‚prog_1.c' haben wir u.a. 10 unterschiedliche, selbst geschriebene Funktionen mit den Namen ‚fkt_1()', ‚fkt_2()' ... ‚fkt_10()' entwickelt.

Diese Funktionen sind der Einfachheit halber sehr schlicht aufgebaut, z.B.:

```
void fkt_1(unsigned int i)
  {
    printf("Funktion 1 wurde aufgerufen:    %u\n\n",i);
  }
```

An die Funktionen wird ein unsigned int-Wert übergeben, und sie geben eine einfache Textmeldung aus, wenn sie aufgerufen werden.

Somit sieht ‚prog-1.c' wie folgt aus:

```
/*****************************************************************************/
/*                  Das Arbeiten mit Funktionsprototypen, Teil I             */
/*                  ========================================                 */
/*                                                                           */
/*      Name:           prog_1_tfh.c                                         */
/*      Funktion:       Demo Demo zum Arbeiten mit Funktionsprototypen       */
/*      Zielhardware:   0C537er-TFH-Board                                    */
/*      Autor:          B.v.B. / P.G.                                        */
/*      Stand:          03.02.03                                             */
/*                                                                           */
/*****************************************************************************/

/*** Definition der im Programm benutzten Special Function Register / Bits ***/

sfr    PCON    = 0x87;
sfr    S0CON   = 0x98;
sbit   BD      = 0xDF;
```

11. Der 8051er-‚C'-Kursus

```c
/*** Einbinden von Include-Dateien ***/

#include <stdio.h>         // Standard I/O Funktionen

/******************************************************************************/
/*  Selbst geschriebene Funktion                                              */
/******************************************************************************/

/******************************************************************************/
/*  Funktion void init_seri(void) initialisiert die serielle Schnittstelle 0 des 80C537er- */
/*  TFH-Boards unter der Voraussetzung, dass mit einem 12MHz-Quarz gearbeitet wird!        */
/*                                                                            */
/*  Schnittstellenparameter: 9600Baud, 8 Datenbit, 1 Stopp-Bit, asynchroner Betrieb        */
/*                                                                            */
/******************************************************************************/

void init_seri(void)
   {
      BD = 1;              // Baudratengenerator für Serial Interface 0 eingeschaltet und
      PCON |= 0x80;        // Baudrate durch Setzen des Bits SMOD auf 9600Bd verdoppelt!
      S0CON = 0x52;        // Serial Interface Mode 1, 8-Bit-UART, Empfänger eingeschaltet,
   }                       // Sender-IR-Flag gesetzt und Empfänger-IR-Flag gelöscht!

/******************************************************************************/
/*  Funktion void clear_screen(void) löscht den Terminal-Bildschirm!          */
/******************************************************************************/

void clear_screen(void)
   {
      printf("\x1b\x48\x1b\x4a");
   }

/******************************************************************************/
/*  Funktion void fkt_1(void) ... void fkt_10(void): Test-Funktionen          */
/******************************************************************************/

void fkt_1(unsigned int i)
   {
      printf("Funktion 1 wurde aufgerufen:    %u\n\n",i);
   }

/******************************************************************************/

void fkt_2(unsigned int i)
   {
      printf("Funktion 2 wurde aufgerufen:    %u\n\n",i);
   }

/******************************************************************************/

void fkt_3(unsigned int i)
   {
      printf("Funktion 3 wurde aufgerufen:    %u\n\n",i);
   }

/******************************************************************************/
```

11.1 Der Einstieg in C51

```c
void fkt_4(unsigned int i)
   {
      printf("Funktion 4 wurde aufgerufen:    %u\n\n",i);
   }

/**********************************************************************/

void fkt_5(unsigned int i)
   {
      printf("Funktion 5 wurde aufgerufen:    %u\n\n",i);
   }

/**********************************************************************/

void fkt_6(unsigned int i)
   {
      printf("Funktion 6 wurde aufgerufen:    %u\n\n",i);
   }

/**********************************************************************/

void fkt_7(unsigned int i)
   {
      printf("Funktion 7 wurde aufgerufen:    %u\n\n",i);
   }

/**********************************************************************/

void fkt_8(unsigned int i)
   {
      printf("Funktion 8 wurde aufgerufen:    %u\n\n",i);
   }

/**********************************************************************/

void fkt_9(unsigned int i)
   {
      printf("Funktion 9 wurde aufgerufen:    %u\n\n",i);
   }

/**********************************************************************/

void fkt_10(unsigned int i)
   {
      printf("Funktion 10 wurde aufgerufen:    %u\n\n",i);
   }


/**********************************************************************/
/*** Start des Hauptprogramms! ****************************************/
/**********************************************************************/

void main ()
   {                        // Ab hier werden die Befehle des Programms eingegeben

     init_seri();           // Initialisierung der seriellen Schnittstelle SS0
     clear_screen();        // Löschen des Terminal-Bildschirmes
     printf("Das Arbeiten mit Funktionsprototypen, Teil 1 !\n\n");    //Ausgabe
```

11. Der 8051er-‚C'-Kursus

```
    // Aufruf der selbst geschriebenen Funktionen fkt_1() ... fkt_10()
    fkt_1(1);
    fkt_2(2);
    fkt_3(3);
    fkt_4(4);
    fkt_5(5);
    fkt_6(6);
    fkt_7(7);
    fkt_8(8);
    fkt_9(9);
    fkt_10(10);

    while (1);              // Endlosschleife zum ordnungsgemäßen Abschluss des Programms
}

/****************************************************************************/
/*** Ende des Hauptprogramms, d.h. Ende des gesamten Programms! *************/
/****************************************************************************/
```

In ‚prog_1.c' werden die Funktionen ‚fkt_1(...)' ... ‚fkt_10(...)' verwendet.

Nun schreiben Sie ein zweites Programm ‚prog_2.c', in dem vier Funktionen aus ‚prog_1.c' Verwendung finden sollen. Die Kernfrage ist nun: Wie ermöglicht man ‚prog_2.c' den problemlosen Zugriff auf diese vier Funktionen?

Dazu der

1. Schritt:

„Auslagerung der selbst geschriebenen Funktionen von ‚prog_1.c' in eine getrennte Datei (in ein eigenes Programm-Modul ≡ Sammlung der selbst geschriebenen Funktionen)"

Wir kopieren zunächst die Funktionen ‚fkt_1(...)' ... ‚fkt_2(...)' aus ‚prog_1.c' in eine neue Datei (neues Programm-Modul) namens ‚fkt_sammlung.c' und löschen gleichzeitig diese Funktionen im Programm ‚prog_1.c'.

Beachten: Es werden nur die reinen Funktionen kopiert.

Die Datei ‚fkt_sammlung.c' hat daher den folgenden Inhalt:

11.1 Der Einstieg in C51

```c
/****************************************************************************/
/*                                                                          */
/*                   Das Arbeiten mit Funktionsprototypen: Funktionssammlung */
/*                   ======================================================  */
/*                                                                          */
/*      Name:          fkt_sammlung.c                                       */
/*      Funktion:      Demo zum Arbeiten mit Funktionsprototypen            */
/*      Zielhardware:  80C537er-TFH-Board / ISAC-Cube / CAN-Node            */
/*      Autor:         B.v.B. / P.G.                                        */
/*      Stand:         03.02.03                                             */
/*                                                                          */
/*      Besonderheit:  Diese Datei enthält keine Funktion main(), sie ist also nur */
/*                     eine Sammlung selbst geschriebener Fünktionen!       */
/*                                                                          */
/****************************************************************************/

#include <stdio.h>          // Standard I/O Funktionen

/****************************************************************************/
/*  Selbst geschriebene Funktion                                            */
/****************************************************************************/

void fkt_1(unsigned int i)
   {
     printf("Funktion 1 wurde aufgerufen:   %u\n\n",i);
   }

/****************************************************************************/

void fkt_2(unsigned int i)
   {
     printf("Funktion 2 wurde aufgerufen:   %u\n\n",i);
   }

/****************************************************************************/

void fkt_3(unsigned int i)
   {
     printf("Funktion 3 wurde aufgerufen:   %u\n\n",i);
   }

/****************************************************************************/

void fkt_4(unsigned int i)
   {
     printf("Funktion 4 wurde aufgerufen:   %u\n\n",i);
   }

/****************************************************************************/

void fkt_5(unsigned int i)
   {
     printf("Funktion 5 wurde aufgerufen:   %u\n\n",i);
   }

/****************************************************************************/

void fkt_6(unsigned int i)
```

11. Der 8051er-‚C'-Kursus

```
   {
      printf("Funktion 6 wurde aufgerufen:   %u\n\n",i);
   }
/***************************************************************************/

void fkt_7(unsigned int i)
   {
      printf("Funktion 7 wurde aufgerufen:   %u\n\n",i);
   }
/***************************************************************************/

void fkt_8(unsigned int i)
   {
      printf("Funktion 8 wurde aufgerufen:   %u\n\n",i);
   }
/***************************************************************************/

void fkt_9(unsigned int i)
   {
      printf("Funktion 9 wurde aufgerufen:   %u\n\n",i);
   }
/***************************************************************************/

void fkt_10(unsigned int i)
   {
      printf("Funktion 10 wurde aufgerufen:  %u\n\n",i);
   }
/***************************************************************************/
```

Diese Funktionen sind nun nicht mehr in ‚prog_1.c' enthalten, und bei der Übersetzung dieses Programms meldet der Compiler jetzt natürlich einen Haufen Fehler.

Wir müssen dem Compiler also mitteilen, dass er die fehlenden Funktionen „irgendwo anders" findet bzw. herholen soll.

Dazu wird jetzt in ‚prog_1.c' angegeben, dass sich der Compiler diese fehlenden Funktionen aus einer andere Datei, also von *extern* (≡ draußen) herholen muss.

Diese Mitteilung geschieht dadurch, dass man in ‚prog_1.c' nun die Funktionsköpfe der fehlenden Funktionen, versehen mit dem Schlüsselwort „extern" aufführt, also z. B.

```
            extern void fkt_1(unsigned int i);
            extern void fkt_2(unsigned int i);
            //usw.
```

Der Compiler weiß nun z. B.:

11.1 Der Einstieg in C51

- Die Funktion ‚fkt_1()' wird zwar im Programm ‚prog_1.c' verwendet, ist aber selber hier *nicht* definiert.
  Die eigentliche Funktion (der Funktionsrumpf) befindet sich vielmehr in einer externen Datei und wird hinterher hinzugefügt. Das macht dann der *Linker* (≡ der Programm-Modul-Zusammenbinder).
- An die Funktion selber wird ein unsigned int-Wert übergeben.
- Die Funktion selber gibt keinen Funktionswert zurück.

Diese Informationen sind für den Compiler ausreichend; er kann eine „Vorübersetzung" des Programms ‚prog_1.c' vornehmen.

Das Hinzufügen der externen Funktionen ‚fkt_1()' ... ‚fkt_10()' macht im nächsten Schritt der Linker, der dann den endgültigen Programmcode erzeugt.

☛ Merke: „Externe Funktionen"

Durch den Zusatz „extern" vor dem Funktionsnamen wird dem Compiler mitgeteilt, dass diese Funktion in einer anderen Datei zu finden ist und der Linker diese Funktion hinterher automatisch hinzufügt.

Der Compiler beendet also seine Arbeit ohne Fehlermeldung, obwohl die externe Funktion im aktuellen Programm nicht weiter vorhanden ist.

Zusätzlich muss bei als extern angegebenen Funktionen nach dem Schlüsselwort „extern" noch der Funktionskopf angegeben werden, damit der Compiler auch weiß, welche Daten an die Funktion übergeben werden und ob ein Funktionswert zurückgegeben wird.

Auf den ersten Blick handelt es sich bei den Angaben hinter dem Wort „extern" um einen ganz normalen Funktionskopf. Das ist aber nicht der Fall, denn wenn Sie ganz genau hinsehen, steht am Ende des Funktionskopfes ein Semikolon.

Daran erkennt der Compiler, dass es sich eben nicht um den Funktionskopf einer nachfolgenden Funktion handelt, sondern um den Kopf einer extern vorhandenen Funktion.

Für solch einen besonderen Funktionskopf gibt es einen speziellen Namen, und zwar wird dieser als „*(Funktions-)Prototyp*" oder als „*Funktionsdeklaration*" bezeichnet.

☛ Merke: „Funktionsprototypen bzw. Funktionsdeklarationen"

Ein Funktionsprototyp bzw. eine Funktionsdeklaration besteht aus dem eigentlichen Funktionskopf, der zusätzlich noch mit einem Semikolon abgeschlossen wird.

Mehr braucht der Compiler über eine Funktion nicht zu wissen, denn anhand dieses Prototyps kann der Compiler erkennen, welche Parameter an die Funktion übergeben werden und welchen Wert die Funktion zurückliefert.

Somit kann der Compiler bei jedem Aufruf dieser Funktion überprüfen, ob die Funktion korrekt aufgerufen wird (richtige Art und Anzahl der Übergabeparameter) und ob der Rückgabewert korrekt weiterverarbeitet wird.

11. Der 8051er-‚C'-Kursus

Auf unser Beispiel übertragen, bedeutet dieses: Da der Compiler bei der Übersetzung den konkreten Aufbau der externen Funktion noch nicht kennt, muss ihm zumindest der Funktionsprototyp bekannt sein, damit er überprüfen kann, ob die Funktion in „seinem gerade aktuell zu übersetzenden Programm" auch richtig verwendet wird, d. h. ob die externe Funktion auch korrekt aufgerufen und der Funktionswert korrekt weiterverarbeitet wird.
Daher folgt nun der

2. Schritt:
„Einfügung der Funktionsprototypen in das Programm"
Wir ändern nun das Programm ‚prog_1.c' so ab, dass wir die Funktionsprototypen der externen Funktionen einfügen und erhalten so das neue Programm ‚prog_1a.c', mit dem wir ab jetzt weiterarbeiten:

```
/************************************************************************/
/*                                                                      */
/*                Das Arbeiten mit Funktionsprototypen, Teil II         */
/*                ==============================================        */
/*                                                                      */
/*      Name:           prog_1a_tfh.c                                   */
/*      Funktion:       Demo zum Arbeiten mit Funktionsprototypen       */
/*      Zielhardware:   80C537er-TFH-Board                              */
/*      Autor:          B.v.B. / P.G.                                   */
/*      Stand:          03.02.03                                        */
/*                                                                      */
/*      Besonderheit:   Zu diesem Programm wird die Datei fkt_sammlung.c benötigt */
/*                                                                      */
/************************************************************************/

/*** Definition der im Programm benutzten Special Function Register / Bits ***/

sfr    PCON   = 0x87;
sfr    S0CON  = 0x98;
sbit   BD     = 0xDF;

/*** Einbinden von Include-Dateien ***/

#include <stdio.h>         // Standard I/O Funktionen

/*** Hier stehen die Funktionsprototypen der selbst geschriebenen   ***/
/*** extern definierten Funktionen, die im Programm benötigt werden. ***/

extern void fkt_1(unsigned int i);
extern void fkt_2(unsigned int i);
extern void fkt_3(unsigned int i);
extern void fkt_4(unsigned int i);
extern void fkt_5(unsigned int i);
extern void fkt_6(unsigned int i);
extern void fkt_7(unsigned int i);
extern void fkt_8(unsigned int i);
extern void fkt_9(unsigned int i);
extern void fkt_10(unsigned int i);
```

11.1 Der Einstieg in C51

```c
/******************************************************************************/
/*  Selbst geschriebene Funktion                                              */
/******************************************************************************/

/******************************************************************************/
/*  Funktion void init_seri(void) initialisiert die serielle Schnittstelle 0 des 80C537er- */
/*  TFH-Boards unter der Voraussetzung, dass mit einem 12MHz-Quarz gearbeitet wird!        */
/*                                                                                          */
/*  Schnittstellenparameter: 9600Baud, 8 Datenbit, 1 Stopp-Bit, asynchroner Betrieb        */
/*                                                                                          */
/******************************************************************************/

void init_seri(void)
  {
    BD = 1;                 // Baudratengenerator für Serial Interface 0 eingeschaltet und
    PCON |= 0x80;           // Baudrate durch Setzen des Bits SMOD auf 9600Bd verdoppelt!
    S0CON = 0x52;           // Serial Interface Mode 1, 8-Bit-UART, Empfänger eingeschaltet,
  }                         // Sender-IR-Flag gesetzt und Empfänger-IR-Flag gelöscht!

/******************************************************************************/
/*  Funktion void clear_screen(void) löscht den Terminal-Bildschirm!          */
/******************************************************************************/

void clear_screen(void)
  {
    printf("\x1b\x48\x1b\x4a");
  }


/******************************************************************************/
/*** Start des Hauptprogramms! ************************************************/
/******************************************************************************/

void main ()
  {                         // Ab hier werden die Befehle des Programms eingegeben

    init_seri();            // Initialisierung der seriellen Schnittstelle SS0
    clear_screen();         // Löschen des Terminal-Bildschirmes
    printf("Das Arbeiten mit Funktionsprototypen, Teil 2 !\n\n");    // Ausgabe

    // Aufruf der selbst geschriebenen externen Funktionen fkt_1() ... fkt_10()
    fkt_1(1);
    fkt_2(2);
    fkt_3(3);
    fkt_4(4);
    fkt_5(5);
    fkt_6(6);
    fkt_7(7);
    fkt_8(8);
    fkt_9(9);
    fkt_10(10);

    while (1);              // Endlosschleife zum ordnungsgemäßen Abschluss des Programms
  }

/******************************************************************************/
/*** Ende des Hauptprogramms, d.h. Ende des gesamten Programms! ***************/
/******************************************************************************/
```

11. Der 8051er-‚C'-Kursus

Dieses Programm kann vom Compiler nun problemlos übersetzt werden, allerdings meldet jetzt der Linker noch eine Menge Fehler, z. B.:

WARNING L1: UNRESOLVED EXTERNAL SYMBOL
SYMBOL: _FKT_1
MODULE: prog_1a_obj (PROG_1A)

Wir haben nämlich bisher noch vergessen, die Datei mit der Funktionssammlung ‚fkt_sammlung.c' in unser Projekt mit einzubinden: Weder der Compiler noch der Linker wissen daher, wo die eigentlichen Funktionsrümpfe überhaupt abgelegt sind.

Also fügen wir die Datei ‚fkt_sammlung.c' ganz einfach in unser Projektverzeichnis ein. Sie wissen sicherlich noch, wie das geht:

1. Sie klicken im linken Teilfenster des µVision2-Arbeitsbildschirmes mit der rechten Maustaste auf das Projektverzeichnis ‚Meine C-Files' und wählen im dann erscheinenden Menü den Punkt ‚Add Files to Group ‚Meine C-Files" aus.
2. Sie wählen nun das entsprechende Unterverzeichnis ‚Das 8051er-Buch-Projekt' an, *Abb. 11.1.6.5*, und markieren dort die Datei ‚fkt_sammlung'.
3. Danach klicken Sie auf ‚Add' und ‚Close', und schon haben Sie diese Datei Ihrem Projekt zugefügt, was Sie im linken Teilfenster des µVision2-Arbeitsbildschirmes sehr leicht feststellen können.

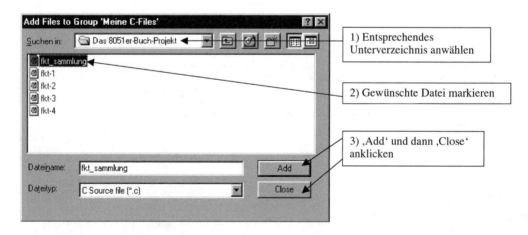

Abb. 11.1.6.5: Das Hinzufügen der Datei ‚fkt_sammlung.c' zu unserem Projekt

Das Programm ‚prog_1a.c' wird nun problemlos vom Compiler übersetzt und vom Linker mit den externen Funktionen zusammengebunden. Das kann man sehr einfach im unteren Teilfenster des Arbeitsbildschirmes von µVision2 beobachten, *Abb. 11.1.6.6*.

11.1 Der Einstieg in C51

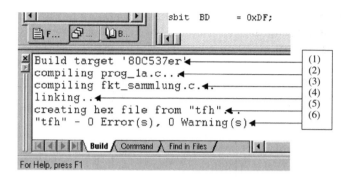

Abb. 11.1.6.6: Der komplette Compiler- und Linker-Durchlauf unseres Projektes

1. Das Programm für unser Zielsystem wird zusammengebaut:
2. Der Compiler übersetzt die C-Datei ‚prog_1a.c'.
3. Der Compiler übersetzt die C-Datei ‚fkt_sammlung.c'.
4. Der Linker bindet die beiden Teilprogramm-Module: ‚prog_1a' und ‚fkt_sammlung' zusammen.
5. Es wird der INTEL-HEX-File für das Projekt „tfh" erzeugt.
6. Es sind keinerlei Fehler oder Warnungen aufgetreten.

Anhand der *Abb. 11.1.6.7* wollen wir hier jetzt eine kleine Zusammenfassung geben.

1. Wir haben unser ursprüngliches Gesamtprogramm ‚prog_1.c' aufgeteilt in zwei getrennte Programm-Module: ‚prog_1a.c' und ‚fkt_sammlung.c'.
2. In ‚prog_1a.c' befindet sich unser eigentliches Hauptprogramm; in ‚fkt_sammlung.c' sind die Funktionen ‚fkt_1' ... ‚fkt_10' abgelegt.
3. Der Compiler übersetzt zunächst beide Programm-Module und teilt dem Linker mit, dass in ‚prog_1a.c' noch Aufrufe von externen Funktionen vorhanden sind.
4. Der Linker schaut nun in all unseren Projekt-Files in allen Projekt-Verzeichnissen nach, ob er dort die entsprechenden Funktionen finden und einsetzten kann.
5. In unserem Fall findet er diese Funktionen in der übersetzten Datei ‚fkt_sammlung' und kann die Einsetzung durchführen.
6. Findet er keine Funktion, die zu einem in ‚prog_1a.c' angegebenen Funktionsprototypen passt, so erzeugt er eine Fehlermeldung.
   (Probieren Sie das ruhig einmal aus, indem Sie in ‚prog_1a.c' einen Funktionsprototypen für eine Funktion namens ‚fkt_11()' angeben, diese im Programm irgendwo einbauen und ‚prog_1a.c' dann übersetzen lassen)
7. Als Endergebnis der Arbeit des Linkers erhalten Sie Ihr fertiges, lauffähiges 8051er-Programm.

11. Der 8051er-‚C'-Kursus

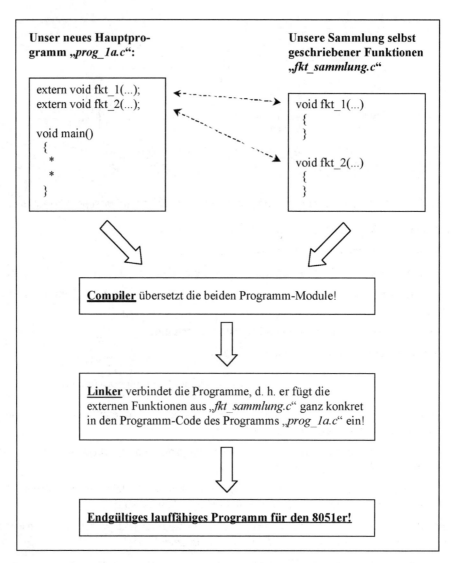

Abb. 11.1.6.7: Zusammenfassung: das Arbeiten mit Funktionsprototypen

Kommen wir nun zu unserem anfangs geschilderten Problem zurück: Sie schreiben für ein neues Projekt ein neues Programm und möchten hierbei nun ebenfalls Funktionen aus der Funktionssammlung ‚fkt_sammlung.c' verwenden.

Das neue Programm soll ‚prog_2.c' heißen, und Sie benötigen die Funktionen: ‚fkt_3()', ‚fkt_4()', ‚fkt_7()' und ‚fkt_9()' aus der Funktionssammlung.

Die weitere Vorgehensweise ist nun sehr einfach, *Abb. 11.1.6.8*.

11.1 Der Einstieg in C51

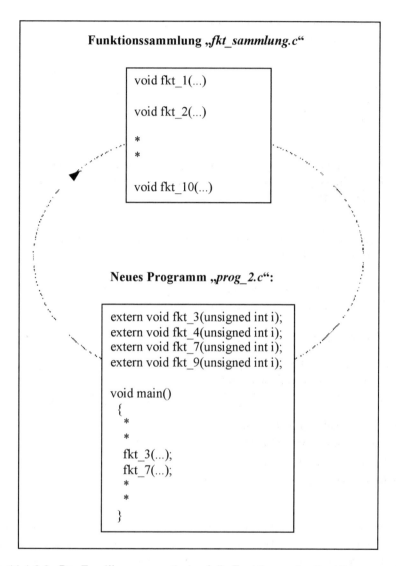

Abb. 11.1.6.8: Der Zugriff von ‚prog_2.c' auf die Funktionen der Funktionssammlung

1. Sie definieren die Funktionsprototypen der benötigten externen Funktionen am Anfang Ihres neuen Programms:

```
extern void fkt_3(unsigned int i);
extern void fkt_4(unsigned int i);
extern void fkt_7(unsigned int i);
extern void fkt_9(unsigned int i);
```

11. Der 8051er-‚C'-Kursus

2. Sie verwenden die von extern benötigten Funktionen wie ganz normale Funktionen (Funktionsaufrufe) in Ihrem neuen Programm:

```
// Aufruf der selbst geschriebenen externen Funktionen
fkt_3(3);
fkt_4(4);
fkt_7(7);
fkt_9(9);
```

3. Sie binden die Datei mit der Funktionssammlung ‚fkt_sammlung.c' in Ihr Projekt ein. Sinnvollerweise in das Verzeichnis ‚Meine C-Files' (es ist aber auch jedes andere Verzeichnis des Projekts möglich).

Das ist alles; schon können Sie das neue Programm ‚prog_2.c' mit den eingebundenen externen Funktionen übersetzen und laufen lassen.

Es werden zwar einige Warnungen ausgegeben, die Sie hier aber unberücksichtigt lassen können (auf solche Warnungen kommen wir später noch zurück).

> ☞ **Merke: „Die modulare Programmierung"**
>
> Sie haben nun eine der wesentlichsten Grundlagen der modularen Programmierung verstanden und können diese auch anwenden:
> Immer wiederkehrende Abläufe für bestimmte Standardaufgaben wie:
>
> - Datenausgabe auf dem Terminalmonitor,
> - Ansteuerung eines LC-Displays,
> - Erfassung von Messwerten,
> - Betrieb und Abfrage einer Real Time Clock (RTC),
> - etc.
>
> werden sinnvoller weise in Form von einzelnen, selbst geschriebenen Funktionen realisiert.
> Diese Funktionen werden dann, entweder alle auf einmal (also durcheinander) oder thematisch nach bestimmten Aufgaben sortiert, in so genannten *Funktionssammlungen (Funktionsbibliotheken)* abgelegt.
> Werden diese Funktionen dann in einem Programm benötigt, so bindet man die entsprechende Funktionssammlung in sein Projekt ein; die Funktionen selber werden dann über die extern-Festlegung in das Programm eingebunden.

Ab jetzt werden wir dieses Funktionskonzept durchgängig benutzen; wir haben daher für Sie bereits zwei kleine Funktionssammlungen namens ‚sinnvoll_tfh.c' und ‚vt52_term.c' erstellt. Sie finden dort folgende nützliche Funktionen zum Betrieb unseres 80C537er-TFH-Board-Systems:

11.1 Der Einstieg in C51

```
init_seri    := Initialisierung der seriellen Schnittstelle 0
init_seri1   := Initialisierung der seriellen Schnittstelle 1
wait_1ms     := Wartezeit multipliziert mit 1 Millisekunden
cursor_left  := Cursor eine Spalte nach links
cursor_up    := Cursor eine Zeile nach oben
cursor_right := Cursor eine Spalte nach rechts
cursor_down  := Cursor eine Zeile nach unten
cursor_home  := Cursor auf Home-Position, linke obere Ecke
tab          := Cursor eine Tabulator Position (8 Spalten) weiter
cursor_set   := Cursor auf Zeile und Spalte positionieren
clear_screen := Bildschirm löschen
loeschen_bis_bildschirmende := Löschen: Cursor - Bildschirmende
loeschen_bis_zeilenende := Löschen: Cursor - Zeilenende
bell         := Tonausgabe
```

Eine genaue Übersicht über die Funktionen von ‚sinnvoll_tfh.c' mit den jeweiligen Aufruf-Parametern und den Rückgabewerten finden Sie im *Anhang 3*.

Beispiele:
Ab jetzt initialisieren wir die serielle Schnittstelle SS0 des 80C537ers in jedem Programm durch Aufruf der Funktion:

> init_seri();

wobei wir diese Funktion zuvor als extern deklarieren müssen:

> extern void init_seri(void);

Programmverzögerungszeiten erzeugen wir mit der Funktion

> wait_1ms(...);   // Vielfache von 1 ms

Zur Steuerung des Cursors auf dem Terminal-Bildschirm dienen die Funktionen:

> cursor_left();   cursor_right();   etc.

Kommen wir nun zum „*absoluten Sahnehäubchen*" beim Arbeiten mit Funktionen unter C, zu den

Header-Dateien

Sie haben gesehen, dass von extern genutzte Funktionen am Programmanfang durch eine entsprechende Zeile in das Programm eingebunden werden müssen, z.B. durch:

> extern void init_seri(void);

11. Der 8051er-‚C'-Kursus

Bei der Nutzung von 1 bis 10 solcher extern vorhandenen Funktionen ist das sicherlich noch einfach und überschaubar handhabbar.

Bei größeren Projekten können aber teilweise bis zu 50 Funktionen und mehr von extern eingebunden werden, und das bedeutet:

1. Das Projekt wird durch diese „Einbindungszeilen" (Funktionsprototypen) ziemlich lang und unübersichtlich.
2. Nach der Einbindung der Funktionen interessieren den Anwender diese Zeilen eigentlich gar nicht mehr: Die externen Funktionen sind ja vorhanden, ausgetestet und funktionieren einwandfrei.
   Bei jedem Aufruf des Programms werden die Einbindungszeilen aber immer wieder mit in den Editor geladen und müssen somit immer „mitgeschleppt" werden.
3. Lassen Sie sich das Programm ausdrucken, so erscheinen im Listing erst einmal 5–10 Seiten lang die Funktionsprototypen der externen Funktionen; das interessiert Sie überhaupt nicht, denn Sie wollen ja einen schnellen Überblick über Ihr aktuelles, neues Programm erhalten.

Mit anderen Worten: Bei vielen eingebundenen externen Funktionen werden die Funktionsprototypen am Programmanfang „ziemlich lästig". Daher hat man nach einer Methode gesucht, dieses Problem zu lösen.

Der gefundene Lösungsansatz sieht nun recht einfach aus:

Man schreibt die ganzen Prototypen in eine reine Textdatei, die erst kurz vor dem Übersetzen des gesamten Programms eingelesen und verarbeitet wird, *Abb. 11.1.6.9*.

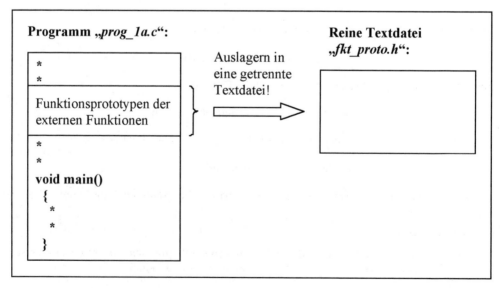

Abb. 11.1.6.9: Die Auslagerung der Funktionsprototypen in eine eigene Textdatei: ‚fkt-proto.h'

11.1 Der Einstieg in C51

Beispiel:

Wir betrachten dazu unser Programm ‚prog_1a.c', schneiden den Block:

```
// Hier stehen die Funktionsprototypen der selbst geschriebenen
// extern definierten Funktionen, die im Programm benötigt werden.
extern void fkt_1(unsigned int i);
extern void fkt_2(unsigned int i);
extern void fkt_3(unsigned int i);
extern void fkt_4(unsigned int i);
extern void fkt_5(unsigned int i);
extern void fkt_6(unsigned int i);
extern void fkt_7(unsigned int i);
extern void fkt_8(unsigned int i);
extern void fkt_9(unsigned int i);
extern void fkt_10(unsigned int i);
```

heraus und fügen ihn in eine neue Text-Datei namens ‚*fkt_proto.h*' ein:

❑ Am besten, Sie kopieren dazu unter µVision2 die Datei ‚*prog_1a.c*' um in die Datei ‚fkt_proto.h', *Abb. 11.1.6.10*.

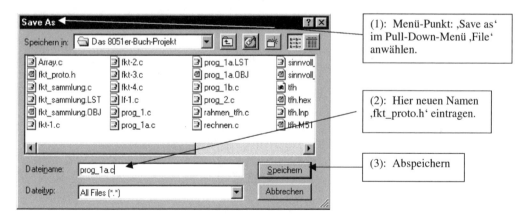

Abb. 11.1.6.10: Das Abspeichern der Datei ‚prog_1a.c' in die Datei ‚fkt_proto.h'

❑ Danach rufen Sie die Datei ‚fkt_proto.h' auf und löschen alles bis auf den obigen Block mit den Funktionsprototypen heraus.
❑ Danach speichern Sie den File ‚fkt_proto.h' erneut ab.

Das Programm ‚*prog_1a.c*' mit den herausgeschnittenen Funktionsprototypen nennen wir jetzt ‚*prog_1b.c*', speichern es unter diesem Namen ab und arbeiten damit weiter.

11. Der 8051er-‚C'-Kursus

Lassen wir nun dieses Programm übersetzen (die Datei ‚fkt_sammlung.c' bleibt in unserem Projektverzeichnis eingetragen), so erhalten wir ca. 20 Warnmeldungen, da der Linker jetzt die als extern definierten Funktionsprototypen nicht gefunden hat: Wir haben diese ja ausgeschnitten und in einer anderen Datei abgespeichert, aber dem Linker nicht mitgeteilt, wie diese Datei heißt, wo er also jetzt die fehlenden Funktionsprototypen finden kann.

Irgendwie müssen wir also die Datei ‚fkt_proto.h' in unser Programm ‚prog_1b.c' einbinden, damit alles wieder komplett ist.

Und das funktioniert mit der *#include-Anweisung* für den sog. *Präprozessor*:

☞ **Merke: „Der Präprozessor"**

Der Präprozessor ist ein „Vorverarbeitungs-Programm", das den von Ihnen erstellen Quell-Programmtext (Source-File) vorab auf bestimmte Steueranweisungen hin untersucht, diese ausführt und den so überarbeiteten Programmtext dem Compiler übergibt, der dann die endgültige Übersetzung vornimmt.

Das „Programm-Terzett": Präprozessor, Compiler und Linker bildet also den Kern jeder IDE, die mit der Programmiersprache C arbeitet.

Im Detail gilt, *Abb. 11.1.6.11*:

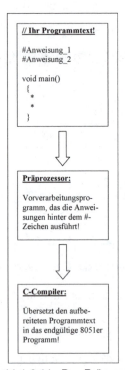

Abb. 11.1.6.11: Der Präprozessor

11.1 Der Einstieg in C51

1. Jede Anweisung an den Präprozessor beginnt mit einem ‚#', das heißt, steht ein # am Anfang einer Programmzeile, so erkennt der Präprozessor, dass nachfolgend eine Anweisung an ihn kommt und dass in dieser Zeile eben *kein* C-Programm-Code steht.
2. Am Ende von Präprozessor-Anweisungen steht *kein* Semikolon.
3. Präprozessor-Anweisungen stehen meistens ganz am Anfang des Programms.
4. Wesentliche Funktionen des Präprozessors betreffen reine Textersetzungsaufgaben (Vergleichbar mit der „kopieren/einfügen"-Funktion eines Texteditors).

Schauen wir uns als erstes Beispiel die #include-Anweisung an den Präprozessor etwas genauer an.

Nach dem Schlüsselwort ‚include' wird ein Datei-Name angegeben; diese Anweisung bewirkt, dass der Inhalt dieser Datei *„ganz stur"* an die Stelle der #include-Anweisung kopiert wird. Programmiert man also:

#include "fkt_proto.h"

so wird der Inhalt der Datei ‚fkt_proto.h' ganz einfach an diese Stelle eingefügt, *Abb. 11.1.6.12*, egal, was nun eigentlich in dieser Datei steht.

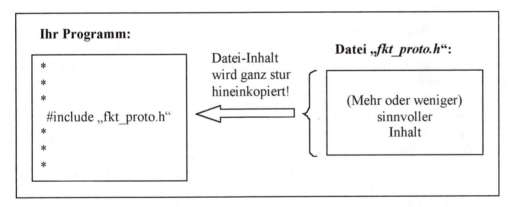

Abb. 11.1.6.12: Die Wirkung der Präprozessor-Anweisung ‚#include'

#include führt also eine reine „dumme" Text-Kopier- bzw. Datei-Inhalt-Kopier-Funktion aus.

Der ursprüngliche Programmtext wird also durch den Inhalt von ‚fkt_proto.h' „aufgebläht" und danach an den Compiler zur weiteren Übersetzung durchgereicht.

Erst der Compiler stellt dann fest, ob der eigentliche Inhalt der Ersetzung sinnvoll ist oder nicht. Ist er das nicht, so „ergießt" sich als Folge eine Flut von Fehlermeldungen über den Programmierer.

Mit dieser #include-Anweisung lässt sich unser kleines Problem nun sehr elegant lösen:

Wir programmieren im Programm ‚prog_1b.c' einfach eine neue, weitere Zeile (das ist die letzte Zeile des Ausschnittes):

11. Der 8051er-‚C'-Kursus

```
/*** Einbinden von Include-Dateien ***/
#include <stdio.h>                    /* Standard I/O Funktionen */

// Das Einbinden eigener Header- bzw. Include-Dateien
#include "fkt_proto.h"
```

und schon fügt der Präprozessor automatisch den Inhalt der Datei ‚fkt_proto.h' und somit unsere als extern definierten Funktionsprototypen ein.
Der danach aufgerufenen Compiler findet alles korrekt vor und übersetzt das Programm daher fehlerfrei.
Solche mit der #include-Anweisung einfügbaren Dateien (‚fkt_proto.h') haben in C einen besonderen Namen: Sie werden als sog. *„Header-Dateien"* bezeichnet und besitzen als spezielle *Dateikennzeichnung* ‚*.h' (obwohl es reine Textdateien sind und sie somit die Endung *.txt, *.doc, etc. haben müssten). Header-Datei ≡ „Kopf"-Datei, da sie im Allgemeinen immer direkt am Kopf des eigentlichen Programmes eingebunden werden.

> ☞ Merke: „Header-Dateien"
>
> Header-Dateien sind reine Text-Dateien, die zulässige C-Anweisungen enthalten und die zur Unterscheidung von anderen Dateien die Dateiendung ‚*.h' besitzen.
> Der Inhalt von Header-Dateien kann aus Funktionsprototypen und Konstanten-Definitionen bestehen.
> Header-Dateien werden mittels #include-Anweisung an den Präprozessor direkt und unverändert in das eigentliche Hauptprogramm eingebunden.
> Der Inhalt solcher Header-Dateien wird daher so in das Program eingebaut, als hätten Sie die Zeichen selber direkt über die Tastatur eingegeben.
> Ob der Inhalt einer Header-Datei sinnvoll ist oder nicht, entscheiden/überprüfen Sie selber und nicht der Präprozessor.
> Da Header-Dateien über #include-Anweisungen in Programme eingebunden werden, bezeichnet man sie auch sehr oft als *„Include-Dateien"*. So ist das auch bei der von uns verwendeten IDE der Firma Keil.

Und hier möchten wir noch einmal ganz klar darstellen:

1. Sie müssen nicht unbedingt mit Header-Dateien arbeiten. Bei kleinen Programmen, die z.B. nur 3 bis 5 als extern deklarierte Funktionsprototypen enthalten, können Sie diese Festlegungen auch direkt an den Anfang Ihres Programms schreiben und brauchen dann keine eigene Header-Datei zu erstellen.
2. Bei „normal großen" bis hin zu sehr großen Projekten ist es allerdings empfehlenswert, mit solchen Header-Dateien zu arbeiten, zumal das im Profi-Bereich gang und gäbe ist, um die Programme wirklich modular zu gestalten. Sehr oft arbeiten Sie auch mit mehreren unterschiedli-

11.1 Der Einstieg in C51

chen Funktionsbibliotheken, aus denen Sie sich die benötigten Funktionen für Ihr gesamtes Projekt „zusammenholen". Header-Dateien bieten in diesen Fällen eine sehr große Arbeitserleichterung.

Betrachten wir noch einige Feinheiten beim Umgang mit Header-Dateien:

Die Standard-Funktionsbibliotheken und die Standard-Header-Dateien in C

Wenn Sie einen C-Compiler kaufen, so liefert Ihnen der Hersteller bereits eine Vielzahl von (genormten) Funktionsbibliotheken mit wichtigen Standard-Funktionen, die Sie sofort benutzen können.

Diese Funktionen realisieren i. A. den Mindest-Funktions-Umfang, der in der ANSI-C-Norm festgelegt ist.

Bei C-Compilern für µC gibt es daneben noch zusätzliche Bibliotheken, die µC-spezifische Funktionen enthalten.

Solch eine allgemeine Funktionssammlung ist z.B. die *„Standardbibliothek für Ein-/Ausgaben: stdio"*. Dort sind u.a. die bereits bekannten und verwendeten Funktionen printf(), getchar() und _getkey() programmiert.

Diese vom Hersteller erzeugten Funktionsbibliotheken haben die Besonderheit, dass Sie schon vorübersetzt sind, das heißt, der C-Programmcode ist schon in den Assembler-Code übersetzt bzw. die Funktionen aus solchen Bibliotheken sind direkt in Assembler geschrieben worden. Wenn Sie sich solche Dateien einmal ansehen, so sehen Sie nicht „viel Gescheites", sondern nur endlose Zahlen- und Buchstaben-Kolonnen (nämlich den bereits übersetzten INTEL-HEX-Code), Abb. 11.1.6.13.

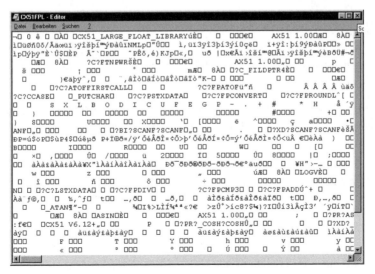

Abb. 11.1.6.13: Der Inhalt der Funktionsbibliothek CX51FPL.LIB

11. Der 8051er-‚C'-Kursus

Diese Vorübersetzung der Funktionsbibliotheken hat jedoch zwei wichtige Vorteile:

1. Die endgültige Übersetzung Ihres Programms läuft schneller ab, da die Funktionen schon vorübersetzt sind.

2. Der C-Compiler-Hersteller schützt damit sein geistiges Know-How, denn die Leistungsfähigkeit eines C-Compilers („wie gut Ihr Programm in den Assembler-Code für den µC übersetzt wird") zeigt sich darin, wie „trickreich" der Hersteller die Umsetzung seiner Funktionen realisiert hat.
Das ist der große Unterschied zu Ihren eigenen Funktionssammlungen: Hier kann man den Programm-Code immer noch nachlesen und so erkennen, wie Sie programmiert haben.

Die herstellerspezifischen Funktionsbibliotheken haben die Datei-Endung ‚*.LIB' und sind im Verzeichnis LIB des IDE-Programmpaketes zusammengefasst. Bei µVision2 das z.B. das Verzeichnis: C:\C51\C51\LIB.

Für Sie als Anwender ist der konkrete Inhalt dieser LIB-Dateien recht uninteressant, denn Sie haben ja den Zugriff auf die Funktionen der jeweiligen LIB-Datei über die zu der Datei zugehörige Header-Datei, das heißt, wenn Sie auf die Funktionen einer hersteller-spezifischen Funktionsbibliothek zugreifen wollen, binden Sie einfach nur die entsprechende Header-Datei ein, die bereits alle Funktionsprototypen, Konstanten-Definitionen etc. enthält und können sofort mit allen Funktionen aus dieser Sammlung arbeiten.

Die zu den Funktionsbibliotheken gehörenden Header-Dateien befinden sich meistens im Verzeichnis mit dem Namen INC der IDE, bei µVision2 ist dieses z.B.: C:\C51\C51\INC (die Firma Keil spricht nämlich von INC-Dateien anstatt von Header-Dateien, was aber dasselbe bedeutet).

*[handschriftlich: *.lib wird über entsprechende .h-Datei eingebunden]*

Beispiel:

Betrachten wir einmal unsere vielseitige Funktion ‚printf()'. Sie ist von der Firma Keil „irgendwo" in einer der vielen LIB-Dateien programmiert worden.

Das interessiert uns aber weiter nicht, denn wir möchten printf() nur benutzen und binden daher die zugehörige Header- bzw. Include-Datei ‚stdio.h' am Anfang unseres Programms wie folgt ein:

```
/*** Einbinden von Include-Dateien ***/

#include <stdio.h>              /* Standard I/O Funktionen */
```

Schon können wir auf printf() und auf alle anderen Funktionen aus dieser Programmsammlung problemlos zugreifen.

11.1 Der Einstieg in C51

Den Rest, d. h. den konkreten Zusammenbau unseres Programms, erledigt nun der Präprozessor in Verbindung mit dem Compiler und dem Linker ganz automatisch, ohne dass wir uns noch um irgendetwas kümmern müssen.

> ☞ **Merke: „Der Zugriff auf vom Hersteller erstellte Funktionsbibliotheken"**
>
> erfolgt für Sie als Anwender immer über die entsprechenden Header-Dateien.

Hinweis:

Die Standard-Bibliotheken (Inhalt und Aufbau) des C51er-C-Compilers sind in den Handbüchern der Firma Keil ausführlich erläutert.

Beim Einbinden einer hersteller-spezifischen Header-Datei mit Hilfe der #include-Anweisung müssen Sie noch Folgendes beachten:

> ☞ **Merke: „Das Einbinden hersteller-spezifischer Header- bzw. Include-Dateien"**
>
> Die Namen hersteller-spezifischer Header-Dateien werden bei der #include-Anweisung immer in < ..... > gesetzt, also z. B.
>
> #include <stdio.h>

Präprozessor/Compiler/Linker erkennen dann sofort, dass diese Header-Datei immer im Standard-Verzeichnis INC zu finden ist und dass Funktionen aus hersteller-spezifischen Funktionsbibliotheken aus dem Standard-Verzeichnis LIB eingebunden werden müssen.

Eigene Funktionsbibliotheken und eigene Header-Dateien

> ☞ **Merke: „Das Einbinden eigener Header-Dateien und eigener Funktionssammlungen"**
>
> Selbst geschriebene Header-Dateien sollten nicht im Verzeichnis INC hinterlegt werden, sondern im eigenen Arbeitsverzeichnis für das jeweilige Projekt.
>
> Das Gleiche gilt auch für selbst geschriebene Funktionssammlungen, die Sie nicht im LIB-Directory, sondern ebenfalls im Arbeitsverzeichnis des Projektes abspeichern sollten.

Für uns gilt daher: Die Header-Datei ‚fkt_proto.h' und die Datei ‚fkt_sammlung.c' stehen im Verzeichnis C:\Das 8051er-Buch-Projekt.

Das Einbinden eigener Header-Dateien mit Hilfe der #include-Anweisung geschieht nun dadurch, dass der Datei-Name in "..." gesetzt wird, also z. B.:

#include "fkt_proto.h"

Der Präprozessor/Compiler/Linker suchen dann nach der Header-Datei im jeweiligen Arbeitsverzeichnis, und die Datei mit der Funktionssammlung muss in einem Projektverzeichnis eingetragen sein, z.B. in ‚Meine C-Files'.

Bisher haben Sie gesehen, dass in Header-Dateien die Funktionsprototypen abgelegt werden. Aber auch andere Inhalte sind möglich, z.B. die *symbolischen Definitionen von Konstanten*, die im gesamten Programm bzw. im gesamten Projekt immer gleich sind.

Dazu benötigen wir eine weitere Präprozessor-Anweisung:

Die Präprozessor-Anweisung: #define

Hiermit ist es möglich, einem Namen einen bestimmten Wert oder sogar einen gesamten Ausdruck zuzuordnen.

Anmerkung:

Sie können die #define-Anweisung natürlich nicht nur in einer Header-Datei, sondern auch ganz normal am Anfang Ihres Hauptprogramms verwenden.

Beispiel:

Sie programmieren in einer Header-Datei mit:

```
#define gw  50         // Festlegung des Grenzwertes
```

eine Konstante namens gw (≡ Grenzwert für eine Messwertüberwachung), die den Wert 50 zugeordnet bekommt.

Sie können nun in Ihrem normalen Hauptprogramm diese Konstante ganz normal verwenden, z.B.:

```
if (a<=gw)
    {

    }
```

oder:

```
printf("Der Grenzwert ist: %u",gw);
```

etc.

ohne dass es zu Problemen kommt, denn der Präprozessor ersetzt ganz einfach und stur den Ausdruck ‚gw' durch die Zahl 50, und erst danach wird das Programm vom Compiler übersetzt.

11.1 Der Einstieg in C51

Solch eine #define-Festlegung hat einen sehr großen Vorteil: Wenn Sie später einmal in Ihrem Programm den Grenzwert gw ändern wollen, z.B. auf den Wert 75, dann brauchen Sie diese Änderung nur an einer einzigen Stelle, nämlich bei der #define-Anweisung, durchzuführen, und schon wird überall im Programm anstelle von ‚gw' der Wert 75 eingetragen und das Programm mit diesem neuen Parameter abgearbeitet.

Mit #define wird also die symbolische Adressierung unterstützt, das heißt, man ist in der Lage, bestimmten Schlüsselwerten im Programm einfach zu merkende Namen zuzuordnen, die dann im Programm anstelle der eigentlichen Zahlenwerte benutzt werden können.

Aber auch die Zuordnung von ganzen Ausdrücken ist möglich, da der Präprozessor ja eine reine Textersetzung durchführt:

Beispiel:

   #define meldung1 "\nSie haben einen boesen Fehler gemacht !\n"

Wenn Sie nun in Ihrem Programm an den kritischen Stellen

   printf(meldung1);

programmieren, so wird jeweils der dem Ausdruck ‚meldung1' zugeordnete Text ausgegeben.

Die einmalige Einbindung von Header-Dateien

Eine Kleinigkeit beim Arbeiten mit selbst geschriebenen Header-Dateien muss zu guter Letzt noch erwähnt werden:

Wenn Sie mit vielen einzelnen Programm-Modulen und Header-Dateien arbeiten, kann es sehr leicht vorkommen, dass ein und dieselbe Header-Datei zwei- oder sogar mehrmals eingebunden wird, das heißt, Sie haben dann im endgültigen Programm an mehreren verschiedenen Stellen die gleichen Funktionsprototypen definiert; solch eine Mehrfachdefinition mag der Compiler nicht: Er meldet sich dann wieder mit einigen Warn- bzw. Fehlermeldungen.

Um das zu vermeiden, müssen Sie dem Linker mitteilen, dass eine Header-Datei schon einmal eingebunden wurde und nicht noch einmal ein zweites, ein drittes, etc. Mal verwendet wird.

Dazu benötigen Sie die

Präprozessor-Anweisungen: #ifdef, #ifndef und #endif

Mit diesen Anweisungen wird ganz einfach überprüft, ob ein bestimmter Begriff bereits definiert worden ist oder nicht (die Experten mögen uns verzeihen: Es wird natürlich die Existenz eines Makros überprüft, aber dazu kommen wir noch). Je nach dem, welche Präprozessor-Anweisung verwendet wird, ergeben sich dann zwei verschiedenen „Reaktionen":

- ‚#ifdef Begriff' bedeutet: Ist der Begriff schon einmal definiert worden, so werden die nachfolgenden Präprozessor-Anweisungen bis zur Anweisung #endif ausgeführt.
- ‚#ifndef Begriff' bedeutet: Ist der Begriff noch nicht definiert worden, so werden die nachfolgenden Präprozessor-Anweisungen bis zur Anweisung #endif ausgeführt.

11. Der 8051er-‚C'-Kursus

Man spricht hierbei auch von einer bedingten Ausführung von Präprozessor-Anweisungen.

Beispiel:

    #ifndef otto
      #define otto 20
    #endif;

Wenn der Begriff ‚otto' (also die Konstante mit dem Namen ‚otto') noch nicht definiert worden ist, dann wird die nachfolgende Zeile

    #define otto 20

ausgeführt, also die Konstante ‚otto' angelegt und ihr der Wert 20 zugeordnet.

Taucht der obige Anweisungsblock für den Präprozessor später noch einmal in einem anderen Programm-Modul auf, so ist die Konstante namens ‚otto' bereits angelegt worden, die #ifndef-Überprüfung ist falsch, und die Zeile

    #define otto 20

wird vom Präprozessor übersprungen.

So wird gewährleistet, dass ‚otto' im gesamten Programm (im gesamten Projekt) wirklich nur einmal angelegt wird und auch nur einmal existiert.

Wichtig ist, dass Sie das Ende des Präprozessor-Anweisungsblocks, der nach der #ifndef-Anweisung ausgeführt werden soll, mit der Präprozessor-Anweisung #endif abschließen.

Um nun zu vermeiden, dass eine Header-Datei mehrfach eingebunden wird (Sie erinnern sich: Das war unser Ausgangsproblem), definieren Sie in der Header-Datei einfach eine Konstante und überprüfen vor jedem Einbinden der Header-Datei, ob diese Konstante schon definiert worden ist.

Wurde die Konstante dagegen noch nicht definiert, so wird die Header-Datei jetzt eingebunden und zusätzlich die Konstante (erstmalig) definiert.Ist das der Fall, so wurde diese Header-Datei bereits eingebunden und wird jetzt nicht noch einmal verwendet.

Den Namen für diese Kontroll-Konstante können Sie im Prinzip frei wählen, es gibt in C jedoch eine allgemein gültige Regel für die Namenswahl:

    Namen für die Kontroll-Konstante beim Einbinden von Header-Dateien ≡

    „Ein- oder zweimal das Zeichen ‚_' + Name der Header-Datei + ‚_' + ‚H'"

Lautet also die Header-Datei z. B.

                 messw.h

so ergibt sich als Name für die Kontroll-Konstante:

            _messw_H bzw. __messw_H

11.1 Der Einstieg in C51

Kommen wir daher jetzt zurück zu unserem

Beispiel:

Unsere Header-Datei lautet ‚fkt_proto.h'. Damit ergibt sich für die Kontroll-Konstante der Name:

$$\_fkt\_proto\_H$$

und der korrekte Aufbau unserer Header-Datei ‚fkt_proto.h' sieht damit folgendermaßen aus:

```
/*******************************************************************************/
/*                                                                             */
/*                      Das Arbeiten mit Header-Dateien, Teil II               */
/*                      ========================================               */
/*                                                                             */
/*      Name:           fkt_proto.h                                            */
/*      Funktion:       Demo Header-Datei zum Beispiel                         */
/*      Autor:          B.v.B. / P.G.                                          */
/*      Stand:          03.02.03                                               */
/*                                                                             */
/*******************************************************************************/

/*** Die nachfolgenden Anweisungen zwischen #ifndef und #endif werden nur ausgeführt, ***/
/*** wenn der Begriff (die Kontroll-Konstante)_fkt_proto_H noch nicht definiert ist! ***/

#ifndef _fkt_proto_H

    #define _fkt_proto_H        // Definition der Kontroll-Konstanten

    // Hier stehen die Funktionsprototypen der selbst geschriebenen extern
    // definierten Funktionen, die im Programm benötigt werden.
    extern void fkt_1(unsigned int i);
    extern void fkt_2(unsigned int i);
    extern void fkt_3(unsigned int i);
    extern void fkt_4(unsigned int i);
    extern void fkt_5(unsigned int i);
    extern void fkt_6(unsigned int i);
    extern void fkt_7(unsigned int i);
    extern void fkt_8(unsigned int i);
    extern void fkt_9(unsigned int i);
    extern void fkt_10(unsigned int i);

#endif
```

Es gilt somit:

Beim ersten Aufruf zum Einbinden der Header-Datei ‚fkt_proto.h' mit der entsprechenden #include-Anweisung existiert die Kontroll-Konstante _fkt_proto_H noch nicht. Die #ifndef-Abfrage ist also erfüllt, und alle nachfolgenden Anweisungen werden ausgeführt, das heißt, die Kontroll-Konstante wird jetzt angelegt, und die Funktionsprototypen werden in das Programm eingefügt (Abarbeitung des Anweisungsblock bis zum #endif).

Soll diese Header-Datei ‚fkt_proto.h' nun (unbeabsichtigt) an einer andern Stelle noch einmal mit einer #include-Anweisung eingebunden werden, so existiert jetzt bereits die Kontroll-Konstante

11. Der 8051er-‚C'-Kursus

_fkt_proto_H, die #ifndef-Abfrage ist nicht erfüllt, und der ganze nachfolgende Anweisungsblock bis zum #endif wird *nicht* ausgeführt.

So wird sichergestellt, dass ‚fkt_proto.h' wirklich nur ein einziges Mal in das gesamte Programm eingebunden wird, egal wie oft die #include-Anweisung in den einzelnen Programm-Modulen vorhanden ist.

Und nun:

Herzlichen Glückwunsch!

Sie haben es geschafft!

Sie haben eines der längsten und auch wichtigsten Kapitel zum Thema „Programmiersprache C für µC" durchgearbeitet und verstanden.

Sie können sich jetzt erst einmal beruhigt zurücklegen, tief durchatmen und *zum ruhigen Ausklang einige kleine Übungen durchführen*:

Übungsaufgaben

Für die nachfolgenden Aufgaben sollten Sie sich zwei Nachmittage völlig frei nehmen (also abklären mit Freundin, Freund und Familie).

1. Schreiben Sie ein Programm namens ‚**summe_1.c**', dass die Summe der Zahlen von 1 bis 10 berechnet und sowohl die Zwischenergebnisse als auch das Endergebnis auf dem Terminal-Bildschirm ausgibt.

2. Schreiben Sie eine Funktion namens

    void term_zahlen_set   (unsigned char z, unsigned char s,
    int i, float f, bit a),

    mit der man an einer beliebigen Stelle auf dem Terminal-Monitor beliebige Zahlenwerte ausgeben kann, wobei gilt:

    z: Zeile der Ausgabe

    s: Spalte der Ausgabe

    i: auszugebender Integer-Wert

    f: auszugebender Float-Wert

    a: Auswahl, welcher Wert ausgegeben wird:

    a=0:   der Integer-Wert

    a=1:   der Float-Wert

11.1 Der Einstieg in C51

3. Schreiben Sie eine Funktion namens

    void rect   (unsigned char x1, unsigned char y1, unsigned char x2,

    unsigned char y2, unsigned char c1)

   (= rectangle = Rechteck), bei deren Aufruf ein ausgefülltes Rechteck aus dem übergebenen ASCII-Charakter-Zeichen c1 auf dem Bildschirm gezeichnet wird, wobei gilt:

   (x1,y1):   obere linke Ecke des Rechtecks

   (x2,y2):   untere rechte Ecke des Rechtecks

4. Schreiben Sie eine Funktion namens

    void balken   (unsigned char z, unsigned char s, unsigned char h,
    bit a, unsigned char ch1)

   die einen Balken auf dem Terminal-Bildschirm zeichnet, wobei gilt:

   z: Start-Zeile für den Balken

   s: Start-Spalte für den Balken

   h: Balken-Höhe

   a: Art des Balkens:

   - a=0: senkrechter Balken, Balken wächst von unten nach oben.
   - a=1: waagerechter Balken, Balken wächst von links nach rechts.

   c1:   Zeichen, mit dem der Balken gezeichnet wird.

   (Balken = ein Zeichen breit)

5. Schreiben Sie eine Funktion namens ‚**mw_3**', mit der Sie aus drei der Funktion übergebenen Float-Werten den Mittelwert berechnen und diesen an das aufrufende Hauptprogramm zurückgeben.
   Wie sieht der korrekte Funktionskopf dazu aus?

12. Ausblick

In letzter Minute

Kurz vor Drucklegung dieses ersten Bandes erreichten uns Informationen über einen neu auf dem Markt erschienenen C-Compiler für die 8051er-Familie, der durch seine in der Werbung beschriebenen besonderen Leistungsdaten herausragt: der

µC/51 – ANSI C compiler for all 8051's

der Firma Wickenhäuser Elektrotechnik in Karlsruhe (*www.wickenhaeuser.com*).

In einer pdf-Datei auf unserer CD („In letzter Minute.pdf" im Verzeichnis „Anhänge zum Buch") stellen wir Ihnen diese „Toolchain" an einem kleinen Beispiel kurz vor, im zweiten Band dieser Lehrbuchreihe werden wir darauf ausführlicher eingehen.

Eine Demo-Version von µC/51 zum sofortigen Start befindet sich ebenfalls auf der CD.

12. Ausblick

Sie sind nun am Ende des ersten Bandes unserer Lehrbuchreihe angekommen und haben sich ein wahrlich tragfähiges Fundament in der C-Programmierung für Mikrocontroller erarbeitet.

Im *zweiten Band* werden Sie daher dieses Wissen sofort und ganz gezielt auf die Kernbaugruppen eines 8051ers anwenden: Sie lernen wichtige ON-Chip-Peripherie-Einheiten eines 8051ers kennen und werden diese mittels der so genannten *Special Function Register (SFRs)* für Ihre Zwecke programmieren.

Weiterhin erläutern wir, wie Messwerte mit Hilfe des A/D-Wandlers erfasst, Einzel-LEDs und Relais mit Hilfe der digitalen I/O-Ports angesteuert, Tastaturen angeschlossen, Sensoren abgefragt und andere externe Peripherie-Einheiten angeschlossen und betrieben werden.

In Bezug auf die Programmiersprache C werden wir neue Funktionalitäten besprechen und damit Ihr C-Wissen weiter ausbauen.

Die praktischen Applikationen, die natürlich nicht zu kurz kommen, beschäftigen sich u. a. mit: LED-Display-Treibern, Temperatursensoren, DCF77-Funkuhr-Empfängern, LC-Displays, u. v. a. m.

Einen kleinen Vorgeschmack finden Sie auf unserer Internet-Homepage

www.palmtec.de

Dort haben wir, neben akutellsten Informationen zu unseren Büchern, Projekten und sonstigen weltweiten Aktivitäten rund um den 8051er, auch das vorläufige Inhaltsverzeichnis des zweiten Bandes hinterlegt.

Ein regelmäßiger Blick darauf lohnt sich auf jeden Fall!

13. Die beigefügte CD

Auf der beigefügten CD finden Sie:

- die Screen-Videos zum Buch,
- die Schnupperversion von µVision2,
- die Demoversion des C-Compilers der Firma Wickenhäuser,
- das Terminal-Programm HyperTerm V6.3 Private-Edition,
- die Download-Programme für die verschiedenen 8051er-Systeme,
- alle Programme aus dem Buch,
- die wesentlichen Lösungen zu den Übungsaufgaben aus dem Buch,
- die Datenblätter zu den wichtigsten Bausteinen,
- etc.

Was wir für Sie sonst noch alles „draufpacken" konnten, entnehmen Sie bitte der aktuellen „Read-me-Datei (read.me)" auf der CD.

14. Anhang

In diesem Kapitel finden Sie wichtige und sinnvolle Übersichten und Zusammenstellungen zu Themengebieten rund um die Programmiersprache C und rund um den 8051er.

Aufgrund des beschränkten Platzes in unserem Buch haben wir diese Dokumente jedoch als pdf-Dateien auf die beiliegende CD (Verzeichnis „Anhänge zum Buch") ausgelagert.

Sie sollten also Ihren Drucker aktivieren und sich diese Dateien ausdrucken lassen.

Stichwortverzeichnis

#define 334
#endif 335
#ifdef 335
#ifndef 335
#include-Anweisung 328
_getkey() 217
% 221
µC/51 147
8051er-Familien-Stammbaum 33
80C537er-TFH-Board 51
80C537er-TFH-System 51

A

Ablaufgeschwindigkeit 137
Adressoperator 209
ADuC-Down-Load 96, 97
Aktual-Parameter 288
AND 245
ANSI-C 139
Assembler-Sprache 32
Aufbau eines C-Programms 143

B

BCD-Code 196
BCD-Zahlensystem 196
Bezugsrahmen 295
Bibliothek 143
binäres Zahlensystem 187
Binärzahl 188
Bit 185
Bitmaske 256
bitweise Operatoren 253
Blockschaltbild des 8051ers 29
boolesche Algebra 244
Boot-Modus 111
break 266
Byte 185

C

C51 34
CAN-Cube 107
CAN-ExBo 107
C-Anweisungsblock 159
C-Blockanweisung 159
CBT (Computer Based Training) 13
Code-Optimierung 137
Compiler 34
continue 267

D

Das Mikrocontroller-Experimental-System 19
Datenerhalt 102
Datenspeicher 47, 57
Debugger 117
dezimales Zahlensystem 187
Dezimalzahl 188
do...while-Schleife 262
Double Word 187
Download 145
Download-Modus 99
duales Zahlensystem 187
Dualzahl 188

E

Endlosschleife 161, 260, 284
Entscheidungen 239
Entwicklungs- und Programmierumgebung 15
erweiterte Formatierung 232
ESC-Kommando 176
ESC-Sequenzen 176
EXCLUSIV OR 252
EXOR 252

F

falsch 240
false 240, 250
Fließkomma-Zahlen 197
Flip 108
Floating-Point-Darstellung 196
Floating-Point-Zahlen 197
Float-Typen 199
Formal-Parameter 287
Formatstring 210
Formatzeichen 206
for-Schleife 281
Funktionen in C 277

Stichwortverzeichnis

Funktionen mit Werterückgabe 291
Funktionsbibliotheken 143, 324
Funktionsdeklaration 317
Funktionskopf 278
Funktionskörper 277
(Funktions-)Prototyp 317
Funktionsprototypen 309
Funktions-Rumpf 155
Funktionssammlungen 311, 324
Funktions-Schachtelung 308
Funktionswert 291
fußgesteuerte Schleife 263

G

GByte 186
getchar() 217
_getkey() 217
Globale Variablen 296
Grundinstallationen 17
Gültigkeitsbereich 295

H

Header-Dateien 330
Herunterladen 145
Hexadezimales Zahlensystem 191
HEX-Datei 145
HEX-Zahl 192
Hochsprache 34
Hochsprachen-Compiler 117
HyperTerm 84
HyperTerminal 85

I

IDE 17, 80, 119
if...else 240
Include-Dateien 330
Integer-Darstellung 196
Integer-Typen 199
Integrated Development Environment 80, 119
Integrierte Entwicklungsumgebung 119
INTEL-HEX-Format 117, 145
Invertierung 249
ISAC-Cube 64
ISAC-Motherboard 67

K

kByte 186
Kenndaten des 8051ers 28
Kenndaten des 80C517ers 44
Kommentare 155
Kontrollstruktur 240
kopfgesteuerte Schleife 260

L

Least Significant Bit LSB 188
Lebensdauer 295
Leeranweisung 261, 286
Library Manager 117
Linker 117, 317
logische Aussagen 239
logische Bedingungen 240
logische Verknüpfungsalgebra 245
Lokale Variablen 296

M

Maschinensprache 32
maskieren 256
mathematische Vergleichsoperatoren 242
MB II 95
MByte 186
Mikrocontroller-Ausbildung 11
Mikroprozessor 24
Modulare Programmierung 276
Modulo-Operator 221
Monitor-Betrieb 53
Most Significant Bit MSB 189

N

Nibble 186
NOT 249

O

Object-to-HEX-Converter 117
Oktalsystem 194
ON-Chip-Peripherie-Einheit 31
ON-Chip-Programmspeicher 46
Operatoren 141
OR 247
OR-Verknüpfung 247

Stichwortverzeichnis

P
Parameter-Übergaben 286
PL/M51 34
Präprozessor 328
Programmbibliotheken 117
Programmcode 57
Programmiergeräte 145
Programmiersprache 32
Programmkonstrukte in C 142
Programm-Module 276
Programmspeicher 57

Q
Quell-Text 150

R
RAM-Baustein 47
RC-51 147
Reads51 147
Real-Zahlen 197
Rechengenauigkeit 196
Rechengeschwindigkeit 196
return-Anweisung 291

S
Schaltalgebra 245
Scope 295
Screen-Video 78
SDCC 147
Sedezimales Zahlensystem 191
selbst geschriebene Funktionen 271
Serial Downloader 98, 99
Simulator 118
Single-Chip-Mikrocontroller 24
Source-File 150
Speicheraufteilung im Monitor-Betrieb 56
Speicheraufteilung im Stand-Alone-Betrieb 61
Sprachelemente von C 140
Stand-Alone-Betrieb 60
Standard-Funktionen 309
Startwert 282
String 156
strukturierte Programme 281
switch ... case 263

Syntax 181
Syntax-Colorierung 181
Syntax-Fehler 181

T
T89C51CC01 109
TASKING C51 147
Terminal 85, 162
Terminal-Emulation 173
Terminal-Programm 84
Texteditor 117
Texteditors 117
true 240, 250

U
Umprogrammierungen 101
Unterprogramm-Technik 271

V
Variablen 203
  global 296
  lokal 296
Variablendefinition 204
Variablen-Namen 204
Verschiebungsopratoren 258
VT52 173

W
wahr 240
while-Schleife 260
Word 186, 187
WSD 96

Z
Zahlensystem 202
  binär 187
  dezimal 187
  dual 187
Zählvariable 282
Zeichenkette 156
Zeitverzögerungsschleife 286
Zuweisungsoperatoren 221